Bernhard Philberth

Offenbarung

BAC

Weitere Buchveröffentlichungen des Autors:

Christliche Prophetie und Nuklear Energie. 28 Auflagen in Deutsch.
12. Originalauflage 197 Seiten. ISBN 3 – 7171 – 0182 – X.
DER DREIEINE – Anfang und Sein, die Struktur der Schöpfung.
7. Auflage, 608 Seiten. ISBN 3 – 7171 – 0183 – 8.
DAS ALL – Physik des Kosmos
342 Seiten ISBN 3 – 7171 – 0821 – 2.
Überleben ohne Erfindungen? – Deutschland verstößt seine Erfinder.
127 Seiten ISBN 3 – 7171 – 0846 – 8.

Übersetzungen in Englisch: Christian Prophecy and Nuclear Power.
Revelation (von vorliegendem Werk).

Umschlagbild: © Helga Ivanyi, von Gemälde Öl auf Leinwand.
Schriftsatz: Alfons Lemm.
Verlag und Autor danken für Kunstbeitrag und Schriftsetzung.

Offenbarung, Oktober 1994
ISBN 0 – 646 – 20838 – 1

Publisher : BAC AUSTRALIA 1994
193 Power Street
Plumpton NSW 2761

Inhalt

DER SOUVERÄN

DIE SCHÖPFUNG

DER MENSCH

Vorwort

Die OFFENBARUNG ist der Abschluß der Bibel, ist die Apokalypse – dh "Enthüllung" – des göttlichen Geheimnisses der Heiligkeit und Verdammnis. Die Apokalypse ist die "Geheime Offenbarung" der endentscheidenden Ereignisse und Gegebenheiten.

Soweit die Apokalypse Diesseitiges beschreibt, sind dies unheimlich präzise Darstellungen eines endzeitlichen Nuklearkriegs ("*Christliche Prophetie und Nuklearenergie*"). Weit wichtiger: die Apokalypse ist die urgewaltige Offenbarung des Wesens des ewigen Gottes und seines Verhältnisses zum Menschen. Davon ausgehend, seien die wichtigsten Probleme des neuzeitlichen Glaubens und Wissens angesprochen.

In dieser Endzeit, der Zeit des Generalangriffs auf Christus und die Kirche, leuchten die Glaubenswahrheiten in einer bisher nie erahnten Tiefe auf. Machtvoll offenbart sich das Wort Gottes, der den Menschen in die uneingeschränkt freie Entscheidung gestellt hat; in die Entscheidung für oder gegen Gott.

Das menschliche Beiwerk in der Verkündigung – die wissenschaftliche, philosophische, theologische Interpretation – erweist sich indes in seiner natürlichen Vergänglichkeit.

Die wissenschaftliche Forschung geht extrem beschleunigt voran. Schon die Quanten- und Relativitäts-Physik brachte geistesgeschichtliche Durchbrüche, die noch letztes Jahrhundert unvorstellbar waren. Weiteres, alles Vorherige nochmals revolutionierend, folgte in den letzten Jahrzehnten und Jahren: die Quanten-Dynamik, die Kosmo-Physik, die Chaos-Forschung, die Genetik und vieles mehr. Die geistige Bewältigung hinkt kümmerlich hinterher; im Schatten eines überwältigend gewordenen mathematischen Apparates.

Die Physik ist relativ am weitesten fortgeschritten, weil sie den Bereich niederster Seins-Mächtigkeit behandelt. Aber wenn schon in der Physik derart überragend höheres Denken benötigt wird, wievielmehr in Bereichen höherer und höchster Seinsmächtigkeiten. Die Physik bietet dazu grandiose Analogien. Es geht weniger darum, Fach-Physik vorzutragen und dem Fach-Konsens zu genügen. Es geht darum, erahnen oder gar begreifen zu lassen, welche Weiten an Denkmöglichkeiten sich schon im physikalischen Bereich eröffnet haben. Dies möge ermutigen, sich mit derart verwegenen Aspekten an die Betrachtung höherer Seinsmächtigkeiten heran zu wagen; eingedenk, daß alles menschliche Denken gleichnishafte Projektionen sind.

Die überweltlich gegebene Wahrheit des Glaubens muß innerweltlich verkündet werden. Dies bedarf wissenschaftlicher, philosophischer, theologischer Aufschließung in Ausdrucksformen und Denkschemen des jeweiligen Raumes zur jeweiligen Zeit. Das Fortschreiten wissenschaftlicher Erkenntnis führte somit immer zu schweren Kollisionen mit den jeweils zeitgegebenen akademischen Lehrmeinungen.

Jeder Mensch ist irgendwie zu meinen versucht, die Wahrheit gepachtet zu haben und ihr Hüter zu sein. Diese pharisäische Sünde verführte schon immer zur Blockierung und Unterdrückung neuer Konzepte. Daraus erwuchsen schwerste Konflikte mit übelsten Mißständen. Das Wirken des Geistes ist unermeßlich weiter und mächtiger als menschliches Vermeinen je umfassen könnte.

Naturgemäß ist jedes neue Konzept mit Irrtümern und Mängeln belastet. Naturgemäß wurden neue Konzepte immer bekämpft; vor allem jene, welche nach Jahren und oft Jahrhunderten zur Basis eines vertieften Verständnisses wurden. Aber gerade diese Auseinandersetzungen dienten der Vertiefung der Erkenntnis; auch in der Lehr-Verkündigung.

Heute mehr denn je ist an das Neue in lebendiger, ungezwungener, unvoreingenommener Betrachtung heranzugehen; auch unter Verzicht auf Systematik und Einheitlichkeit, auch unter Inkaufnahme von Konfrontation und Angreifbarkeit.

Am Fortschreiten der Einsichten scheitern natürlicherweise die zeitbedingten Meinungen der Theologie wie jeder Wissenschaft. Der Demagoge versucht zwar, dies als Erschütterung der kirchlichen Lehre auszuspielen. Der Einsichtige erkennt aber, daß gerade in den jüngsten Durchbrüchen die von der Kirche seit jeher gelehrten Wahrheiten in einer bisher nie geahnten Kraft, Weite und Tiefe aufleuchten: als überweltliche Wahrheit des schöpfungs- und offenbarungsmächtigen Gottes.

Bernhard Philberth
Oktober 1994

DER SOUVERÄN

Die Heiligen vor Gott

Erstaunliche Reden erheben die Heiligen in der Apokalypse zum Absoluten Souverän. Sie rufen Ihn an als "Unser Gott".

Off 4,11 Würdig bist Du, unser Herr und Gott,
Herrlichkeit und Ehre und Macht zu empfangen.
Denn Du bist es, der das All erschaffen hat,
durch Deinen Willen war es und wurde es erschaffen.

Die Heiligen ehren den Souverän als Schöpfer des All, daß Er würdig sei, Ehre, Herrlichkeit, Macht zu empfangen.

Off 7,12 Amen. Lobpreis und Herrlichkeit und Weisheit
und Dank, Ehre und Macht und Stärke
unserm Gott in Ewigkeit. Amen.

Die Heiligen wollen, daß Lobpreis, Dank, Herrlichkeit, Macht ihrem Gott zukommen.

Off 11,17 Wir danken Dir, Herr und Gott und Herrscher
des Alls, der ist und der war;
denn Du hast Deine große Macht empfangen
und Deine Herrschaft ergriffen.

Off 12,10 Jetzt ist gekommen die Rettung und die Macht
und die Herrschaft unseres Gottes
und die Vollmacht Seines Gesalbten.

Die Heiligen danken ihrem Gott, dem Ewigen, daß Er die Macht angenommen hat und ausübt, daß ihre Rettung und Seine Herrschaft gekommen ist und Seinem "Christus" Vollmacht zukommt.

Off 15,3 Groß und wunderbar sind Deine Werke,
Herr! Gott und Herrscher des Alls!
Deine Wege sind gerecht und wahr,
König aller Zeiten!

Die Heiligen bewundern die Werke und Wege Gottes, ihres immerwährenden Königs, als groß, gerecht und wahr.

Off 19,1 Halleluja!
Das Heil und die Herrlichkeit und die Macht
ist bei unserem Gott.
Die Urteile Seines Gerichts sind wahr und gerecht.
Amen.

Die Heiligen jubeln, daß Gott ihnen zum Heil geworden ist, indem Er in Seiner Herrlichkeit und Macht gerecht richtet.

Und der Absolute Souverän antwortet dem Heiligen:

Off 21,7 "Ich will ihm Gott sein, und er soll Mir Sohn sein".

Gott bedarf nicht der Ehrung durch Menschen. Er bedarf nicht des Dankes, der Bewunderung, des Jubels der von Ihm Geschaffenen. Und doch schaut Gott aus nach dem Hoffen, dem Wünschen, dem Erwarten der Heiligen.

Im Gebet, das Gott selbst gegeben hat, lehrt Gott den Menschen zu bekunden: "Vater unser im Himmel. Geheiligt werde Dein Name. Dein Reich komme. Dein Wille geschehe wie im Himmel so auf Erden." Die Gott Anrufenden wünschen, daß Sein Name geheiligt werde, daß Sein Reich komme, daß Sein Wille geschehe.

Warum ist es nicht selbstverständlich, daß der Name dessen, der das All geschaffen hat, heilig ist, daß das von Ihm Geschaffene Sein Reich ist, daß Sein Wille zwingend ist? Unfaßlich: Viele Menschen wollen nicht, daß Gott Herrlichkeit und Ehre und Macht zukämen, und halten Ihn dessen nicht für würdig. Sie ehren Seinen Namen nicht, wollen Sein Reich nicht, erfüllen Seinen Willen nicht. Sie lehnen Gott als Souverän ab.

Die Heiligen jedoch bekunden, daß sie den souveränen Schöpfer alles dessen, was existiert, den Schöpfer des Weltalls, für würdig erachten, Herrlichkeit und Ehre und Macht zu empfangen, und daß sie ersehnen, Er möge diese annehmen. Und so nimmt der Absolute Souverän Herrlichkeit, Ehre, Macht an. Und der Absolute Souverän, der in dankenswerter Erfüllung des Wunsches der Heiligen Herrlichkeit, Ehre und Macht annimmt, gibt Seinem Gesalbten (dh Christus) die Vollmacht.

Die Heiligen, die durch Christus, in Christus, als Christus mit Gott vereint sind, erhalten selbst Herrlichkeit, Ehre und Macht. Gott, der eine und einzige Gott, ist der "Ganz Andere" und ist zugleich die "Gemeinschaft der Heiligen". Gott vereint alles in Sich, das Eine und das Andere. Er ist "alles in allem".

Von wem nimmt Gott Herrlichkeit, Ehre, Macht entgegen; von den Heiligen, von Seinen eigenen Geschöpfen? Wieso können diese Geschaffenen dem Herrn und Schöpfer überhaupt irgend etwas geben? Erstaunt fragt man: Hat es "DER DER IST", der alles Seiende aus dem Nichts ins Dasein ruft, vor dem das All wie ein Hauch ist, nötig, Herrlichkeit und Ehre und Macht zu empfangen? Muß Gott irgend etwas von Wesen empfangen, die Er selbst geschaffen hat, die Er grundlos entstehen und vergehen lassen kann?

In dieser Ungeheuerlichkeit gründet das unhinterfragbare, unauslotbare Geheimnis der Heiligkeit und Verdammnis.

Dienst und Freiheit

Der schöpfungs-allgewaltige Gott schafft, was Er will, wie Er will, wen Er will. Er schafft als uneingeschränkter Gesetzgeber. Der absolute Souverän ist an nichts, überhaupt nichts gebunden. Aber kraft Seines souveränen, schöpfungsmächtigen und gesetzgebenden Willens will er geschaffenen Wesen an Seiner Gottheit Anteil geben und sie in Sein ewiges Leben eingehen lassen. Kraft dieses Seines souveränen Willens will Er aber nur jenen Geschaffenen an Seiner Macht und Herrlichkeit Anteil geben, nur jene in Sein ewiges Leben eingehen lassen, die Ihn als Gott, Herrn und Richter wollen und frei wählen.

Die Heiligen sagen zum Absoluten Souverän: "Wir wollen, daß Du unser Gott, unser Herr und Richter bist; wir wollen Deine Diener sein." Und Gott sagt zum Heiligen (Off 21,7): "Ich will ihm Gott sein, und er soll Mir Sohn sein."

Jeder Mensch ist frei, die Einladung Gottes, Sein Sohn zu sein, anzunehmen oder abzulehnen. Er nimmt diejenigen als Seine Söhne, als Seine Kinder an, die Ihn als Vater haben wollen und Seinen Namen heiligen. In dieser Erwartung beginnt das Gebet des Herrn: "Vater unser im Himmel, geheiligt werde Dein Name."

Den Namen Gottes zu heiligen, heißt Gott die Ehre geben. Ein Volk, das die Ehre seiner Bürger gesetzlich schützt, aber Gott verunehren läßt, verwirkt, Sein Volk zu sein. Wer Gott nicht ehrt und Ihm nicht dient, hat Gott nicht als fürsorgenden Vater und Herrn.

Der Heilige macht sich selbst zum Diener Gottes: er gehorcht den Geboten des Herrn. Das erste Gebot des Herrn über Leben und Tod, das erste Gebot, "an dem alles hängt", ist: Gott und den Mitmenschen zu lieben. Und so dient der Heilige dem Herrn, indem er sich dem Mitmenschen in liebendem Dienst hingibt: "Vollkommenheit allein ist in der Liebe und Hingabe".

So dient in der Heiligkeit jeder jedem; nicht gezwungen, sondern in freier Entscheidung, in der Freude des Liebenden. Jeder freut sich, im Bedientsein erfreut zu werden. Und so ist jeder bedient, wie nie ein Machthaber dieser Welt je bedient worden ist und je bedient werden wird.

Auch in der Heiligkeit gibt es "Kleine und Große". Aber weil jeder, mit allem, was er ist und hat, sich an den anderen verschenkt, ist groß oder klein zu sein kein Unterschied, kein Mangel. Der Heilige wählt selbst, groß oder klein zu sein und dazwischen nach Belieben zu wechseln. Er wählt eigentlich gar nicht: Er läßt sich mit allen Formen des Lebens, die der Schöpfer in Vielheit und Verschiedenheit, in Überfülle anbietet, vom Absoluten Souverän beschenken.

Für die, die dem Gebot des Herrn gehorchen und einander in Liebe dienen, ereignet sich etwas grenzenlos Unfaßbares: "Der Herr selbst gürtet sich und bedient sie" (Matthäus). Ja sogar: "Der Herr gürtet sich und bedient jeden einzelnen von ihnen" (Lukas 12,37).

Der Schöpfer dient den Heiligen, die sich Ihm und Seinem Gebot unterworfen haben, mit allem, was er je geschaffen hat und je schaffen wird. Er macht sie zu den Herren über alles von Ihm Geschaffene: "Er läßt sie sitzen auf Seinem Thron" und : "Was kein Auge je geschaut und kein Ohr je gehört hat, hat Gott denen bereitet, die Ihn lieben" (1 Kor 2,9). Der Herr dient den Heiligen in der Freude, ihnen Freude zu bereiten, aus reiner Liebe. Die Herrlichkeit, mit der der allmächtige Herr den Seinen dient, ist grenzenlos: "Brüder, ich halte dafür, daß das Leiden dieser Welt in keinem Vergleich steht zu der Herrlichkeit, die an uns offenbar werden soll" (Paulus, Röm 8,18).

So wird die Unterwerfung unter die Herrschaft Gottes zur grenzenlosen Freiheit, Herrlichkeit und Macht für die Heiligen. Der Absolute Souverän erzwingt sich Herrschaft und Herrlichkeit nicht. Er zwingt niemand. Die Heiligen bieten Herrschaft und Herrlichkeit in freier Entscheidung dem Souverän an. Und Er übernimmt Herrschaft und Herrlichkeit und gibt sie – aus Seinem souveränen Willen – an die Heiligen zurück. In pulsierendem Leben strömen grenzenlos, unentwegt Herrlichkeit und Herrschaft, Macht und Gewalt, Ruhm und Preis von Gott zu den Heiligen und von den Heiligen zu Gott. Unser Gott ist den Heiligen als der regierende Souverän von Angesicht zu Angesicht gegenüber. Zugleich sind aber die Heiligen in Christus, dem wahren Gott, vereint mit Gott, dem dreifaltig Einen. Die triumphierende Kirche ist eins mit Gott.

Im unergründlichen Geheimnis des All-Seins Gottes ist Gott der Andere und zugleich der Eine; ist Er der "Ganz Andere" und zugleich die "Gemeinschaft der Heiligen" von Ewigkeit zu Ewigkeit.

Wandel mit Gott

In dieser Welt ist die Gemeinschaft der auf Gott Hinlebenden, ist die Kirche, der mystische Leib Christi: die Gemeinschaft derjenigen Menschen, die sich für Gott in Christus entschieden haben. Der Glaube an Gott – an Seine Existenz und an die Erlösung durch das Kreuz Christi – öffnet die Möglichkeit zur Entscheidung für Gott. Die Hoffnung auf Gott – auf Seinen Erlösungswillen und auf die Einladung in Sein Reich – bewegt zur Entscheidung für Gott. Die Liebe zu Gott – zu Ihm untrennbar gehören zu wollen, mit Ihm ewig vereint sein zu wollen – vollzieht die Entscheidung für Gott.

Glaube, Hoffnung und Liebe sind Geschenke der Gnade des Herrn, die derjenige erhält, der sie ersehnt, erstrebt, erbittet. Die an Gott glauben, auf Ihn hoffen und Ihn lieben, die ersehnen, erstreben und erbeten den "Wandel mit Gott".

Die Zuwendung zu Gott ist das Gebet. Im Gebet spricht der Mensch zu Gott. Das Gebet ist der Weg zum Heil. Im Versiegen des Gebets beginnt der Abfall. In vielen Arten des Gebetes wendet sich der Mensch an Gott.

Die Tages- und Stunden-Gebete sind wie ein Gerüst, an welchem man Rückhalt findet. Zur vorgeschriebenen Zeit ist man nicht immer zur Andacht befähigt. Aber gerade deshalb ist das Regular-Gebet der Anker, welcher das Abdriften aufhält und das Tor zur andächtigen Begegnung mit dem Herrn offen hält.

In immer wieder neu freudigem Andenken an Gott – im Ruhen oder Gehen, Arbeiten oder Reden, Erholen oder Feiern – durchdringt und erfüllt die Gegenwart Gottes das Leben. Das Leben selbst wird zum Gebet, wird zum Wandel mit Gott. Der mit Gott Wandelnde erfüllt die Gebote des Herrn. Er erfüllt sie mit Freude in der Liebe zu Gott. Es kommt – auch unter Bedrängnis und Verfolgung – zur Geborgenheit in Gott. "Die Freude am Herrn ist euer Schutz."

Und schließlich erhebt sich das Gebet des für Gott Entschiedenen zur Anschauung der Schöpfung als Gottes herrliches Werk und damit zur Anschauung Gottes selbst. Dieses Gebet der Anschauung der Herrlichkeit und Macht und Größe Gottes ist lebendiger Lobpreis, welcher dereinst einmündet in den ewigen Jubel der Heiligen.

Herrschaft und Sklaverei

Der allmächtige Gott zwingt keinem Geschaffenen Seine Herrschaft auf. Dieser furchtbare Gott gibt jedem Geschaffenen die schauerliche Freiheit, Seine Herrschaft abzulehnen. Und in unermeßlicher Großzügigkeit erhält jeder von Gott, für was er sich entscheidet. Wer die Herrschaft Gottes ablehnt, "sondert" sich von Gott, er "sündigt". Denen, die sich von Ihm lossagen, gibt Er eine Welt, in der Er nicht herrscht.

Er gibt ihnen ihr volles Erbteil; Welten mit allen Schätzen und Reserven, damit sie sich daraus ein Paradies bereiten können und sollen. Es gibt wohl sogar höllische Welten mit paradiesischem Glanz; bevölkert von Wesen, die zwar Gott abgelehnt haben, aber nicht übeltaten. Gott ist gerecht und barmherzig auch zu denen, die sich von Ihm sondern. Wie immer: Die sich abgesondert Habenden, die Sünder, sagen in ihren Welten: "Gott ist tot". Und Gott sagt: "Ich kenne euch nicht".

Luzifer, der "Andere Alte", hat von dieser Freiheit Gebrauch gemacht. Im Angesicht Gottes sagte er: "Ich will sein wie Gott, ich will nicht dienen". Gott erfüllte seine Forderung nach Souveränität – und so wurde er mit seinem Anhang der "Fürst dieser Welt", einer von Gott sich absondernden Welt.

Wer Gott nicht dienen möchte, will erst recht keinem Geschaffenen dienen. Der Griff nach der Herrschaft in gefallenen, von Gott gesonderten Welten wird damit zwangsläufig zur Gewaltherrschaft. Der Starke zwingt den Schwachen sich zum Dienst; klein zu sein ist Qual. Der Starke kämpft auf Leben und Tod um seine Vorherrschaft; groß zu sein ist Qual. Haß und Neid werden zwangsläufig die Motoren der Gesellschaft. Gewalttat, Unterdrückung, Ausbeutung, Betrug, physische und psychische, sittliche und spirituelle Entwurzelung, Entehrung und Entrechtung des anderen wird zur Basis des Kampfes eines jeden gegen jeden. Lüge und Mord werden die Prinzipien der Existenz in den vom Tod gezeichneten höllischen Welten.

Die Tötung, die Vernichtung des Schwächeren durch den Stärkeren, des Dümmeren durch den Intelligenteren, des Ärmeren durch den Reicheren – unter den Einzelnen und Familien, unter den Gesellschaften und Institutionen, unter den Nationen und Machtblöcken – wird zum herrschenden Pseudo-Ethos, wird zum Prinzip des Lebenskampfes, der Auslese, des "Fortschritts". Der "Vater der Lüge und Mörder von Anbeginn" (Joh 8,44) ist der Gewaltherrscher dieser unserer Welt.

Die "Freiheit" von Gott wird zur absoluten Sklaverei im Herrschaftsanspruch eines jeden über jeden. Die Absonderung von dem, der "das Leben ist", ist in sich der Tod. Es ist die Nichtigung nach grauenvoll langen Epochen, bis zum "Verprassen des mitbekommenen Erbteils", bis zur Erschöpfung der in die Absonderung mitgegebenen, gigantischen Reserven.

Abfall von Gott

Die Sonderung von Gott ist Abfall von Gott. Wer den Geist der gefallenen Welt anbetet und sich von ihm leiten läßt, will den Absoluten Souverän nicht als Gott, Herrn und Richter wahrhaben.

Im Atheismus wird die Existenz Gottes geleugnet. Alles Sein wird als in sich und aus sich gegeben behauptet. Im Materialismus wird Gott durch die Materie ersetzt. Allmacht, Allwissen, Allgegenwart wird der Materie zugeschrieben. Im Agnostizismus wird die prinzipielle Unmöglichkeit eines Wissens von Gott behauptet. Das Wort Christi, die Verkündigung der Kirche, der Ruf der Propheten wird als Wort Gottes geleugnet.

In der Endzeit kommt alles zur Vollendung; auch die Freiheit der Entscheidung. Unter dem gewaltigen Druck der Wissenschaften und Faktizitäten brechen die meisten ideologischen Theologie-Konzepte, mit denen armseliger Menschengeist sich Gottes zu versichern bemühte, zusammen. Diese Theologie wird in einer ihre Existenz bedrohenden Krise geläutert; sie wird von allem Beiwerk menschlichen Wähnens und Hoffens gereinigt. Gott duldet keine Konzepte neben sich, die sich anmaßen, Ihn zu umfassen. Wie sollte der Schöpfer allen Seins – auch aller Denkgesetze, aller Denkmöglichkeiten, aller Denkapparate – von solchem Denken umfaßbar sein; also menschlichem Denken unterwerfbar sein?!

Aber auch alle atheistischen, materialistischen, agnostischen Konzepte brechen zusammen und werden in ihrer Primitivität offenbar. Im Abfall von Gott erhebt sich eine satanische Mystik mit eisenharter innerer Konsequenz, welche die Herrschaft über die Erde übernimmt: der luziferische Deismus. Dieser wird herrschen bis zu seiner Vernichtung durch Christus, durch Gott selbst am Ende der Zeiten.

Vor der Majestät Gottes brechen alle menschlichen Erkenntnismöglichkeiten zusammen; seien sie zu Ihm oder gegen Ihn gerichtet; sie brechen zusammen als eitler Wahn. Obgleich immer weniger dem hoffärtigen Denken beweisbar, obwohl der menschlichen Ratio immer mehr entgleitend, wird aber die Großartigkeit und Herrlichkeit Gottes in Seinem Werk und Wort immer gewaltiger und überzeugender offenbar. Für den, der Gott will und sucht, wird Gott im strahlenden Licht überweltlicher Wahrheit erkennbar. Gott gibt sich wunderbar zu erkennen dem, der alle menschlichen, weltlichen Sicherheiten verachtet und der sich für Ihn von Person zu Person entscheidet.

Es öffnet sich eine urgewaltige Freiheit: die Freiheit der Entscheidung für oder gegen Gott.

Entscheidungswelt

Das Leben in dieser Welt entscheidet, ob ein Mensch nach dem Durchleben dieser Welt in den Himmel oder in die Hölle eingeht. Ist diese Scheidung einmal vollzogen, so ist sie für immer vollzogen, so ist diese unwiederbringbar. In dieser Welt ist ein beständiger Kampf zwischen Gut und Böse. Gott begegnet dem Menschen in dieser Welt als einem in die Freiheit der Entscheidung gestellten Geschöpf.

Gott straft in dieser Welt die sich Ihm Zuwendenden in "Heimsuchungen", um sie in Sein Reich des ewigen Lebens in grenzenloser Herrlichkeit heimzusuchen. Er straft sie zu ihrem Heil, aber läßt sie nicht aus Seiner Hand. Er bereitet ihnen Dasein in Seinen himmlischen Welten. Es ist ein Leben in ewiger Ruhe; für immer erlöst aus der Bedrohung durch Abfall und Nichtigung, nie mehr verändernd befreit aus der Sklaverei von Raum und Zeit. Es ist ein Leben in feurigem Erleben; für immer in Seiner heiligen Gegenwart, immer neu beschenkt mit all Seinen Schöpfungswerken über unermeßliche Räume und Zeiten, über unzählbar viele und unerschöpflich vielartige himmlische Kosmen.

Gott straft aber nicht, die sich von Ihm abwenden. Die sich von Ihm gesondert haben, überläßt Er sich selbst. Zu ihnen sagt Er die unfaßbaren Worte: "Amen, amen, Ich kenne euch nicht, Ich weiß nicht, woher ihr seid". In vom Schöpfer, dem lebendigen Gott gelösten Kosmen, in höllischen Welten, verschwinden die Verdammten vor dem Angesicht dessen, der selbst sie geschaffen hat, im "Zweiten Tod". Aus dem Sein des lebendigen Gottes und aus dem Bewußtsein der Heiligen verschwinden sie wie nie gewesen.

Es gibt zahllos viele und unterschiedliche himmlische Welten. Es gibt zahllos viele und unterschiedliche höllische Welten. Jede der unzählbar vielen Welten ist jeweils ein ganzer Kosmos mit eigenen Zeiten und eigenen Räumen. Zahllos viele Kosmen sind gigantisch groß: wie dieses "Weltall", in dem wir leben, und größer als dieses.

"Der Himmel" ist die Vielzahl der himmlischen Welten, der Vereinigung mit dem Absoluten Souverän. "Die Hölle" ist die Vielzahl der höllischen Welten, der Absonderung vom Absoluten Souverän. Und zwischen Himmel und Hölle ist eine unendliche, nicht überkommbare Kluft.

Es gibt zudem viele Entscheidungswelten; ebenfalls ganze Kosmen. Diese irdischen Kosmen sind irgend wie "zwischen" den himmlischen und den höllischen Kosmen; durch unüberkommbare Kluft geschieden.

Unüberkommbare Kluften bilden sich bis in die niedersten Bereiche irdisch-physikalischer Existenz ab. Aufgrund der quasi-Unendlichkeit der Invarianzgeschwindigkeit ergeben sich auch schon unüberkommbare Kluften etwa zwischen raumartigen und invarianzartigen und zeitartigen Wellen und ergeben sich an den oberen und unteren Existenzgrenzen des Kosmos mit dem Weltpotential und dem Grenzpotential.

Erst in der Erkenntnis zwar endlicher, aber quasi-unendlicher Größen und Mächtigkeiten und den damit gegebenen unüberkommbaren Kluften und Grenzen wurden unlösbar scheinende Probleme wie von selbst klar. Das frühere Fehlen der Kenntnis dieser ungeheuerlichen Grenzen und ihres Wesens zeugte schwere Krisen in der Geistesgeschichte der Menschheit. Diese physikalisch-kosmischen Existenzgrenzen, mit ihren quasi-unendlichen Horizonten, sind selbst schon dem klassischen Denken kaum faßbar. Sie lassen ahnen, wie gewaltig die existentiellen Horizonte vor dem absoluten Sein Gottes sind.

Unendliche Existenzhorizonte scheiden die irdischen Kosmen nach oben von den himmlischen und nach unten von den höllischen Kosmen; umsomehr die himmlischen von den höllischen Kosmen. Diese unendlichen Kluften sind von keinem Geschaffenen überkommbar. Nur der über allem Sein und Nichts thronende "Richter über Lebende und Tote" überkommt diese Kluften. Im "Schiedspruch" des allmächtigen und ewigen Gottes, des Absoluten Souveräns, scheiden die Heiligen von den Verdammten; einmal für immer.

Übergang

Die Heiligen gehen ein in die Herrlichkeit ihres Herrn und Gottes; mit Ihm vereint, als Seine Kinder Sein ewiges Leben erbend: "Geht ein in die Freude eures Herrn; nehmt in Besitz das Reich, das euch seit jeher bereitet ist".

Dies ist ein Übergang in andere Kosmen. Unser Kosmos ist von höllischer Grundstruktur; der Heilige geht aber über in einen himmlischen Kosmos: "Mein Reich ist nicht von dieser Welt". Die Heiligen waren in dieser Welt schon "Fremdlinge, Pilger, Heimatlose" geworden – und gehen nun in ihre wahre Heimat, in das Reich ihres Vaters, in himmlische Kosmen.

Kein Geschaffener kann aus sich in einen anderen Kosmos übergehen. Der Übergang geschieht allein im Schiedsspruch des Richters über Lebende und Tote. Wenn "Christus als Richter wiederkommt", werden die Heiligen "mitgenommen". Das Evangelium sagt: "Zwei Menschen liegen auf einem Lager; einer wird mitgenommen, einer bleibt zurück".

Paulus spricht von "Entrückung". Die Vorstellung von einer Entrückung hat in der Kirche kaum fußgefaßt. Es ist vermutlich ein wie normaler Vorgang: ein Vergehen in, aus, von dieser Welt und Aufleben in einem himmlischen Kosmos; vergleichbar Tod und Geburt. In Sekten hat die Vorstellung der Entrückung vielfach abenteuerliche Erwartungen erweckt. Diese Entrückung besagt etwas unfaßbar Gewaltiges, der Welt entzogenes und der Welt fremdes, auch wenn sich dies unscheinbar, vielleicht sogar der Welt unbemerkbar vollzieht.

Himmlische Welten sind unendlich geschieden von irdischen Welten; auch von dieser Welt. Der "Heimgang" des Heiligen ist ein Übergang von einem zeitlichen in ein ewiges Leben. Es ist der totale Wechsel der Grundlage des Lebens und jeglicher Existenz. Jeder System-Wechsel ist in der Regel eine krisenhafte Umstellung; erst recht dieser unendliche Übergang.

Unsere Welt ist durch die potentielle Gegenwart des Infernalen so stark mitgeprägt, daß nur wenige Hochbegnadete schon hier dem himmlischen Leben nahe sind. Wenn der Herr nicht starke Ablässe schenkt, durchlebt der von einer irdischen in eine himmlische Existenz Übergehende eine schwere Krise. Diese ist das Purgatorium.

Das Purgatorium ("Fegefeuer", eigentlich "Reinigungs-Zustand") ist ein Übergangs-Zustand: ist Reinigung im sehnsüchtigen Erwarten der Anschauung Gottes und der Herrlichkeit Seines Reiches. Es ist eine Gnade Gottes, der die bereits zur Heiligkeit Bestimmten den Gefahren der Entscheidung entrückt, um sie dennoch makellos in die Gemeinschaft der Heiligen eingehen zu lassen. Zwar ist das glühende Verlang-en nach dem Herrn ein reinigendes Feuer; aber doch freudiges Überkommenwerden von der Herrlichkeit Gottes, um für immer zu verbleiben.

Die Entrückung und das Fegefeuer, die so sektiererisch und antiquiert anmuten, sind somit sehr nüchterne, beinahe normale Vorgänge. Fast alle theologischen Interpretationen, die heute so unwirklich und oft läppisch empfunden werden, treffen doch eine tiefe Wahrheit. Diese konnte nur zu ihrer Zeit niemand in ihrer Tiefe begreifen; auch die höchst Gebildeten und Geschulten nicht.

Das ist gerade die Aufgabe der Theologie: die Wahrheit der Verkündigung in der Sprache, in den Bildern und Vorstellungen der jeweiligen Zeit und des jeweiligen Raumes darzustellen. Auch Christus tat so: "Er redete in Gleichnissen zu ihnen", etwa:

Den "geistigen Leib", von dem Er und Paulus sprechen, den Er am Berg der Verklärung und nach Seiner Auferstehung den Jüngern zeigte, konnte niemand begreifen. Wie eine Mutter ihren Kindern Wahrheiten in ihnen begreifbaren Gestalten darstellt, so vollzog Christus Seine Auferstehung mit Seinem materiellen Körper; zeichenhaft, den Menschen begreiflich. Der Schöpfer aller Kosmen bedarf nicht des Übergangs der armseligen Aminosäuren und Pyridinbasen unseres Fleisches in andere Kosmen; schon gar nicht, um damit dort Seine Heiligen ewig zu belasten.

Ebenso ist etwa die "Himmelfahrt Christi" eine den Jüngern begreifbare, zeichenhafte Aufzeigung eines ihnen an sich unbegreifbaren Überganges; eines überweltlichen Vorganges, der alles menschliche Begreifen grenzenlos übersteigt.

Ergeben sich auch für die Verdammten krisenhafte Übergänge? Christus spricht von "Heulen und Zähneknirschen" der Verdammten in höllischer Welt, in der Finsternis. Auch die höllischen Welten sind quasi-unendlich geschieden von irdischen Welten. Aber es wird nichts von Übergangs-Zuständen berichtet. Man kann nur vermuten:

Als gefallene Welt ist diese irdische Welt bereits höllenartig. Sie ist jedoch deshalb von höllischen Welten noch quasi-unendlich geschieden, weil himmlisches Leben noch potentiell gegenwärtig ist. Hier ist zwar höllisches Leben die Regel, aber noch nicht unwiderruflich vollzogene Tatsache. Was ist aber, wenn im Jüngsten Gericht die Heiligen in ihre Heimat bei Gott "mitgenommen" worden sind – und wenn der Geist Gottes diese Welt verlassen hat? "Stürzt" der Verdammte dadurch in die Hölle, daß er schlicht – für immer unabänderlich – in dieser Welt verbleibt; in einer Welt, die in der "Gottverlassenheit" eben zur höllischen Welt wird?

Die Verdammten hatten sich für diese Welt und deren Geist entschieden – und wollten hier keinen Gott. So erfüllt der Absolute Souverän ihren Willen und verläßt die Welt; die Heiligen, die schon in dieser Welt zu Fremdlingen, Pilgern, Heimatlosen geworden waren, mit sich in Sein Reich nehmend. Die "Kinder dieser Welt" bleiben eben in dieser ihrer Welt zurück, die im Verlassen alles Heiligen von Gott verabsondert und zur Hölle wird.

Die Tatsächlichkeit ist aber sicher sehr viel umfassender, als alle menschliche Vorstellung sich ausmalen könnte. Gelangen vielleicht verschiedenartig von Gott Abgefallene in verschiedenartige höllische Kosmen; ihrer Art entsprechend, vielleicht sogar nach einem "Gesetz minimaler Änderung"? Sollen und brauchen wir überhaupt solche Fragen stellen? Christus und die Apostel gaben darüber keine Auskunft; warum auch? Die Hölle ist doch gar nicht unsere Wahl. Wir sind zum ewigen Leben in Gott berufen – und dieses verkündet Christus und die Kirche, die uns dahin führen will. Der Himmel sind die Welten immerwährenden Gedenkens Gottes, "er ist in Mir"; die Hölle aber sind die Welten der niewiederkehrenden Erkenntnis von Gott, des Vergessens Gottes, "Ich kenne euch nicht".

Diese irdische Welt ist selbst weder eine himmlische noch eine höllische Welt. In dieser irdischen Welt existieren real und faktisch keine himmlischen oder höllischen Welten: in der Raumzeit dieses Kosmos sind sie nicht hier und nicht dort, sie waren nicht gewesen und werden nicht sein. In dieser irdischen Welt sind die himmlischen und höllischen Welten aber virtuell existent, potentiell gegenwärtig: als kommende Möglichkeit für die in der Entscheidung Stehenden.

Relationalität und Ewigkeit

In dieser Welt ist Hölle wie Himmel potentiell gegenwärtig: als frei vollziehbare Entscheidung. Nach dieser Entscheidungswelt, mit der Scheidung der Heiligen und Verdammten im Jüngsten Gericht, schwindet auch die potentielle Gegenwart der höllischen Welten für die Heiligen aus dem Dasein, und schwindet die potentielle Gegenwart der himmlischen Welten für die Verdammten aus dem Dasein. Es ist, als würden die himmlischen und höllischen Welten relational zueinander aus dem Dasein schwinden; wie nie gewesen.

Unheimlich haben dann sogar alle Recht.

Die Verdammten sagen: "Wir wußten es doch, daß es keinen Gott gibt". Unwirklich ferne erinnern sie sich an Narren, die an einen guten, gerechten, liebenden Gott glauben, und die sich Seinetwegen von uns ausbeuten ließen. Die Verdammten fragen sich, "Wo sind diese Toren denn jetzt mit ihrem Gott, von dem sie ewiges Heil zu erhalten wähnten? Vielleicht haben sie ihre Torheit eingesehen und sind mit unter uns?"

Die Heiligen sagen: "Wir wußten doch, daß unser Gott lebt, der als liebender Vater und gerechter Richter unverlierbar mit uns ist". Unwirklich ferne erinnern sie sich an Abwegige, die Gott ablehnten und dem Geist der Welt anhingen, von denen sie bedrängt wurden und die auch einander bedrängten. Die Heiligen fragen sich: "Wo sind diese Armseligen ohne Gott jetzt? Vielleicht haben auch sie Gott erkannt und sind mit unter uns?"

In Bezug auf eine jede irdische Welt sind die himmlischen und sind die höllischen Welten wie an einem unerreichbaren quasi-unendlich entfernten Existenz-Horizont. In Bezug auf eine jede himmlische Welt sind die irdischen Welten wie an einem quasi-unendlichen Existenz-Horizont, sind aber höllische Welten nicht existent: die irdischen Welten sind gleichsam nur wie ferne Ur-Erinnerungen gegenwärtig, die höllischen Welten aber aus dem Dasein geschieden, wie nie gewesen. In Bezug auf eine jede höllische Welt sind die irdischen Welten wie an einem quasi-unendlichen Existenz-Horizont, sind aber himmlische Welten nicht existent: die irdischen Welten sind gleichsam nur wie ferne Ur-Erinnerungen gegenwärtig, die himmlischen Welten aber aus dem Dasein geschieden, wie nie gewesen.

Gleichsam sind die himmlischen und die höllischen Welten – relational zueinander – aus dem Dasein verschwunden. Diese unheimliche Relationalität ist selbst existentiell: keine geschaffene Existenz vermag einen Standpunkt einzunehmen, der die Mächtigkeit dieser Existenz-Relationalität übergreifen könnte. Schon darüber zu reden ist leer. Die sich einander existentiell ausschließenden Welten des Himmels und der Hölle sind – wechselseitig füreinander – nicht existent; wie an unendlichen, unüberkommbaren, abgrundlos unheimlichen Existenz-Horizonten aus dem Sein ins Nichts verschwunden.

Begründet diese wechselseitige Relationalität eine Art von Gleichberechtigung der höllischen und himmlischen Welten, ist dies ein doch irgendwie gleichartiges Verschwinden aus dem Dasein? Dies ist eine den Existenzhorizont selbst berührende, nicht mehr stellbare Frage: weil eben Himmel und Hölle absolut existentiell geschieden sind. In einer gefährlichen Hybris des Geistes sei doch darüber gesprochen, um es sodann – wie einen Alptraum abstreifend – wieder zu vergessen:

Im Aspekt der Heiligen: Das Schwinden der Hölle aus dem Dasein der Himmlischen ist gleichsam die Bejahung des Todes der Verdammten. Im Reich des Lebens ist alles Bejahung, ist alles Leben. Im Aspekt der Verdammten: Das Schwinden des Himmels aus dem Dasein der Höllischen ist gleichsam die Verneinung des Lebens der Heiligen. Im Reich des Todes ist alles Verneinung, ist alles Tod. Aber sogar dieses "gleichsam" existiert nicht: jede Projizierung höllischer Existenz auf den Himmel und jede Projizierung himmlischer Existenz auf die Hölle ist existenznichtigender Wahn; nicht existierend, für immer zu vergessen.

Himmel und Hölle schließen einander absolut existentiell aus. Es ist die absolute Ausschließung von Leben und Tod. Es ist die absolute gegenseitige Ausschließung von Ewigkeit des Lebens in der Vereinigung mit Gott und von der Leere des Todes in der Trennung von Gott. Nur in Gott, nur vereint mit Gott ist wahres Leben, ist DAS LEBEN. Nur dieses wahre Leben ist ewig; nur Gott ist ewig. Gesondert, getrennt von Gott ist DER TOD. Der "zweite Tod", der Tod in der Absonderung von Gott als dem allein in Ewigkeit Lebenden, ist wesenhaft nicht ewig. Im Tod wird der Begriff "ewig" in sich nichtig; "einmal für immer" ist nicht ewig. Dazu ein Gleichnis:

Vor mir lag ein eigenartiges Gemälde, das soeben verbrennend verging; einmal für immer. Ist dieses nun ewig verendet? Was ist ein ewiger Tod? Dies ist überhaupt eine falsche, mißbräuchliche Benutzung des Wortes "ewig"; zu tiefen Mißdeutungen Anlaß gebend.

Das Wort "ewig" sei nur in dem totalen Sinn der christlichen Verkündigung genommen: Ewig ist nur Gott selbst; aber auch der mit Ihm vereinte Heilige, aufgrund und nur aufgrund der Vereinigung mit Gott.

Die Ewigkeit Gottes ist das Ungeschaffen-Sein jenseits aller Räume und Zeiten aller Kosmen. Gott ist JAHVEH. Die Ewigkeit ist jenseits aller Räume, aller Zeiten, aller Kosmen, die die Allmacht des ewigen Gottes ungewesen entstehen und gewesen vergehen läßt; die das Wort des souveränen Gesetzgebers aus dem Nichts in das Sein ruft und aus dem Sein in das Nichts schwinden läßt. Ewig ist nur der mit Gott Vereinte; mit Christus, der selbst "gezeugt, nicht geschaffen" ist.

Christus spricht oft von einem ewigen Leben im Himmel; nie von einem ewigen Leben in der Hölle. Im "nie verlöschenden Feuer" der Hölle sind grauenhafte Existenzen der Verdammten in unentwegter Nichtigung; aber kein ewiges Leben irgend eines Verdammten. In der totalen Absonderung von Gott, der allein das Leben ist, ein "ewiges Leben" zu unterstellen, ist der totale Widersinn.

Ein Meer brandet gegen einen Strand. Dieser Vorgang währt Jahrtausende irgendwie unverändert, und doch ist es fortwährendes Entstehen und Vergehen immer anderer Welten. In Gott ist ein unbegrenzt großartiges quasi-statisches, höchst-dynamisches Sein.

Der Himmel

Gott allein ist ewig. Gott ist der ganz Andere, ist aber auch die Gemeinschaft der Heiligen. Jeder Heilige lebt ewig in Gott.

Jede der zahllos vielen himmlischen Welten kommt vor dem Angesicht Gottes in das Dasein, durchläuft in machtvoller Veränderung ihr Dasein, geht vor dem Angesicht des Herrn aus dem Dasein. Der Himmel, die unbegrenzte Vielzahl der kommenden und gehenden himmlischen Welten, ist immerwährend; ewig, nirgends begrenzbar.

Die Heiligen leben in diesen himmlischen Welten, kommend und gehend in pulsierendem Leben, in unverlierbarer Vereinigung mit dem ewigen Gott. Vor dem absoluten Schöpfer und Herrn über alle Räume und Zeiten ist jedes Kommen ein freudig, frei vollzogenes Ausgehen vom Herrn, ein höchst anmutendes, ereignisreiches erregendes Durchstreifen einer himmlischen Welt; ist jedes Gehen ein tiefst vertrauendes, erwartendes, glückliches Heimkehren zum Herrn. In himmlischen Welten ist das "Sterben" immer neue Auferstehung in Gott, ist das Leben immerwährender Wandel mit Gott. "Ich bin die Auferstehung und das Leben."

Es ist ein pulsierendes Leben; immer wieder Eingehen in das absolute allumfassende, über-personale Bewußtsein Gottes, über allen himmlischen Welten – und immer wieder Ausgehen in das individuelle, begrenzte, eigen-personale Bewußtsein des Heiligen in einer der himmlischen Welten. Dies ist frei verfügbar in allen Möglichkeiten, in unbegrenzter Tatsächlichkeit als machtvolles weltüberspannendes, weltenbeherrschendes Bewußtsein, aber auch als zierliches, verborgenes schlichtanmutiges Bewußtsein.

Vereint mit Gott, der alle himmlischen Welten Seinen Heiligen zur Erbschaft gibt, sind jedem Heiligen alle himmlischen Welten, mit allen Möglichkeiten des Durchlebens, frei zugänglich. Dem Heiligen ist der Himmel offen. Alle Veränderungen des Bewußtseins sind jedem Heiligen als individueller Personalität, wie allen Heiligen als überindividueller Kommunität, offen: In den unbegrenzten Zeiten durchlebt der Heilige, in unentwegtem Kommen und Gehen, bewußt individuell jeden überhaupt möglichen Lebensstil, in ewiger Gegenwart Gottes. Jeder Heilige ist von jedem anderen individuell verschieden – und doch hat jeder Heilige im Kommen und Gehen in Gott Anteil am

Leben jedes Heiligen. Ganz merkwürdig erinnert dies an das Pauli-Verbot und die Fermi-Statistik in der Quantenphysik. Das höchste Sein bildet sich bis in die Ebene der Physik ab und gibt damit die Möglichkeit, wenn auch vereinfacht, das Hohe zu erkennen.

Gleichsam ist das ewige Leben quasi-quantendynamisch: Jeder Heilige ist ein in sich einheitliches Bewußtsein-Element, ist strukturierte Personalität. Und das Leben ist ein bewegtes Wechseln der Existenz, ein Kommen und Gehen in unzählbaren himmlischen Welten. Es ist ein unentwegtes Übergehen von einer Vereinigung in Gott in ein Gegenüber zu Gott – und von einem Gegenüber zu Gott in eine Vereinigung in Gott; aber immer, ewig unverlierbar in und zu Gott, immer mit dem DER IST.

Als "die" Welt der immerwährend an Gottes Ewigkeit Anteil habenden Heiligen ist "der" Himmel ewig. Als Vielzahl einzelner, je kommender und gehender Welten, ist der Himmel quasi-ewig. Die Ewigkeit des Himmels wie der Heiligen gründet allein in der Ewigkeit Gottes, des allein Seienden.

Es gab eine Irrlehre, die sagte, daß in der fortwährenden Vereinigung mit Gott eine Übersättigung mit Freude, Frieden, Herrlichkeit einträte, so daß die Seele wieder einmal auf ein Erdendasein herabsteigen wolle. Wenn dem so wäre, gäbe es kein ewiges Leben in Gott, denn dies würde eine – wenn auch noch so kleine – Wahrscheinlichkeit zum Fall in die Absonderung begründen. In unbegrenzten Zeiten würde dies immer irgendwann den Verlust der Vereinigung mit Gott herbeiführen. Jedoch: Im himmlischen Sein ist das erwartungsvolle "Heraustreten in das Gegenüber zu Gott" doch eine unverlierbare Gegenwart Gottes.

Auch in extremsten Situationen und Erlebnissen, auch in stärkster Bewußtseins-Aktualisierung als Eigen-Personalität ist "Jahveh" im Bewußtsein; als "Der, der Ist", als der, der "mit mir Ist". Was immer erlebt und durchlebt wird, es geht immer wieder zu auf das glückerfüllte "Hineintreten in die Vereinigung mit Gott".

Gott ist wie ein Landherr, ein Vater mit vielen Kindern, mit einem riesigen Land und einem wohnlichen Haus. Die Kinder lieben den Vater und sind gerne bei Ihm im Haus, sie lieben aber auch das Leben in den grandiosen Ländereien, die ihnen ihr Vater bereitet hat. Der Vater hat jedes Kind gerne bei sich im Hause wohnen, hat es aber auch gerne, daß es sich des Landes erfreut. In freudiger Erregung zieht es aus, in freudiger Befriedigung kehrt es heim. Aber immer – auch in den fernsten Ländern und im einnehmendsten Abenteuer – ist es im Reich des allherrschenden Vaters. Im Haus des liebenden Vaters ist unentwegtes Heimkommen und Fortgehen und wieder Heimkommen jeden Kindes.

Der Heilige im Gegenüber zu Gott liebt Gott und fürchtet Gott. "Die Furcht Gottes ist der Anfang der Weisheit." Der heutige Mensch will von einer Furcht Gottes nichts hören. Man gewahrt, daß man verloren wäre, wenn Gott nach Gerechtigkeit ohne Barmherzigkeit richten würde. Aber in der Liebe zu Gott weiß man um Seine alles Begreifen übersteigende Güte. Die wahre Furcht Gottes ist eine gewaltige Erfahrung der Macht Gottes und des Gott Gegenüberseins. Der der Macht Gottes Begegnende fürchtet nicht mehr die Welt, Tod und Teufel. Die wahre Furcht Gottes erfüllt mit überirdischer Freude.

Es gibt Menschen, die die Gegenwart Gottes schon in dieser Welt erfahren; in diesem seltenen, durchgreifenden Erlebnis darf ein Mensch mit Gott sprechen. Er sieht Gott nicht und hört Gott nicht, und Gott spricht in keiner Sprache. Es ist Seine lebendige Präsenz, und Sein Wort ist das Wort, in dem alles geschaffen wurde, was existiert; glasklar, unmißverständlich. Der zeitlos Ewige kommt nicht und geht nicht. Ist Er gegenwärtig, dann ist es, als sei man immer mit Ihm gewesen. Schon bei Schaffung der Welt war der Mensch bei Ihm; alle Weltzeiten sind wie gegenwärtig. Ist Er nicht mehr gegenwärtig, ist es, als sei Er nicht gegenwärtig gewesen. Aber der Mensch weiß mit Gewißheit, was Gott sagte. Und das Dasein alles Weltlichen, das eigene Menschsein selbst, verblaßt wie ein Hauch.

Und unbegreiflich: Die Gegenwart der grenzenlosen Macht und die überwältigende Klarheit Seines allgegenwärtigen Willens zwingt nicht. Einfach unfaßbar: In der Gegenwart des Herrn über das Sein und das Nichts ist der Mensch uneingeschränkt in der Entscheidung frei.

Der Absolute Souverän ist kein Kleinkrämer; was bietet schon diese elende Erde in dieser gefallenen Welt an Erstaunlichkeiten und Lustbarkeiten! Hundertmilliarden Sonnen, wie unsere, hat unsere Galaxis – und hundertmilliarden Galaxien, wie unsere Galaxis, hat unser Präsenzraum – und nochmals Hunderttausende solcher Großräume hat unser Kosmos. Und dieser Kosmos ist einer unter unzählbar vielen.

Die Vereinigung mit Gott, dem Herrn über Zeit und Raum, befreit aus der Sklaverei unter Raum und Zeit. Es ist die Erhabenheit über die Veränderlichkeit in Raum und Zeit. Es ist die "ewige Ruhe" des Heiligen "im ewigen Licht" des Absoluten Souveräns; ewige Ruhe in feurigem Leben des Heiligen in Gott.

Das Wort Gottes ist von übergeordneter Mächtigkeit. Er läßt die Heiligen in Welten nach ihrem freien Verlangen und Gefallen leben. Die himmlischen Welten gestalten sich sogar nach dem Verlangen und Gefallen, nach dem Lebenswillen der Heiligen. Die Heiligen gestalten sich ihre Welt, wie ein Bauherr sein Haus nach den Plänen des Architekten gestaltet. Extrem formuliert: Gott schafft Strukturen, die den Heiligen Schöpfungs-Möglichkeiten öffnen. Sein Wille ist: die Heiligen schaffen sich – durch ihr Verlangen, Gefallen, Lebenwollen – die himmlischen Welten; in ihnen aus- und einziehend. Gott läßt die Welten sich nach den Heiligen gestalten.

Über die Geist-Materie-Komplementarität der irdischen Welten hinausgehend, begabt Gott das Lebenwollen der Heiligen – als Leben in Ihm, dem ewig Allmächtigen – mit weltenschöpfender Kraft. Weil Gott "alles in allem" ist, entstehen und vergehen himmlische Welten in vollkommener Vielheit und unbegrenzter Verschiedenheit. In Gott ist für die Heiligen nichts Wünschbares, Erwartbares, Erlebbares ausgeschlossen.

Da gibt es stahlhart gegenständliche, aber auch traumhaft fließende Welten. Da gibt es übergigantisch große, aber auch kuschelig kleine Welten. Da gibt es wild sich gestaltende und entwickelnde, aber auch still fließende und verharrende Welten. Da gibt es unerschöpflich vielfältige, aber auch gähnend einfältige Welten. Da gibt es Welten in allen Arten dazwischen und von allen Arten durchdrungen. Da gibt es die unterschiedlichsten Gesellschaften von Heiligen.

Aber Gott, der den Heiligen aus Liebe dient, nur um sie zu erfreuen, erstellt ihnen noch unermeßlich viel mehr als sie je erwünschen, erwarten, erleben können. Er schafft eben doch die Welten, die sich mit den Heiligen gestalten.

In Gott sind alle Grenzen nichtig. Nichtig ist jede Grenze der Zahl möglicher Kosmen: es sind unbegrenzt viele Kosmen möglich und tatsächlich. Nichtig ist jede Grenze der Art möglicher Kosmen:

unbegrenzt verschiedenartige Kosmen sind möglich und tatsächlich. Nichtig ist jede Grenze der Freiheit und Beweglichkeit: jegliche Verweilungen, Übergänge, Änderungen sind unbegrenzt möglich und tatsächlich. Aber auch unbegrenzt nahes Eingehen in Gott und unbegrenzt fernes Ausgehen von Gott ist möglich und tatsächlich. Nur die Absonderung von Gott – das Wesen der Hölle – ist in himmlischen Welten nicht möglich: die wesenhafte Negierung Gottes ist die Nichtigung des Seins einfachhin.

Alles himmlische Leben – unbegrenzt in Zahl, Art, Nähe und Ferne – ist Wandel in Gott: in Gott, in dem alle Grenzen nichtig sind. Die Nichtigkeit aller Grenzen in Gott ist die Allmacht Gottes. Der Heilige lebt ewig in Gott, in dessen Allmacht alles entsteht und vergeht.

In der wunderbaren Freiheit und Ordnung des ewigen Lebens in Gott – Freiheit, die immer neu Ordnungen befestigt; Ordnung, die immer neu Freiheiten öffnet – ist das Gericht beim Absoluten Souverän, den die Heiligen als Richter erwählt haben. Im Spannungs-Feld der freien Persönlichkeiten ist Gott Richter in absoluter Gerechtigkeit durch Barmherzigkeit, in Weisheit und Wahrheit zum Frieden.

Unentwegt schafft Gott irdische Welten, Entscheidungswelten. Unentwegt schafft Er – in den Zeiten dieser irdischen Welten – Wesen, mit der Freiheit der Entscheidung für oder gegen Ihn selbst. Unentwegt entscheiden sich neugeschaffene Wesen für Ihn. Unentwegt gehen erneut Wesen in die Gemeinschaft der Heiligen ein. Dennoch ist die Zahl der Heiligen von Ewigkeit zu Ewigkeit unverändert, immer unzählbar groß.

Dies ist "das Geheimnis der übergroßen Zahlen": Kommt jemand neu zu einer kleinen Gesellschaft, so findet er kaum einen ihm Ähnlichen. Kommt jemand zu einer großen Gesellschaft, findet er einige ihm einigermaßen Ähnliche. Kommt der Heilige in die unzählbar große Gemeinschaft der Heiligen, so findet er derart ununterscheidbar ihm Ähnliche, daß er sich damit identifiziert; er geht ein in eine von Ewigkeit zu Ewigkeit unveränderlich mit dem unwandelbaren Gott vereinigte Gemeinschaft.

Es öffnet sich damit ein faszinierender Einblick: Der in irgendeiner Zeit Geschaffene, der eingeht in die Heiligkeit des Herrn, vermißt nicht die halbe Ewigkeit des Vergangenen. Eingehend in die Vereinigung mit

Gott, hat er Anteil an der Überzeitlichkeit des Absoluten Souveräns: Aufgenommen in die Gemeinschaft der Heiligen, war er alle Zeiten, die der Herr je geschaffen hat und je schaffen wird, schon bei Ihm. Der "Engel" eines Gott ergebenen Menschen, der "immerfort das Antlitz Gottes schaut", ist dieser Mensch selbst, jedoch "nach" seinem Eingehen in Gott.

Fortwährend gehen Wesen aus immer neu entstehenden und vergehenden irdischen Welten in den Herrn ein. Weil immer wieder neu Wesen mit bis zur Identität gleichartigen Leben und Entscheidungen in die Gemeinschaft der Heiligen eingehen, verliert sich die zur Heiligkeit führende zeitliche Entscheidung nicht in der Ewigkeit, sondern ist als unentwegte Freude über die erwählte und vollzogene Entscheidung gleichsam ewig gegenwärtig. Die Opfer und Leiden, unter denen diese dramatische Entscheidung vollzogen wurde, werden damit zu umso größerer Freude. Die Freiheit der Entscheidung, die Opfer und Leiden im Kampf der Entscheidung, der Sieg über die Versuchung zur Fehlentscheidung zeugen den unendlichen Jubel der Heiligen, machen die Vollkommenheit des ewigen Lebens im Herrn.

Die Entscheidung gegen Gott entgleitet in die Virtualität; verbleibt nur als ferne Ur-Erinnerung an die möglich gewesene andere Entscheidung und an die Potentialität des Bösen in der vergangenen Entscheidungswelt. In dieser Urerinnerung träumen die Heiligen vielleicht einmal Höllisches; um daraus mit umso größerer Freude – wie erneut Erlöste – in das lebendige Dasein mit Gott zu erwachen.

"Die Himmel und die Erde werden vergehen. Aber Meine Worte werden nicht vergehen." Gott ist ewig, und Seine Worte, in deren gesetzgebenden Macht alle Welten kommen und gehen, sind ewig.

Christus sagt, daß die Himmel vergehen. Sollten die höllischen Welten besser als die himmlischen sein – und nicht vergehen?

Die Hölle

Nichts von Gott Gesondertes ist ewig. Gott allein ist der, der Ist. Gott allein ist Das Leben. Ein vom "Baum des Lebens" gesonderter Zweig "lebt" nur noch, bis er verdorrt.

"Hölle" heißt "die Gesonderte". Jedes von Gott Abgesonderte geht mit Erschöpfung seiner mitgenommenen Reserven in die Nichtigung. Auf dem Wege der Absonderung existiert eine höllische Welt zwar noch. Aber es ist der Weg zur Nichtigung einer wesenhaft sterbenden Existenz. Es ist gleichsam eine virtuelle Existenz.

"Nichtigung nach Aufbrauch der mitgegebenen Reserven"; in der Analogie: Die Totalwerte aller Fundamental-Größen dieses unseres Kosmos sind Null: Total-Energie, Total-Masse, Total-Ladung, Total-Spin, Total-Impuls, Total-Drehimpuls und wohl auch Total-Entropie sind Null. Dieser Kosmos ist aus dem Nichts gekommen und vergeht wieder in das Nichts.

So ist es auch mit jeder höllischen Welt. Mit der Absonderung von Gott geht Gott nichts "verloren". Jeweils über die gewaltigen systeminneren Räume und Zeiten ergibt sich mit den ebenso gewaltigen inneren Energien und Massen diese permanente Null-Ergänzung nach "außen". Aber eben wegen der "inneren" Raumzeitlichkeit verläuft die innere Ausgleichung zu Null, womit die höllische Welt auch in sich nichtigt; über grauenhaft lange Zeiten; infernal entartend.

Aber all dies ist aus dem Bewußtsein des Absoluten Souveräns und der Heiligen schon mit der Absonderung gelöscht, vor Gott genichtigt.

Der Absolute Souverän schafft irdische Welten mit gigantischen Lebensreserven. Er schafft Welten der Entscheidung, aber keine höllischen Welten. Mit Gesellschaften, die sich gegen den Absoluten Souverän als Herrn entscheiden, gestalten sich absondernde Welten. Im Geist einer abtrünnigen Gesellschaft gestaltet sich jeweils eine höllische Welt. Über lange systemeigene Zeiten abdriftend geht diese höllische Welt unaufhaltsam, unwiederbringbar der Nichtigung entgegen.

Gesondert von Gott, dem allein Seienden, ist alles nichtig. Nichtig ist jede Grenze der Zahl und Art höllischer Welten. Die Hölle ist die unbegrenzte Vielzahl höllischer Welten.

Unentwegt schafft Gott neu irdische Welten; schafft Gott Entscheidungswelten. Unentwegt entscheiden sich geschaffene Wesen gegen

Gott, mit denen sich Welten gestalten, die abdriften. Unentwegt sind unzählbar viele höllische Welten auf der Abdrift.

Die Hölle ist wie ein fortwährend sich erhaltendes Alters- und Sterbe-Heim: Immer neu treten Alte ein, die sich von lebenerhaltender Gesellschaft abscheiden, um dort zu sterben. Immer existiert dieses Heim, immer voller neue, dem Tod zugehende Alte. In diesem eigentümlichen Sinn – mit jedem Alten als einer höllischen Welt – ist auch die Hölle quasi-ewig. Sie ist "das nie erlöschende Feuer, in dem der Wurm nicht stirbt".

Als "die" Welt der einmal für immer von Gott gesonderten Wesen ist "die" Hölle nichtig. Als Vielzahl einzelner, je kommender und gehender Welten ist die Hölle quasi-ewig. Die Nichtigkeit der Hölle und der Verdammten gründet allein in der Absonderung von Gott, dem allein Seienden.

Abgeschieden vom lebendigen Gott, dem allein Seienden, gesondert vom absoluten Bewußtsein des Absoluten Souveräns, entstehen und vergehen die Wesen in einer höllischen Welt. Dieses Entstehen und Vergehen wird beherrscht durch die Dispositionen dieser jeweiligen Welt und ihrer Gesellschaft. Der Verdammte unterliegt dem Gesetz der höllischen Welt und Gesellschaft. Seine Freiheit ist ein gesetzter Spielraum, ist gesteuerte, virtuelle Freiheit, ist Sklaverei.

In höllischen Welten ist stahlharte Gesetzlichkeit. Schon diese irdische Welt funktioniert nach harten Natur-Gesetzen. Warum erstaunt man sich hier über die kleinen Unbestimmtheiten der Quanten-Physik? Viel erstaunlicher ist doch die ansonsten so präzise, tyrannisch herrschende Naturgesetzlichkeit. In höllischen Welten herrschen stahlharte Natur-, Geistes- und Gesellschafts-Gesetze; ohne Barmherzigkeit.

Das "Recht" eignen sich die jeweils Mächtigen an, um zu herrschen, auszubeuten und zu unterdrücken. Das Recht wird wesenhaft Unrecht. Schon in dieser gefallenen Welt erscheinen grauenhafte Perversionen des Rechts durch Gesetzgebungen und Rechtsprechungen, welche historische, politische, weltanschauliche Wahrheitssuche unterdrücken und interessengesteuerten Indoktrinierungen und Manipulationen dienen; welche mit unterschiedlichen Maßstäben des Rechts die Wahrheit und Gerechtigkeit zersetzen und die sittlichen Grundlagen zerstören. Das ist einfachhin "die" Verabsonderung vom "Herrn des

Gerichtes", vom Herrn über Leben und Tod. Das Wesen Gottes ist Gerechtigkeit.

Die Leben einer höllischen Welt entstehen und vergehen als individuelle Ausformungen des jeweiligen Kollektivs, richtiger: als Aktualisierungen des Geistes der jeweiligen Welt. Immer wieder kommen und gehen Wesen, frühere Saaten erntend. Sie kommen und gehen; disponiert durch die Vorgeschichte in einer Zeit, die unaufhaltsam ihrem Ende entgegengeht. Im Erschöpfen der Reserven über lange innere Zeiten verendet dieses Entstehen und Vergehen; richtiger: Im Ausgleichen der inneren, sich zu Null ergänzenden Komponenten nichtigt sich jede höllische Welt schließlich in sich selbst.

Unüberkommbar gesondert von Gott, sind die höllischen Welten auch unüberkommbar gesondert voneinander; jegliche Übergänge ausschließend.

Vor der absoluten Gerechtigkeit des Richters über Leben und Tod ist keine Eigenart höllischer Welten definierbar. Die Vielzahl derer, die sich gegen Ihn entschieden haben, werden von Ihm auch untereinander geschieden: in Geistes-Verwandtschaften, in Gesellschaften gleicher Eigenart. Im Zusammenkommen gestalten sich absondernde Welten nach der Art ihrer Gesellschaften. Alle höllischen Welten sind wesenhafte Absonderung von Gott. Jede ist gestaltet im Geist der Ablehnung des Absoluten Souveräns; in der Ablehnung als Gott, Herr und Richter. Aber es gibt eben sehr verschiedene Arten, sich von Gott zu sondern; verschieden im Verhalten der Wesen zueinander.

Jede höllische Welt ist wie ein Schiff, das mit dem seinen Fahrgästen angepaßten, diesem Schiff eigenen Komfort aus dem Hafen ausläuft, nie mehr wiederkehrend: Ein Schiff mit Fahrgästen, die sich deshalb für die Abfahrt entschieden haben, weil sie – ungehindert vom Landesherrn – andere ausbeuten, erpressen, unterdrücken, versklaven, niederkämpfen, demoralisieren, entrechten wollen und dies gar zum Ethos und Seinsprinzip erheben, geht schon mit schlechten, schwer erträglichen Lebensformen ab. Ein Schiff mit Fahrgästen, die sich zwar für die Abfahrt entschieden haben, aber einander wohlwollen, geht mit schönen, leicht erträglichen Lebensformen ab.

Aber wer könnte es wagen zu erwarten, daß eine Welt, die – wie immer – in der Rebellion gegen Gott gesondert ist, nicht in eine grauenhaft böse Welt entartet? Kann man anderes erwarten, als daß es eine Welt der Rebellion, der Aggression, des Nichtigungswillens jedes gegen jeden und aller gegen diese lebensfeindliche Welt wird? Kann man anderes erwarten, als daß es eine Welt des Neides und des Hasses und des Kampfes jedes gegen jeden mit unermeßlichen, unentrinnbaren Leiden wird?

Alles höllische Leben ist auf den Tod hin, ist der Prozeß der Nichtigung in sich. Wer wollte sich gegen Gott entscheiden, in der eitlen Hoffart sich eine Salon-Hölle einzurichten!

Die Entscheidung für Gott entgleitet in die Virtualität; verbleibt nur als ferne Ur-Erinnerung an die möglich gewesene andere Entscheidung und an die Potentialität des Guten in der vergangenen Entscheidungswelt. In dieser Urerinnerung träumen die Verdammten vielleicht manchmal Himmlisches: um doch wieder einmal – aus ihrem vom Tod gezeichneten höllischen Existieren – in das Reich schöner Träume entfliehen zu können; wie die Drogensüchtigen schon hier. Und vielleicht kommt mit diesen Träumen auch etwas Licht, Frieden, Wohlwollen in diese Welten der Verurteilten; vielleicht wirken sie, wenigstens die Vernunft anrufend, doch sogar als Regulative gegen das Abgleiten in den Exzeß des Grauens. Dies ist wie ein schönes Relikt der Barmherzigkeit des Richters über Lebende und Tote für die Toten.

Das wahrhaft Furchtbare, vernichtend Bedrohliche ist, daß mit dem Richterspruch des Richters über Lebende und Tote, die sich absondernden Wesen und Welten an unheimlichen Existenz-Horizonten von dem Antlitz Gottes schwinden. Die absolute Gerechtigkeit Gottes besteht furchtbarerweise darin: Er beendet Seine Rechtsprechung, Seine richterliche Rechtstellung und Fürsorge für die, die Ihn als Richter ablehnen: "Wahrlich, wahrlich, Ich kenne euch nicht, Ich weiß nicht, woher ihr seid".

Was sind überhaupt alle Aussagen über die Hölle, über Wesen und Welten, die aus dem Bewußtsein Gottes selbst verschwunden sind, die sich existentiell genichtigt haben? Sind sie nicht selbst wesenhaft nichtig? Sie sind schauerliche Gleichnisse, gespenstische Reflexe eines weltenvernichtenden Feuers unter dem Horizont.

Physik und Theologie

Diese Welt ist eine Entscheidungs-Welt. Himmlische und höllische Existenz ist in dieser Welt potentiell gegenwärtig: in der jedem Menschen eröffneten Entscheidung; frei verwirklichbar.

Nach der Entscheidung, in der Scheidung des Jüngsten Gerichts, schwinden die himmlichen und höllischen Welten – relational zueinander – aus dem Dasein. Diese Relationalität ist selbst existentiell: Keine geschaffene Existenz vermag einen Standpunkt einzunehmen, der die Mächtigkeit der Existenz-Relationalität übergreifen könnte. Schon darüber zu reden ist leer.

Die sich einander existentiell ausschließenden Welten des Himmels und der Hölle schwinden – wechselseitig – aus dem Dasein in das Nichts. Sie verschwinden unwiederbringlich an unheimlichen Existenz-Horizonten.

Solche Existenz-Horizonte bilden sich bis in die niederste Seinsmächtigkeit des Geschaffenen ab: bis in die physikalische Struktur unseres Kosmos.

Mit überwältigenden Erkenntnissen über die Strukturen des materiellen Daseins bietet die Physik grandiose Analogien für die höheren und höchsten Seinsmächtigkeiten, welche – mit der Physik als Boden und der Theologie als Decke – übereinander geordnet sind. Als die Realisation des einen und einzigen schöpfungsmächtig-gesetzgebenden Wortes des Absoluten Souveräns, sind die verschiedenen Seinsebenen wesensähnliche Abbildungen voneinander. Sie sind einander Gleichnisse – und sind Gleichnis des Schöpfers.

Die Physik ist die Wissenschaft zur Erforschung der niedersten Seinsebene: des Materiellen. Deshalb hat sie das einfachste Forschungsobjekt, sodaß sie – relativ in ihrem Bereich – am weitesten fortgeschritten ist: bis an die Grenzen der Existenz. In diesem unverhältnismäßig weiten Fortschritt ist sie freilich zur schwierigsten Wissenschaft geworden.

Je höher die Seinsebene ist, die erforscht werden soll, umso problematischer ist die Anwendbarkeit menschlicher Denkmethodiken und Denkprinzipien. Als Wissenschaft des einfachsten Objektes vermag die Physik die logischen Denkgesetzlichkeiten mit wenigster

Problematik und mit höchster Präzission anzuwenden. Insbesondere kann die Physik mit der Mathematik operieren; als klarstem und schärfstem Instrument menschlich-logischen Denkens. Schon eine rein theoretische Physik käme somit zu unvergleichlich sichereren Erkenntnissen, als etwa jegliche Philosophie oder Theologie; wenigstens auf der Basis der Denkmethodik.

Die Physik ist jedoch zudem noch am zuverlässigsten abstützbar und absicherbar in der Empirie; insbesondere mit naturgebotener Beobachtung und gezieltem Experiment. Die komplementäre, wechselseitige Befruchtung von Theorie und Empirie in der Geschicklichkeit des Forschers ist in der Physik am zuverlässigsten und erfolgreichsten erkennbar und verwirklichbar. Die Komplementarität von Theorie und Empirie im Forschen der Wissenschaftler ist wie Zeugung und Geburt im Akt des Menschen zur Entwicklung der Geschlechterfolge; im Aufstieg der Menschheit aus den beengten Höhlen irdischen Lebensraumes zu den unermeßlichen Weiten des Weltall. Die Komplementarität von Theorie und Empirie erfaßt jedoch eine Wissenschaft umsoweniger, je höher der Forschungsbereich ist.

Die Philosophie und erst recht Theologie ist naturgemäß die am wenigsten in wissenschaftlicher Methodik absicherbare Wissenschaft. Die aus der Luft gegriffene Postulierung von "unmittelbaren Einsichten" – in welchen eine verabsolutierte Philosophie und eine verweltlichte Theologie sich in ihren Denkgrundlagen abzusichern versucht –, macht ihre Ungesichertheit und Preisgegebenheit umso deutlicher.

Niemand hat garantiert und nirgends ist begründet, daß mit derartiger Weisheit und Verständigkeit die Wahrheit findbar sei. Der Absolute Souverän selbst verkündet: "der Weisen Weisheit mache Ich zunichte, verwerfe der Verständigen Verstand". Und die Physik – von der Fermi-Statistik bis zur Quanten-Philosophie – zeigt unabweisbar grundsätzliche Grenzen der Objektivierbarkeit und erweist die Entleerurg der Fundamentalsätze des klassischen Denkens – bis zum Idenditätssatz – bei Annäherung an die Grenzen des Seins.

Die existentielle Bedrohung aller menschlicher Denksysteme durch derart tiefgreifende physikalische Erkenntnisse, hat zu einer tödlichen Feindschaft der auf Ideologien gegründeten Diktaturen gegen die Physik geführt; mit Kampf auf Leben und Tod. Aber nichts konnte den Zusammenbruch der stärksten und raffiniertesten Ideologien dieser

Erde vor den Ergebnissen der Quanten-, Relativitäts- und Kosmo-Physik verhindern. Nur die Theologie ist am Leben geblieben, weil echte und konsequente Theologie in einer unvergleichlichen Sicherheit gründet: ihre einzige und alleinige Sicherheit ist im Geist des Absoluten Souveräns, im "Wort" des ewigen Lebens.

Alle Versuche der Theologie, sich in philosophischen oder sonst weltlichen Prinzipien abzusichern, führten sie in gefährliche Verengungen und verstörende Verkrampfungen. Die schwersten Krisen der Geistesgeschichte der Menschheit und Kirchengeschichte der Christenheit resultierten aus den menschlichen Versuchen, eine Erkenntnis Gottes aus dieser Welt heraus zu erlangen. Glaube, Hoffnung und Liebe sind Gnadengaben des Geistes Gottes.

Schon in der simplen Frage, ob eine Erdscheibe als Weltmitte notwendig zur Glaubensverkündung gehöre, fixierten sich jahrhundertelang unhaltbare Doktrinen. Die Konfrontation mit der fortschreitenden Physik brachte weiter jahrhundertelang verstörende Konflikte. Gewiß ist keine Empirie total sicher. Was ist überhaupt sicher in dieser Welt? Dennoch zweifelt heute kein vernünftiger Mensch an der mit Millimeter-Genauigkeit bestimmten rotationsellipsoiden Gestalt der Erde und an der Ellipsenbahn der Erde um den Schwerpunkt des Sonnensystems.

Umso erstaunlicher mag es erscheinen, daß die Theologie aber nun doch eine Stütze in einer weltlichen Wissenschaft gefunden hat: in der Physik. Wegen der Abbildungsähnlichkeit der Seinsebenen aufeinander, eröffnet uns die konvergierend ausreifende Physik faszinierend-großartige Analogien für die höheren und höchsten Seinsebenen. Mit der Physik werden analog Glaubenswahrheiten einsichtig, die von der Kirche seit alters gelehrt wurden, aber durch eine sich formalisierende und fixierende Theologie verschüttet wurden.

Insbesondere verschafft uns die Physik mit ihrer Aufzeigung zwar endlicher aber quasi-unendlicher Größen, tiefe Einblicke in fundamentale Grenzen der Existenz; in existentielle Horizonte mit unendlichen Kluften, welche die existentielle Absonderung von Kosmen, etwa von himmlichen und höllischen Welten in einem ganz neuen Licht aufleuchten lassen.

Obgleich nur auf physikalischer Ebene, sind diese Erkenntnisse schon dem klassischen Denken unerreichbar und sogar dem erweiterten Denken der fortgeschrittenen Physik kaum faßbar. Sie lassen ahnen, wie gewaltig die unerreichbaren, quasi-unendlichen Horizonte vor dem absoluten Sein Gottes sind.

In der ganzen Elektrotechnik und Elektrophysik fließen alle Ströme verkehrt herum, weil man in anfänglicher Unwissenheit die Polarität so festgesetzt hatte, daß jetzt dem Elektron negative Ladung zukommt. Leider ist es so mit vielen Begriffen und Bezeichnungen; vielfach auch noch uneinheitlich in verschiedenen Zweigen der Physik. Je weiter die Physik fortschreitet, umso klarer werden zwar die Mängel erkannt, aber faktisch immer schwieriger behebbar. Geringe Änderungen bedeuten jahrelange Kämpfe in den Normierungs-Ausschüssen. Die USA und England sind bis heute noch nicht von ihren pound, inch, foot usw zum internationalen metrischen System gekommen, obgleich der immense wirtschaftliche Schaden bekannt ist. Zwar wurde in der Wissenschaft umgestellt, aber nicht in der Technik, was noch mehr Schwierigkeiten geschaffen hat. Die Möglichkeit zur Umstellung scheint nun verpaßt zu sein.

Auch anderen Wissenschaften geht es nicht besser. In der Theologie sind es mehr fixierte Sprach-Auffassungen und Übersetzungs-Gewohnheiten; zudem fixierte historische Abhängigkeiten von früher anderen Grundeinstellungen zur Welt, zum Menschen und zu Gott; weiterhin fixierte alte Denkschemen, die von den Einen wie heilige Kühe kultiviert und von Anderen wie Unrat über Bord geworfen werden.

Die Unvollkommenheit erstreckt sich in dieser Welt von grundsätzlich Unvermeidbarem bis zu höchstärgerlich Unnötigem. Zudem sollen mit Nachfolgendem nicht nur Fachphysiker angesprochen werden. So sei denn versucht, Begriffe und Bezeichnungen möglichst beizubehalten, aber explizit und implizit doch so zu definieren, daß ein Optimum an Verständlichkeit herbeigezaubert wird.

Die Philosophie und Theologie hat schon seit alters die Aufspaltung des Seins in drei komplementäre Komponenten erkannt: in das Aktuelle, Essentielle und Existentielle. So ist auch die Physik in diesen drei Komponenten komplementär. Es gibt eine "Reaktions-Physik" (Quantenphysik), eine "Relations-Physik" (Relativitätsphysik) und eine Existenz-Physik (Kosmophysik).

Mit "Quantenphysik" bezeichnet der Physiker den ganzen aktuellen Aspekt der Physik: die Physik der Wechselwirkungen, der Reaktionen miteinander, sodaß diese Physik an sich "Reaktionsphysik" heißen sollte. "Reaktional" (dh wirkend mit) sagt, daß etwas dieser Physik des Akutseins zugehöre. Die fachphysikalische Bezeichnung "quantenphysikalisch" wird oft als eine Überbewertung der Quantitäten und deren Meßungenauigkeiten mißverstanden; bis hin zum "Positivismus". Die Quantenphysik – eben als eigentlich Reaktionsphysik – zeigt jedoch gerade die Notwendigkeit des mikrophysikalischen Indeterminismus für die Möglichkeit von Reaktionen und deren Beherrschung mit dem "Wirkungsquantum" h.

Mit "Relativitätsphysik" bezeichnet der Physiker den ganzen essentiellen Aspekt der Physik: die Physik der Größenverhältnisse, der Relationen zueinander, sodaß diese Physik an sich "Relationsphysik" heißen sollte. "Relational" (dh bezogen auf) sagt, daß etwas dieser Physik des Soseins zugehöre. Die fachphysikalische Bezeichnung "relativistisch" wird vielfach als eine Überschätzung des Relativen und als Postulierung eines Relativismus mißverstanden; sogar als "Subjektivismus". Die Relativitätsphysik – als eigentlich "Relationsphysik" – zeigt jedoch gerade wie die Relationen durch die "relativistischen Invarianten" (Unveränderliche, Absoluta) bestimmt und ineinander überführbar (transformierbar) sind; insbesondere mit der "Invarianzgeschwindigkeit" c.

Die Existenzphysik ist der physikalische Aspekt des Daseins; warum etwas Physikalisches existiert, warum das All mit seinen Energien in Räumen und Zeiten überhaupt existiert. "Existentiell" sagt, daß etwas dieser Physik des Daseins – des Seins gegenüber dem Nichts – zugehöre. Die Existenzphysik behandelt das Selbstverständlichste und damit Schwerstfaßliche – eben das Dasein – und entzieht sich damit eigenartig dem Zugriff. Sie erfaßt als Kosmo-Physik vor allen den Großkosmos in der Gravitation mit dem "Gravitationsfaktor" G.

Wie Aktualität, Essentialität und Existenz komplementäre Aspekte und Komponenten eines einzigen Seins sind, so sind auch Reaktions-, Relations- und Existenz-Physik komplementäre Aspekte und Komponenten einer einzigen Physik. Jede Komponente enthält die beiden anderen Komponenten, jedoch in jeweils besonderer Weise, in sich.

Wissenschaftliche Ergebnisse und Aussagen müssen in allen drei Aspekten richtig sein. Speziell in der Physik müssen Werte dem relationalen, reaktionalen und existentiellen Aspekt genügen. Die Relativitätsphysik ist eine Physik der Relationen – und ergibt damit keine existentiellen Werte, mit denen etwa eine schwere Masse in sich existiert. Der relativistische Fachjargon, daß die Frage nach Existenz in sich leer sei, weil alles nur in Relationen faßbar sei, ist eine Verabsolutierung der Relativität.

Naturgemäß sind aus relationalen Beziehungen allein ebensowenig existentielle Werte erhaltbar wie aus allein reaktionalen Beziehungen. Der relationale und der reaktionale Aspekt zusammen lassen jedoch existentielle Werte erkennen, die beiden Aspekten genügen. Die Existenzphysik ersetzt nicht die Relativitätsphysik bzw die Quantenphysik, sondern ergänzt diese in gegenseitiger Bestätigung.

Die Relativitätsphysik erschien mit der Quantenphysik unvereinbar, bis diese über den "Zeitgradient" (Philberth/De Broglie C.R. 4/63) vereinbar wurden. Dies ist für schnelle Korpuskel ebenso wie für schwere Ballungen, etwa für einen Neutronenstern oder Galaxenkern im freien Weltraum.

Eine Ballung erscheint in Relation zum Weltraum mit defektierter ("herabgemachter") Masse und mit dilatierter ("gedehnter") Dauer. Jedoch machen es die Reaktionen unmöglich, die relativistisch verminderte Masse bzw gedehnte Dauer als existentielle Werte der Ballung zu interpretieren; einfach deshalb: weil etwa von einer Ballung abstrahlendes Licht im Schwerefeld der Ballung defektiert (an Energie verliert), reagiert das Photon bei der Emission auf der Ballung mit adfektierter ("hinaufgemachter") Energie und mit kontrahierter ("gekürzter") Dauer, verglichen mit der Absorption im Weltraum.

Die Reaktionen zusammen mit den Relationen ergeben für die Tiefe eines Gravitations-Potentials existentielle Werte: Energien und Massen mit einem Adfekt bzw Oszillationen mit einer Kontraktion, wobei der Energie-Adfekt durch negative Potentialenergie zum relativistischen Defekt vermindert wird bzw die Oszillations-Kontraktion durch den Zeitgradient zur relativistischen Dilatation gedehnt wird. Dies ist in Annäherung einer schweren Ballung an das "Grenzpotential" $-c^2$ analog der Annäherung eines schnellen Korpuskels an das Geschwindigkeitsquadrat c^2.

Diese existentiellen Quantitäten ermöglichen überhaupt erst die relativistisch erfaßten Relationen und quantenphysikalisch erfaßten Reaktionen, zugleich wichtige Probleme lösend; etwa:

Das "Grenzpotential" $-c^2$ erweist sich als die quasi-unendlich tiefe Real-Singularität (nicht nur als die eine Zentral-Singularität ummantelnde Koordinaten-Singularität). Das "Grenztheorem" (in einer existentiellen Interpretation relativistischer Verhältnisse unlösbar paradox) wird klar. Die Möglichkeit der raumzeitlichen Absonderung eines neuen Kosmos (etwa beim Kern-Kollaps einer Riesen-Kugelgalaxie) wird erkennbar und quantitativ berechenbar.

Schon der derzeitige Konsens der Physik zeigt grandiose Analogien für die Theologie. Darüber hinaus öffnet die Existenzphysik – in der alten Komplementarität von Aktualität und Essentialität mit der Existenz – gewaltige Ausblicke für alle Geisteswissenschaften und insbesondere für die Theologie.

DAS WELTALL

Einheiten und Werte

h	Wirkungsquantum	h	=	$6{,}626075 \cdot 10^{-34}$ J·s
c	Invarianzgeschwindigkeit	c	=	299792458 m/s
G	Gravitationsfaktor	G	=	$6{,}6726 \cdot 10^{-5}$ J·m/t^2
G_e	elektrostat.Grundkonst.	G_e	=	$2{,}3071 \cdot 10^{-28}$ J·m/e^2
e	Elementarladung	e	=	$1{,}602177 \cdot 10^{-19}$ A·s
V	Volt (elektr. Spannung)	A	Ampere (elektr.Strom)	

Energie J (Joule) 1 J = 1 VA·s = 0,001 t·m^2/s^2 = 1 Nm
oder eV (Elektronenvolt) 1 eV = $1{,}602177 \cdot 10^{-19}$ J

Masse g (Gramm) oder t (Tonne) 1 t = 1000000 g
oder eV/c^2 (eV-Masse) 1eV/c^2 = $1{,}782663 \cdot 10^{-39}$ t

Zeit s (Sekunde) oder a (Jahr) 1a = 31558000 s

Raum m (Meter) oder sc (Lichtsekunde)

Die Invarianzgeschwindigkeit c (Vakuum-Licht) ist definitiv genau.

Die Längen-Einheit m (Meter):	1 m	=	sc/299792458
sc (Sekunde·c) Lichtsekunde:	1 sc	=	299792458 m
ac (Jahr·c) Lichtjahr:	1 ac	=	$9{,}6409 \cdot 10^{15}$ m

1	eins	10^0	Einheit	m	milli	10^{-3}	tausendstel
k	Kilo	10^3	tausend	u	mikro	10^{-6}	millionstel
M	Mega	10^6	million	n	nano	10^{-9}	milliardstel
G	Giga	10^9	milliard	p	pico	10^{-12}	billionstel
T	Tera	10^{12}	billion	f	femto	10^{-15}	billiardstel

Abweichend von der internationalen Norm wird in USA und England immer noch milliard als "billion" bezeichnet, was wir vermeiden.

Wir vermeiden auch "Lj" oder "ly" als Lichtjahr, ebenso "ls" als Lichtsekunde: die direkte Multiplikation von Jahr (a) bzw Sekunde (s) mit der Lichtgeschwindigkeit c ist klarer; als ac bzw sc. In der Astronomie wird als Entfernungsmaß vornehmlich das "parsek" (Parallaxen-Sekunde) benutzt; 1 parsek (pc) = 3,257 Lichtjahre.

Materie

Physikalisch-kosmische Existenz ist Materie in Raum und Zeit.

"Materie" ist jegliches in Raum und Zeit als Energie mit Masse Existierende. Energie ist gebundene oder freie Arbeit. Masse ist gekennzeichnet durch die einander quantitativ gleichenden Eigenschaften der Trägheit und Schwere: Träge Masse gleich schwerer Masse (Einstein).

Physikalische Existenz ist nur als Energie E mit Masse m. Energie E wird zumeist angegeben in J (Joule) oder in eV (Elektronenvolt, dh Energie die ein Elektron in einem Volt elektrischer Potential-Differenz erhält). Masse m wird angegeben in g (Gramm) oder t (Tonne, dh Masse von 1 m^3 Wasser) oder in eV/c^2.

Universell ist jede Masse m eine Energie $E = mc^2$. Diese "Energie/Masse-Äquivalenz" (Einstein) ist uneingeschränkt gültig. Energie und Masse ist jeweils Materie; nur in verschiedenen Beziehungen, Anschauungen. Sie unterscheiden sich auch nur durch den konstanten Beifaktor c^2, welcher eben die Beziehung bzw Anschauung in anderer Raum/Zeit-Dimension ausdrückt. Energie und Masse sind fast wie Synonyme. Es genügt, eine Beziehung der Energien zu formulieren, um damit auch die Beziehung der Massen zu haben; und umgekehrt.

Die Energie/Masse-Äquivalenz ist primär eine Beziehung der Existenzphysik, die aber auch reaktional und relational bestimmend ist. Jedes Gramm Materie (zB der vor mir liegende Radiergummi) hat die gigantische Energie von 2848 kWa (Kilowatt·Jahr). Natürlicherweise verstrahlt diese Masse von selbst, jedoch über 10^{30} Jahre verteilt. Fänden wir den technischen Trick, dieses Gramm schon bald zu verstrahlen, so könnten wir mit der freigesetzten Energie einen schweren Güterzug (2848 kW) ein ganzes Jahr (a, annos) pausenlos über die Schienen treiben.

In der Energie/Masse-Äquivalenz $E = mc^2$ erscheint das Quadrat c^2 der Invarianzgeschwindigkeit c, welche definitiv den Wert hat : $c = 299792458$ m/s. Das Quadrat v^2 der Relativgeschwindigkeit v dividiert durch das Quadrat c^2 der Invarianzgeschwindigkeit c ist der Geschwindigkeitswert v^2/c^2. Dieser bestimmt die "relativistische Kontraktion" κ gemäß $\kappa = (1 - v^2/c^2)^{1/2}$.

Materie existiert als Körper oder als Strahlung. Ein "Körper" ist auch in Ruhe existenzfähige Energie; eine Energie mit "Ruhemasse". Eine Strahlung ist in Bewegung begründete Energie.

Ein mit der Geschwindigkeit v (Relativ-Geschwindigkeit) bewegter Körper hat eine Energie E, die gegenüber seiner Ruheenergie E_0 gemäß $E = E_0/\kappa$ vergrößert (adfektiert, dh dazugemacht) ist. Diese gesamte Energe E ist die "Bewegtenergie", die dem bewegten Körper insgesamt als dessen Materieenergie eigen ist. Diese Bewegtenergie E ist die Ruheenergie E_0 plus die "Bewegungsenergie" (kinetische Energie), welche E_0 zu E adfektiert. Die Bewegungsenergie $(E\text{-}E_0)$ ist für kleine Geschwindigkeitswerte $v^2/c^2 \to 0$ die klassische Bewegungsenergie $mv^2/2$. Ansonsten :

Mit $v^2/c^2 = 0$ ist $1/\kappa = 1$; $E = E_0 = mc^2$, als Ruheenergie selbst;
Mit $v^2/c^2 = ,75$ ist $1/\kappa = 2$; $E = 2E_0$, als Verdopplung von E_0 ;
Mit $v^2/c^2 = ,99$ ist $1/\kappa = 10$; $E = 10E_0$, als Verzehnfachung von E_0 ;
Mit $v^2/c^2 = 1$ ist $1/\kappa = \infty$; E würde damit unendlich groß werden.

Die real vorkommenden Geschwindigkeiten v sind sehr unterschiedlich: zB eine Schnecke bewegt sich mit v^2/c^2 von rund billionstel von billionstel (10^{-24}) und hat damit eine Bewegungsenergie vom billionstel von billionstel ihrer Ruheenergie. Das schnellstbekannte Ultrastrahl-Proton bewegte sich mit v^2/c^2 von 0,999999999999 und hatte damit eine Energie vom billion-fachen seiner Ruheenergie. Würde ein Körper – etwa ein Neutron, Proton oder Elektron – die unerreichbare Invarianzgeschwindigkeit c doch ganz erreichen, so wäre seine Energie unendlich groß; also größer als die Energie der ganzen Galaxis, sogar größer als die Energie des ganzen All.

Dennoch gibt es exakt mit c übertragene Energien. Ein mit genau c übertragenes Energie-Quantum hat prinzipiell eine Ruheenergie bzw Ruhemasse gleich 0. Die Quanten derart reiner Strahlung würden in ihrer Energie bzw Masse aber auch schon bei beliebig wenig geringerer Geschwindigkeit als c zu total 0 verschwinden; also schon bei 0,9c oder 0,99...9c. Ein "Strahlungs-Korpuskel" – etwa ein Photon, ein Lichtquant – ist überhaupt nur exakt c-bewegt existenzfähig. Freilich sind dies gleichnishafte Ausdrücke dafür: Die Lichtenergie geht als ganzes Quantum während einer Übergangsdauer d' gleich der Übergangsstrecke s' pro c über (also d' = s'/c). Konsequent relativistisch müßte man "für das Photon selbst, im Eigensystem des Photon" eine zu 0 verschwundene Übergangsdauer d und Übergangsstrecke s unterstellen.

Ein elementarer Körper (ein "Elementar-Partikel") ist das Quant einer in Ruhe existenzfähigen Energie. Es gibt nur einige hundert elementare Körper. Davon entstehen die allermeisten nur "kurzlebig" in Hochenergie-Reaktionen, um extrem kurzzeitig wieder radioaktiv zu "zerfallen". Die drei Anregungszustände des Neutrino bzw Antineutrino zerfallen kurzlebig in dieses, falls sie höhere Ruhemasse haben (was angenommen wird). Nur bei Ruhemasse 0 und entsprechend c-Bewegung wären auch diese lang lebensfähig (unendliche Einstein-Dilatation).

Die Materie des All besteht fast nur aus wenigen Arten: Neutron und Proton, Elektron und Photon, Neutrino und Antineutrino. Die Weltmasse besteht überwiegend aus Neutrinos; als ähnlich viele Neutrinos wie Antineutrinos. Sie durchdringen millarden Erdkugeln beinahe ohne Reaktion und sind deshalb kaum bemerkbar. Durch jeden Kubikmeter unseres Umraums laufen pro Sekunde billiard Neutrinos.

Die kosmischen Körper – zB Sterne und Planeten, Gas und Staub, Land und Wasser – bestehen aus nur den drei elementaren Körpern: Neutron, Proton und Elektron. Deren Antiformen könnten ganz analoge "Antimaterie" bilden, welche jedoch – sofort bei Berührung – mit Materie total verstrahlen würde. Das Antineutron, das Antiproton und das Antielektron (Positron e^+) existiert in diesem All nicht regulär. Die Nullbilanz mit der (Normal) Materie ist nicht über Antimaterie, sondern über die Raumzeit; mit PCT-Invarianz.

Das Neutron n ist nur im Kern bestimmter Atome stabil. Frei zerfällt es mit einer Halbwertzeit von zehn Minuten mit 0,78 MeV in ein Proton p, ein Elektron e und ein Antineutrino. In Atomkernen gehen unentwegt Protonen in Neutronen und Neutronen in Protonen über. Es ist noch nicht sicher, ob das Neutron und das Proton unbegrenzt lange stabil ist; man vermutet eine Zerstrahlung, deren Halbwertszeit aber sicher länger als 10^{30} Jahre ist. Das bei einem Proton-Zerfall verbleibende Positron e^+ zerstrahlt weiterhin mit einem Elektron e^- total, weshalb letztendlich alle gegenständlichen Körper des All vergehen.

Neutron und Neutrino sind (wie schon der Name sagt) elektrisch neutral, dh ungeladen. Das Proton p und das Elektron e ist je mit einer "Elementarladung" $e = 1{,}602177 \cdot 10^{-19}$ As geladen: das Proton positiv-elektrisch (e^+), das Elektron negativ-elektrisch (e^-), sodaß sie einander elektrisch anziehen. Das All ist im ganzen elektrisch neutral (Nullbilanz der Ladung), sodaß immer gleichviel Elektronen wie Protonen existieren.

Das Neutron wie das Proton wie das Elektron hat je einen "Spin" von h/2 (auf Volldrehung 2π gerechnet). Diese positiven Spine von n, p und e werden im All ausgeglichen durch ebensoviel mehr Antineutrinos mit negativem Spin –h/2 als Neutrinos mit positivem Spin h/2 (Nullbilanz des Spin). Der Spin wird als Rotation interpretiert und ist auch als solche mathematisch formulierbar. Aber was ist eine positive oder negative Drehung mit der Zeit im Raum bei Elementarpartikeln, auf welche Richtung der Betrachtung bezogen? Die Quasi-Rotation des Spin scheint irgendwie der quantenphysikalische Aspekt der Raumzeit als solcher zu sein.

Die Ruhemassen und Ladungen sind:

n	Neutron	939565600	eV/c^2,	$1{,}6749 \cdot 10^{-30}$ t,	ungeladen
p	Proton	938272300	eV/c^2,	$1{,}6726 \cdot 10^{-30}$ t,	e^+ geladen
e	Elektron	510999	eV/c^2,	$9{,}1094 \cdot 10^{-34}$ t,	e^- geladen
	Neutrino	evt einige	eV/c^2,	event. 10^{-38} t,	ungeladen

Das Neutrino und das Elektron gehört zur Gruppe der "Leptonen", dh Leicht-Partikel. Es ist noch nicht sicher, ob ein Neutrino überhaupt eine Ruhemasse hat und somit ein echter Körper ist. Die Ruhemasse des Neutrino wäre aber sicher weniger als einige eV/c^2. Die Masse des Elektron scheint – vielleicht auch bis auf einige eV/c^2 – nur durch seine elektrische und magnetische Feldenergie gegeben.

Das 1836,152-mal schwerere Proton und das 1838,683-mal schwerere Neutron gehört zur Gruppe der "Baryonen", dh Schwer-Partikel. Das Proton und das Neutron ist je ein "Nukleon", dh Kern-Bildner. Diese beiden Arten des Nukleon bilden den Atomkern.

Die gegenständliche Materie besteht aus Atomen, Jedes Element hat einen Atomkern mit einer es charakterisierenden Zahl von Protonen; umlaufen von ebensoviel Elektronen als Atomhülle. Die Verhältnisse in Atomen sind merkwürdig ähnlich wie in Sonnensystemen: Masse vom Fixstern bzw Atomkern rund tausend-mal der aller Planeten bzw

Elektronen; Durchmesser des Fixsterns bzw Atomkern rund zehntausend-mal dessen des Plantensystems bzw der Atomhülle. Die Dichte von Wasser (1 t/m^3) oder Gesteinen ist durch das Volumen der Atomhüllen gegeben indem Hülle an Hülle steht. Die Dichte von Atomkernen (10^{14} t/m^3) ist durch das Volumen der Nukleonen (der p und n) gegeben, indem Nukleon an Nukleon steht. Die Dichte der Atomkerne ist somit rund hundertbillion-mal (10^{14}) der von Fixsternen und von irdischen Körpern. Die Umlaufzeit eines Planeten ist rund trilliard-mal (10^{21}) so lang wie die eines Elektrons in der Atomhülle.

Im Atomkern stößt jedes Proton jedes andere Proton mit elektrostatischer Kraft ab; wie rund das irdische Gewicht von 1 kg Masse. Die Protonen werden aber durch ähnlich viele Neutronen zusammengehalten. Nur der (Normal) Wasserstoff, der lediglich 1 Proton im Kern enthält, bedarf keines Neutrons. Im gegenwärtigen Kosmos besteht die gesamte gegenständliche Materie rund zu 80 % aus Wasserstoff (H1), rund zu 19 % aus Helium (He4) und nur zu 1 % aus allen schwereren Elementen als Helium, woran alle schwereren Elemente als Eisen nur noch rund ein millionstel Anteil haben.

Die beobachtete Weltmasse besteht derzeit zu rund 3/4 aus Strahlung, wovon mehr als 999 ‰ Neutrino-Strahlung und weniger als 1 ‰ Photon- und Ultra-Strahlung ist. Sie besteht zu rund 1/4 aus Körpern, wovon mehr als 999 ‰ Nukleonen und weniger als 1 ‰ Elektronen sind. Weil die Neutrinos in der Regel mit Bewegtenergien von MeV erzeugt werden und deshalb fast (oder ganz) mit Invarianzgeschwindigkeit c bewegt sind, rechnet diese Neutrino-Komponente der Weltmasse (fast ganz) als Strahlung.

Die Photon-Strahlung (elektromagnetisch) sind Quanten von Niederfrequenz mit neV bis Ultragamma mit GeV. Darin enthalten ist vor allem die "Hintergrundstrahlung" ("3K") mit 0,00023 eV und das sichtbare Licht mit 1 eV für rotes bis 2 eV für violettes Licht. Die Hintergrundstrahlung (Pencias, Wilson) ist für den gesamt-kosmischen Raum repräsentativ und damit kosmologisch sehr wichtig. Die kosmologisch ebenfalls wichtige Ultrastrahlung ist zumeist Bewegt-energie von Protonen und Atomkernen mit 10^{10} bis 10^{20} eV.

In der weitgefaßten Definition der "Materie" existiert Materie als die Energie von Körpern oder von Strahlung. Somit sind auch die Energien inbegriffen, welche Körpern durch Bewegungen zukommen; sei es in

Translation, Rotation, Schwingung usw, auch Wärme als diffuse Bewegung. Ferner ist die Energie des "Druck" inbegriffen: die pV-Energie als Volumen-Verminderung unter Druck.

Unter Materieenergie bzw Materiemasse ist diejenige Energie bzw Masse verstanden, mit der Materie "extern" im Kosmos existiert; dh inbezug auf das Weltpotential, auf den Freien Raum, Durch Bindungsenergie ergeben sich "intern" in den Körpern Energie-Aufspaltungen.

Energien und Massen

Die Strukturen des Kosmos sind entscheidend durch "Bindungsenergie" bestimmt. Ohne die Zusammen-Bindung von Teilen (dh "Partikel") zu größeren Körpern gäbe es keinerlei Strukturen, keine Gestaltung, keine Individualität. Ohne Bindungsenergie gäbe es keine Formen, keine Leben, keine Inhomogenität. Alles wäre tote Homogenität (dh "Gleichförmigkeit"). Ein Beispiel :

Zwei Sauerstoff-Atome O und O verbinden sich miteinander zu einem Sauerstoff-Molekül O_2 (wie in der Luft) : Sie kommen einander nahe und "reagieren" miteinander derart, daß Energie abgeht; etwa als Photon, als Licht-Energiequant. Mit dem Abgang des Photon bleibt gleichsam ein Energie-Loch zurück, in welchem nun die beiden Atome zum Molekül zusammen-gebunden sind. Mit diesem Energie-Loch (als fehlender Energie) hat das Molekül verminderte Energie gegenüber den beiden Atomen. Das Molekül ist um diese abgegangene Energie leichter als die beiden Atome. Insgesamt ist jedoch die Energie erhalten geblieben, weil die im Molekül gegenüber den Atomen verminderte Energie im abgegangenen Photon enthalten ist: die Energie der beiden Atome ist gleich der Energie des Moleküls plus der Energie des Photons.

Die beiden Atome sind im Molekül deshalb zusammengebunden, weil das Molekül nicht mehr ohne weiteres in die beiden Atome auseinanderfallen kann. Nur wenn von außen dem Molekül – etwa durch ein in das Molekül einfallendes Photon – mindestens soviel Energie zugefürt wird, daß das Loch gefüllt wird, kann das Molekül wieder in die zwei Atome zerschlagen werden. Die Bindungsenergie – dh diejenige Energie, welche die Zusammenbindung bewirkt und erhält – ist somit das Energie-Loch: Bindungsenergie ist wesenhaft negativ.

Auch für Bindungsenergien gilt die generelle Energie/Masse-Äquivalenz $m = E/c^2$. Die negative Bindungsenergie hat entsprechend auch negative Masse, die "Bindungs-Masse". Diese Negativität erweist sich dadurch, daß eben die mit Bindungsenergie zusammengebundenen Körper leichter sind; dh um die Bindungsmasse weniger träg und weniger schwer. Die extern (dh gegenüber der Umgebung) existierende "Materieenergie" ist somit intern (dh im Inneren des zur neuen Einheit verbundenen Körpers) die Summe der internen Partikel-Energien, vermindert um den Betrag der Bindungsenergie. Zur Unterscheidung sei generell die und nur die extern zum Kosmos auftretende Energie des einheitlichen Körpers als "Materieenergie" bzw deren Masse als "Materiemasse" bezeichnet. Hingegen sei die interne Energie eines Partikels als "Eigen-Energie" bzw die zugehörige Masse als "Eigen-Masse" bezeichnet. Die Materieenergie eines Körpers besteht somit aus den Eigenenergien der Partikel aus denen der Körper zusammengebunden ist, und aus der Bindungsenergie, welche diese Partikel zur höheren Einheit des Körpers zusammenbindet.

Speziell die Bindungsenergie, welche durch Gravitation (Schwerkraft) gegeben ist, sei als Gravitations-Potentialenergie, kurz als "Potential-Energie" und die zugehörige Masse als "Potential-Masse" bezeichnet. Die internen Partikelenergien seien ebenfalls als "Eigen-Energien" bezeichnet.

Ein Beispiel: ein Mann hat extern ein Kapital von 1000 Mark (als Materieenergie), das intern zur Bank aus einem Guthaben als Spareinlage von 10000 Mark (als Eigenenergie) und aus einem Schuldbetrag als Kreditaufnahe von 9000 Mark (als Bindungsenergie bzw Potentialenergie) besteht. Dieser Schuldbetrag bindet den Mann an die Bank.

Bindungsenergien halten ua Atome und Atomkerne zusammen; zB: Ein freies Proton zieht schwach wechselwirkend (elektrisch) ein freies Elektron an und vereinigt sich zu einem H-Atom (Leichtwasserstoff-Atom), wobei eine Energie von 13 eV abgeht. Ein freies Proton zieht stark wechselwirkend (nuklear) ein freies Neutron an und vereinigt sich zu einem D-Kern (Schwerwasserstoff-Atomkern), wobei eine Energie von 2,3 MeV abgeht. Mit der jeweiligen Zusammenfügung verbleibt ein Energie-Defizit, also eine negative Energie von –13 eV bzw –2,3 MeV und entsprechend negative Masse. Um diese ist das H-Atom leichter als das jeweils freie Proton + Elektron bzw ist der D-Kern leichter als das jeweils freie Proton + Neutron (Massendefekt). Konkret ist das H-Atom um rund 10^{-8} leichter als das freie Proton plus das freie Elektron bzw ist der D-Kern 10^{-3} leichter als das freie Proton plus das freie Neutron.

Bindungsenergien treten auf bei Annäherung von Partikeln aneinander unter anziehenden Kräften. Weil diese Kräfte und Annäherungsstrecken sehr unterschiedlich sind, sind auch die

Bindungsenergien sehr verschieden. Bei Molekül-Reaktionen sind die getätigten Bindungsenergien nur rund ein zehnmilliardstel (10^{-10}) der Eigenerergien der beteiligten Moleküle. Diese molekular-elektrischen Bindungsenergien begründen die Strukturierung und Reaktionen der Moleküle in unserer irdischen Umwelt; etwa den Aufbau unseres Körpers und seinen Stoffwechsel, etwa die Verbrennung von Kohlenwasserstoffen in Kraftwerken und Kraftwagen, etwa die Detonation von TNT und anderen Sprengstoffen. Gegenüber diesen molekularen Reaktionen sind die kernatomaren Reaktionen durchschnittlich dreißigmillion-mal energischer; ein Verhältnis wie eine Sekunde zu einem Jahr.

Bei Atomkern-Reaktionen sind die getätigten Bindungenergien einige Promille der Eigenenergien. Diese nuklearen Bindungsenergien begründen die Bildung der Atomkerne aller Elemente und deren Reaktionen; etwa in den Brennprozessen der Sonne und der Sterne, etwa in Atomkraftwerken und Kernwaffen (des A- oder H-Typus). Die Atomkerne haben gegenüber den freien Nukleonen (Protonen und Neutronen), aus denen sie bestehen, Massen-Defekte von durchschnittlich einigen Promillen. Eisen hat – als stabilster Atomkern – den größten Massendefekt von ca 8 ‰; die meisten Atomkerne fast ebensoviel. Nur die allerleichtesten und die allerschwersten Kerne haben beträchtlich weniger Defekt, sodaß mit ihrer Fusion (Verschmelzung, etwa in der H-Bombe) bzw ihrer Fission (Spaltung, etwa in der A-Bombe) nukleare Energie freisetzbar ist.

Die Massen aller kerntechnisch wichtigen Atomkerne sind derzeit auf zehnmillionstel genau gemessen, sodaß jeder Schüler für beinahe jede Kern-Reaktion über den Massendefekt der reagierenden Kerne die getätigte (abgehende bzw zuzuführende) Energie bestimmen kann. Konkret heißt das: die negative Masse der Bindungsenergien ist alltägliche Praxis aller Kerntechniker.

Noch sehr viel größer sind die subelementaren Bindungsenergien, welche das Nukleon – etwa Neutron – begründen. Diese Bindungsenergie, welche die chaotisch-flukturierenden Subpartikel zum Neutron (Proton usw) zusammen-bindet, ist sehr viel größer als die gesamte Energie des ganzen Neutrons. Darüber sind alle Fachwissenschaftler einig, bei noch Unsicherheiten über konkrete Werte. Offenbar ist die Eigenmasse der jeweils aktuellen Subpartikel viele Zehnerpotenzen größer als die Masse des von ihnen gebildeten Neutrons, wobei diese riesenhafte Eigenenergie mit einer negativ fast ebenso großen Bindungsenergie eben zur Masse des Neutrons defektiert.

Die Vereinigung von Teilen zur nächstgrößeren Einheit setzt Energie frei und hinterläßt eine um diese Energie verminderte Masse. Die abgegebene Energie im Verhältnis zur verbliebenen Energie – bzw abgegebene Masse im Verhältnis zur hinterlassenen Masse – reicht von milliardstel bei Atomen, die sich zum Molekül verbinden, bis milliarden bei Subpartikeln, die sich zum Nukleon verbinden. Mit der abgegebenen Energie, bei Verbleib einer faustschweren Masse, könnte man in der Vereinigung von: Atomen zu Molekülen ein Zimmer erwärmen; von Nukleonen zu Atomkernen eine Großstadt heizen; von Subpartikeln zu Nukleonen einen neuen Mond aus dem Erdball sprengen.

Das mit der Energie-Abgabe (Massendefekt) verbliebene Energie-Loch bindet die Teile naturgemäß umso energischer aneinander, je mehr Energie bei ihrer Vereinigung abgegangen ist. Umso härter ist die neue Einheit (Korund ist härter als Marmor), umso mehr Energie ist aufzuwenden um den Verband wieder zu zertrümmern.

Um Moleküle zu zerschlagen sind Temperaturen von einigen tausend Grad (kK) ausreichend; um Atomkerne zu zerschlagen einige milliard Grad (GK). Wenn überhaupt, wurden Nukleonen – in dynamischem Entstehen und Vergehen zu Subpartikeln – nur vor der ersten Mikrosekunde des All zerschlagen. Nichteinmal Ultrastrahl-Protonen mit 10^{20} eV zertrümmern beim Aufschlag auf Materie. Um Subpartikel auch nur vereinzelt zu erzeugen, ist ein Aufwand nötig, der einen Staatsbankrott riskiert. Wegen der immensen Wichtigkeit wurden – von allen Großmächten mitfinanziert – Experimente (CERN) durchgeführt, welche einige W- und Z-Bosonen äußerst kurzzeitig erzeugten, womit die SU5-Theorie bestätigt wurde.

Bei aller Materie – den Neutronen, Protonen und Elektronen, den Atomen und Molekülen, bei Planeten und Sternen, sogar bei schweren Massenballungen wie Neutronensternen und Galaxenkernen – erscheint jedoch die negative Bindungsenergie (bzw Bindungsmasse) extern immer nur indirekt: als Verminderung, als Defekt von positiven Eigenenergien (bzw Eigenmassen), wobei aber immer eine positive Energie (bzw Masse) verbleibt. Die Bindungsenergien werden nie negativ-größer als die Eigenenergien der gebundenen Partikel. Es verbleibt immer nur Materie mit positiver Materieenergie (bzw Materiemasse).

Die extern erscheinende Energie ist intern aufgespalten in eine größere Eigenenergie (größer als die mit der Einheit extern erscheinende Energie) und eine negative Bindungsenergie; ebenso mit deren Massen. Jedoch ist nicht zwangsläufig die Eigenerergie der gebundenen Partikeln gleich deren Energie im ungebundenen Zustand: es könnte die Eigenenergie zB adfektiert und durch eine entsprechend negativ-größere Bindungsenergie ausgeglichen sein. In diesem wichtigen Fall ist die innen wirksame Bindungsenergie negativ-größer als die bei der Bindungs-Reaktion abgegangene Energie; mit auch entsprechend höheren und aktiveren inneren Energie-Verhältnissen.

Extern erscheint zwar immer die gleiche Gesamtenergie (bzw Gesamtmasse) wenn schlicht die Eigenenergie um die bei der Bindung abgegangene Energie defektiert; oder wenn intern die Eigenenergie der Partikel wie ungebunden (nicht defektiert) ist, aber extern um die negative Bindungsenergie (negativ-gleich der abgegangenen Energie) vermindert ist; oder wenn gar intern die Eigenenergie adfektiert und extern durch eine negativ-vergrößerte Bindungsenergie (negativ-größer als die abgegangene Energie) vermindert ist. Relational erscheint kein Unterschied. Der nur relativistische Aspekt, der nur nach dem Sosein inbezug auf extern fragt, ignoriert diese ganze Problematik einer inneren Komponenten-Aufspaltung: relativistisch ist mit der abgegangenen Energie ein Defekt verblieben – und fertig.

Damit ist der relativistische Aspekt aber nur begrenzt anwendbar. Er ist insbesondere dann nicht mehr anwendbar, wenn es um Reaktionales oder Existentielles geht, wenn es etwa konkret um Reaktions-Dynamik geht. Für die Reaktionsphysik, für die Quantenphysik, die nach den Wechselwirkungen fragt, ist es ein entscheidender Unterschied, ob intern noch Bindungsenergien aktiv sind – und wie groß diese sind, dh wie stark sie eben wirken. Zwei gleich reiche Männer – der eine mit 1000 Mark schuldenfrei, der andere mit 100000 Mark Guthaben und 99000 Mark Schulden – sind in sehr verschiedener Wechselwirkung mit der Bank und den Geschäftspartnern.

Auch die Schwerkraft (Gravitation) bindet Massen aneinander. Bei einer Massen-Ansammlung, Massenballung erscheint extern nur die Defekt-Energie (als deren Materieenergie), mit welcher die Masse nach Abfuhr der gravitativ freigesetzten Energie erscheint, was von der

Relativitätsphysik allein betrachtet wird. Intern wirkt und existiert aber das Gegenüber von positiven Eigenenergien der Partikel zur negativen Potentialenergie; dh zur gravitativen Bindungsenergie, aufgrund welcher die Teilmassen überhaupt als Ballung existieren. Intern wirken und existieren positive Eigenmassen und eine negative Potentialmasse.

Wie die elektrostatische Kraft (Ladungskraft, Coulombkraft) nimmt die Schwerkraft quadratisch mit der Entfernung ab. So ziehen sich zB ein Proton (e^+, m_p) und ein Elektron (e^-, m_e) gegenseitig mit ihren entgegengesetzt-gleichen Elementarladungen (e^+, e^-) in elektrisch ähnlicher Weise an wie mit ihren beiden Massen (m_p , m_e) gravitativ; allerdings elektrisch $2{,}27 \cdot 10^{39}$ mal so stark als gravitativ. Wie die Ladungskraft durch die "elektrostatische Grundkonstante" G_e beherrscht wird, so die Gravitationskraft durch den Gravitationsfaktor G.

Die extern zum Kosmos gegebenen Materieenergien resultieren aus einer Hierarchie von immer größeren Einheiten, wobei jeweils "extern" der niedereren Einheit zum "intern" der höheren Einheit wird: Die Subpartikel sind subelementar zur Einheit der Nukleonen verbunden. Die Nukleonen sind nuklear zur Einheit der Atomkerne verbunden. Die Atomkerne sind atom-elektrisch mit den Elektronen zu Atomen verbunden. Die Atome sind molekular-elektrisch zu Molekülen verbunden. Die Moleküle sind valenz-elektrisch zu Makrokörpern verbunden. Die Makrokörper sind gravitativ zu Weltkörpern verbunden. Die Gravitation bindet überhaupt Massen jeder Art.

Mit immer höheren Einheiten werden die Bindungsenergien relativ immer schwächer, aber extern zum Kosmos treten immer größere Einheiten von Materie auf. Auf jeder Ebene erscheinen immer wieder negative Bindungsenergien, welche die Eigenenergien zwar reduzieren, aber nie zu einer insgesamt negativen Energie. Materie ist immer positiv in Energie und Masse. Dies gilt auch für die gravitativ gebundenen Weltkörper; wie Planeten, Sterne, Galaxien.

Grob: die elektrischen Kräfte sind 10^{40} mal, die nuklearen Kräfte sind 10^{50} mal, die subelementaren Kräfte sind 10^{60} mal stärker als die gravitativen Kräfte von Elementarpartikeln aufeinander. Weil aber die Gravitation riesige Weltkörper zu Einheiten bindet, überwiegt die Gravitation großkosmisch doch alle anderen Kräfte sosehr, daß sie allein alles groß- und gesamt-kosmische Geschehen beherrscht.

Bei den inhomogenen Ballungen der Weltkörper überwiegt in Relation zum Freien Raum die Gravitationsenergie nie die Eigenenergien zu insgesamt negativer Energie; auch nicht in den extremsten Ballungen von Neutronensternen und Galaxenkernen. Im homogenen Weltpotential erscheinen zwar intern negative Massen von leeren Räumen. Aber extern zum Absoluten Weltpotential sind auch die gesamtkosmischen Verhältnisse erstaunlich ähnlich denen der schweren Ballungen.

Zeit und Raum

Das Weltalter T ist rund 20 Ga (zwanzig milliard Jahre).

Es gibt verschiedene, voneinander unabhängige Möglichkeiten zur Bestimmung des Weltalters; etwa aus dem Alter der Kugelhaufen, mit den Stern-Brennprozessen, mit der Isotopen-Häufigkeit und -Verteilung im Interstellarraum und in den Sternen, mit der Helium-Häufigkeit und Bildung, vor allem aber "direkt" aus der Nebelflucht mit der "Hubble-Konstanten" und aus dem "Zurückschauen" in die Vergangenheit. Aus großen Entfernungen ist das Licht entsprechend c früher abgegangen, sodaß aus weit entfernt ein noch junger Kosmos sichtbar ist. Man kann etwa bis auf ein 5 Ga altes All zurückschauen (erste Formierung von Quasaren, zuvor dunkles Plasma), und kann seitdem bis heute die Entwicklung des All buchstäblich sehend verfolgen. Dieses Faktum hat den dialiktischen Materialismus mit seiner "ewigen Materie" unrettbar vernichtet.

Die verschiedenen Bestimmungen kommen unabhängig auf Weltalter zwischen rund 16 Ga bis 22 Ga, mit dem zur Zeit wahrscheinlichsten Wert von 19 milliard Jahren. Zur Vereinfachung der Beschreibung unterstellen wir weiterhin ein Weltalter von genau 20 Ga.

Nach allgemeinem Fachkonsens ist das All vor 20 Ga (20 milliard Jahre) aus einer "kosmischen Singularität" hervorgegangen; sei es eine Singularität als einziges Neutron ("1-Kosmos") oder als eine quasipunktuell dichte Weltmasse ("Standard-Modell"). Das All expandiert derart, daß uns diese Singularität mit Invarianzgeschwindigkeit c flieht.

Wie die Singularität uns flieht, so auch jedes irgendwo irgendwann im All ruhende Objekt: Jedes findet sich im "Mittelpunkt" des All. Jedes Objekt findet sich in einer Welttiefe $R = T \cdot c$; allseits von der Singularität umgeben, die mit c flieht.

Aus der Urzeit des Kosmos gelangt als "Hintergrundstrahlung" (3K-Strahlung) eine Photon-Strahlung in den heutigen Kosmos, die seit Entstehung etwa auf ein tausendstel ihrer Photonen-Energie rotverschoben (defektiert) ist, die heute etwa einer Raumstrahlung von 3° Kelvin (3K) adäquat ist; genauer 2,7 K. Als aus so früher Zeit homogen einfallend und aus extremen Entfernungen kommend, ist sie für den Supergroßraum des All (größer als Gac) repräsentativ. Trotz der Relativität ist damit doch eine kosmische "Ruhe" definierbar: Ein

Objekt ist kosmisch "ruhend", wenn die Hintergrundstrahlung von allen Seiten mit gleicher Energie auf das Objekt einfällt. Die Menge aller derart ruhender Punkte ist das "Substrat", das "den" Weltraum darstellt als absoluten Raum.

Trotz aller Relativität jeglicher Dauer inbezug auf verschiedene Beobachter gibt es auch mit dem Weltalter eine absolute Zeit. Diese ist zB definierbar als die Anzahl der Materiewellen-Schwingrungen, die ein an einer Substratstelle seit Anbeginn ruhendes Proton bis zum jeweiligen Weltalter T ausgeführt hat. Mit m als der Proton-Masse ist eine solche Schwingungsdauer gleich h/mc^2 mit $4{,}4083 \cdot 10^{-24}$ s, als "Elementardauer".

Je weiter ein Punkt des Substrats von unserem hiesigen Substratpunkt entfernt ist, umso schneller ist er von hier fortbewegt. Diese Regel gilt gleicherweise inbezug auf jeden Substratpunkt: dies ist die "systematische Flucht". Das All expandiert räumlich und zeitlich in einer fortwährenden Weitung und in einer fortschreitenden Alterung. Dies ist überhaupt "Raum und Zeit", dies ist die "Raumzeit".

Diese Expansion erscheint uns (hier und jetzt) als "Nebelflucht", indem damit auch die fernen Galaxien von uns fliehen, welche optisch wie Nebelflecken aussehen. Das konstante Verhältnis von Fluchtgeschwindigkeit zu Abstand ist die berühmte Hubble-Konstante. Solche Nebelflucht erscheint ebenso auch jedem irgendwo irgendwann im All ruhenden Betrachter.

Wegen des endlichen Wertes der Invarianzgeschwindigkeit c, ist ein Objekt umso jünger bei uns "präsent", je weiter es entfernt ist. ZB eine Galaxie in 12 milliard Lichtjahren Entfernung von uns ist hier als 12 milliard Jahre jünger als wir präsent: sie ist mit einem Alter von 8 milliard Jahren präsent. Die Singularität ist mit dem Alter null präsent. Und ein noch jünger als $T = 0$ und ein noch weiter als $R = T \cdot c$ existiert nicht. Die Singularität ist der Anfang von Zeit und Raum selbst.

Wegen des quasi-unendlichen Wertes der (endlichen) Invarianzgeschwindigkeit c ist dieser "Präsenzraum" zwar der Raum der c-bewegten Wirkungen – also der "reale" Raum –, der aber doch nur in beschränkten Aspekten repräsentativ für das All ist. In anderen, auch beschränkten Aspekten ist ein "Parameterraum" repräsentativ: der fiktive "Raum" aller absolut gleich-alten Substrat-Stellen; "gleich-alt" in der mit der Anzahl der Elementardauern (eines an der jeweiligen Substrat-Stelle ruhenden Protons) parametrisierten "Zeit".

Weil keine Objekte unendlich schnell (dh in der Zeit null) – nichteinmal schneller als c – miteinander wechselwirken (zB gravitieren), ist dieser Parameterraum buchstäblich kein "wirklicher", kein realer Raum. Er vermittelt uns aber doch eine bessere Vorstellung von der Größe und Struktur des All als der Präsenzraum. Der Parameterraum ist eine "Hyperkugel"; genauer: eine dreidimensionale Hyperoberfläche einer vier- bzw sechs-dimensionalen Hyperkugel.

Der Umfang U der Hyperkugel kann kleiner oder größer als die Welttiefe R sein. Bei uns hier, aus der Nähe der Singularität präsente Volumina, die uns in der damals noch geringen Expansion vergleichsweise klein erscheinen, sind parametrisch schon ebensoweit expandiert wie unser Umraum. Wegen der Quasi-Unendlichkeit, mit welcher die Singularität flieht, könnte der Parameterraum theoretisch sogar unendlich groß sein. Er ist jedoch zur Zeit als tausend- bis millionfach des Präsenzraumes zu vermuten.

Obgleich die Invarianzgeschwindigkeit c eine nicht überschreitbare Grenzgeschwindigkeit ist, können Objekte in parametrisch entsprechend weiten Abständen doch mit mehr als c fliehen. Obgleich die Singularität konstant mit c flieht, können im All ruhende Objekte doch "gebremst" fliehen: der Parameterraum expandiert gebremst (ungefähr mit der Wurzel aus dem Weltalter). Im Parameterraum, in welchem prinzipiell keine Wechselwirkungen möglich sind, in welchem überhaupt kein Verhältnis existent ist, erscheinen formal eben auch irreale Ergebnisse.

Der Präsenzraum und der Parameterraum sind verschiedene Abbildungen des Weltraumes in unsere menschliche Erkenntnis. Mit der Wissenschaft ist es wie mit der Kartographie: die Abbildung der kugeligen Erdoberfläche war früher mangelhaft und wurde verbessert. Aber auch perfekte Abbildungen können nicht flächentreu und zugleich winkeltreu sein. Grundsätzlich kann eine die Flächen genau abbildende Karte nicht auch die Winkel genau abbilden; und umgekehrt. Man muß eben die jeweils richtige Karte benutzen; zB eine flächentreue Karte zur Feststellung einer Landfläche, eine winkeltreue Karte zur Festlegung einer Marschrichtung. Ist dies schon so in der Physik, wievielmehr dann in höheren Wissenschaften.

Weltmasse

Die beobachtete Weltmasse existiert als gegenständliche Körper aus Neutronen, Protonen und Elektronen, zudem als schnelle Strahlung von Neutrinos und Photonen.

Die Energie und die Masse von Strahlung defektiert (verrotet) im expandierenden Weltraum. Die Masse einer Strahlung nimmt reziprok dem Umfang U des Parameterraumes ab. Wird der Umfang U expansiv verdoppelt, so halbiert sich die Energie und Masse; konkret wird zB violettes Licht (2 eV) zu rotem Licht (1 eV), weshalb man generell von "Rot-Verschiebung" (oder von "Verrotung) der Strahlungs-Energie bzw -Masse spricht.

Die Bilanz des All wird durch die über den Weltraum gemittelte Dichte (Masse/Volumen) bestimmt. Die mittlere Dichte der Weltmasse im Weltraum müßte rund 10^{-29} t/m^3 sein. Dies wäre die "kritische Dichte" gemäß dem Standard-Modell. Dies wäre ebenso (in anderem Sinn) die Dichte, mit welcher die Nullbilanz der Weltenergie gegeben ist. Die über den Weltraum ausgemittelte Dichte zur Nullbilanz sei als "Weltdichte" bezeichnet. Zur Vereinfachung der Beschreibung unterstellen wir für die Weltdichte genau 10^{-29} t/m^3.

Mit der Nullbilanz als Existenzprinzip ist somit die Weltdichte von 10^{-29} t/m^3 wie ein Sandkorn von 0,01 g in einem Volumen gleich dem der Erdugel von 10^{21} m^3. Die Körper im Kosmos sind somit extreme Inhomogenitäten: Die Dichte irdischer Körper und leuchtender Sterne ist 10^{29}-mal, die Dichte von Atomkernen und Neutronensternen sogar 10^{43}-mal die der Weltdichte. Beobachtet werden jedoch nur Massen, welche ausgemittelt eine Dichte von rund 10^{-30} t/m^3 ergeben. Dies stellt das große Problem der "Fehlenden Weltmasse". Offenbar gibt es unbeobachtbare Massen.

Es gibt interessante Konzepte zur Erklärung der Fehlenden Weltmasse; etwa mit Superstrings uä. Schlichtere Erklärungs-Möglichkeiten bieten sich an mit langsamen Neutrinos und bzw oder mit Neutronensternen.

Nach dem Standard-Modell hatte der Kosmos bis 0,0001 Sekunden (10^{10} t/m^3 ; 10^{12} Grad) nach der Singularität eine Baryonen-Ära mit unentwegtem Entstehen und Vergehen von Nukleonen und

Antinukleonen; bis 1 Sekunde (10 t/m^3; 10^{10} Grad) eine Leptonen-Ära mit unentwegtem Entstehen und Vergehen von Elektronen und Antielektronen. Bis 1 Sekunde des Weltalters müßten riesige Massen an Neutrinos entstanden sein, deren Bewegungsenergie in der Expansion bis jetzt fast vollständig defektiert wäre. Weil die Neutrinos vermutlich eine Ruhemasse von je einigen eV/c^2 besitzen, tragen die faktisch auf ihre Ruhemassen defektierten Neutrinos zur Fehlenden Weltmasse bei.

Solche Neutrinos wären gegen die Raum-Expansion solange in ihrer Bewegungsenergie defektiert, bis sie von einer Galaxie eingefangen worden wären (Ruffini): als nicht direkt beobachtbare langsame Neutrinos in einem riesigen Halo um den Schwerpunkt der einfangenden Galaxie. Um die Fehlende Weltmasse voll zu decken, hätten soviel Neutrinos entstehen müssen, daß sie damals das millionfache der ganzen heutigen Weltmasse gehabt hätten. Falls der Kosmos (ohne Anti-Materie) aus einem symmetrischen Strahlungsfeld aufgrund der "Unsymmetrie der Schwachen Wechselwirkung" (Lee) hervorgegangen sein sollte, müßten sogar derartige Massen an Neutrinos entstanden sein.

Aus der Verstrahlung bei Kollapsen von Galaxenkernen, bei Bildung und Fortdauer von Neutronensternen können ebenfalls gewaltige Massen von unbeobachtbaren Neutrinos entstanden sein. Vor allem in der Endphase von Kernkollapsen entstehen enorme Mengen von Neutrinos, welche bis zum Interstellarraum beinahe voll defektieren. Vor allem laufende Verstrahlung von Materie im Zentrum von Neutronensternen müßte mit hochdefektierten Neutrinos abgestrahlt werden, weil der dichte Sternkörper für MeV-Neutrinos undurchsichtig, aber für keV-Neutrinos gut durchlässig ist.

Ein Neutronen-Stern dürfte nach der gängigen Theorie nur mit einer Supernova-Explosion gebildet werden. Jedoch werden rund tausendmal mehr Neutronensterne beobachtet (Lane) als aus Supernova-Explosionen entstanden sein können. In der verfügbaren Weltzeit sind bisher nur Sterne mit mehr als einer Sonnenmasse ausgebrannt. Vermutlich gleiten diese in der Regel wenig auffällig zu Neutronensternen zusammen. Die auf relativistische Elektronen gestützte Theorie unterstellt offenbar die Fermi-Temperatur zu weitgehend als Real-Temperatur.

Ein Neutronenstern ist ein ausgebrannter, extrem verdichteter Stern: Rund million Erdmassen sind in einer Kugel von rund 40 km Durchmesser zumeist zu Neutronen verdichtet. Schon an der Stern-Oberfläche enthält ein Kügelchen der Sternmaterie von 1/10 mm Durchmesser eine Masse von 90 t (wie eine Lokomotive), wobei dieses Kügelchen vom übrigen Stern mit dem Gewicht der ganzen Bayerischen Alpen angezogen wird.

Mit dieser gigantischen Kraft saugt der Stern Gas und Staub aus dem Umraum ab (Staubsauger des All), deren Einfalls-Energie den Stern auf 1 Ga Oberflächentemperatur aufheizt; auf milliard Grad, oberhalb derer die Abstrahlung mit Neutrinos überhand nimmt. Weil aber die Oberfläche nur ein milliardstel der Sonnenoberfläche ist und weil Neutronensterne sehr schnell (durchschnittlich etwa 200 km/s, fast Fluchtgeschwindigkeit aus der Galaxie) bewegt sind und deshalb die längste Zeit in großen Entfernungen (0,1 Mac) laufen, werden nur sehr viel weniger Neutronensterne beobachtet als vorhanden sind. Aber schon die direkte Beobachtung deutet auf zumindest ähnlich viele Neutronensterne als leuchtende Sterne in der Galaxis.

Direkt sind langsame Neutrinos nicht bzw sind Neutronensterne kaum beobachtbar; jedoch indirekt durch deren Gravitation: die Abbremsung von aus Galaxenkern-Explosionen stammenden (neue Spiralarme bildenden) Gasstrahlen am Rand der galaktischen Scheiben, deutet auf nicht direkt beobachtete Halos der Galaxien mit mehrfach der Masse der leuchtenden Sterne. Hohe Galaxen-Peculiarbewegungen in Galaxen-Haufen deuten ebenfalls auf mehrfach größere Galaxen-massen als direkt beobachtet. Langsame Neutrinos und bzw oder Neutronensterne in weiten Halos um die Galaxen-Schwerpunkte könnten diese Phänomene konkurrenzlos erklären. Zudem dürften viele Neutrinos und Neutronensterne auch zwischen den Galaxien vaga-bundieren.

Weil die Entstehung von Neutrinos in vielen Größenordnungen unsicher ist, erscheint es entsprechend weniger wahrscheinlich, daß die Fehlende Weltmasse zumeist von Neutrinos gedeckt wird. Vermutlich wird sie zumeist von Neutronensternen gedeckt.

Über den Parameterraum ist die Weltmasse überall ähnlich verteilt; freilich mit in 3. bis 4. Potenz des expandierenden Umfangs U abnehmender Dichte (die 4. Potenz wegen zusätzlicher Rotverschiebung der Strahlungsmassen). Dagegen im allein "wirklichen" Präsenzraum ist die Weltmasse aus kleinen Abständen von der Singularität mit reziprok der 3. bis 4. Potenz zunehmender Dichte präsent. Ist die Singularität im Abstand R = c · T, so ist zB aus einem Abstand 0,9 R oder 0,999 R oder 0,999999 R Weltmasse mit etwa 5000-facher bzw 10^{11}–facher bzw 10^{22}–facher Dichte präsent. In unserem (und jedem) Präsenzraum befinden sich somit die riesigen Massen ganz draußen am Rand des Universums, ganz nahe der c-fliehenden Singularität.

Sterne und Galaxien

Die beobachteten Körpermassen erstellen – großräumig gemittelt – eine Dichte von 10^{-30} t/m^3 . Die Träger des kosmischen Lebens sind nur die beobachtbaren Körpermassen, die sich in einer zellenartigen Großraum-Struktur gestalten.

Rund 1/10 aller beobachteten Körpermassen existieren als Gas und Staub zwischen den Sternen; als Material zur Bildung neuer Sterne. Rund 9/10 sind bereits in Sternen geballt; teils schon ausgebrannt als Neutronensterne, teils als die noch leuchtenden Sterne, welche zumeist unserer Sonne sehr ähnlich sind : mit halber bis voller Masse der Sonne von $2{\cdot}10^{27}$ t . Die am Nachthimmel mit freiem Auge sichtbaren Sterne sind trotzdem fast alle "Riesen" und "Überriesen", weil Sterne wie unsere Sonne schon in 30 ac nicht mehr sichtbar sind.

Leuchtende Sterne haben hunderttausend- bis million-fache Masse der Erde. Die Erdmasse ist $6{\cdot}10^{21}$ t. Unsere Sonne hat ca. 333000-fache Masse der Erde; also million Erdmassen sind sehr genau drei Sonnenmassen. Vermutlich werden viele Sterne ähnlich von Planeten umlaufen wie die Sonne. Unser Sonnensystem hat neun große Planeten; angegeben mit deren Massen im Verhältnis zur Erdmasse, und in Gm Abständen von der Sonne (1 Gm = million km) :

Merkur:	0,037	in 58 Gm	; Venus	0,826	in 108 Gm ;
Erde:	1	in 150 Gm	; Mars	0,108	in 228 Gm ;
Jupiter:	318	in 778 Gm	; Saturn	95	in 1426 Gm ;
Uranus:	14,6	in 2867 Gm	; Neptun	17,2	in 4494 Gm ;
Pluto:	0,1	in 5900 Gm	; Mond	0,012	(0,384 Gm).

Zu ihren Planeten und deren Monden hat die Sonne – außer einer Vielzahl von sie umlaufenden Kleinplaneten und Meteoriten – noch rund hundertmilliard Kometen (10^{11}), welche in fast parabolisch langgestreckten Bahnen bis rund 1 ac (1 Lichtjahr, 10^{13} km) auslaufen, mit Perioden von Ma (million Jahre).

Leuchtende Sterne wie unsere Sonne bestehen ganz grob zu 80 % aus Wasserstoff, zu 18 % aus Helium, zu 2 % aus allen schwereren Elementen mit Spuren von Kohlenstoff, Stickstoff und Sauerstoff. "Metallische" Planeten – wie Merkur, Venus, Erde, Mars – bestehen zumeist aus Silizium, Aluminium, Magnesium und mehr als alles andere aus Sauerstoff, zumeist als Metall-Oxyde. Die Komenten bestehen zumeist aus Eisklumpen, die mit Oxyden von Metallen verdreckt sind.

Die mittlere Dichte der Sonne ist 1 t/m^3 ; die der Erde 5,5 t/m^3. Möglicherweise ist der Erdkern gar nicht aus Nickel-Eisen, sondern eine durch Druck und Temperatur bedingte instabile Gesteins-Modifikation. Sicher stammt die Materie der Erde und anderer metallischer Planeten nicht aus der Sonne; vermutlich aus (kalter) Kondensation von Kometenstaub aus dem Interstellarrum (60 % Wasserstoff, 36 % Helium und 4 % Schwereres); aus Elementen, die bei frühen Galaxenkern- und Supernova-Explosionen gebildet, von Kometen aufgenommen und in der Zodiakal-Ebene abgesetzt wurden.

Der durchschnittliche Abstand der Sterne voneinander ist im Interstellarraum des Sonnen-Umfeldes einige Lichtjahre ac; der nächste Fixstern zur Sonne ist der Alpha-Centaurus in 4.5 ac Abstand.

Die Sterne scharen sich in riesigen Sternwolken, in den "Galaxien" (dh Milchstraßen). Unsere Galaxis ist eine flache, rotierende Scheibe von 1000000 ac Durchmesser mit 240 milliard leuchtenden Sternen; dazwischen Gas und Staub mit rund 1/10 Masse der Galaxis. Die Sonne ist in deren Mittelebene etwa 25000 ac vom Zentrum; dieses in 250 Ma umlaufend. Sieht man in dieser Ebene herum, so erhellen diese Sternheere den Hintergrund wie Milch.

Es gibt Zwerg-Galaxien mit hundertmillion (10^8) Sternen bis Riesen-Galaxien mit hundertbillion (10^{14}) Sternen. Durchschnittlich hat eine Galaxie hundertmilliard (10^{11}) Sterne.

Die Zwerggalaxien sind meist schon inaktiv, womit sie (durch Impuls-Austausch der Sterne) elliptische bis kugelige Gestalt annehmen; die kugeligen sind in der Regel die kleinsten unter den Zwerggalaxien. Die mittleren, noch aktiven Galaxien sind spiralig, als flache Scheiben mit durchschnittlich hunderttausend Lichtjahren (10^5 ac) Durchmesser, die innen mit weniger als million Jahre und außen mit bis zu milliard Jahren rotieren.

Durchschnittlich alle hundertmillion Jahre (50 bis 200 Ma) lösen im Kern der Galaxie zusammenstürzende Gas- und Staub-Massen Galaxenkern-Explosionen aus. Diese stoßen in der Regel zwei entgegengerichtete Gasstrahlen mit millionen bis millarden Sonnen-massen ab, aus denen sich ein Paar neuer Spiralarme bildet, in denen wieder neue Sterne gebildet werden. In der kosmischen Frühzeit – mit noch heftigeren Explosionen und noch weniger Drehimpulsen – sind solche Gasstrahlen in den intergalaktischen Raum ausgestoßen worden, womit von ihnen tangierte Nachbar-Galaxien Drehimpulse erhielten.

Die spiraligen Galaxien haben in der Regel einen Halo von ca 100000 ac Radius aus "Kugelsternhaufen". Unsere Galaxis hat 350, die rund doppelt so massereiche Nachbargalaxie "Andromeda-Nebel" hat 450 dieser kugeligen Sternhaufen. Kugelhaufen sind fast drehimpulsfrei und haben durchschnittlich je million Sterne (10^5 bis 10^7), die in einem wundervollen dynamischen Gleichgewicht um den gemeinsamen Haufen-Schwerpunkt pendeln. Jeder Kugelhaufen im ganzen durchpendelt seine Muttergalaxie in rosettenartigen Bahnen mit Pendelperioden von 500 Ma.

Die Sterne der Kugelhaufen sind die ältesten des All; etwa 15 Ga. Die Kugelhaufen sind offenbar schon vor ihrer jeweiligen Muttergalaxie entstanden; vermutlich durch den Lichtdruck der frühen Quasare zusammengeschobene Masssen. Ähnlich den Kugelhaufen sind die Riesen-Kugelgalaxien, jedoch mit million- bis hundertmillionmal mehr Sternen.

Diese Riesengalaxien sind zumeist kugelig und ohne Drehimpuls. Jeder einzelne Stern durchläuft die Galaxie in rosettenartigen Bahnen (hyperbolisch am Perihel, elliptisch am Aphel) inbezug auf den Schwerpunkt der Galaxie. Die Bewegungen sind statistisch gleichverteilt in alle Richtungen. Es gibt alle Bahnen von strichförmigen Durchpendelungen bis kreisförmigen Umläufen. Diese Riesen-Kugelgalaxien enthalten selbst wieder viele Sternhaufen; Kugelhaufen, wie sie die Spiralgalaxien begleiten, bis zu mittelgroßen Galaxien, ja sogar Spiral-Galaxien.

Die fachastronomische Bezeichung "Elliptische Galaxie" ist geschichtlich bedingt und irreführend. Bei den ersten Beobachtungen konnte man weitentfernte kugelige Riesengalaxien noch nicht von nahen kugeligen "Elliptischen Zwerggalaxien" unterscheiden. Eine kugelige Riesengalaxie ist eben garade kein Endzustand aus elliptischen Zwischenstadien (wie die kugeligen Zwerggalaxien), sondern hat ihre Kugelgestalt prinzipiell von der Entstehung her. Die Riesengalaxien sind wesenhaft kugelig und drehimpulsfrei, weil sie aus der drehimpulsfreien Urmaterie entstanden sind und – wegen ihrer riesigen

Eigenmasse – durch Gasstrahlen aus Kernexplosionen von Nachbargalaxien kaum Drehimpulse vermittelt bekamen.

Im Zentrum solcher Riesen-Kugelgalaxien ereignen sich höchstaktive Massen-Zusammenstürze, die Gasstrahlen bis zu 10^{11} Sonnenmassen abstoßen. Die Radio-Galaxie 3C273 stößt gerade derartige Massen ab und strahlt hierbei allein schon mit der 211 mm Isospin-Radiostrahlung mehr als die 100-fache Energie wie die ganze Galaxis insgesamt strahlt. Hiermit wird es bereits möglich, daß ein neuer Kosmos gezeugt und mit abgesonderter, eigener Raumzeit ausgestoßen wird.

Makrostruktur

Die durchschnittlichen Abstände der Galaxien voneinander sind einige million Lichtjahre. Die kosmischen Großräume werden in Mac (Mega-Lichtjahr, dh million Lichtjahre) angegeben; die Supergroßräume sogar in Gac (Giga-Lichtjahr, dh milliard Lichtjahre). Ein Mac ist gänzlich unvorstellbar. Aber ein Verhältnis-Beispiel macht vielleicht die Unvorstellbarkeit vorstellbar:

Der nächste Himmelskörper zur Erde ist der Mond, welcher von der Erde 380000 km entfernt ist; das ist das 9,5-fache des Erd-Umfangs. Wir kaufen die ganze Weltproduktion des allerdünnsten Papiers auf; jedes Blatt 0,015 mm dick, sodaß ein Stapel von 1000 Blatt erst 15 mm dick ist. Dieses Papier stapeln wir aufeinander, immer höher und höher bis zum Mond. Dann nehmen wir für jedes Blatt dieses Stapels jeweils eine Erde-Mond-Entfernung und reihen diese aneinander. Diese Reihe ist dann 1 Mac lang, 1 million Lichtjahre.

Der Freie Raum des All ist somit erschreckend groß und gähnend leer. Würde man alle Sterne gleichmäßig im Weltraum verteilen, so wäre jeder Stern wie ein Sandkorn im Volumen der Erdkugel. "Angehäuft" in den Galaxien wären etwa million Sandkörner, in Galaxenkernen etwa billion Sandkörner im Volumen der Erdkugel. Deshalb durchlaufen die Kugelhaufen ihre Muttergalaxie, sogar gelegentlich große Galaxien einander, ohne jede Sternkollission. Nur die Gase zwischen den Sternen mitteln ihre Impulse miteinander aus, sodaß kleine Sternhaufen ihr Gas in der großen Galaxie zurücklassen bzw ähnlich große Galaxien das gemeinsame Gas als gesonderte Wolke auf der Strecke lassen. Die weiterlaufenden Galaxien büßen damit an ihrer Aktivität ein, wogegen in der gesondert verbliebenen Gaswolke neu eine aktive Entwicklung einsetzt. Offenbar gibt es aber doch einige so dichte Galaxenkerne, daß darin sogar täglich Sternkollisionen geschehen.

Die Menge aller Galaxien ist formiert in einer hypergigantischen Struktur. Soweit man bisher erkennt, ist dies – in weiten Variationen und mit unterschiedlichen Größenverhältnissen – eine Zellenstruktur, vergleichbar mit Schaumgummi: Der kosmische Großraum enthält sehr viele Leerräume (Schaumgummi-Luftblasen), die ganz ohne Galaxien sind. Durchschnittlich hat ein solcher Leerraum, den man "Supervoid" nennen sollte, 300 Mac Durchmesser (dreihundert-million Lichtjahre).

Zwischen einem jeden Supervoid und dem jeweils nächsten ist je eine "Wand" (Schaumgummi-Wände), die durchschnittlich aus zehntausenden von Galaxien besteht. Jede Galaxie pendelt in den gegenseitigen Schwerkräften durch die Mittelebene der jeweiligen Wand. Die Dicke einer Wand ist durchschnittlich 30 Mac. Durchschnittlich hat eine Galaxie in der "Wand" einen Freiraum um sich von 2 Mac Radius und hat eine Masse von 10^{41} t (rund 50 milliard Sterne wie die Sonne).

Obgleich der Präsenzraum, "nur" 20 Gac tief ist, umfaßt – wegen der Quasi-Unendlichkeit der Invarianzgeschwindigkeit c, mit welcher die Singularität flieht – das All mehr als million Supervoids. Der Parameterraum dürfte etwa milliard Supervoids enthalten. Das All enthält – ganz grob – 10^{14} Galaxien und 10^{25} Sterne.

Diese Zellenstruktur ist eingebettet in das "systematisch fluchtbewegt expandierende Substrat". Damit flieht jede Wand von der gegenüberliegenden Wand mit rund 4000 bis 5000 km/s. Dieser systematischen Fluchtbewegung sind Peculiar-Bewegungen (dh Sonderbewegungen) überlagert. Jede Galaxie ist peculiar-bewegt in ihrer Wand mit durchschnittlich 150 km/s (dh c/2000). Aber alle Galaxien im ganzen Großraum – von etwa 1 Gac bis 10 Gac – haben gemeinsam eine gleichgerichtete Peculiarbewegung gegenüber dem Substrat von 600 km/s (dh c/500), den "3K-Dipol": gegenüber dem mit der 3K-Strahlung markierten Substrat ist dies eine großräumige Kollektkiv-Bewegung wie von einem Himmelspol zum gegenüberliegenden Pol.

Diesen von den Kosmophysikern mit größtem Erstaunen festgestellten "3K-Dipol" führt der Fachkonses auf die Wirkung eines "Großen Attraktors" zurück: einer noch nicht entdeckten Riesen-Schwerkraftquelle. Diesen Konsens wagte anscheinend nur ein durch seine erregenden Entdeckungen in der Großraumstruktur bekannter Astronom (Don Mathewson) zu bezweifeln, der sich selbst mir gegenüber als "Haeretiker" (Irrlehrer) bezeichnete. Ich selbst muß mich allerdings dann als einen Con-Häeretiker klassifizieren: Es scheint mir sicher, daß diese Großraum-Drift (3K-Dipol) ein statistischer Strömungsjet und/oder eine Turbulenz aus dem superdichten Kosmos der Zeit vor der 1. Sekunde des Weltalters ist.

Sollte tatsächlich aus einem Kollaps im Zentrum einer Riesen-Kugelgalaxie – gleichsam in einer Durchtunnelung der Singularität –

ein neuer Kosmos mit superdichtem und superheißem Anfang geboren werden, so wären statistische Strömungsjets und Turbulenzen dieser Art naturgemäß zu erwarten. Wenn die Singularität prinzipiell nicht erreicht wird, sondern der Kernkollaps im alten Kosmos vor ihr endet und der neue Kosmos nach ihr beginnt, werden in jedem Kollaps gegebene Inhomogenitäten offenbar dem neuen Kosmos mitgegeben.

Es sollte möglich sein, den Potentialabstand des Kollaps-Endes (Abstand von $-c^2$) wenigstens ungefähr zu berechnen und daraus Start-Bedingungen für die Zukunft. Die Inhomogenität des 3K-Dipols läßt sich durch folgende Erwägungen zwar nicht beweisen, aber doch als sinnvolle Möglichkeit näherbringen:

Der 3K-Dipol erfaßt vermutlich kosmische Massen in einem Raum mit einem Durchmesser zwischen 1 Gac bis 10 Gac. ZB mit einem Durchmesser von 3 Gac driften die Wände von rund 1000 Supervoids mit dem 3K-Dipol relativ zum Substrat. Sollte das All milliard Supervoids enthalten, so wäre dies erst ein millionstel des Parameterraumes. Ferner: Eine Bewegung von Nukleonen mit 600 km/s entspricht einer Temperatur von 20 million Grad. Vor der ersten Sekunde des All waren aber um viele Zehnerpotenzen höhere Temperaturen. Also beide Erwägungen lassen gute Voraussetzungen erkennen für Inhomogenitäten im Massen-Fluß für den 3K-Dipol.

Die genauere Erfassung der Makrostruktur und ihrer Inhomogenitäten, insbesondere aber überhaupt die Zeugung eines neuen Kosmos durch einen Galaxenkern-Kollaps ist die wohl physikalisch als auch geistesgeschichtlich bedeutendste Aufgabe für die Wissenschaft. Dazu ist allerdings die Physik in allen ihren Aspekten und Komponenten einzusetzen: die Physik der Reaktionen, die Quantenphysik; die Physik der Relationen, die Relativitätsphysik; die Physik der Existenz, insbesondere als Kosmophysik.

Das All mit allen seinen Zeiten, Räumen, Massen und Strukturen wird durch drei miteinander komplementäre Aspekte bzw Komponenten der Physik erfaßt, durch drei verschiedene Zweige der Physik, die aber zu einer Physik zusammengehören, die jeder die beiden anderen mitenthält und die einander bedürfen; durch die Quantenphysik mit dem Wirkungsquantum h; durch die Relativitätsphysik mit der Invarianzgeschwindigkeit c; und Existenzphysik insbesondere mit dem Gravitationsfaktor G.

Wirkungsquantum

Materie ist immer "gequantelt"; Körper wie Strahlung ist quantisiert.

Jegliche Materie existiert in jeweils einem charakteristischen Quantum (Menge) an Energie E, welche jeweils mit einer charakteristischen Schwingungsdauer T wirksam wird. In einer Quant/Welle-Komplementarität ist Materie immer zugleich Quant und Welle. Immer ist das Produkt aus der Energie E eines Energiequants und der Schwingungsdauer T seiner Welle konstant gleich dem "Wirkungsquantum" h ; einer Fundamental-Konstanten der Physik und aller Existenz; es ist :

Wirkungsquantum $h = 4{,}1356692 \cdot 10^{-15}$ eVs $= 6{,}626075 \cdot 10^{-34}$ J·s.

Energiequant E und Schwingungsdauer T stehen miteinander in der universell gültigen Beziehung : $E \cdot T = h$.

Die Quant/Welle-Komplementarität wurde mit der Qantenphysik erkannt. Das Quant ist eine konkrete Energie-Menge, die immer ungeteilt, also ganz oder gar nicht auftritt, wobei der Auftritt des Quants durch die zugehörige Welle bestimmt ist. Die Welle ist eine konkrete Periodizität im Raum und bzw oder in der Zeit, die über den Raum mit der Zeit ausgebreitet ist. Diese Periodizität ist eine Quasi-Oszillation (Schwingung) mit radialer Ausdehnung als "Feld" und bzw oder eine Quasi-Rotation (Drehung) mit zyclischer Geschlossenheit als "Spin".

Die offenbar sehr tiefe existentielle Beziehung von Energie (Quantum E) und Zeit (Dauer T) ist noch nicht ergründet. Quantenphysikalisch hat jedwelches Energiequantum E eine Schwingungsdauer $T = h/E$ bzw ist jeder Schwingungsdauer T ein Energiequantum $E = h/T$ eigen. Die Welle als solche ist nicht objektivierbar: nur als "Auftrittswahrscheinlichkeit" des Quants.

Die vier Elementar-Partikel der gegenständlichen kosmischen Körper – der beiden Baryonen Neutron n und Proton p, und der beiden Leptonen Elektron e und Neutrino – sind Energiequanten mit Wellen von sowohl Oszillation (Feld) als auch Rotation (Spin). Jedes hat einen halbzahligen Spin und ist damit ein "Fermion".

Die Fermionen treten mit einer klassisch unverständlichen "Fermi-Statistik" auf. Diese folgt aus dem "Pauli-Verbot", nach welchem in einem noch so großen System keine zwei Fermionen desselben Spin mit gleichem Energie-Zustand existieren können. ZB in der Bundesbahn-Oberleitung von München bis Hamburg sind jeweils nur zwei Elektronen (von entgegengerichtetem Spin) mit dem selben Impuls-Zustand. Aber überall ist jedes Elektron mit jedem Impuls-Zustand zugleich potentiell gegenwärtig (ohne diese "Allgegenwart" gäbe es keine elektrische Energie-Übertragung).

Eigenartige Analogien werden sichtbar: uraltes Wissen der Menschheit ist es, daß es im gesamten Menschengeschlecht keine zwei identisch-gleichen Menschen gibt. Fermistatistik und Pauliverbot beherrschen fundamental alle Reaktionen und die gesamte kosmische Existenz. Sollte Gott nicht allgegenwärtig sein können, wenn das schon irgendwie auch die Elektronen in jedem Kupferdraht sind?

Das Quant mit der Energie E ist der energetische Aspekt, die Welle mit der Schwingungsdauer T ist der raumzeitliche Aspekt. Es gibt drei grundverschiedene Arten von Wellen: (1) Die Raumwellen, denen etwa die gewohnten Schwingungen von Medien zugehören. (2) Die Raumzeitwellen, denen etwa die elektromagnetischen Strahlungen zugehören. (3) Die Zeitwellen, denen etwa die Materiewellen zugehören.

Zwischen den Raumwellen und den Raumzeitwellen ist eine quasi-unendliche, unüberkommbare Kluft. Die Raumzeitwellen liegen "zwischen" den Raumwellen und den Zeitwellen. Zwischen den Raumzeitwellen und den Zeitwellen liegt nochmals eine quasi-unendliche, unüberkommbare Kluft. Insbesondere gibt es kein System, inbezug auf welches eine Wellenart in eine andere dieser Wellenarten übergehen könnte.

Die Raumwelle :

Die Raumwelle ist eine Periodizität im Raum; zB eine wellige Landschaft oder direkt die Meter-Marken eines Straßennetzes ("direkt" im Sinne der Raum-Ermessung selbst). Für die Raumwelle primär ist die Wellenlänge L. Zu jeder Raumwelle gibt es ein Eigensystem (zB das Straßennetz), in welchem die Wellenlänge als L_0 maximal ist und keine Schwingungsdauer existiert (formal als "unendlich lang" erscheinend). Bezogen auf ein Bezugssystem (zB ein Auto), gegenüber welchem das Eigensystem mit v bewegt ist, kontrahiert diese

Wellenlänge L_0 zu $L = L_0 \cdot \kappa$; zugleich erscheint sekundär eine Schwingungsdauer L/v als Wellenlänge L pro Geschwindigkeit v . Die Schwingungsdauer ist somit eine sekundär auftretende Dauer (zB als Vorbeiticken der Meter-Marken) der Größe $L/v = L_0 \cdot \kappa / v$, die sich jedoch nicht relativistisch transformiert; insbesondere nicht als Zeitkontraktion und nicht als Einsteindilatation.

Die Zeitwelle :

Die Zeitwelle ist eine Periodizität in der Zeit; zB eine im ganzen Land synchrone Temperatur-Schwankung oder direkt der überall synchrone Sekundenschlag aller über das Land verteilten Uhren ("direkt" im Sinne der Zeit-Ermessung selbst). Für die Zeitwelle primär ist die Schwingungsdauer T. Zu jeder Zeitwelle gibt es ein Eigensystem (zB die Uhrenmenge), in welchem die Schwingungsdauer als T_0 maximal ist und keine Wellenlänge existiert (formal als "unendlich lang" erscheinend). Bezogen auf ein Bezugssystem, gegenüber welchem das Eigensystem mit (v bewegt ist und mit) w verstreicht, kontrahiert diese Schwingungsdauer T_0 zu $T_0 \cdot \kappa$; zugleich erscheint sekundär eine Wellenlänge T/w als Schwingungsdauer T pro Zeitgradient w. Dies ist die Strecke, längs welcher der Zeitgradient w die Zeit des Eigensystems relativ zur Zeit des Bezugssystems gerade um eine zeitliche Periode T verschiebt (zB das Eigensystem dem Bezugssytem um 1 Sekunde früher bzw später gegenübersteht).

Solche Zeitwellen sind die Materiewellen von allen Körpern; zB von Neutron, von Proton oder Elektron. Das Eigensystem zB eines Neutron ist dasjenige, in welchem dieses ruht; Schwingungsdauer $T_0 = 4{,}401682 \cdot 10^{-24}$ s. Im Bezugssystem, gegen welches sich das Neutron mit v bewegt und mit seinem Eigensystem mit w verstreicht, wirkt das Neutron mit seiner erhöhten Bewegtenergie $E = E_0/\kappa$ entsprechend der kontrahierten Schwingungsdauer $T = T_0 \cdot \kappa$. Es ist $h = E \cdot T = (E_0/\kappa) \cdot (T_0 \cdot \kappa) = E_0 \cdot T_0$.

ZB in der Hülle des Atoms ist die Zeitverschiebung mit dem Zeitgradient w (wobei $w = v/c^2$ mit v als Umlaufgeschwindigkeit des Elektrons) über den vollen Umfang der Elektronenbahn gerade eine Schwingungsdauer des quasi-umlaufenden Elektrons; dh : die Materiewelle ist in sich zeitidentisch geschlossen, und es erscheint die Hülle wie eine wolkenartige Verteilung der Elektron-Ladung e kugelig um den Atomkern.

Die irreale Anwendung der Vorstellung von den gewohnten Raumwellen auf die Zeitwellen hat ein halbes Jahrhundert lang frustrierende Diskussionen ausgelöst; zB: um die "Unendlichkeit der Wellenlänge bei ruhendem Körper", die man als Formalergebnis tolerieren zu müssen glaubte; um die "Überlichtgeschwindigkeit der Materiewelle", die man als Phasengeschwindigkeit c^2/v zu erklären versuchte; um die "Permanenz des Wellenpakets", indem man keinen Grund gegen ein Auseinanderlaufen des Wellenfeldes sehen konnte. In Berufung auf Unvorstellbarkeit ließ man schließlich diese interessanten Diskussionen in Hoffnungslosigkeit abklingen; resignierend nur noch auf die Ergebnisse eines perfektionierten mathematischen Apparates vertrauend.

Zwar ist der Zeitgradient sehr schwierig vorstellbar; meist erst nach jahrelanger Eingewöhnung. Hat man aber einmal diesen Schlüssel sicher verfügbar, öffnet er die Türen trivial und wie von selbst. Ergebnislos gewälzte Probleme werden als Scheinprobleme sichtbar, die sich wie selbstverständlich lösen, sobald die raum/zeit-Vertauschung in den Zeitwellen erkannt ist:

Eine wellige Landschaft (oder die Metermarkierung eines Straßennetzes) hat keine unendliche Schwingungsdauer. Sie hat auch keine endliche, sondern überhaupt keine Schwingungsdauer. Analog raum/zeit-vertauscht : Etwa der synchrone Sekundenschlag aller Uhren eines Landes ist überall – hier und bis unbegrenzt weit entfernt – gleichzeitig (eben synchron); aber eben nicht als irgend eine unendliche Wellenlänge. Zeitwellen haben im Eigensystem weder eine unendliche noch eine endliche Wellenlänge, sondern überhaupt keine. Was sollte in einem solchen Uhrenfeld überhaupt laufen? Zeitwellen laufen nicht mit Überlichtgeschwindigkeit, laufen nicht schnell und nicht langsam, sondern überhaupt nicht. Die Größe c^2/v ist keine Geschwindigkeit, sondern ist der Reziprokwert des Zeitgradient w . Zeitwellen laufen also auch nicht auseinander.

Aber wieso erscheinen dann überhaupt "Wellen"? Die hügelige Landschaft mit Strecke L von Berg zu Berg wird erst zur "Welle" inbezug auf ein mit Geschwindigkeit v durchfahrendes Auto; mit der Dauer zwischen jedem auf-ab-auf erscheint so etwas wie eine "Schwingungsdauer" $t = L/v$. Analog raum/zeit-vertauscht : Der Sekundenschlag aller Uhren eines Landes verschiebt sich relativ zu einem dazu verstreichenden System mit der relativistischen

Zeitverschiebung, welche der Zeitgradient w längs räumlicher Strecken s bewirkt: die Strecke der Zeitverschiebung um gerade eine Sekunde (dh um gerade eine ganze Schwingungsdauer, um 1T) erscheint damit als "Wellenlänge" l = T/w . Diese Periodizität ist eine "Welle", jedoch ganz anderer Art als die gewohnte Raumwelle.

Unpassende Benennungen erschweren das Verstehen, bis zur Unverständlichkeit: "Das Konzert war grün" sagt an sich nichts, verleitet aber den Unwissenden zum Fehlschluß, ein Konzert sei eine Gartenschau.

Die Raumzeitwelle :

Zwischen den Raumwellen und den Zeitwellen sind die Raumzeitwellen der mit Invarianzgeschwindigkeit c übertragenen Energien. Für diese gibt es kein Eigensystem. Inbezug auf jedes System ist immer das Verhältnis L/T von Wellenlänge L zu Schwingungsdauer T gleich c . Inbezug auf verschiedene Systeme S' oder S" sind zwar L' und L" und sind auch T' und T" verschieden. Aber immer ist das Verhältnis L/T = L'/T' = L"/T" = c ; unverändert gleich der Invarianzgeschwindigkeit c .

Vermutlich ist die Gravitation mit "Gravitonen" komplementär zu Raumzeitwellen. Jedenfalls geht jedes "Photon" – Energie-Quant einer jeden elektromagnetischen Strahlung – mit einer Raumzeitwelle über. Das übergehende Quant ist jedoch zwischen Emission und Absorption raumzeitlich unobjektiviert: im ganzen Wellenfeld – das Kubik-Lichtjahre groß werden kann – überall und nirgends zugleich. Hierbei treten in ihrer Tiefe kaum auslotbare Probleme auf.

Ein solches Problem ist das reaktive Mitschwingen der elektrishchen Ladungen etwa von tonnenschweren Glasblöcken beim Durchgang einer Welle. Das Mitschwingen nimmt Energie aus dem Wellenfeld auf – und gibt diese wieder an das Wellenfeld ab. Dies ist jedoch total verlustfrei, sodaß dickste Medien ohne jede Rotverschiebung durchleuchtet werden, sofern nicht das volle Quant absorbiert wird. Dies sind Energie-Umsetzungen mit weniger als einem Wirkungsquantum (< 1 h); gleichsam photon-intern, virtuell, quasi-quantendynamisch. Durch die Mitschwingung wird die Lichtgeschwindigkeit in Medien – entsprechend dem "Brechungsindex" – kleiner als die Invarianzgeschwindigkeit c. Vor allem aber wird damit die gesamte durchlaufene Materie für die Absorption des Quants abgetastet. Unter

Bereitstellung energie-angeregter Atome ist dies ua für Maser oder Laser technisch nutzbar.

Ein weiteres Problem ist, wie-wo-wann hierbei der Lichtdruck auftritt; der Lichtdruck durch Photon-Impuls, welcher ua die leuchtenden Sterne aufbläst. Auf welchen Spiegel eines Fresnel-Paares überträgt das erst später in seiner Welle interferierende Photon seinen Reflektions-Impuls; abhängig von den Beobachtungs-Maßnahmen, die sogar noch während des Weiterlaufs willkürlich veränderbar sind? Diese gespenstische Problematik ist sogar mit der Streuung von Gamma-Photonen an Elementarpartikeln gegeben, womit meßbare Compton-Stöße resultieren.

Mit der Quant/Welle-Komplementarität sind tiefstgreifende Unobjektiviertheit und Offenheit verbunden. Die Wirkungen und Reaktionen sind überhaupt nur möglich aufgrund prinzipieller Unbestimmtheiten.

Unbestimmtheit

Alle Wechselwirkungen, alle Lebensvorgänge sind Reaktionen. Diese sind charakterisiert durch die Menge (Größe) der getätigten Energie, zudem durch Ort und Zeit wo und wann diese getätigt wird. Das Quant stellt die Menge der Energie dar, die Welle lenkt das Wo und Wann. Das Quant ist der energetische, die Welle der raumzeitliche Aspekt einer Reaktion; auch so ausdrückbar: die Welle breitet die Wahrscheinlichkeit für das Auftreten des Quants in der Raumzeit aus. Diese Wahrscheinlichkeit W wird gegeben durch die Einwirkungsdauer D (wie lange die Welle an der Reaktionsstelle angreift) mal die Intensität I der Welle (wie heftig sie an der Reaktionsstelle angreift) pro Resonanz-Abstand $T_r–T$ (wie nahe die Resonanz-Schwingungsdauer T_r der Wellen-Schwingungsdauer T kommt).

Brücken, die überschwere Güterzüge ohne weiteres tragen, können durch den Gleichschritt einer Marschkolonne einstürzen, wenn diese der Brücken-Eigenschwingung nahe kommt. Jede Reaktion ist charakterisiert durch eine ihr eigene Reaktions-Schwingungsdauer T_r. Die Welle eines Energie-Quants ist charakterisiert durch eben ihre Wellen-Schwingungsdauer T. Mit gegen 0 strebendem Resonanz-Abstand ($T_r–T \to 0$) können unbegrenzt hohe Reaktionswahrscheinlichkeiten effektiv werden; etwa bei der quantenphysikalisch "gebundenen" Emission-Absorption des Mößbauer-Effektes.

Die Wellenlänge ist zumeist nicht wichtig; auch nicht die Wellenzuglänge (längs welcher die Intensität der Welle mehr als die Hälfte des Scheitelwertes aufweist), indem mit größerer Wellenzuglänge zwar die Intensität fällt aber die Einwirkungsdauer steigt. Die Länge eines Wellenzuges ist gemäß der Unbestimmtheits-Relation von den Beobachtungs-Bedingungen abhängig. Unter regulären Bedingungen hat sichtbares Licht Wellenlängen zwischen 4 nm (violett) bis 8 nm (rot) mit Wellenzuglängen bis 1 m.

Für c-bewegte Energien wie Photonen ist die Wellenlänge L in der Regel nur indirekt über die Schwingungsdauer T wirksam, indem $T = L/c$. Für Materiewellen ist die Wirksamkeit der Quasi-Wellenlänge T/w noch problematischer; aber anscheinend doch – vermutlich über die Einwirkungsdauer und Intensität – irgendwie von Einfluß auf die Reaktionswahrscheinlichkeit. Die unechte "Wellenlänge" der Materiewelle als solche begründet keine Auftrittswahrscheinlichkeit. Die relativ lange Wellenlänge von langsamen Körpern bedeudet keine entsprechend weit ausgreifende Reaktionswahrscheinlichkeit.

Die über den Raum mit der Zeit – bei Zeitwellen über die Zeit mit dem Raum – ausgebreitete Welle, das "Wellenfeld", erstellt die Wahrscheinlichkeit der Reaktion des Quants in Raum und Zeit. Teilbereiche des Wellenfeldes erstellen entsprechend verringerte Wahrscheinlichkeiten. Statistisch – mit einer Vielzahl von Reaktionen – bezeichnet diese Wahrscheinlichkeit die Häufigkeit der Reaktionen. Wahrscheinlichkeit bzw Häufigkeit ist aber nicht Zwangsläufigkeit. Die quantenphysikalischen Reaktionen sind unbestimmt, "indeterminiert".

Die quantenphysikalische Grundbeziehung $E \cdot T = h$ drückt zugleich eine prinzipielle Unbestimmtheit mit der Größe h aus. Je genauer bei einem Vorgang die Energie E gegeben ist, umso ungenauer ist die Dauer T; und umgekehrt. So ist es auch mit allen "konjugierten Wertepaaren", deren Produkt – wie Energie mal Dauer – eine "Wirkung" ergibt; zB auch mit Impuls mal Strecke, mit Drehimpuls mal Drehwinkel, mit elektrischem mal magnetischem Fluß, und direkt eben mit Wirkung mal Zahl. Immer ist das Produkt der Unbestimmtheiten gleich dem Wirkungsquantum h .

Diese "Unbestimmtheits-Relation" (Heisenberg) formuliert eine prinzipielle Unbestimmtheit; eine wesenhafte Indeterminiertheit allen physikalischen Geschehens.

Über ein halbes Jahrhundert war weltweit von den Spitzenwissenschaftlern der Erde versucht worden, diese Indeterminiertheit als nur eine (meßtechnische) Indeterminierbarkeit aufzuzeigen. Aber geradezu unheimliche Beobachtungen zeigten die Indeterminiertheit auch noch in einem Tiefgang, der das Vertrauen in die Anwendbarkeit klassisch-logischer Denkoperationen auf Grenzbereiche des Seins schwerer erschütterte als je befürchtet worden war.

Schon das Rosen-Paradoxon und Bell-Experiment brachte schockierende Konsequenzen. Neuere Experimente und Konsequenzen (Mandel) weisen auf einfachhin unfaßbare Gegebenheiten:

Beobachtungen an terrestrischen Experimenten machten Phänomene offenkundig, die dramatisch mit einer "Gravitations-Linse" erklärbar sind. Allerdings dürfte kaum eine hinreichend genau liegende Gravitationslinse gefunden werden, indem damit schon billionstel

Weglängen-Unterschiede Laufzeit-Unterschiede ergeben, die billionmal zu lang sind um noch Interferrenz ergeben zu können. Im Prinzip:

Im Kosmos gibt es galaxenartige Gravitations-Linsen, durch welche das Licht aus in Gac (milliarden Lichtjahren) Entfernung befindlichen Quellen hier bei uns fokusiert wird. Licht aus mehr als dem halben Weltalter vermag rechts und/oder links um das Zentrum dieser Linse zu uns zu gelangen. Je nach Einrichtung des Experiments zu dessen Beobachtung – ob damit prinzipiell der eine oder andere Weg feststellbar ist oder nicht – müßte die Energie im Wellenfeld sowohl rechts und links, oder aber nur rechts bzw nur links der Linse gelaufen sein. Das sagt: es müßte der "Weg" schon vor einigen milliard Jahren durch die heute von uns willkürlich eingerichtete Beobachtung vorgeschrieben worden sein.

Dies scheint unausweichlich nur eben so erklärbar, daß die Welt – zumindest in diesen Bereichen – wesenhaft nicht objektiv ist, sondern in komplementärer Wechselbeziehung mit Beobachtungs- und Erkenntnis-Möglichkeiten existiert.

Die Quantenphysik zwingt die Philosophie zur Unterstellung von weitreichender Nichtobjektiviertheit; nicht nur von Nichtobjektivierbarkeit, sondern von "objektiver Nichtobjektiviertheit".

Die aus der Physik geborene Quanten-Philosophie bietet ungeahnte Denkmöglichkeiten zur Bewältigung unlösbar scheinender Probleme auf den höheren Ebenen, bis zur höchsten Eben des Seins. Wenn auf schon rein physikalischer Ebene derart gewaltige Einsichten möglich und nötig sind, wievielmehr in den höheren Seinsebenen. Vor allem erschließt dies tiefgreifende Einsichten etwa zum Thema "Beginn des menschlichen Lebens", oder etwa zum Thema "heilsgeschichtliche Menschwerdung", oder etwa zum Thema "Struktur dieses Kosmos als Entscheidungswelt".

Die Zygote – die befruchtete menschliche Eizelle – als schon volles menschliches Leben objektivieren zu wollen, ist der krassest-mögliche Materialismus. Nicht ein materieller, funktionierender Organismus wird damit zum "Menschen" erklärt, sondern nichts als eine chemische Verbindung, die allerdings informativ schon den vollen Bauplan für einen menschlichen Organismus enthält und als chemisch aufgezeichneter Bauplan objektiv ist. Auch milliarden anderer Zellen in jedem einzelnen menschlichen Organismus – etwa jedes weiße

Blutkörperchen – enthält ebenso die chemische Aufzeichnung des Bauplans; derart, daß daraus ein voller menschlicher Organismus erbrütbar ist. Hätte jedoch meine Mutter eine bestimmte Zygote – nämlich meine – zerstört, wäre ich nie zum Leben gekommen, dieses Buch wäre nie geschrieben worden und vieles wäre anders gelaufen. Quantenphilosophisch ist wasserklar: In sich ist die Zygote als Leben eines Menschen nicht objektiviert. Aber im Verhalten verantwortlicher Menschen zu einer Zygote wird diese entscheidend wichtig und zu menschlichem Leben stahlhart objektiviert.

Die heilsgeschichtliche Menschwerdung ist die "Beseelung des Menschen". Ein uraltes Problem der Theologie: Wann erhält der Mensch die unsterbliche Seele? In keinem der ontogenetischen Schritte ist eine solche Beseelung objektiviert: nicht in der Vereinigung von Sperma und Ovum; nicht in irgend einer frühen Zellteilung; nicht mit Werden des Blastozyst, des Embryo, des Fetus; nicht mit der Geburt oder dem Abschluß der Embryonalentwicklung nach 21 Monaten; nicht irgendwann im Menschenleben bis zum Tod. Der Geist Gottes weht wo und wann Er will. Mit der Einhauchung des Geistes Gottes – wann immer diese auch sei – wird die ganze einzelgeschichtliche Menschwerdung zur heilsgeschichtlichen Menschwerdung, eben dieses Menschen. Dies bezieht die gesamte Ontogenese des Menschen ein; von der Zygote an. Diese heilsgeschichtliche Menschwerdung ist als ewig entscheidendes Faktum objektive Realität. Quantenphilosophisch ist glasklar: In der gesamten natürlichen Entwicklung eines Menschen ist ewiges Leben nicht objektiviert; zB: der Zygote kann nicht Menschsein mit ewigem Leben zugesprochen werden, eine materiell-chemische Struktur kann nicht Basis ewigen Lebens sein. Aber mit der heilsgeschichtlichen Menschwerdung, mit der Einhauchung des Geistes Gottes wird die ganze Geschichte dieses Menschen – von seiner Zygote an – eine zum ewigen Leben bestimmte Existenz. Im Begegnen mit Gott, im Angerufensein von Gott, im Geisterfülltwerden durch Gott ist ewiges Leben als kosmenübergreifende Objektivität.

Diese Welt ist weder als höllische noch als himmlische Welt objektiviert. Sie wird aber objektivert in der Entscheidung eines jeden heilsgeschichtlich entscheidungsfähig gewordenen Menschen: im Schiedsspruch des Richters über "Lebende und Tote" wird diese Welt inbezug auf jeden Menschen ewig unwiderruflich objektiviert. Mit der Scheidung im Gericht des Lebendigen Gottes ist für die Verdammten rückschauend diese Welt als höllischer Weg und vorschauend jede existierende Welt eine Hölle; ist für die Heiligen rückschauend schon diese Welt ein himmlischer Weg und vorschauend jede existierende Welt ein Himmel. Quantenphilosophisch kristallklar: Diese Welt ist weder als höllische noch als himmlische Welt objektiviert: sie ist unobjektiviert in sich selbst. Aber: als Weg wird diese Welt bzw als Dasein werden folgende Welten in der Entscheidung des Menschen zur Objektivität. Diese Welt wird als Entscheidungswelt und kommende Welten werden als Hölle oder Himmel durch das richterliche Wort des Absoluten Souveräns in ewiger Unwiderruflichkeit zu unbegrenzt harter, unverlierbarer Objektivität.

Mußte uns das erst die Quantenphilosophie klar machen? Dies war schon immer die lebendige Verkündigung der Kirche, die freilich den Nebel der klassisch-philosophischen Konstruktionen oft nur wie ein mystisches Ahnen durchstrahlen konnte.

Quantendynamik

Das Wirkungsquantum h beherrscht alle aktuellen Vorgänge im All. Die Fundamental-Beziehung $E \cdot T = h$ legt die Quant/Welle-Komplementarität mit Energiemenge E und Schwingungsdauer T fest, und öffnet zugleich in einer objektiven Indeterminiertheit den Reaktions-Spielraum mit Energie-Unbestimmtheit E und Zeit-Unbestimmtheit T. Alle materiellen Vorgänge, Wechselwirkungen, Reaktionen ereignen sich im "Inneren" des Kosmos immer nur in ganzzahligen Wirkungsquanten; mit 1 h oder 2 h oder ... 5 h usw.

Das Dasein ist in einer gewaltigen Größen-Hierarchie gestaltet; in: den Unter-Kosmos, den Inner-Kosmos, den Über-Kosmos. Was schlicht als "Kosmos" bezeichnet wird, ist der Innerkosmos, der wiederum größen-hierarchisch gestaltet ist; in: den Micro-Kosmos, den Meso-Kosmos, den Makro-Kosmos. Was als "Umwelt" bezeichnet wird, ist der Mesokosmos; von den Viren bis zu den Sternen. Größeres als die Sterne ist der Makrokosmos; von den Galaxien bis zum Gesamt-Kosmos, wovon Supergroßräumigkeit und noch größeres Extrem-Makrokosmos ist. Kleineres als die Viren ist der Mikrokosmos; von den Großmolekülen bis zu den Elementar-Partikeln, wovon Atome und noch kleineres Extrem-Mikrokosmos ist.

Noch größer als der Gesamtkosmos ist der Überkosmos; als der nicht mehr in den Werten dieses "All", als der nicht mehr in den Räumen und Zeiten unseres Kosmos ermeßbaren, unzählbaren Menge von je raumzeitlich eigenständigen, von unserer Raumzeit gesonderten Kosmen. Jeder dieser "anderen" Kosmen ist für sich ein "All" der Art wie unser All. Noch kleiner als die Elementarpartikel ist der Unterkosmos; als ein unter dem reellen Geschehen dieses (Inner-)Kosmos ablaufendes virtuelles Geschehen, aufgrund wessen die Elementarpartikel existieren.

Die Realität des (Inner-)Kosmos – vom Gesamtkosmos bis zu den Elementarpartikeln – ist getragen von den reellen Geschehnissen, die sich grundsätzlich in ganzen Wirkungsquanten h ereignen. Die Geschehnisse des Unterkosmos sind jedoch "virtuelle" (nicht als solche sich realisierende) Geschehnisse, welche sich grundsätzlich mit weniger als einem Wirkungsquantum h ereignen.

Es ist ein Fundamental-Prinzip der Quantenphysik, daß energetisch in Raum und Zeit mögliche Ereignisse auch tatsächlich geschehen. Ob ein mögliches Ereignis sofort oder erst in ganz langer Zeit geschieht, ist unbestimmt, aber doch mit jeweils einer für diese Reaktion charakteristischen Wahrscheinlichkeit bzw Häufigkeit "bestimmt". Diese Wahrscheinlichkeit wird durch die "Halbwertszeit" HWZ ausgedrückt; als derjenigen Zeit, innerhalb derer das Geschehen mit 50 % eintritt, mit 50 % nicht.

Die HWZ für verschiedene Reaktionen, Geschehen, Vorgänge ist sehr verschieden, variirend zwischen 10^{-40} s bis 10^{40} a; aber für jede konkrete Reaktion ist sie ein genau bestimmbarer, charakteristischer Wert; zB: Ein Myon vermag in ein Elektron e^- und Strahlung zu zerfallen – und vollzieht dies mit einer HWZ von 2 us (2 millionstel Sekunden). Ein Sauerstoff-Molekül O_2 vermag mit einem Kohlenstoff-Atom C zu Kohlendioxyd CO_2 zu verbrennen – und vollzieht dies mit einer HWZ von Millisekunden bei Kohlenofen-Temperaturen bzw mit einer HWZ von Jahrhunderten bei Zimmer-Temperatur. Ein Sauerstoff-Molekül vermag aber auch mit seinen Kernen zu einem Schwefel-Kern zu fusionieren – und vollzieht dies mit so langer HWZ, daß dies in der ganzen irdischen Luft kaum jemals vorkommt. Ein Lichtwellenfeld vermag ein Photon zu aktualisieren – und vollzieht dies mit umstandsabhängiger HWZ etwa im Sehen. Ein Sub-Nukleonfeld vermag quantendynamisch ein X-Partikel zu aktualisieren (mit weniger als 10^{-40} s Auftrittsdauer), welches seinerseits das Nukleon mit wiederum kleiner Wahrscheinlichkeit zu verstrahlen vermag – und vollzieht dies im Wahrscheinlichkeitsprodukt mit einer HWZ von über 10^{30} a. Aber das All hat es ja nicht eilig mit seinem Vergehen.

Das Grundprinzip der Quantenphysik – das aktuelle Entstehen und Vergehen im "Möglichkeits-Feld" quantenphysikalischer Potentialität – führte zur Entwicklung der Quanten-Dynamik; erst als Quanten-Elektrodynamik (Dirac) nur für das Elektron, dann erweitert zur Quanten-Chromodynamik für alle Elementar-Partikel.

Der verwegene Gedanke – erst nur arbeitshypothetisch unterstellt – war der, daß ein chaotisches Entstehen und Vergehen von Sub-Partikeln die Existenz der Elementar-Partikel begründen könnte; von Subpartikeln (Unter-Körperchen) mit immer so kurzer Auftritts-Dauer, daß das Produkt mit der betreffenden Subpartikel-Energie grundsätzlich unter dem Wirkungsquantum h bliebe. Innerkosmisch ist somit dieses unterkosmische Geschehen (unter 1 h) ein nicht-reelles Geschehen, der Existenz des Innerkosmos nicht zugehörig. Es ist ein virtuelles Geschehen im Unterkosmos, das sich freilich in härtester Realität als Existenz der Elementarpartikel aktualisiert, das die Existenz von Neutron, Proton und Elektron und damit aller Körper dieses All begründet.

Rein aus logischen Denkprinzipien heraus, dh auf der Basis geistiger Strukturen (die irgendwie wieder im klassischen gründen!) konnte eine Theorie (SU5) erstellt werden, welche einige zusammengehörige Gruppen ganz diskreter Subpartikel (einige dutzend) als unterkosmisch existent aufzeigte; sogar ganz konkret mit Energie und Masse, Ladung und Spin, Lebensdauer und Kraftwirkung jedes einzelnen dieser Subpartikel. Es wurden unter anderem Subpartikel mit sogar beträchtlich höherer Masse als das ganze Nukleon postuliert; etwa das W-Boson mit 85-facher, das Z-Boson mit 97-facher und gar das X-Subpartikel mit 10^{15}-facher (billiardfacher) Masse des ganzen Nukleon.

Niemand hätte (ohne als verrückt gelten zu wollen) je wagen können, solche Theorien aufzustellen – nicht in der Physik, erst recht nicht analog in Ideologie, Philosophie oder gar Theologie –, wären diese arbeitshypothetischen Unterstellungen nicht in empirischer Prüfung der Theorie-Aussagen verifizierbar gewesen. In der faktischen Überprüfung der theoretisch begründeten Arten von Elementar-Partikeln und Quanten und deren jeweils vielerlei Eigenschaften – wie Energie, Masse, Ladung, Spin, Radius, Feld-Reichweite und -Stärke, Reaktionsverhalten und Stabilität – hat die Quantendynamik jedoch überwältigende Bestätigung gefunden. Mit Höchstenergie-Experimenten (GeV, für welche die gesamten strategischen Stahl-Reserven der Schweiz eingesetzt wurden) konnte einigen W- und Z-Bosonen kürzestlebig sogar freie Existenz verschafft werden.

In dynamischem, jeweils äußerst kurzzeitigem Entstehen und Vergehen (Fluktuation) von diskreten Subpartikeln – etwa Quarks, Gluonen, W- und Z-Bosonen, aber auch Photonen und Neutrinos – resultiert das Nukleon; das Neutron und das Proton. Aus "geordnetem Chaos" im Unterkosmos resultiert im Innerkosmos das Nukleon. Es ist einfach nicht faßbar, daß aus Fluktuation das Neutron und Proton mit extrem "harter" Existenz, mit extrem konstanten und genauen Eigenschaften und extrem langer Lebensdauer resultieren kann. Nur extrem kürzerzeitige Fluktuationen als die Elementardauer und nur extrem viele Subreaktionen zugleich vermögen dies zu leisten.

Sehr viel schwerere Subpartikel – im ganzen, aber einzelne auch schon für sich – als das ganze Nukleon zusammen, erwirken dynamich das Neutron bzw Proton; aber weniger wegen ihres jeweils nur extrem kurzzeitigen Auftretens, vor allem wegen der gewaltigen Bindungsenergie der Subpartikel aneinander, welche als "Schulden-Energie" negativ ist. Die nach "außen" (dh in den Kosmos) als negative Masse wirkende Bindungsenergie mindert die Summe der Massen der jeweils akut auftretenden Subpartikel eben auf die Masse des Nukleons.

Aus der extrem hohen Konstanz und Stabilität des Nukleons im Innerkosmos (Nichtverstrahlung auch bei den energischsten Kernreaktionen und sogar bei den Höchstenergie-Experimenten) schließen Quantendynamiker auf mehr als milliardenfache Masse der jeweils aktuell subexistierenden Subpartikel. Dies gleicht dem Vermögen eines Mannes von 1 Mark; aus einem Guthaben von 1000000000 Mark zusammen mit einer Verschuldung von 999999999 Mark.

Jedes Elementarpartikel ist somit – relativ zu seiner innerkosmisch erscheinenden Masse – eine sehr große Unterwelt. Merkwürdige Gedanken drängen sich dem Quantendynamiker auf; nach unten: Ist vielleicht jedes Elementarpartikel ein eigener Kosmos; mit unserem Kosmos als dessen Überkosmos? oder nach oben: Ist vielleicht unser Kosmos ein Elementarpartikel; einer von vielen Unterkosmen in einem Überkosmos? Als Schüler im Krieg auf der Wacht unter dem klaren Sternenhimmel fragten wir uns: "sind diese Sternsysteme vielleicht Atome im A.... eines großen Riesen?".

Letztendlich ist gar nichts ausschließbar in diesen ungeheuerlichen Grenzbereichen kosmischen Daseins; in diesen Horizont-Bereichen mit ihren "unheimlich-unbegrenzten Möglichkeiten". Man sollte aber immer die Kirche beim Dorf und Wirtshaus lassen; nach unten: sogar wenn die innere Eigengröße der subelementaren Welten ausreichen würde, so wären diese mit je ihren wenigen diskreten Subpartikeln und Reaktionen so trostlos-öde Kosmen, daß keiner davon je Leben und Bewußtsein tragen könnte. Oder nach oben: sogar wenn dieser Kosmos sich nach "außen" derart weitgehend an die Nullbilanz annähern würde, daß nur noch gerade ein Elementarpartikel verbliebe, könnte sicher nicht aus jedem der verschiedenen Kosmen jeweils ein gleichartiges Elementar-Partikel für einen Über-Kosmos resultieren. Was sollte das alles auch?

Und dennoch sind diese subelementaren Vorgänge erstaunliche Gleichnisse überweltlicher Seinsbereiche. Wie sich schon innerkosmisch verschieden hohe Seinsebenen erstaunlich aufeinander projizieren und abbilden und analoge Betrachtungen ermöglichen, so bilden sich offenbar die überweltlichen Geschehnisse bis in unterweltliche Kleinheit ab. Greifen wir zurück auf die "einfache" Quanten-Elektrodynamik.

Nach dieser ist das Elektron – als Elementarpartikel der elektrischen Elementarladung e – eine quasi-punktuelle "elektrische Singularität"; umgeben durch dynamisch-chaotisches Entstehen und Vergehen von virtuellen Photonen und e^-e^+-Paaren; derart, daß im Innerkosmos eben das Elektron verbleibt. Dieses dynamisch-virtuelle Flukturieren der Photonen und e^-e^+-Paare ist derart statistisch im Umraum verteilt, daß eben das elektrische Feld verbleibt; reziprokquadratisch mit dem Abstand abnehmend und unbegrenzt weit ausgreifend. Grundsätzliche Bedenken drängen sich jedoch auf:

Erstens, welcherart sind die Ladungen e^- und e^+ in den virtuellen Paaren? Ist jedes auch wiederum ein dynamisches System, oder ist dies in der virtuell-kurzen Auftrittsdauer gar nicht nötig (?). Wieso ist es aber dann doch ein e^- bzw ein e^+?

Zweitens, wie können Photonen (und e^-e^+-Paare) eben derart virtuell flukturieren, daß sie ein Feld mit der konkreten Feldfunktion ergeben? Naiv ausgedrückt: Woher "wissen die Photonen", wie-wann-wo sie zu flukturieren haben, um eben dieses Feld darzustellen? Muß nicht irgendwas (eben ein "Feld") informativ das dynamische Geschehen steuern, um dann (?) eben dieses Feld zu sein? "Was ist Wärme?" fragte der Dozent, worauf der Kandidat richtig "Bewegung der Moleküle" antwortete. Leider fuhr er aber fort: "dann reiben die Moleküle aneinander und es wird warm" – "und das ist Wärme?" sagte der Dozent dem durchgefallenen Kandidaten. Vielleicht wird die Fluktuation doch durch etwas anderes gesteuert; etwa durch das Feld der von der Landungsenergie mit Ablauf der Zeit erschlossenen Wirkungsquanten, wie dies im existentiellen Aspekt erscheint?

Drittens, eine echte elektrische Singularität mit punktueller "Zentralladung" e hätte – als "nackte" Ladung – unendlich große Feldenergie. Wäre dies vielleicht doch ein eigener Kosmos, sogar noch unendlich größer als der in dem wir leben? Die Quanten-Elektrodynamik benötigt indes gar nicht solche punktuelle Extrapolation. Der quantenelektrodynamischen Konzeption genügt bereits eine fast punktförmige Zentralladung mit sehr großer Ladungsenergie. Offenbar ist diese von unobjektiviert kleinem "Radius". Aber durch dynamisch-virtuelle Fluktuation – mit "Abschirmung" der sehr viel größeren Zentralladungsenergie durch die negativen Bindungsenergien in der umgebenden Fluktuation – wird innerkosmisch eben das Elektron objektiviert: als das stabilste Elementarpartikel im All.

Wie dem auch sei: Die großen Erfolge der Quanten-Elektrodynamik mögen uns erlauben, derartige Bedenken zu ignorieren; zumal in diesen Bereichen alles nur noch gleichnishafte Abbildungen sind. Was sehen wir aber dann: Zentral eine unobjektiviert große, immer unveränderliche, nie verschleißende elektrische Feldenergie, die unentwegt-dynamisch die Entstehung und Vergehung von Partikeln flukturierend generiert. Und zugleich sehen wir: Das elektrische Feld ist über alle Zeiten unveränderlich quasi-statisch. Und doch breitet es sich immerfort mit Invarianzgeschwindigkeit c aus.

Ist das eine erstaunliche Abbildung des Allerhöchsten im Allerkleinsten?! Was ist der Absolute Souverän?: eine unobjektiviert allgewaltige Macht; immer unwandelbar, in unentwegt-dynamischer Schöpfung entstehender und vergehender Kosmen. Sich selbst nie verbrauchend, in ewiger Unveränderlichkeit generiert Er alles Seiende. In Sich, mit Sich vereint ist eine unermeßliche Vielzahl von himmlischen Kosmen, eine unerschöpfliche Zentral-Ladungsenergie darstellend. Aber nach außen: unentwegt abdriftende, von Ihm und voneinander unüberkommbar gesonderte Kosmen.

Bildet sich das Allerhöchste – der Überkosmos der Transzendenz – bis in das Allerkleinste – im Unterkosmos des Elektrons – tatsächlich ab?! Wie weit reicht die Gleichnishaftigkeit, die Abbildungstreue? Ein unheimlicher Gedanke drängt sich auf: Ist die unzählbare Menge ständig abdriftender und vergehender Kosmen, ist die Hölle das "Außenfeld" Gottes? Die höllischen Kosmen driften – sich vom Absoluten Souverän sondernd – gleichsam mit uneinholbarer Geschwindigkeit ab, in die Nichtigkeit; auslaufend wie das elektrische

Feld des Elektrons mit Invarianzgeschwindigkeit c. Das immerwährende Abdriften immer neuer sich absondernder Kosmen ist ein grauenhaft-beständiges, quasi-statisches Geschehen immerwährender Hölle; quasistatisch wie das elektrische Feld des Elektron in seiner Unveränderlichkeit.

Alle Felder, alle Wechselwirkungen laufen mit Invarianzgeschwindigkeit c. Der ganze Kosmos expandiert mit Invarianzgeschwindigkeit c und begründet damit seine Existenz.

Invarianzgeschwindigkeit

Die Invarianzgeschwindigkeit c ist die inbezug auf alle Systeme unveränderlich (dh "invariant") gleiche Geschwindigkeit.

In ihrer Quasi-Unendlichkeit begründet sie die Existenz des All. Sie ist die Geschwindigkeit aller Felder und Kräfte; insbesondere der elektrischen und gravitativen Felder und Kräfte. Felder breiten sich c-bewegt aus; Kräfte wirken c-retardiert. Eine ferne Masse zieht eine hier ruhende Masse an, wie von der Stelle, an welcher sie sich befand, als das jetzt hier mit Invarianzgeschwindigkeit c ankommende Feld damals von ihr abging. Und mit eben diesem c-retardierten Abstand ist diese ferne Masse jetzt-hier "präsent".

Wegen der Quasi-Statik des Schwerefeldes (ebenso des elektrostatischen Feldes) tritt diese Ausbreitung des Feldes mit c nur bei Veränderungen des Abstandes in Erscheinung. Die Ausbreitung aller Felder, aller Kräfte und Wechselwirkungen mit Invarianzgeschwindigkeit c ist insbesondere mit der Expansion des Weltraumes wirksam.

Auch alle elektromagnetischen Wellen laufen mit Invarianzgeschwindigkeit c. Weil in diesen Wellen auch das sichtbare Licht enthalten ist, wird die Invarianzgeschwindigkeit c in der Regel als "Lichtgeschwindigkeit" bezeichnet. Diese Bezeichnung trifft indes nicht den Kern: die Lichtgeschwindigkeit als solche ist nicht unveränderlich, indem sie bei Durchlaufen eines Medium mit "Brechungsindex" kleiner wird. Sogar schon die sehr wenigen freien Elektronen im Freien Weltraum ergeben eine Verminderung der Geschwindigkeit mit Farbdispersion, aufgrund welcher neuerdings die Entfernung von Neutronensternen zuverlässig meßbar ist. Die entscheidende Wichtigkeit hat der Geschwindigkeitswert c nicht als Vakuum-Geschwindigkeit des Lichtes, sondern als die fundamentale physikalische Invariante.

In der klassischen Physik könnte nur eine unendlich große Geschwindigkeit invariant sein, dh in jedem System unveränderlich gleichgroß sein. In der relativistischen Physik ist aber die endliche Geschwindigkeit c von diesem quasi-unendlichen Wert, der inbezug auf jedes System überall gleich ist und unüberschreitbar ist. Die Invarianzgeschwindigkeit c ist eben quasi (dh "wie") unendlich.

Die Quasi-Unendlichkeit und Invarianz der Invarianzgeschwindigkeit c wurde von der Relativitätsphysik erkannt. In c ist die Größe dieses endlichen Kosmos festgelegt. In c gründen unheimliche Existenz-Horizonte. Diese quasiunendliche Invariante legt den Wert $-c^2$ des Weltpotentials und des Grenzpotentials fest. Viele wichtige Beziehungen sind durch das Quadrat c^2 der Invarianzgeschwindigkeit c bestimmt; vor allem das Energie/Massen-Verhältnis von aller Materie.

Das Quadrat v^2 der Relativgeschwindigkeit v im Verhältnis zu c^2 ist der Gewschwindigkeits-Quadratwert v^2/c^2, welcher die relativistischen Verhältnisse beherrscht. Dieser Quadratwert v^2/c^2, ist eigentlich das Produkt $v \cdot w$ der Geschwindigkeit v mit dem Zeitgradient $w = v/c^2$; dimensional ist w wie eine reziproke Geschwindigkeit, wesenhaft aber etwas ganz anderes.

Die Quasi-Unendlichkeit der Invarianzgeschwindigkeit c (damit die Existenz des Zeitgradient w) begründet eine erstaunliche Relativität der Strecken und Dauern und damit der Räume und Zeiten selbst; aber auch der Energien bzw Massen und damit der Materie selbst. Diese Relativität wird ausgedrückt durch die "relativistische Kontraktion":

Relativistische Kontraktion $\kappa = (1-vw)^{1/2}$, wobei $w = v/c^2$. Klassisch wäre κ identisch 1; jedoch relativistisch gilt: für kleine Geschwindigkeiten, mit v/c gegen 0, geht κ gegen 1; für große Geschwindigkeit, v/c gegen 1, geht κ gegen 0. Erst für $v = 0$ selbst wird $\kappa = 1$; erst für $v = c$ selbst wird $\kappa = 0$. Die Invarianzgeschwindigkeit c ist nicht überschreitbar; mit v größer als c würde κ imaginär. Immer ist $1 \geq \kappa \geq 0$ mit $0 \leq v \leq c$.

Weil die Zeit am weitaus genauesten (10^{-15}), die Invarianzgeschwindigkeit c zwar weniger genau (10^{-11}) aber doch viel genauer als jede Länge (10^{-9}) meßbar ist, wurde in den 80er Jahren das Längen-Normal "Meter" definitiv ersetzt durch die "Lichtsekunde" $s \cdot c$; als Sekunde s mal Invarianzgeschwindigkeit c, dh als die Strecke, welche das Licht in einer Sekunde zurücklegt. der "Meter" wurde neu definiert als:

1 Meter $m = 1\ s \cdot c/299792458$; definitiv $c = 299792458$ m/s.

Jede Beschreibung und Vorschrift ist jeweils auf ein "System" bezogen, gilt im jeweiligen "Bezugssystem"; zB: Die Mehrwertsteuer gilt inbezug auf das Wirtschaftsrechts-System Deutschlands. Die 100 km/h-

Geschwindigkeits-Beschränkung gilt inbezug auf das System der Straßen-Verkehrsordnung Victorias.

Relativitäts-physikalisch – wie auch schon klassisch-physikalisch – ist "System" die Menge all dessen, das den Abstand voneinander unverändert beibehält; räumlich aber auch zeitlich. Nehmen wir dies so selbstverständlich wie es aussieht und ignorieren wir die kaum bewältigbare Problematik, die eine exakte Definition heraufbeschwört. Über Grundlagen, Axiome, Definitionen darf man nicht allzulange nachdenken, sonst geht es einem wie dem Tausendfüßler, der nicht mehr laufen konnte, als er zu überlegen anfing, wie er die Beine setzen sollte. Also naiv:

Ein Zug als System S rast mit der Geschwindigkeit v' auf einem Gleis als System S'. Somit ist S mit v' relativ (inbezug auf) S' bewegt. Die Zuglänge s ist vom Scheinwerfer zum Schlußlicht. Die Fahrtstrecke L ist von München bis Ausgsburg.

Im Zug hat der Scheinwerfer vom Schlußlicht den immer gleichen Abstand s; jetzt wie später. Jeder Wagen hat vom Scheinwerfer und vom Schlußlicht und von jedem anderen Wagen immer einen Abstand, der sich nicht mit der Zeit verändert. Alles im Zug ruht relativ zueinander, weshalb alles im Zug eben zum Zug-System S gehört. Am Scheinwerfer und am Schlußlicht ist je eine Uhr befestigt, welche im Zug miteinander synchron (dh gleichlaufend) sind und welche die Zug-Zeit t (dh die Zeit t von S) markieren; vorne wie hinten. Auch überall dazwischen (sogar davor und dahinter) sind am Zug befestigte Uhren, welche alle gleicherweise die Zug-Zeit markieren. Alle diese im Zug befestigten Uhren sind in einer einzigen "Zug-Uhr" vereint: Dies ist ein im Zug von vorne bis hinten reichendes Stahl-Rohr, dessen Achse parallel zum Zug (und Gleis) liegt, das parallel dazu eine Markierungslinie eingekerbt hat und das sich im Zug konstant einmal pro Sekunde um seine Achse dreht. Die Rohrachse sind die Zeigerachsen, die Markierungslinie sind die Zeigerspitzen, deren Durchgänge die Zug-Zeit markieren.

Am Gleis haben die Schwellen ebenfalls immer unveränderten Abstand voneinander. Alles am Gleis ruht relativ zueinander, weshalb alles am Gleis eben zum Gleis-System S' gehört. An jeder Schwelle ist eine Uhr befestigt, wobei alle Uhren miteinander am Gleis synchron sind und die Gleis-Zeit t' (dh die Zeit t' von S') markieren. Auch diese sind in einer einzigen "Gleis-Uhr" vereint: einem entlang dem ganzen

Gleis erstreckten Stahl-Rohr, dessen Achse parallel zum Gleis (und Zug) liegt, das parallel dazu eine Markierungslinie eingekerbt hat und das sich am Gleis konstant einmal pro Sekunde um seine Achse dreht; mit den Durchgängen die Zeit t' markierend.

Das Stahl-Rohr des Zugs wie das Stahl-Rohr des Gleis hat alle Meter eine Marke; mit diesen Meter-Marken den Raum x des Zugs bzw x' des Gleis markierend.

Klassisch wird nur eine einzige Zeit als gegeben unterstellt. Klassisch müßte die Zug-Uhr und die Gleis-Uhr immer und überall gleich-schnell drehen. Wegen der endlichen Invarianzgeschwindigkeit ist real-relativistisch jedoch die Zug-Zeit (t in S) unterschiedlich von der Gleis-Zeit (t' in S'): Raumunabhänigig, als reines Zeit-Verhältnis gemessen, ist die Zeit von S inbezug auf S' verkürzt, sodaß mit S' als Bezugssystem das Zug-Rohr schneller dreht als das Gleis-Rohr; zudem ist die Zug-Zeit relativ zur Gleis-Zeit längs Strecken s' verschoben, sodaß das Zug-Rohr im Bezugssystem S' (Gleis) gewendelt erscheint.

Diese erstaunliche Wendelung der in sich achsparallelen Rohrkerbe um die Achse ist keine mechanische Verdrehung (was Drehkräfte ergäbe), sondern ist die Verschiebung der Zug-Zeit in die Zukunft längs Strecken in Bewegungsrichtung (bzw in die Vergangenheit in Gegenrichtung): das Rohr ist dort schon weiter (bzw noch nicht so weit) gedreht. Diejenige Länge, auf welcher das Rohr einmal voll wendelt, ist bei der Materiewelle die sogenannte "Wellenlänge".

Das analog Umgekehrte ist aber auch von S' inbezug auf S; also mit dem Zugsystem als Bezugssystem: damit erscheint das Gleis-Rohr schneller drehend mit gewendelter Rohrkerbe. Diese Drehdauer-Verkürzungen und Wendelungen resultieren daraus, daß Systeme relativistisch gegeneinander sich nicht nur bewegen, sondern auch relativistisch gegeneinander verstreichen:

In der relativistischen Physik – wie auch schon in der kalssischen Physik, als Urerfahrung alles Lebenden – haben Systeme relativ zueinander die Eigenschaft der "Bewegung", deren Maß die Geschwindigkeit v ist, welche in Meter pro Sekunde (m/s) angegeben wird; zB: ein Auto ist bewegt (fährt) mit einer Geschwindigkeit v von 20 m/s (dh 72 km/h), wobei das Auto-System – mit Insassen, Karosserie, Radachsen usw in immer gleichem Abstand voneinander – gegenüber dem Straßensystem bewegt ist; also "relativ" bewegt ist.

In der relativistischen Physik – unbekannt in der klassischen Physik, als identisch 0 in dieser – haben Systeme relativ zueinander auch noch die Eigenschaft der "Verstreichung", deren Maß der "Zeitgradient" w ist, welcher in Sekunden pro Meter (s/m) angegeben wird. In der klassischen Physik, in welcher nur eine unendlich große Geschwindigkeit wie invariant sein könnte, verschwände entsprechend der Wert w. In der klassischen Physik existiert eben weder eine Invarianzgeschwindigkeit c noch ein Zeitgradient w. Weil aber allein die relativistische Physik mit ihrer endlichen Invarianz-Geschwindigkeit real ist, existiert der Zeitgradient w.

Damit ist die Verstreichung so real wie die Bewegung, der Zeitgradient w so wichtig wie die Geschwindigkeit v. Das Produkt der Vierer-Geschwindigkeit mit dem Vierer-Zeitgradient ist eine interessante relativistische Invariante; auch in beliebigen Systemen und beliebig krummlinigen Koordinaten (De Broglie/Philberth C.R.4/63).

Der Zeitgradient ist überhaupt die eigentliche Grundgröße der Relativitätsphysik: Nur mit der Voraussetzung eines endlichen Zeitgradienten $w \neq 0$ – ohne jegliche weiteren Voraussetzungen, auch nicht einer endlichen Invarianzgeschwindigkeit – sind alle relativistischen Gegebenheiten und Beziehungen ableitbar und erklärbar. Zumindest gilt dies für die ganze spezielle Relativitätsphysik; vermutlich aber auch für eine Physik der Gravitationspotentiale, welche heute vornehmlich durch die allgemeine Relativitätsphysik angegangen wird.

Der Zeitgradient beherrscht zudem die Zeitwellen, mit welchen die Körper quantenphysikalisch-komplementär als Materiewellen existieren. Deren Schwingungsdauer T ist gemäß $E{\cdot}T = h$ quantenphysikalisch verbunden mit der Energie E, welche als Materie verköpert ist. Diese quantenphysikalische Fundamentalbeziehung $E{\cdot}T = h$ ist allgemein und system-invariant gültig. Das Wirkungsquantum h ist auch eine relativistische Invariante.

Der Zeitgradient ist der eigentliche Schlüssel zur Relativitäts-Quanten- und Existenz-Physik. Weil jedoch das menschliche Denken klassisch approbiert ist und kaum überwindbar an klassische Denkschemen gefesselt ist, erscheint die Verstreichung mit ihrem Zeitgradient als kaum begreifliche Grundeigenschaft; sogar der Fachwelt kaum zugänglich. Dies ist umso erstaunlicher, als die

Bewegung mit ihrer Geschwindigkeit die schlichthin urerlebte Eigenschaft aller Physik und allen Lebens ist, wobei die Verstreichung (vermaßt im Zeitgradient) "nur" das genau raum/zeit-vertauschte Analogon zur Bewegung (vermaßt in der Geschwindigkeit) ist:

"Bewegung" ist Verschiebung des Raumes eines Systems gegenüber dem Raum des Bezugssystems während einer Dauer (dh pro Zeit); angegeben in der "Geschwindigkeit" v in Meter pro Sekunde (m/s).

"Verstreichung" ist Verschiebung der Zeit eines Systems gegenüber der Zeit des Bezugssystems längs einer Strecke (dh pro Raum); angegeben im Zeitgradient w in Sekunden pro Meter (s/m).

Anders ausgedrückt: Ist hier bei uns im System S die Zeit eines anderen Systems S' mit unserer Zeit synchron (dh gleichlaufend), so ist längs einer Strecke s (also in einer räumlichen Entfernung s von uns) die ganze Zeit und Geschichte des anderen Systems S' relativ zu unserer Zeit (gegenüber unserer Zeit in S) mit dem Zeitgradient w um eine Verstreichungsdauer $D = w \cdot s$ verschoben; mit s in Bewegungsrichtung, in die Zukunft verschoben; mit s in Gegenrichtung, in die Vergangenheit. Analog umgekehrt ist es mit S inbezug auf S'.

Ist diese Strecke s konkret eine Fortbewegungsstrecke $s = v \cdot t$, so vergrößert sich die Verstreichungsdauer D laufend, weil $w \cdot s = wvt$, also $D = vw \cdot t$. Damit wird die Verstreichungsdauer D proportional $v \cdot w$ dem Zeitablauf t selbst. Dies gab immer wieder Anlaß, die Verstreichungsdauer D als eine Komponente des Zeitablaufs t fehlzuinterpretieren. Dies führte zu Mißverständnissen mit irrealen Ergebnissen.

Tatsächlich ist die Verstreichungsdauer D etwas von der Dauer d des Ablaufs einer Zeit t grundverschiedenes. Eine Dauer d ist der Zuglänge s (konkret Scheinwerfer-Schlußlicht) analog. Aber die Verstreichungsdauer ($D = s \cdot w$ als Zeitverschiebung längs einer Strecke s mit dem Zeitgradient w) ist der Fahrtstrecke ($L = t \cdot v$ während einer Fahrtzeit t mit Geschwindigkeit v, konkret München-Augsburg) analog. Die Verstreichungsdauer ist der Zeitwert (in Sekunden) einer Verschiebung der System-Zeiten als solcher gegeneinander; dh der gesamten Zeit (mit allen ihren Momenten und ihrer ganzen Geschichte) eines Systems S gegenüber der Zeit (mit all deren Momenten und deren ganzen Geschichte) des jeweiligen Bezugssystems S' (bzw S"..usw). Längs einer konstanten Strecke s ist D gemäß $D = w \cdot s$ konstant; längs einer sich mit der Zeit t proportional v vergrößernden Fortbewegungsstrecke $s = v \cdot t$, ist D gemäß $vw \cdot t$ eine sich mit t laufend vergrößernde Dauer; einen Zeitablauf vortäuschend.

Wie lang ist der Zug? Im Zug selbst hat er die Eigenlänge s, welche die Zug-Schaffner mit ihren Meterstäben vom Schlußlicht bis zum Scheinwerfer abmessen. Sie können sich hierbei beliebig lang Zeit lassen, weil innerhalb des Zugs alles in Ruhe zueinander ist. Will aber das Gleis-Personal die Zuglänge messen (wie lang der Zug am Gleis-Körper erscheint), so müssen sie die Stelle des Schlußlichts am Gleis im selben Moment ihrer Zeit t' markieren wie die Stelle des Scheinwerfers; denn; nur dann, wenn in der Zeit t' keine Dauer d' vergangen ist – dh nur mit $d' = 0$ – ergibt der räumliche Abstand der beiden Marken am Gleis die echte Länge s' des Zuges. Dies ergibt eine relativ zu S' kontrahierte Zuglänge $s' = s \cdot \kappa$. Diese "Lorentz-Kontraktion" ist – als reine Raum-Messung, ohne Zeit-Einfluß – als eine echte "Raum-Kontraktion" verstehbar.

Würde das Gleis-Personal die Stelle des Scheinwerfers eine Dauer $d' \neq 0$ später als die Stelle des Schlußlichts markieren, so wäre der Zug während d' mit der Geschwindigkeit v' weitergefahren – und der Abstand der Stellen-Markierung enthielte zur Zuglänge s' noch eine Fahrstrecke $d' \cdot v'$. Eine derartige zeitabhängige Streckenmessung ergäbe sich konkret auch damit, daß die Zug-Schaffner die Marken am Gleis im selben Moment ihrer Zug-Zeit t setzen würden; also mit $d = 0$. Weil damit $d' \neq 0$, enthielte der Abstand s^+ der Stellenmarken auch eine Fortbewegungsstrecke; insgesamt konkret so, daß sich eine Strecken-Dilatation $s^+ = s/\kappa$ ergibt. Als nicht zeitunabhängige Streckenmessung drückt dies jedoch keine Raumdilation aus.

Weil klassisch nur eine Zeit als existierend unterstellt wird, wären klassisch alle drei Bestimmungen der Zuglänge gleich; $s = s' = s^+$. Die Zeiten t und t' sind jedoch in Relation zueinander verkürzt und mit dem Zeitgradient w längs Strecken verschoben.

Deshalb ist (analog) die Dauer d in der Zeit t eines Systems S, welches gegen eine Bezugssystem S' mit w' verstreicht, in S' "raumunabhängig" zu messen; dh im Bezugssystem S' ist der Anfang und das Ende der Dauer an der selben Stelle (mit $s' = 0$) zu markieren. Nur mit derart raumunabhäniger Dauermessung ist der zeitliche Abstand d' der Markierungen in S' die in S' erscheinende Dauer d als solche. Würde man längs einer Strecke s' die Momente markieren, so enthielte der Abstand der Moment-Marken nicht nur die Dauer d', sondern zudem noch die Zeitverschiebung mit w' längs dieser Meßstrecke s'.

Die raumunabhängige Bestimmung ergibt aber eine mit κ kontrahierte Dauer $d' = d \cdot \kappa$. Diese Dauer-Kontraktion ist – als reine Zeit-Messung, ohne Raum-Einfluß – als echte "Zeit-Kontraktion" verstehbar.

Analog zur Strecken-Dilatation $s^+ = s/\kappa$ bei Stellen-Markierung im selben Moment der Zeit des bewegten Systems, gibt es noch eine andere wichtige relativistische Projektion: die "Einstein-Dilatation", als Dauer-Dehnung mit $1/\kappa$. Dies ist, wenn eine Dauer d von S nicht im Bezugssystem an derselben Stelle (nicht mit $s' = 0$), sondern im System S selbst an der selben Stelle (also mit $s = 0$) bestimmt wird. Dies ist nicht eine raumunabhängige Dauer-Bestimmung, sondern ist die spezielle Bestimmung längs der Fortbewegungsstrecke s' des Körpers im Bezugssytem S', womit zur eigentlich kontrahierten Dauer $d' = d \cdot \kappa$ noch eine Zeit-Verschiebung $wv \cdot d/\kappa$ (mit dem Zeitgradient w längs der Fortbewegungsstrecke $v \cdot d/\kappa$) hinzukommt. Damit ergibt sich im Bezugssystem S' eine Dauer $d^+ = d/\kappa$, die (reziprok der Kontraktion κ) mit $1/\kappa$ dilatiert ist. Dies ist die Einsteindilatation; als konkrete Dauer-Dilatation.

Die Einstein-Dilatation ist somit keine "Zeit-Dilatation", aber eine ansosten physikalisch wichtige Projektion: es ist die faktische Lebens-, Schwingungs-, Rotations-Dauer bewegter Körper eben längs der Meßstrecke. So wurden zB in 600 km Höhe durch Ultrastrahlung erzeugte Myonen noch nach 2 Millisekunden auf der Erde gemessen, obgleich deren Lebensdauer nur 2 Mikrosekunden beträgt (also mit tausendfacher Lebensdauer-Verlängerung).

Die Quasi-Unendlichkeit der Invarianzgeschwindigkeit c ist mit der relativistischen Kontraktion κ unmittelbar zu erkennen: Wird die Geschwindigkeit v gleich der Invarianzgeschwindigkeit c, so wird $\kappa = 0$. Damit stiege die Bewegtenergie $E = E_0/\kappa$ über alle Grenzen. Aber auch die Strecken-Kontraktion $s' = s \cdot \kappa$ und vor allem die Dauer-Kontraktion $d' = d \cdot \kappa$ zeigt diese Quasi-Unendlichkeit, indem damit jede noch so große Strecke L oder Dauer T gleicherweise zu 0 verschwände. Im Gegensatz zur Einstein-Dilatation ist nur diese Dauer-Kontraktion der quantenphysikalischen Grundbeziehung $E = h/T$ entsprechend: Einer Adfektion (mit $1/\kappa$) der Energie $E = E_0/\kappa$ eines bewegten Körpers gehört quantenphysikalisch die Kontraktion (mit κ) der Materiewellen-Schwingungsdauer $T = T_0 \cdot \kappa$ zu. In der Quasi-Unendlichkeit der Invarianzgeschwindigkeit c steigt mit dem invarianten Wirkungsquantum h die Energie $E = h/T$ eines Körpers über alle Grenzen, wenn T gegen 0 kontrahiert.

Die Quasi-Unendlichkeit der Invarianzgeschwindigkeit c ist allem Sein und Werden eingeprägt und beherrscht alle Existenz. Sie begründet die Relativität der Größenverhältnisse der Räume, Zeiten und Energien in essentieller Relationalität.

Relativität

Die Relativitätsphysik ist eigentlich eine Relations-Physik: eine Physik der Größenverhältnisse in wechselnden Beziehungen. Sie ist eine Physik des Soseins, der Essentialität.

Sie entstand aus der uralten Suche nach einer absoluten Ruhe und Mitte, welche alle Philosophie und Theologie zutiefst beschäftigte. Die Vorstellung von den Wellen als räumlich schwingender Medien, war derart fixiert, daß die Lichtwellen nur als Schwingungen eines Äthers denkbar schienen, welcher in sich die Ruhe verkörpere. Es waren schwere geistige Barrieren zu überwinden, bis mit der Relativitätsphysik (Lorentz, Michelson, Einstein) der revolutionierende Durchbruch zur Erkenntnis gelang, daß kein Äther existiert und daß die Relationen durch eine absolute Geschwindigkeit bestimmt werden: durch die zwar endliche, aber quasi-unendliche Invarianzgeschwindigkeit c.

Es gelang "Transformationen" – dh mathematische Transformations-Gleichungen – aufzustellen, welche verschieden wählbare Relationswerte ineinander umrechnen (dh ineinander überführen, transformieren). Sehr viel mehr ist aber auch gar nicht drin. Die "Verabsolutierung der Relativität" ist ein sachlich nicht zwingender Überschwang.

Das Weltsystem, welches durch die Nullbilanz als Existenzprinzip aus dem Nichts zum Dasein kommt, begründet harte Absoluta: das Substrat mit den großkosmischen Energien der Weltmaterie; aber eben auch die "Invarianten" (die Unveränderlichen, die Absoluten), welche die Relativität beherrschen. Dies mindert indes nicht die große Bedeutung der Erkenntnis und Erfassung der Relativität durch die Relativitätsphysik; mit ihrer gewaltigen Reichweite und doch auch engen Begrenztheit.

Die Relativitätsphysik ist eine Physik der "Systeme". Sie postuliert, daß jedes System als Bezugssystem wählbar sei, daß physikalisches Sosein in Relation zu einem jeweiligen System sei, das aber frei wählbar sei. Die freie Wählbarkeit des Bezugssystems wird oft mißverständlich verkürzt als "Gleichberechtigung aller Systeme" bezeichnet. Dies verleitet zu dem Fehlschluß, die Relativitätsphysik habe nachgewiesen, daß "alles relativ sei". Schon der Begriff "System" ist indes problematisch.

Man kann ein System als die Menge von Zusammenstehendem, Zusammengehörigem, Zusammenwirkenden definieren; zB: eine Volksgemeinschaft wie eine Nation; eine Glaubensgemeinschaft wie eine Kirche; eine Personengemeinschaft wie eine Verwandtschaft; aber auch eine Wirtschafts-, eine Schul-, eine Militär-Organisation; besonders auch ein Gedankengebäude mit zusammenkommenden Konzepten und Schlüssen, etwa wie jede Wissenschaft, oder wie jeder philosophische oder theologische Gedanken-Komplex.

Alle physikalischen Abläufe, Vorgänge, Geschehnisse, Wirkungen, Reaktionen sind ursächlich verbunden mit Bewegungen. Eine Welt ohne Bewegungen wäre tot; Leben ist Bewegung. Es gibt oscillierende (periodische, schwingende), es gibt rotierende (zyklische, drehende), es gibt fortlaufende (translatorische, weitertragende) und es gibt vielerart Bewegungen. Insbesondere gibt es "gleichförmige" und "beschleunigte" Bewegungen. Etwa eine rotierende Bewegung ist eine fortwährende Beschleunigung zum Rotations-Zentrum.

Eine gleichförmige Bewegung ist translatorisch in immer gerader Richtung mit immer gleicher Geschwindigkeit; zB konstant von Süd nach Nord mit 20 m/s. Eine beschleunigte Bewegung ist mit verändernder Geschwindigkeit, bezogen auf eine Richtung. Positiv-beschleunigt ist "getrieben", ist mit größer werdender Geschwindigkeit; negativ-beschleunigt ist "gebremst", ist mit kleiner werdender Geschwindigkeit.

Die "spezielle Relativitätsphysik" erfaßt speziell nur gleichförmige Bewegungen, konstant-schnelle Fortbewegungen.

"Fort-Bewegung"? Wie von selbst ersteht damit die fundamentale Frage: fort von was, zu was, gegenüber was? Seit wann und wo auch immer Menschen dachten, war die Frage nach einer absoluten Ruhe, auf welche jede Bewegung bezogen sei, welche die Orientierung für alle Abläufe, alle Geschehnisse, alles Leben sei. Die schwersten Krisen der Geistesgeschichte – physikalisch, philosophisch, theologisch – gründeten letztendlich in dieser Frage, "und sie bewegt sich doch".

Bewegung mit einer Geschwindigkeit v ist immer Relativ-Bewegung mit einer Relativ-Geschwindigkeit v, wobei diese Geschwindigkeit v (ihr Wert etwa in m/s) abhängt von der frei-möglichen Wahl des

Bezugssystems; dh des Systems, auf welches man die Vorgänge bezieht, für oder in welchem man die Abläufe berechnet bzw mißt. Damit ist das speziell-relativistische "System" – zwar fiktiv aber beinahe selbstverständlich – definiert als die Menge aller relativ zueinander ruhenden Objekte; wie weit diese Objekte auch immer verteilt im Weltraum seien. Diese Objekte mögen weit verteilte Körper sein; allerdings klein genug, damit das System eben noch "speziell" ist.

Damit ist die spezielle Relativitätsphysik irgendwie die Relativitätsphysik des homogenen Kosmos; auch als expansiver Kosmos: supergroßräumig (Gac, dh milliard Lichtjahre) ist der reale Kosmos quasi-homogen (wie gleichmäßig mit Materie gefüllt). Deutlicher werden die Verhältnisse im "Homogenkosmos", als dem idealisierten Bild eines Kosmos, in welchem die Weltmaterie überall im Weltraum gleichmäßig und gleichartig feinst verteilt ist: statistisch überall im Weltraum sind allerart kleinster Körperchen mit allen Geschwindigkeiten in allen Richtungen bewegt. In welchem Abstand auch immer zwei Körperchen gleichartig bewegt sind – und somit relativ zueinander ruhen – gehören sie dem gleichen speziell-relativistischen System zu.

Ex existieren somit unermeßlich viele speziell-relativistische Systeme S: jedes erstreckt über das ganze All, jedes von jedem verschieden und doch jedes mit jedem gleichartig. Und jedes ist als Bezugssystem S' oder S" oder ... wählbar. Aber schon mit diesen einfachst-möglichen relativistischen Systemen im homogenen Kosmos treten eigenartige Probleme auf:

Die Relativitätsphysik gründet in diesen ihren Systemen. Genau solche Systeme sind aber quantenphysikalisch durch das Pauli-Verbot für Fermionen ausgeschlossen. Demnach können zB nur zwei Elektronen mit zueinander umgekehrtem Spin relativ zueinander ruhend existieren. Also schon in der Grundlage wird die Relativitätsphysik von der Quantenphysik negiert. Aber auch umgekehrt wird die Quantenphysik von der Relativitätsphysik negiert; etwa in der für alle Thermodynamik grundlegend wichtigen Quantisierung von Molekül-Rotationen.

Falsifizieren sich somit Quanten- und Relativitätsphysik gegenseitig, sodaß zwangsläufig zumindest eine von beiden falsch sein müßte? Ja und doch nicht! Sowohl die Quanten- als auch die Relativitätsphysik sind durch ihren Erfolg überwältigend bestätigt. Die gegenseitige Negierung zeigt vielmehr das komplementäre Verhältnis dieser beiden

Physik-Aspekte zueinander. Trotz gegenseitiger Ausschließung benötigt die Physik diese beiden ihrer Komponenten in gegenseitiger Ergänzung. Faktisch genügen jedoch schon quantenphysikalisch zulässige Unterschiedlichkeiten in der "relativen Ruhe zueinander", wie sie für ein relativistisches System gefordert ist.

Die Transformation (Überführung, Abbildung) der Raum- und Zeit-Werte zweier Systeme S und S' ineinander – wie immer S und wie immer S' gegen das Substrat bewegt sei – leistet die berühmte Lorentz-Transformation. Konkret:

Von den drei Raum-Dimensionen sei vereinfachend nur diejenige in Bewegungsrichtung betrachtet; als die x-Koordinate. System S bewegt sich relativ zu S' mit der Geschwindigkeit v', System S' relativ zu S mit v, wobei v' = –v. System S verstreicht relativ zu S' mit dem Zeitgradient w', System S' relativ zu S mit w, wobei w' = –w. Die willkürlich wählbaren Nullpunkte sind so festgelegt, daß die Null-Stellen $x_0 = 0$ (in S) und $x_0' = 0$ (in S') in den Nullmomenten $t_0 = 0$ (in S) und $t_0' = 0$ (in S') durcheinander hindurchgehen. Allgemeine Stellen x als x_1 , x_2 ... bzw x' als x_1' , x_2' ... und allgemeine Momente t als t_1 , t_2 ... bzw t' als t_1' , t_2'... markieren Raum und Zeit der Systeme S bzw S'. Der räumliche Abstand zwischen zwei Stellen ist eine Strecke; konkret: $s = x - x_0$ bzw $s' = x' - x_0'$. Nach rechts gerichtete Strecken sind positive Strecken, nach links gerichtete negative. Der zeitliche Abstand zwischen zwei Momenten ist eine Dauer; konkret: $d = t - t_0$. In die Zukunft währende Dauern sind positive Dauern, in die Vergangenheit währende negative. Rechnet man vereinfachend Strecken immer zu den Null-Stellen und Dauern immer zu den Null-Momenten, so sind in der Lorentz-Transformation die x-Werte den Strecken s bzw die x'-Werte den Strecken s', und die t-Werte den Dauern d bzw die t'-Werte den Dauern d' gleichbedeutend.

Damit schreibt sich die Lorentz-Transformation in der einfachen Form (DeBroglie/Philberth), welche zugleich die weitgehende Symmetrie in Raum und Zeit mit v und w aufzeigt:

$$(1) \quad x' \cdot \kappa = x - v \cdot t \qquad (3) \quad x \cdot \kappa = x' - v' \cdot t'$$
$$(2) \quad t' \cdot \kappa = t - w \cdot x \qquad (4) \quad t \cdot \kappa = t' - w' \cdot x'$$
$$\text{wobei} \quad \kappa = (1 - vw)^{1/2} \quad \text{und} \quad w = v/c^2$$

Die zu (1)(2) inversen Transformations-Gleichungen (3)(4) leisten eine völlig gleichartige Transformation von S' auf S wie von S auf S'. Von diesen vier Gleichungen sind schon beliebige zwei ausreichend: die beiden anderen sind dann daraus errechenbar.

In dieser Schreibweise der Lorentztransformation mit v und w erscheint die Invarianzgeschwindigkeit c nicht mehr: im Zeitgradient ist die endliche Invarianzgeschwindigkeit implizit mitenthalten. Deshalb ist allein die Voraussetzung des Zeitgradient hinreichend, die gesamte (zumindest spezielle) Relativitätsphysik abzuleiten.

Die Lorentz-Transformation ergibt die Werte vom Eigensystem S relativ zum (dh bestimmt im) Bezugssystem S' gemäß:

mit $t' = 0$ aus (3) folgt $x' = x \cdot \kappa$ (Raum-Kontraktion);
mit $x' = 0$ aus (4) folgt $t' = t \cdot \kappa$ (Zeit-Kontraktion);
mit $x = 0$ aus (2) folgt $t' = t/\kappa$ (Einstein-Dilatation).

Die Relativitätsphysik hat gewaltigen Einfluß auf die Ideologie und Philosophie genommen. Die Gegenmaßnahmen durch Verbote der Relativitätsphysik von kommunistischen Machthabern konnten die Zermalmung des Dialektischen Materialismus nicht verhindern. Auch der Faschismus kämpfte vergeblich dagegen an. Die ganze Philosophie wurde durch die Relativitätsphysik schwer angeschlagen; teils ausgeschaltet, teils moderiert. Dazu das "Zwillings-Phänomen":

Hier werden zwei Menschen A und Z geboren. A bleibt hier. Z macht eine weite Reise mit einem schnellen Raumschiff. Während einer Minute wird dieses hier auf $v = 0{,}866c$ angetrieben, wobei $v^2/c^2 = 3/4$ und damit $\kappa = 1/2$ wird; mit constant $v = 0{,}866c$ fliegt es zu einem relativ zu A ruhenden Neutronenstern, den es rückkehrend umfliegt; während einer Minute wird es hier wieder auf Stillstand gebremst. Nun sitzen A und Z beim Bier beinander und vergleichen.

Für (inbezug auf) A : Der Neutronenstern hat immer einen konstanten Abstand von 40 ac, sodaß der Flug von Z hin und zurück mit $v = 0{,}866c$ die Zeit $2 \cdot 40$ ac/0,866c = 92 a währte, während denen A eben 92 Jahre alterte. Für (inbezug auf) Z : Ab 1 Minute nach Fortflug bis 1 Minute vor Rückkehr flog Z relativ zu A mit constant $v = 0{,}866c$. Das System S mit A und mit dem Neutronenstern ist somit inbezug auf Z (System S') speziell-relativistisch bewegt mit $\kappa = 1/2$, womit inbezug auf Z der Abstand des Neutronensterns von A (dh die Strecke im Eigensystem S) auf 20 ac kontrahiert ist. Somit flog Z mit ebenfalls v = 0,866c eine Zeit von 2·20 ac/0,866c = 46 a, während denen Z eben 46 Jahre alterte.

Objektivierbar ist nun A um 46 Jahre älter als Z; weißhaarig mit doppelt soviel Herz- und Uhr-Schlägen. Was ist geschehen? Der gesamte "Welt-Fortschritt" ist gleich; ist jedoch für A rein zeitlich, für Z aber raumzeitlich. Der räumlich ruhend verbliebene A wurde zeitlich um ebensoviel mehr älter, als Z dafür räumlich fortgeschritten ist. Es erscheint so etwas wie eine raumzeitliche Verdrehung der Systeme gegeneinander, bei welcher zwischen Abflug und Rückkehr ein rein zeitlicher Abstand in einen raumzeitlichen Abstand überging. Diese Relation ist zudem eindeutig (es ist nicht auch A relativ zu Z älter geworden), denn Z unterlag bei den Beschleunigungen den Kräften von Trägheit bzw Schwere; A jedoch nicht.

Die Philosophie hat vor allem dieses Zeit-Phänomen erregt. Viel brisanter ist aber schon die simple Lorentz-Kontraktion, welche das bestgesicherte und uneingeschränkt anerkannte relativistische Phänomen ist: In der einen Minute des Abflug-Antriebs hat sich Z noch kaum von A entfernt, der Abstand des Neutronensterns von A ist aber in der einen Minute inbezug auf Z mit κ = 1/2 kontrahiert. Damit hat der Neutronenstern während der einen Minute seinen Abstand von Z um 20 ac verringert. Hat Z in Richtung zum Andromedanebel beschleunigt, so hat dieser in einer Minute seinen Abstand von 2 Mac auf 1 Mac verringert; ist also 1 million Lichtjahre an Z nähergerückt.

Wie soll man das begreifen? Ist der Neutronenstern, der Andromedanebel, der ganze Kosmos im "Trägheitsfeld" gefallen, das man im Konzept eines allgemeinen Relativitätsprinzips in Trägheits/Schwere-Relation der Beschleunigungs-Gegenkraft fiktiv zuschreibt? Oder ist diese Abstands-Kontraktion kosmischer Objekte vielleicht gar nicht objektivierbar, obgleich die Lorentzkontraktion etwa als Kontraktion des Armes eines Spektralgeräts durchaus objektivierbar scheint? Ist diese kosmische Kontraktion nur ein Ausdruck für die Verkürzung der Reisedauer mit κ? Mit vw = 0,75 oder 0,99 oder 0,999999 erreicht Z sein Ziel in 1/2 bzw 1/10 bzw 1/1000 der klassischen Zeit, welche auch für A erscheint: wegen der Annäherung an die quasi-unendliche Invarianzgeschwindigkeit c. Was ist aber dann überhaupt Entfernung und Raum? Es ist als würden urmenschliche Erfahrungen fortschwimmen. Im Zwillings-Phänomen verbindet sich wie selbstverständlich die Reisedauer-Kontraktion (als Zeit-

Kontraktion) mit der Einstein-Dilatation, indem jeweils 1 Uhrschlag von Z auf 2 Uhrschläge von A dilatiert.

Andere, auch noch speziell-relativistische Phänomene, erschüttern das Urempfinden ganzer Kulturen; etwa die "Folgenumkehr" (Philberth, XXIV Weltkongreß für Philosophie Wien; "*Der Dreieine*"): Sogar wenn reine Informations-Übertragung (zB energie-los) mit mehr als Invarianzgeschwindigkeit möglich wäre, könnte man hier-heute eine Dokumentation vorlegen über das, was hier-übermorgen als unveränderliches Faktum geschehen sein wird, sodaß man hier-morgen nicht frei wäre, anders zu entscheiden.

Der Physiker kann sich dieses Problem vergleichsweise einfach vom Hals schaffen: es existiert für ihn eben keine Geschwindigkeit größer als c; auch nicht für "energielose" Information, welche für den Physiker ohnehin fragwürdig ist. Aber die informative Prädestination resultiert ebenso für nichtphysikalische Kenntnisnahme. Sind Gedanken, Geister, Engel einer physikalischen Größe – der Invarianzgeschwindigkeit c – als unüberschreibarer Grenze unterworfen?

Die wichtigste Konsequenz aus der Folgenumkehr ist jedenfalls die Entdeckung der Leerheit des Prädestinations-Problems, das ua Augustinus, Zwingli, Calvin und den ganzen Islam stark geprägt hat: "Wenn Gott allwissend ist, dann weiß Er heute schon, was ich übermorgen getan haben werde, sodaß ich morgen nicht frei bin zur Entscheidung für etwa anderes". Das physikalische Problem einer Prädestination durch speziell-relativistische Folgenumkehr wird leer (zum "Scheinproblem"), wenn eben keine Informations-Geschwindigkeit höher als Invarianzgeschwindigkeit c existiert. Analog wird das theologische Prädestinations-Problem leer, wenn man logisch-philosophisch-theologisch nicht mit den Gedanken und dem Wissen Gottes operieren kann: dann weiß eben Gott schon heute, was übermorgen aufgrund meiner morgen freien Entscheidung geschehen sein wird. Gott selbst sagt aber: "Meine Gedanken sind nicht euere Gedanken, und Meine Wege sind nicht euere Wege".

Die Relativität ist selbst eine recht relative Angelegenheit. Sie ist jedoch eingebettet in das absolute Substrat-System ("mitbewegtes System"). Dieses ist weniger ein relativistisches als vielmehr existentielles System. Es ist durch die 3K-Hintergrundstrahlung markierbar, ist aber im Kern dasjenige System, in welchem die existenz-begründenden Energien des All dargestellt sind.

Jedes speziell-relativistische System ist über das ganze All erstreckt und ist in Ruhe zu "seinem" Substratpunkt, der für jedes relativistische System spezifisch ist. Mit seinem Substratpunkt ist jedes speziell-relativistische System sogar hinsichtlich der Beschreibung der groß- und gesamt-kosmischen Energien gleicherweise bezugsfähig; im Homogenkosmos exakt, im Realkosmos zumindest extrem angenähert. Ob ein speziell-relativistisches System auch mit einer relativ zum Substrat bewegten Stelle – etwa inbezug auf ein Ultrastrahl-Proton – weltweit gleicherweise bezugsfähig ist, wäre noch zu klären.

Anscheinend existieren ferne Substratpunkte mit einer "verdrehten" Raumzeitlichkeit, wobei hier schnellen Körpern die Raumzeitlichkeit ihres fernen Substratpunktes eignet. Die mathematische Form der relativistischen Kontraktion κ ist die einer Drehung. Die relativistischen Transformationen sind (bzw wären) damit Projektionen der anderen Raumzeitlichkeit auf unsere Raumzeit. Ferne Substratpunkte und Galaxien (über billion) sind hier-jetzt als umso jüngere Objekte präsent, je weiter sie entfernt sind.

Das Sosein, das in mannigfaltigen Relationen in wechselnden Verhältnissen erscheint, ist eingebettet in das Weltsystem, dessen Existenz in der Nullbilanz gründet. Seine in Elementardauern parametrisierten Zeiten und im Substrat objektivierten Räume erstellen die quasi-absolute Raumzeit des expansiven All. Die darin relational erscheinenden Strecken- und Dauer-Relativierungen werden von Invarianten beherrscht, vor allem durch die Invarianzgeschwindigkeit c und das Wirkungsquantum h.

Das Sosein, die Essenz ist in Relationen. Der Relativität übergeordnet ist jedoch die Inhomogenität. Die in der Homogenität gründende Existenz ist gestaltet in Inhomogenitäten. Das Dasein ist im Gegensatz von Homogenität/Inhomogenität.

Homogenität

Das schon von Leonardo da Vinci formulierte Relativitäts-Prinzip wurde von Einstein speziell-relativistisch als weitreichend richtig erkannt und vollständig durchgeführt. Mit seiner Ausweitung der Relativität auf "allgemeine Systeme", insbesondere auf beschleunigte Bewegungen, begründete er die "Allgemeine Relativitätsphysik" . Diese ist einerseits von großem Erfolg gekrönt, aber andererseits mit schwerwiegender Problematik belastet, welche weitgetriebene Ergebnisse zu hinterfragen zwingt.

Zur Begründung einer Relativität mit beschleunigten Systemen postulierte Einstein die Trägheit/Schwere-Äquivalenz: "Schwere Masse gleich träger Masse". Dies ist eine richtige und wichtige Erkenntnis, welche die Forschung sehr befruchtet. Nichts wurde gefunden, das die generelle Gleichheit von Trägheit und Schwere falsifiziert hätte. Nur folgt aus dieser schlichten Feststellung, daß zwei Eigenschaften von Masse auch jeder Masse proportional eigen sind, noch kein allgemeines Relativitätsprinzip.

Das allgemeine Relativitätsprinzip wird als Relativität von Trägheit und Schwere dahingehend verstanden: (1) daß Trägheit und Schwere eines Wesens seien, die in verschiedenen gewählter Relation ineinander übergingen; (2) daß das Schwerefeld, das von Massen-Ansammlungen generiert wird, gleichartig sei dem Trägheitsfeld, das der Trägheitskraft zuschreibbar sei; (3) daß mit Wechsel des Bezugssystems Kraft- und Feld-Komponenten der Trägheit und Schwere ineinander übergingen bzw sich gegenseitig aufheben würden.

Zur Begründung wurde der berühmte "Einstein-Kasten" vorgestellt: eine im Schwerefeld einer schweren Masse – zB der Sonne, eines Neutronensterns, eines Galaxenkerns – frei fallende Kabine, mit dem Argument: Gäbe es ein allgemeines Relativitätsprinzip, so wäre diese Kabine "ebenso" wie die schwere Masse als Bezugssystem wählbar. Es würde im Kasten die Kraft der Trägheit die Kraft der Schwere (des Sterns) völlig aufheben, sodaß die Insassen im Kasten-Inneren nicht feststellen können, ob dieser im freien Weltraum frei bewegt ist oder in einem Schwerefeld frei fällt.

Die Problematik beginnt indes schon damit, daß im ganzen All kein solcher Einsteinkasten existiert und auch prinzipiell nicht existieren kann: es existiert immer nur ein freifallender Kasten-Schwerpunkt mit einem dazu zwangsgeführten Kasten. Die Bahnen aller Planeten und Kometen – überhaupt alle gravitations-bedingten Bahnen – sind immer nur Schwerpunkt-Bewegungen mit dazu zwangsgeführten Körpern. Der Grund dafür ist, daß Schwerefelder wesenhaft inhomogen sind. Weil aber Trägheitsfelder homogen sind, können Insassen grundsätzlich feststellen, ob ihr Kasten im Freien Raum oder in einem Schwerefeld frei bewegt ist.

Überhaupt: Ist denn eine "Nichtfeststellbarkeit" (auch eine prinzipielle) ein hinreichender Grund , ein Seinprinzip zu unterstellen? Diese Unterstellung ist ein brüllender Löwe, der die Geistesgeschichte durchstreift hat und sich in der Physik zum Schlafen gelegt hat; möge er tief weiterschlafen. Die Leugnung der Inhomogenität als existentiellen Grundes ist aber eine schleichende Krankheit, die der Wissenschaft im Heranwachsen zwar nicht zuleibe geht, aber im Auswachsen die Schwindsucht bringt. Was bleibt aber gar noch von einem Prinzip, wenn die "Nichtfeststellbarkeit" nichteinmal wirklich ist?

Betrachten wir hierzu zwei Kästen: (I) den "Einstein-Kasten" in zentralem freien Fall zu einem Neutronenstern; (II) den "Raketen-Kasten" angetrieben im Freien Raum. Beide Kästen haben jeweils einen endlich großen Innenraum, in welchem die Insassen an verschiedenen Stellen kleine Gewichtchen frei lassen und deren Beschleunigungen messen.

(I) Im Einsteinkasten: Die Insassen stellen einen kräftefreien Punkt fest (den Schwerpunkt des Kastens). Zum kräftefreien Punkt stellen sie eine Gerade fest, in welcher von diesem genau weggerichtete Kräfte wirken, die mit dem Abstand vom kräftefreien Punkt zunehmen; in einer Richtung stärker als in der anderen Richtung. Damit stellen sie bereits eindeutig fest, daß sie in einem Schwerefeld in Richtung des stärker zunehmenden Kraft-Gradienten fallen. Sie stellen sogar noch fest, von wiegroßer Masse in wieweitem Abstand das Feld generiert wird, in welchem sie fallen. Mit der übrigen Umgebung um den kräftefreien Punkt (mit senkrecht zur Geraden auf diesen hingerichteten Kräften) stellen sie alle Einzelheiten fest; auch bei nichtzentralem Fall.

Sehen die Insassen gar zum Fenster hinaus, so erkennen sie eine schwere Masse beschleunigt im Kollisionskurs auf sich zukommen – und sehen alle Galaxien ähnlich beschleunigt. Dafür haben sie keine andere physikalische Erklärung als eben diejenige, daß ihr Kasten kein für physikalische Beschreibung von weitreichenden Phänomenen sinnvolles Bezugssystem ist, sondern daß ihr Kasten schlicht im Schwerefeld der schweren Masse relativ zum gemeinsamen Schwerpunkt fällt, wogegen die Galaxien gar nicht fallen. Die inhomogenen Schwerefelder realer Massen lassen sich in ihrer harten Existenz eben nicht durch gewählte Relationen ummodeln.

(II) Im Raketenkasten: Die Insassen stellen überall im Kasten genau gleichstarke und gleichgerichtete Beschleunigung fest. Sogar wenn sie vergessen, daß sie ein Triebwerk eingestellt haben, dessen Radau nicht hören und dessen Energieverbrauch nicht sehen, stellen sie damit eindeutig das Nichtwirken eines Schwerefeldes fest, sondern ein "Trägheitsfeld", dessen Wesen sie erkennen.

Sehen die Insassen gar zum Fenster hinaus, so erkennen sie genau gleiche Beschleunigungen aller Galaxien; gleich wie die Gewichtchen im Kasteninneren. Dafür haben sie keine andere physikalische Erklärung als eben diejenige, daß das dem überall gleichartigen Beibehalten der Geschwindigkeit (Gewichtchen wie Galaxien) zugeschriebene Trägheitsfeld eine formalistische Fiktion ist, das bezogen auf den zwangsgeführt-angetriebenen Raketenkasten naturgmäß homogen ist. Eine Trägheitskraft als Beschleunigungs-Gegenkraft, und ein Trägheitsfeld als relativistische Fiktion zur Bewegungsbeibehaltung nichtgetriebener Massen, läßt sich eben nicht durch gewählte Relationen umkommentieren.

Inbezug auf den Einstein- wie auf den Raketenkasten erscheinen mit weiter entfernten kosmischen Objekten – gleichsam überlagert deren Geschwindigkeits-Erhaltung als solcher – noch Quasi-Fallbewegungen infolge Veränderung der Lorentz-Kontraktion. Die solchen "Bewegungen" fiktiv zugeordneten "Felder" wären indes gänzlich unphysikalisch: mit zunehmender Feldstärke in zunehmender Entfernung, bis über alle Grenzen steigend und Bewegungen weit über c verursachend; dies trotz fehlender Feld-Quellen ohne entsprechend veränderte Feld-Querschnitte; sogar noch mit "Beschleunigung" in anderer Funktion (gemäß κ) als mit jeglichem realen Feld.

Schroff formuliert: Der Schwerpunkt eines freien Körpers etwa eines Einsteinkastens bewegt sich nahe einer schweren Masse naturgemäß derart, daß nahe ihm keine Kraft resultiert, weil eben dies das Wesen der Kinetik ist. Der Schwerpunkt eines freien Körpers bewegt sich relativ zu einem zwangsgeführt-getriebenen Raketenkasten naturgemäß mit umgekehrter Geschwindigkeit, weil er seine Geschwindigkeit beibehält. Wie sollen diese schon unabhängig von einem Relativitätsprinzip gegebenen Fakten ein Relativitätsprinzip begründen? Dies wäre höchstens möglich : (1) wenn hierbei überall im Einstein- wie im Raketenkasten identisch gleichartige Beschleunigungen gegeben wären; (2) wenn sich hierbei gleichwertige Naturbeschreibungen erstellen lassen. Beides ist jedoch nicht der Fall : (zu 1) das vom Schwerefeld verbleibende Restfeld ist feststellbar unterschiedlich vom Trägheitsfeld; (zu 2) inbezug auf keinen der Kästen ist das energetische Verhalten der großkosmischen Objekte erklärbar. Energie ist aber Materie, ist kosmische Existenz. Was soll ein "Prinzip", das irreale oder unsinnige Beschreibung dessen liefert, was allem Dasein zugrunde liegt? Herr Physerer ist kerngesund, abgesehen von seinem Herzinfarkt, Lungenkrebs und Gehirntumor.

Eine Relativitätsphysik, die nicht existenzphysikalisch abgesichert ist, ist eine schwankende Angelegenheit: Schwerefelder sind Realitäten, welche Potentiale begründen. Trägheitsfelder sind Fiktionen ohne energetische Potentiale. Sie sind in ihrer wesenhaften Verschiedenheit nicht einander relational-adäquat. Im Grunde trivial: Mit einer schweren Masse (Sonne, Neutronenstern, Galaxenkern) existiert ein Schwerefeld mit realer Kraft auf jede darin befindliche Masse: alle Massen des All ergreifend und energetisch moderierend. Mit der Beibehaltung der Geschwindigkeit jeglicher Masse kommt aber relativ zu einem zwangsgeführt-beschleunigten Kasten kein Feld zur Existenz, welches die Massen des All ergreift und moderiert.

Es existieren keine Kästen, die eine allgemein-relativistische Bezugsfähigkeit begründen. Sogar wenn man unterstellt, Inhomogeniät ignorieren zu dürfen, bliebe immer nur bestenfalls punktuelle Bezugsfähigkeit. Dies gilt erst recht für "rotierende Systeme". Wichtige Unterschiede der Rotation zur Translation werden ua quantenphysikalisch offenbar, indem zB die Energien rotierender Moleküle gequantelt sind, die translatorischer Bewegungen aber nicht; oder indem zB der Spin der Fermionen ein von "rotierend-relativistischer Bezugsfähigkeit" gesondertes Faktum ist. Eine tragfähige Relativitätsphysik muß eben auch quantenphysikalisch abgesichert sein.

In bestaunenswerten Leistungen ist es Mathematikern gelungen, relativistische Transformationen auch für beschleunigte und sogar rotierende Systeme zu formulieren. Aber wird dadurch wirklich etwas physikalisch Relevantes "nachgewiesen"? Die Menge der Funktionen ist Alef 2, weshalb unendlich mehr mathematisch formulierbar ist als physikalisch existiert und wirkt. Und leisten diese Transformationen überhaupt eine real-physikalische Beschreibung und Erklärung etwa der Veränderungen großkosmischer Energie-Verhältnisse bei Wechsel eines allgemeinen Bezugssystems; etwa mit rotierenden Galaxien, wenn der Karusellbesitzer auf den Startknopf drückt? Jeder relativistische Physiker winkt bei Stellung solcher Fragen resigniert ab.

Nicht alles was mathematisch formulierbar ist, ist physikalisch existent und wirklich. Wenn es auch gelingt, durch "Abbildung mit reziproken, am Erdradius normierten Radien" eine Hohlwelt zu postulieren, ist damit noch lang nicht die skurile Hohlwelttheorie rehabilitiert. Es geht hier auch gar nicht darum, der Relativitätsphysik ihre Bedeutung abzusprechen (oder sie gar mit der Hohlwelttheorie in ein Boot zu setzen), sondern es geht darum, aus ihren geistigen Grundlagen ihre Reichweite und Anwendbarkeits-Grenzen abzuschätzen.

Freilich kennt jeder Physiker die inhomogenen Kräfte im Einstein-Kasten als "Gezeitenkräfte"; ebenso die homogenen "Kräfte" im Raketen-Kasten als "Beschleunigungs-Gegenkräfte". Dennoch konnte ein "Allgemeines Relativitätsprinzip" postuliert werden, welches die Ignorierbarkeit der Inhomogenität realer Schwerefelder zu unterstellen nötigte: Jede Wissenschaft muß von vereinfachenden Voraussetzungen ausgehen. Die arbeitshypothetische Voraussetzung von Vereinfachungen ist generelle Methode der Wissenschaft; aber nur in Hinsicht auf deren implizite Verifikation bzw Falsifikation, in welchen sich die Möglichkeiten und Grenzen der betreffenden Wissenschaft erweisen.

Es besteht jedoch die Gefahr, daß die konkreten Voraussetzungen in erfolgreichem Fortschreiten vergessen und deren Fragwürdigkeit verdrängt wird, womit die Grenzen der Anwendbarkeit überschritten und unsinnige oder irreale Ergebnisse erhalten werden.

In vielen und wichtigen Aspekten und Ergebnissen wurde die Allgemeine Relativitätsphysik tatsächlich gut verifiziert. Die Relationalität von Schwer- und Trägheits-Kraft ist eben doch faktisch weitgehend gegeben, wenngleich nicht prinzipiell. Zudem genügt für viele physikalische Relationen überhaupt schon eine punktuelle Bezugsfähigkeit. Etwa bei der Ablenkung von Photonen in Schwerefeldern ist ohnehin nur punktueller Bezug gegeben. Etwa bei den Bahnen von Kometen und Planeten, die mit ihren ausgedehnten Körpern zu ihrem Schwerpunkt zwangsgeführt sind, ist quasi-punktueller Bezug gegeben. Trotz der Fragwürdigkeit der Postulierung der Adäquatheit von Trägheit und Schwere, hat diese in der "Metrisierung der Gravitation" fruchtbare und interessante Aspekte gebracht, welche Bewegungen von Massen in Schwerefeldern als raumzeitliche Minimal-Bahnen verstehen lassen.

Aber sobald erweiterte Bezugsfähigkeit erfordert ist bzw die Ignorierbarkeit der Inhomogenität des Schwerefeldes nicht mehr unterstellbar ist, werden ihre Ergebnisse durch Abgleiten in Irrealität und Unsinnigkeit bedroht. Überstrapazierung der Anwendbarkeit ist insbesondere zu erwarten, wenn Vorgänge um extreme Inhomogenitäten erfaßt werden sollen.Falls das Relative Grenzpotential $-c^2$ eine punktuelle Singularität sein sollte, kann nicht erwartet werden, daß deren Überschreitung in einer "Zusammenfallenden Staubwolke" oder in einem "Übergang zum Schwarzen Loch" aus der Allgemeinen Relativitätsphysik erfaßbar ist, welche eben schon die Ignorierbarkeit voraussetzt. Umsomehr ist die Erstellung und Behandlung kontroverser Konzepte und Aspekte dringend nötig, um die Grenzen der Anwendbarkeit der Allgemeinen Relativitätsphysik abzutasten.

Die Ignorierbarkeit der Inhomogenität ist jedoch nicht nur hinsichtlich des Grenzpotentials, sondern ganz generell eine einschneidende Voraussetzung: Die Inhomogenitäten begründen alle Gestaltungen und Strukturen, jegliche Konkretheit und Individualität. Ohne sie wäre das All absolut tot und unfähig, irgendein Bewußtsein oder jedwelches Leben zu beherbergen; es wäre kein Messen, kein Betrachten, kein Erkennen. Alle Strukturen existieren in Inhomogenität. Die Inhomogenitäten sind existenz-strukturierende Deformationen der existenz-begründenden Homogenität. Die Homogenität ist als Daseins-Prinzip der Relativität als Soseins-Prinzip übergeordnet.

Allgemeines Relativitäts-Prinzip! Wenn man Prinzipien nicht zu Tode reitet, sind sie recht nützliche Dienerschaften. Solange die Insassen des Einstein- oder Raketenkastens (oder irgendeines allgemeinrelativistischen Kastens) sich auf die Beschreibung der Vorgänge im Kasten beschränken, nicht fürwitzig aus dem Fenster gucken, mit ihren ungenauen Meßeinrichtungen zufrieden sind oder gar diese als "Nichtfeststellbarkeit" hofieren, und die Homogenität bzw Inhomogenität ignorieren, sind ihre Kästen mögliche und sogar praktische Bezugssysteme. Und dies ist nichteinmal suspekt, denn wir haben mit unseren Wissenschaften überhaupt nur solche armseligen Kästen.

Alle Wissenschaften sind immer irgendwo irgendwann mangelhaft werdende Bezugssysteme. Die ganze Physik ist voll von unverzichtbaren allgemeinen Bezugssystemen, die alle nur sehr speziell bezugsfähig sind; zB:

Wird ein Elektron gemessen, so ist die Meßanlage das Bezugssystem; ungeachtet, daß dieses mit dem Institut um die Achse der Erde rotiert, die um die Sonne kreist, welche das Zentrum der Galaxis umläuft, die peculiar im Substrat bewegt ist. Schreibt ein Schupo ein Protokoll, so im Bezugssystem des Straßennetzes; ungeachtet dessen, daß ein theoretischer Relativitätsphysiker auch das Auto als stehend und das Straßennetz als zu schnell bewegt erklären könnte. Für die ganze Menschheitsgeschichte war naturgemäß die Erdoberfläche das Bezugssystem. So selbstverständlich fixierten sich die stärksten Weltanschauungen an diesem System, daß die Erschütterung der Erde als fraglos absoluter Bezug schwerste Krisen der Geschichte mit unermesslichen Folgen heraufbeschwor.

Jede Darstellung, jede Beschreibung, jede Messung bedarf eines Bezugssystems als Basis. Das gilt in der Theologie, Philosophie, Historik, Soziologie, Biologie und auch in der Physik. Diese Bezugssysteme sind aber ganz und gar nicht "alle gleichberechtigt": es gibt weite und enge, praktische und unpraktische, reale und irreale, sinnige und unsinnige, intelligente und dumme, sittliche und unsittliche, sogar gute und böse Bezugssysteme. Und jedes Bezugssystem ist beschränkt in seiner Bezugsfähigkeit; es erstellt Möglichkeiten hat aber auch Grenzen.

Offenbar ist jedoch die Begrenztheit eines Bezugssystems irgendwie grundlegend mit dessen Brauchbarkeit verbunden; konkret: nur die gleichsam sterilen speziell-relativistischen Systeme sind weltweit. Schon in der abstrakten Logik ist ersichtlich: je mehr axiomatische Voraussetzungen einem Denksystem zugrundeliegen, umso enger ist sein Zuständigkeitsbereich (Bezugsfähigkeit), umso zwingender erfaßt es aber diesen verengten Bereich. Dies gründet im Wesen aller Existenz:

Die Grenzen eines Existierenden begründen seine Struktur und Individualität, seine Eigenart und Profiliertheit. Das Allumfassende ist nur noch strukturlose Unverbindlichkeit. Das Rezept des besten Hasenbraten sagt nichts über den Kosmos; mit der allumfassenden Weltformel kann man verhungern.

Ein Experte weiß vieles von wenigem, bis er alles von nichtsmehr weiß. Alle Wissenschaften, Technologien, Ideologien und alle Erkenntnis-Systeme überhaupt erfassen Teilhaftes umso genauer und sicherer, je mehr sie sich in Abgrenzung profilieren und strukturieren; damit aber naturgemäß umso weniger ausgreifen und umgreifen. Nur dieses Strukturprinzip – eben in Inhomogenität/Homogenität – ermöglicht überhaupt eine derart mannigfaltige, bewegliche, freie Welt, einen derart vielschichtigen, vielseitigen, vielgestaltigen Kosmos.

Diese existentielle Gesetzlichkeit erfaßt auch die theologischen, philosophischen, ideologischen Systeme. Jedes neu verkündete Dogma stößt jene ab, die es nicht mehr nachvollziehen, faßt aber die Verbleibenden umso fester. Das war der fndamentale Irrtum fast aller Diktaturen, mit terrorisierender Indoktrination ein leistungsfähiges System schaffen zu können; die faktisch sich einstellende Verengung wurde ihnen zum Niedergang.

Das All ist im Ganzen und Supergroßen homogen. In der Homogenität des Weltpotentials gründet die Existenz des All, in den Inhomogenitäten der Relativpotentiale strukturiert sich das All. Diese Potentiale sind Gravitations-Potentiale; aufgrund der Gravitation, welche durch den Gravitationsfaktor G festgelegt ist.

Gravitationsfaktor

Von jeder Masse (ohne Ausnahme) geht ein "Gravitationsfeld" aus; ein Schwerefeld, kurz ein "Feld". Die "Feldstärke" ist proportional der dieses Feld erzeugenden Masse M und reziprok-quadratisch $1/r^2$ der Entfernung r vom Schwerpunkt der Masse M. Das Feld greift also zwar unbegrenzt weit aus, nimmt aber an Stärke sehr mit der Entfernung ab. Befindet sich eine andere Masse in diesem Feld, so übt das Feld auf diese Masse eine Kraft aus, die proportional dieser Masse ist und die in Richtung der das Feld generierenden Masse M ist.

Das Feld läuft mit Invarianzgeschwindigkeit c. Dies tritt allerdings nur bei Veränderungen in Erscheinung: Ist die das Feld generierende Masse M unveränderlich, so generiert die Masse M immer neu das Feld mit immerfort c-Auslauf; als dynamischem aber immer gleichartigem Zustand: das Feld ist quasi-statisch, wie stehend. Verändert sich die Masse – etwa bei ex- oder implodierenden Ballungen oder bei umeinander kreisenden Ballungen, bei jäh beschleunigten Körpern usw – so läuft die Feldveränderung mit c über den Raum. Insofern ist das Gravitationsfeld ebenfalls gleichartig dem elektrischen Feld einer elektrischen Ladung.

Konkret: Eine Masse M zieht mit dem von ihr generierten Feld eine andere Masse m an. Ebensostark zieht aber auch die andere Masse m mit dem von ihr generierten Feld die Masse M an. Beide Kraftkomponenten sind einander gleichstark: kleine Masse m im starken Feld von M, bzw große Masse M im schwachen Feld von m. Die gesamte Kraft ist die Summe dieser beiden Komponenten, von denen jede proportional M und m ist und mit $1/r^2$ abnimmt. Diese gesamte Kraft K hat eine vom "Gravitationsfaktor" G gegebene Stärke:

$$K = G \cdot Mm/r^2 \text{ , wobei } G = 6{,}6726 \cdot 10^{-5}\ J \cdot m/t^2 \text{ , } (J \cdot m = N \cdot m^2)$$

Der Gravitationsfaktor G ist zur Zeit nur mit einer Genauigkeit von 10^{-4} meßbar; dh wenig genau im Vergleich zur Meßgenauigkeit von 10^{-6} für das Wirkungsquantum h bzw zur Meßgenauigkeit von 10^{-11} der Invarianzgeschwindigkeit c (welche deshalb zur Definitions-Basis gesetzt wurde). Neben c und h ist G jedoch die wichtigste "Naturkonstante". Diese drei Fundamental-Konstanten h, c, G beherrschen den gesamten Kosmos.

Die zumeist (statt Gravitationsfaktor) für G benutzte Bezeichnung "Gravitationskonstante" unterstellt von vorne herein schon die prinzipielle Konstanz von G. Möglicherweise ist aber doch G mit dem Weltalter T veränderlich. Veränderungen mit billionstel pro Jahr (10^{-12}/a) hätten schon in den vergangenen 20 Ga des Weltalters beträchtliche Veränderungen des G-Wertes ergeben, welche von einschneidendem Einfluß auf die ganze Kosmophysik wären. Allein schon die Brennprozesse der Sterne sind in hoher Potenz vom G-Wert abhängig. Die Konstanz des G-Wertes beschäftigt die ganze Kosmophysik und Kosmologie; vor allem als Kriterium für verschiedene, noch immer miteinander konkurrierende Weltmodelle.

Der meßtechnische Nachweis einer exakten Konstanz, ja sogar schon einer Variation von weniger als 10^{-12}/a, wäre ua ein starkes Argument gegen den "1-Kosmos" mit dem "kalten, elementaren Anfang" (Eddington/Dirac/Philberth) zugunsten des "Standard-Modells" mit dem "heißen-dichten Anfang" aus der kosmischen Singularität (Friedmann/Gamov). Die Unterschiede zwischen diesen beiden wichtigsten Modellen betreffen jedoch fast nur den Anfang des All und verschwinden für Weltzeiten nach etwa dem ersten Jahrmilliarde. Diese Unterschiede sind deshalb für alles Nachfolgende unerheblich.

Eine mögliche Veränderung von G ist sehr viel genauer meßbar als der Wert von G selbst. Die derzeitige Meßbarkeit liegt bei einigen billionstel pro Jahr; etwa mit der Mars-Sonde "Viking". Die Genauigkeit der derzeitigen Messungen müßte noch eine Zehnerpotenz besser sein. Es laufen große Anstrengungen, meßtechnisch und theoretisch. Sollte die Gravitation doch noch in die Quantendynamik einbeziehbar sein, so wäre dies eine Bestärkung, eine exakte Konstanz von G zu unterstellen; so wie dies für die elektrostatische Grundkonstante schon möglich ist.

Die (elektrischen) Ladungskräfte sind trillion·trilliard-mal (10^{39}) stärker als die Schwerkräfte. Die Ladungskraft ist mikrokosmisch orientiert und nur sie beherrscht den Mikrokosmos; die Schwerkraft ist makrokosmisch orientiert und nur sie beherrscht den Makrokosmos. Die Ladungskraft gründet in den Feldern zwischen positiven und negativen (elektrischen) Ladungen. Der Gesamtkosmos hat aber totale Ladungs-Nullbilanz. Sogar die interstellaren, erst recht die irdischen Elektro- und Magnetfelder, sind nur relativ winzige lokale Verschiebungen gegenüber der Ladungs-Nullbilanz. Schon in den Molekülen der Körper ist beinahe vollkommene Neutralisierung der positiv-elektrischen Proton-Ladungen e^+ des Atomkerns mit den negativ-elektrischen Elektron-Ladungen e^- der Atomhülle.

Die Ladungen des All sind bipolar (e^+, e^-). Die Massen des All sind aber alle gleicherweise gravitierend. Somit integriert die Gravitation über alle Massen und übersteigt damit die Wirkung aller anderen Kräfte im Makrokosmos riesenhaft; etwa 10^{40}-fach. Die großkosmische Energie-Bilanz und überhaupt die Existenz des All ist nur von der Gravitation beherrscht; von der Schwerkraft der Teilmassen in Massenballungen aufeinander bzw von der Schwerkraft jeder Masse auf jede andere Masse im All.

Schwerkraft-Felder werden gleicherweise von jeglicher Masse generiert – und gleicherweise auf jegliche Masse übt ein Schwerefeld die Schwerkraft aus. Dies gilt insbesondere für die Masse von Atomkernen und von Elektronen, wie für die Masse von Neutrinos und von Photonen.

"Völlig symmetrisch ist nur das Nichts" (Heisenberg). Die Galaxien, Sterne, Planeten und alle Körper im Kosmos bestehen nur aus (Normal-)Materie; nicht aus Anti-Materie. Nur in Hochenergie-Reaktionen ist Anti-Materie extrem kurzzeitig und verschwindend wenig erzeugbar. So wurden allerdings schon ganze Anti-Atome erzeugt. Aber auch die Antimaterie hat positive Energie und Masse und damit gleiche Gravitation wie die Materie. Die Anti-Neutrinos haben die gleiche Gravitation wie die Neutrinos und wie jegliche Massen; zB ein Neutron anziehend.

Die Energie-Nullbilanz, entsprechend die Massen-Nullbilanz des All – als Prinzip für dessen Existenz – kommt nicht durch Anti-Materie, sondern über die Raumzeit (essentiell), durch die Raumzeit (aktuell), als die Raumzeit (existentiell). Die Raumzeit – dh die Raumzeit-Union, die Union von Raum und Zeit – als solche und ihre in den lokalen Schwerkraft-Feldern erscheinende Krümmung steht in einem existenzbegründend-tiefen Zusammenhang mit den Gravitations-Potentialen.

Potentiale

Potenz bedeutet Macht, Fähigkeit. Ein Potentat ist ein Machthaber. "Potential" bedeutet Niveau, Rang, Status. Auch die Gesellschaft ist von Potentialen beherrscht; zB dem Status der Studenten und der Professoren, oder der Lehrlinge und der Meister, oder der Unternehmer und der Regierenden, oder der Mannschaften und Offiziere usw. In der Physik ist Potential ein Energie-Niveau. Das Potential gibt einem darin befindlichen, relevanten Objekt (einer Ladung im elektrischen bzw einer Masse im gravitativen Potential) einen energetischen Status, womit dieses Objekt eine Potentialenergie besitzt.

Die im Raum kontinuierlich gebreiteten Potentiale sind das Feld; als ein Kraftfeld. Das Feld ist eine Potential-Landschaft mit Erhebungen und Vertiefungen. Die Veränderung des Potentials bei Weiterschreiten im Raum – dh der "Potential-Gradient" (Schritt), das "Potential-Gefälle" – ist die Feldstärke. Die Kraft des Feldes rührt daher, daß ein sich im Feld verschiebendes Objekt an Stellen mit tieferen Potentialen mit stärkerer Bindungsenergie gelangt. Die Feldrichtung ist diejenige Richtung im Raum, in der das stärkste Potential-Gefälle ist; konkret ist dies die Richtung zum Schwerpunkt der feld-generierenden Masse. Senkrecht dazu sind gleiche Potentiale, also kein Gefälle und keine Kraft.

Dies gilt ganz allgemein; etwa für elektrische Felder mit elektrischen Potentialen, wie für gravitative Felder mit Gravitations-Potentialen. Eine (elektrische) Ladung erhält in einem elektrischen Feld eine Potentialenergie, aber nicht in einem Gravitations-Feld. Eine (neutrale) Masse erhält in einem Gravitations-Feld eine Potentialenergie, aber nicht in einem elektrischen Feld.

Weiterhin sei jedoch nur noch die Gravitation betrachtet. Damit bedeutet weiterhin "Feld" ein Gravitationsfeld; "Potential" ein Gravitationspotential; "Potentialenergie" eine Gravitationspotential-energie.

Jede schwere Masse M^- – etwa die Erdkugel, die Sonne, die Galaxis usw – generiert ein Feld mit Potentialen ϕ als negative Größen, weil sie das Niveau negativer Energien sind: der Potentialenergien. Ein Potential ϕ ist proportional $-M^-$, denn es ist umso tiefer, je größer die Masse M^- ist, welche das Potential generiert. Ein Potential ϕ ist proportional $1/r$ – dh reziprok dem Abstand r der Potential-Stelle von der generierenden Masse – , denn das Potential ist die Integration über die zu $1/r^2$ proportionale Schwerkraft der großen generierenden Masse M^- auf eine kleine Masse m (deren Potentialenergie $m\phi$ eben vom Potential ϕ begründet wird). Ein Potential ϕ ist proportional 2, denn die Schwerkraft zwischen zwei Massen ist: eine Masse im Feld der anderen plus andere Masse im Feld der einen. Indem der Proportionalitätsfaktor eben der Gravitationsfaktor G ist, resultiert hieraus das von einer Masse M^- in einem Abstand r vom Massenschwerpunkt generierte Potential ϕ gemäß der klassischen Potentialgleichung:

$$\phi = (-M^-/r)\cdot 2G = -2M^-\cdot G/r$$

In der Potentialgleichung steht als Massenwert M^- die "Defekt-Masse", weshalb dieser Massenwert mit M^- (statt M) bezeichnet ist. Diese Defektmasse M^- ist die relativistisch-extern erscheinende Masse einer schweren Ballung, mit welcher die Ansammlung im freien Raum erscheint und wirkt, insbesondere gravitiert.

Bereits aus dieser einfachen Potentialgleichung $\phi = -2M^-\cdot G/r$ folgt ein Potential $\phi = -c^2$ dann, wenn r speziell gleich $2M^-\cdot G/c^2$ ist. Dieser spezielle Radius, an welchem $\phi = -c^2$, ist der "Schwarz-schildradius" $s = 2M^-\cdot G/c^2$. Statisch ist der Schwarzschildradius s ein Grenzradius, der proportional einer das "Grenzpotential" $-c^2$ generierenden "Grenzmasse" M_s^- ist. Ein Grenzpotential $-c^2$ stellt sich somit bei einem durch die Potentialgleichung bestimmten Verhältnis M_s^-/s von Grenzmasse M_s^- zu Grenzradius s gleich $c^2/2G$ ein; also: $M_s^-/s = c^2/2G$.

Diese Verhältnisse ergeben sich allerdings nur unter der Voraussetzung, daß die Anwendung der Potentialgleichung noch in einem physikalisch realen Bereich erfolgt. Die Anwendbarkeit der Potentialgleichung setzt voraus, daß die Stelle des damit berechneten Potentials ϕ noch außerhalb jener Massenballung der Gesamtmasse M^- ist, welche das Feld mit diesem Potential generiert; konkret bei einer kugeligen Ballung, daß der Abstand r größer als der Ballungs-Radius ist. Inbezug auf Stellen, die außerhalb einer Massenansammlung sind, wirkt diese Ansammlung so, als wäre ihre Gesamtmasse M^- in einem einzigen Punkt vereint, den man als "Schwerpunkt" der Massenansammlung bezeichnet. Dies gilt unabhängig davon, über welches Volumen und mit welcher Dichte die Masse verteilt ist.

So weit es um Beschreibung von Verhältnissen mit räumlich definiertem Schwerpunkt geht, mag arbeitshypotheisch ein mathematischer Ansatz mit am Schwerpunkt vereinter Masse sinnvoll und nützlich sein. Grundsätzlich ist jedoch ein solcher Ansatz nur eine beschränkt gültige Voraussetzung für einen mathematischen Formalismus: eine Punktmasse ist physikalisch irreal, weil diese negativ-unendlichgroße Potentialenergie hätte. Deshalb ist keine Anwendbarkeit mehr am Potential $-c^2$ oder gar "jenseits" davon (sofern ein solches Jenseits überhaupt existiert) zu erwarten.

Relativistisch erscheint in tiefen Potentialen eine nichteuklidische Metrik, wie schon in den zwanziger Jahren erkannt wurde (Schwarzschild). Nach der "Schwarzschild-Metrik" ist in einem Kreis um den Schwerpunkt einer schweren Masse das Verhältnis von Umfang/Radius kleiner als 2π ; etwa mit M^-/M (dh mit dem relativistischen Massendefekt) abnehmend, womit das Verhältnis Umfang/Radius am Schwarzschilradius s auf rund die Hälfte des euklidischen Verhältnisses 2π abfällt.

Dieses relativistische Verhältnis – dh eines Erscheinens relational zum freien Raum – ist jedoch nicht zwangsläufig das existentielle und reaktionale Verhältnis der Ballung in sich. Die Erkenntnis der relativistischen Metrik war zwar ein großer Fortschritt in der Naturerkenntnis, ist aber noch nicht die Erfassung des Existierens und Reagierens in sich.

Von Seeliger stürzte das klassische Weltbild mit dem Nachweis, daß ein statisch-unendlicher Kosmos ein unendlich tiefes Potential hätte. Analog ist auch kein System mit einer "Zentralsingularität" möglich. Der arbeitshypothetische Ansatz einer von einem Punkt aus wirkender Masse ergäbe, daß diese im endlichen Abstand des Radius s von einer Kugelfläche des Potentials $-c^2$ "umkleidet" wäre. Der auf diesem Ansatz stehende relativistische Formalismus "erweist" diese als nur eine "Koordinatensingularität" ; dh als eine formale, mit endlichen Kräften "durchfallbare" Kugelfläche, welche die reale Zentralsingularität einhülle.

Jedoch ein nachfolgend formuliertes "Grenztheorem" deutet darauf hin, daß das Potential $-c^2$ eine "physikalische Singularität" ist mit punktuell verschwundener Oberfläche: als "die" Singularität. Dies ist merkwürdig adäquat zur Quantenphysik, nach welcher der Umfang von Elementar-Partikeln reziprok deren Materieenergie ist: adfektierte

Energie ist verbunden mit kontrahierter Dauer und kontrahiertem Umfang.

Das Potential $-c^2$ erscheint in punktueller Kontraktion als Grenze jeglicher Existenz. Dieses gleichsam meta-existente Grenzpotential $-c^2$ ist jedoch der Bezug für jegliche kosmische Existenz.

Das Verhältniss $\phi/(-c^2)$ eines Potentials ϕ zum Grenzpotential $-c^2$ ist der "Potentialwert" $p = -\phi/c^2$. Mit den Potentialwerten p ist zumeist einfacher und anschaulicher rechenbar als mit den Potentialen ϕ selbst. Der Potentialwert $-\phi/c^2$ ergibt für tiefe Potentiale analoge Verhältnisse wie v^2/c^2 für hohe Geschwindigkeiten. Am Grenzpotential $-c^2$ selbst, dh für $\phi = -c^2$, wird $p = 1$. Die im Kosmos zumeist gegebenen Potentiale haben sehr kleine Potentialwerte; in der Regel so klein, daß etwa Abweichungen von der Schwarzschildmetrik vernachlässigbar sind.

Der Schwarzschildradius s ist jedoch eine wichtige Bezugsgröße. Statisch ist er unerreichbar, aber in dynamischem Kollaps nur deshalb "durchfallbar", weil infolge Kopplungs-Verzögerung mit der c-bewegten Gravitation am Schwarzschildradius s das Grenzpotential noch nicht erreicht ist. Jäher Kollaps ergibt gleichsam einen "Überhang".

Jegliche kosmische Existenz ist von einem höchstmöglichen und von einem tiefstmöglichen Potential begrenzt: oben vom Relativen Nullpotential; unten vom Relativen Grenzpotential $-c^2$. Dazwischen liegen alle Potentiale des Weltall.

Innerkosmisch sind die Potentiale ϕ – etwa wie mit der Potentialgleichung dargestellt – Relativ-Potentiale: bezogen auf das Potential in weiter Entfernung von der feldgenerierenden Masse M^-. Für einen Neutronenstern oder auch schon einen leuchtenden Stern ist zB bereits 1 ac (1 Lichtjahr, 10^{13} km) eine "weite" Umgebung. Diese Weite ist aber immer noch kleiner als der mittlere Stern-Abstand in der Galaxis.

Das "natürliche Bezugspotential" ist das Potential des Freien Raumes, sogar weit von Galaxien im intergalaktischen Raum. Dieses Freiraum-Potential ist das "Relative Nullpotential", das auch im Realkosmos extrem genau dem "Homogenpotential" ist: demjenigen Potential, das im Raume des "Homogenkosmos" gegeben wäre. Dies ist das höchste intern im All existierende Potential. Alle Potentiale sind dem Relativen Nullpotential gegenüber negativ, wie es ihrem Wesen entspricht.

Befindet sich eine kleine Masse m an einer Stelle im Feld einer großen Masse M, wo dieses das Potential ϕ besitzt, so hat die Masse m die Potentialenergie $P = m \cdot \phi$. Ausgedrückt im Potentialwert p wird das negative Verhältnis der Potentialenergie P zur Materieenergie $E = m \cdot c^2$ unmittelbar erkenntlich: $P = -p \cdot mc^2 = -p \cdot E$.

Kommen zwei Massen M und m einander näher, so bindet die Schwerkraft sie energischer aneinander. Jede Masse kommt durch die andere Masse in tieferes Potential, worin eben ihre Potentialenergie negativ größer wird. Beide Massen (M wie m) haben immer den gleichen Zuwachs an Potentialenergie; wie groß auch immer M (zB ein Neutronenstern) und wie klein auch immer m (zB ein Neutron) sein mag.

Generell: Nähern sich zwei Massen im gegenseitigen Feld einander an, so fällt die Potentialenergie auf negativ-höhere Werte. Die hierbei freiwerdende Energie wird umgesetzt; in der Regel: in Abstrahlung (zB mit Photonen, Neutrinos usw); in Wärme (zB bei Aufschlag der beiden Massen aufeinander die Massen aufheizend); in Bewegung (zB in Fallbewegung, konkret in Geschoß-, Kometen-, Planeten-, Stern- oder Galaxen-Bahnen); in dem etwa milliard Tesla erreichenden Magnetfeld um Neutronensterne (billionfach dem Erd-Magnetfeld) auch in Synchrotronstrahlung.

Diese Energieumsetzungen geschehen zu allermeist mit Differenzen von Relativ-Potentialen, die beide weit unter dem Potential des Freien Raumes, also weit unter dem Relativen Nullpotential liegen. zB im Wasserkraftwerk: Wasser läuft vom Obersee zum Untersee; (aber nicht als wilder Wasserfall zur Freude der Touristen tosend die Fallenergie in Wärme umsetzend, sondern) durch Turbinen geleitet, die über Generatoren elektrische Energie "erzeugen": zum Trambahnfahren, Lampenbrennen, Suppenkochen usw. Physikalisch interpretiert, ist ein System mit der Masse M als Erdmasse und der Masse m als Wassermasse gegeben. Dieses System geht vom Zustand Erde-Obersee mit höherer (negativ-weniger) Potentialenergie, über in den Zustand Erde-Untersee mit niederer (negativ-mehr) Potentialenergie. Der Übergang des energie-reicheren Zustandes (Erde-Obersee) in den energie-ärmeren Zustand (Erde-Untersee) setzt die Differenzenergie frei: nach wildem Fall als erwärmtes Wasser im Untersee verbleibend, oder im Kraftwerk großteils als elektrische Energie abgegeben.

Massenansammlungen – als Inhomogenitäten der kosmischen Massen-Verteilung – ergeben Felder mit mehr oder minder tiefen Potentialen. Je größer eine geballte Masse und je kleiner der Radius der Ballung ist, umso tiefer wird das Potential an der Oberfläche der Ballung. Immer ging die Ansammlung von Massen, etwa eine Ballung im Kosmos so vor sich, daß anfänglich massearme Ansammlungen (mit ihrem doch schon wirksamen Feld) weitere Massen anzogen, womit sich die angesammelte Masse laufend vergrößerte; als fortschreitende Inhomogenisierung; in der Regel derart:

Die zuerst mit Fallbeschleunigung in Bewegtenergie umgesetzte Potentialenergie ging beim Aufschlag in Wärme über, welche die Ballung solange aufheizte, bis die weiter freiwerdenden Energien fortlaufend abstrahlten. In der Stern-Geschichte – von der anfänglichen Kondensation zum leuchtenden Stern, bis zur endlichen Extremverdichtung des ausgebrannten Sterns – wird rund 50-mal mehr Energie aus der Potentialenergie abgestrahlt als aus der Energie kernatomarer Brennprozesse. Allerdings ist die anfängliche Gas- und Staubkondensation zum leuchtenden Stern nur rund ein millionstel der Stern-Lebensdauer; rund 99 % ist als leuchtender Stern mit Verbrennung des Wasserstoffs zu Helium; rund 1 % ist als noch leuchtender Stern mit Verbrennung des Helium zu Kohlenstoff und schwereren Elementen; und noch viel weniger als millionstel ist die Endverdichtung mit Abstrahlung und Abtrieb der 50-mal größeren Potentialenergie (oft in gigantischen Explosionen).

Die Energie-Verhältnisse bei fortschreitender Ballung einer Masse sind im Prinzip am Modell der schrittweisen Zusammenfügung eines Neutronensterns aus einzelnen Neutronen – jedes mit einer Masse m im freien Raum (praktisch wie auf der Erde) von $m = 1{,}674928 \cdot 10^{-30}$ t – einfach aufzeigbar: Kommt ein Neutron nur zu einem einzigen anderen Neutron, so wird noch keine Potentialenergie umgesetzt; auch dann noch fast keine, wenn ein Neutron zu etwa trillion (10^{18}) oder trillion·trillion (10^{36}) schon geballten Neutronen hinzukommt.

Sind schon $4 \cdot 10^{51}$ Neutronen neutronendicht in einer Kugel von $6 \cdot 10^{21}$ t (Erdmasse) auf 200 m Radius geballt, so verliert ein dazukommendes Neutron mit seiner Potentialenergie $0{,}0001mc^2$ im Feld der Ballung. Alle bisherigen Neutronen der Ballung verlieren im Feld des dazukommenden Neutron zusammen auch noch einmal $0{,}0001mc^2$. Insgesamt werden somit $0{,}0002mc^2$ an Energie defektiert und abgestrahlt. Jedes Neutron – bisher im Stern wie neu dazugekommen – verbleibt mit einem Massen-Defekt von 0,0001m; also mit $m^- = 0{,}9999m$.

Sind schon 10^{58} Neutronen mit bis auf 0,6 defektierten Massen von 10^{28} t in einem Neutronenstern auf 20 km Radius geballt, so ist der Stern dem Grenzpotential $-c^2$ nahe. Extrapoliert auf die Grenze gilt: Ein neu hinzukommendes Neutron verliert die Energie $mc^2/2$, dh die Hälfte seiner Freiraum-Energie mc^2. Ebenso verlieren alle bisherigen Stern-Neutronen zusammen auch noch die Energie $mc^2/2$, dh die Hälfte der Freiraum-Energie eines Neutrons. Hierbei verbleibt jedes Neutron mit einer Defekt-Masse m^- von halber Freiraum-Masse m; also $m^- = m/2$.

Das zufallende Neutron und der bisherige Stern defektieren somit zusammen genau um die Freiraum-Energie mc^2 des zufallenden Neutrons. Am Potential $-c^2$ erhöht sich somit die Sternmasse mit dem Zufallen weiterer Massen nicht mehr, indem ebensoviel an Masse defektiert und abstrahlt als zufällt. Das Potential $-c^2$ ist eben ein Grenzpotential: Das relative Grenzpotential $-c^2$.

Anders ausgedrückt: An der Grenze bei $\phi = -c^2$ kann (individuell) keine Teilenergie mehr entkommen, aber (kollektiv) könnte die Gesamtenergie noch mit halbem Defekt entkommen. Zudem: Ein vom Relativen Grenzpotential $-c^2$ abstrahlendes Photon defektiert immer zu total 0, mit welcher Energie es auch immer von $-c^2$ abstrahle.

Dazu eine Anmerkung: Vereinfachend beschreiben wir – wie auch in der Fachliteratur üblich – die Extrapolation auf $-c^2$ mit solcher "Halb-Defektion". Exakte Halbdefektion errechnet sich mit nur gravitatorisch gebundenen Masse-Hohlkugeln. Für Vollkugeln, auch mit zum Zentrum zunehmender Dichte und nuklearer Bindung der Neutronen aneinander, werden geringfügige Abweichungen errechnet, die ignorierbar sind.

Mit den Massenballungen verschiedenster Art existiert die kosmische Materie in einer gewaltigen Potential-Hierarchie:

Wir befinden uns hier auf der Oberfläche unserer Erde in 6000 km Entfernung über dem Erd-Schwerpunkt. Um ab der Erd-Oberfläche weg von der Erde zu kommen, benötigt eine Masse die terrestrische Fluchtgeschwindigkeit von rund 12 km/s; dh wir befinden uns grob 10^{-9} c^2 tiefer im Potential als unsere Erdbahn in 150 Gm Abstand um die Sonne. Um ab der Erdbahn weg von der Sonne zu kommen, benötigt eine Masse die solare Fluchtgeschwindigkeit von rund 45 km/s; dh die Erdbahn befindet sich grob 10^{-8} c^2 tiefer im Potential als unsere Sonnenbahn in 25000 ac Abstand um den Kern der Galaxis. Um ab der galaktischen Sonnenbahn weg von der Galaxis zu kommen, benötigt eine Masse die galaktische Fluchtgeschwindigkeit von rund 270 km/s; dh die Sonnenbahn befindet sich grob 10^{-6} c^2 tiefer im Potential als der freie Raum, also ein millionstel c^2 tiefer als das Relative Nullpotential.

Anders ausgedrückt: Die Umgebung der Sonne befindet sich im Feld der Galxis ein millionstel c^2 unter dem Freien Raum; die Umgebung der Erdkugel befindet sich im Feld der Sonne nochmals ein hundertmillionstel c^2 unter der Umgebung der Sonnen; die Umgebung auf dieser Erde befindet sich im Feld der Erde wiederum nochmals ein milliardstel c^2 unter der Umgebung der Erdkugel.

Massenballungen haben trompetenartige Potential-Trichter, in denen das Potential von ferne her reziprok dem Abstand zur Ballungsoberfläche abfällt. Von der Oberfläche zum Zentrum fällt das Potential als flache Mulde ab und erreicht im Zentrum den tiefsten Wert.

Im Zentrum der Galaxis ist das Potential etwa 10^{-4} c^2 bis 10^{-2} c^2 tiefer als in den 25000 ac Abstand, in dem die Sonne läuft (wo das Potential erst 10^{-6} c^2 gegenüber dem Freien Raum vertiefet ist). Die meiste Zeit dürfte die Dichte im Zentralbereich der Galaxis – ganz grob geschätzt – etwa trillionstel t/m^3 sein. Aber durchschnittlich alle hundertmillion Jahre erfolgt im Kern der großen Galaxien (so auch der Galaxis) ein Massen-Zusammensturz mit instabil-selbsterregt ansteigender Dichte. Damit jagt das Zentrum gegen das Grenzpotential $-c^2$.

Im Zentrum der Sonne ist das Potential etwa 10^{-5} c^2 tiefer als in den 150 Gm Abstand von der Sonne, in dem die Erde kreist (wo das Potential erst 10^{-8} c^2 gegenüber dem Sonnen-Umfeld in der Galaxis vertieft ist). Die leuchtenden Sterne – mit durchschnittlichen Dichten von 1 t/m^3 – haben sehr flache Potentialtrichter; mit nur um einige millionstel c^2 vertieftem Potential. Ausgebrannt und auf fast Neutronendichte – ungefähr 10^{14} t/m^3 – zusammengefallene Neutronensterne kommen jedoch im Zentrum dem Grenzpotential $-c^2$ nahe.

Das Grenzpotential $-c^2$ ist ein quasi-unendlich tiefes Potential, das nicht unterschreitbar, nichteinmal erreichbar ist. In der Annäherung an das Grenzpotential treten ungeheuerliche Ereignisse ein, welche die Geschichte des All entscheidend beherrschen.

Die Quasi-Unendlichkeit von c und $-c^2$ begrenzt die Existenz.

DIE WELTWERDUNG

Quasi-Unendlichkeit

Physikalisch-kosmisches Geschehen ist Materie in Bewegungen und Potentialen über den Raum mit der Zeit; in der Raum-Zeit-Union.

Was wäre ein Kosmos ohne Bewegungen? Er hätte kein Licht als bewegte Energie. Er hätte keine Wärme als bewegte Moleküle. Er hätte kein Leben als bewegten Stoffwechsel. Ein Kosmos ohne Bewegungen wäre totale Nacht und Kälte, wäre der Tod.

Was wäre ein Kosmos ohne Potentiale? Er hätte keine Ballungen als Galaxien, Sterne, Planeten. Er hätte keine Lebensräume für strukturierte Körper und Organismen. Strukturen und Organisationen sind als Inhomogenität. Ein total homogener Kosmos hätte keine Abgrenzungen, keine Individualitäten, kein wahres und wirkliches Sein.

Bewegungen und Potentiale begründen Licht, Wärme, Leben; erstellen Abgrenzungen und Unterscheidungen, Körperformen und Organismen.

Hauptsächlich im Mikrokosmos (aber auch noch im Mesokosmos) beherrschen die Bewegungen durch ihre Relativ-Geschwindigkeiten v das Geschehen. Unter den Relativ-Geschwindigkeiten v sind diejenigen relativ zum Substrat als quasi-absolute Geschwindigkeiten v_1, v_2,..., v_n zwar irgendwie ausgezeichnet. Aber in der Regel wirken jeweils Relativgeschwindigkeiten v_{01}, v_{12},..., v_{mn}; dh die Relativgeschwindigkeit v_{mn} allgemein einer Körperstelle S_n relativ zu (inbezug auf, gegenüber) einer anderen Körperstelle S_m.

Hauptsächlich im Mesokosmos (aber auch schon im Mikrokosmos und noch im Makrokosmos) beherrschen die Relativ-Potentiale ϕ das Geschehen. Unter den Relativ-Potentialen sind diejenigen zum Relativen Nullpotential als quasi-absolute Potentiale ϕ_1, ϕ_2,..., ϕ_n zwar irgendwie ausgezeichnet. Aber die Energieumsetzungen erwirken in der Regel die Relativpotentiale ϕ_{01}, ϕ_{02},..., ϕ_{mn}; dh das Relativpotential ϕ_{mn} allgemein einer Feldstelle S_n relativ zu (inbezug auf, gegenüber) einer anderen Feldstelle S_m.

Hauptsächlich im Makrokosmos (aber auch schon im Mesokosmos) beherrschen die Flucht-Geschwindigkeiten f das Geschehen; als die systematischen Fluchtbewegungen der Substratstellen. Unter den Fluchtgeschwindigkeiten sind diejenigen zu unserer Substratstelle als quasi-absolute Fluchtgeschwindigkeiten f_1, f_2,..., f_n für hier und jetzt zwar irgendwie ausgezeichnet. Aber die Expansion des All repräsentieren die Fluchtgeschwindigkeiten f_{01}, f_{12},..., f_{mn}; dh die Fluchtgeschwindigkeit f_{mn} allgemein einer Substratstelle S_n relativ zu (inbezug auf, gegenüber) einer anderen Substratstelle S_m.

Den systematischen Fluchtbewegungen ist in Gac-Abmessungen die Peculiar-Bewegung des 3K-Dipols mit 600 km/s überlagert. Dieser 3K-Dipolbewegung ist wiederum in Mac-Abmessungen die Peculiar-Peculiar-Bewegung der Galaxien gegeneinander mit 150 km/s überlagert. Dieser Galaxen-Peculiarbewegung ist noch wiederum in den Galaxien die Peculiar-Peculiar-Peculiar-Bewegung der Sterne gegeneinander mit 20 km/s überlagert; etwa der Sonne. Dieser ist nochmals die kreisende und drehende Bewegung der Planeten überlagert; etwa der Erde. Dieser sind wiederum nochmals alle die irdischen Bewegungen auf der Erde überlagert; etwa der Luft- und Wasser-Strömungen, des Autofahrens, Spazierengehens, Gulaschkauens usw.

Die praktischen "Bezugssysteme" des Alltags aber auch der Fachphysik beziehen sich fast immer auf das jeweils nächsthöhere Bezugssystem; in den Bewegungen: das Gulaschkauen auf den Kopf; das Autofahren auf die Straße und Erde; Die Erdbewegung auf die Sonne; die Sonnenbewegung auf die Galaxis; die Galaxisbewegung auf den Supervoid; Die Supervoidbewegung auf die 3K-Strahlungssymmetrie. Aber auch in den Potentialen: Gewichteheben im Erdfeld; Planeten- und Kometen-Bahnen im Sonnenfeld; der Sonnenlauf im Galaxisfeld; die Galaxenbewegung im Homogenfeld, im Raumzeit-Kontinuum (Raum-Zeit-Union, kurz eben "Raumzeit"). Dies wirft eine eigenartige Problematik auf.

Wie in jeder Theologie und Ideologie, so auch in der Physik: Naturgemäß ist jedes Bezugssystem nur begrenzt bezugsfähig: Je nützlicher und aufschlußreicher im Kleinen und Speziellen, umso weniger greifend im Großen und Allgemeinen; je nützlicher und aufschlußreicher im Großen und Allgemeinen, umso weniger greifend im Kleinen und Speziellen. Dies gilt für die Relativität auch selbst: ein eigentliches "Allgemeines Relativitätsprinzip" existiert tatsächlich gar nicht. Es ist aber eine sehr nützliche und fruchtbar gewordene Fiktion. Nur darf man es nicht dahingehend "verabsolutieren", daß man es ad ultimo strapazieren zu können glaubt.

Das Dasein des All, und allen Geschehens darin, gründet in wesenhaften Begrenzungen. Alle Geschwindigkeiten v wie f sind begrenzt durch die Quasi-Unendlichkeit der Invarianzgeschwindigkeit c; alle Potentiale ϕ sind begrenzt durch die Quasi-Unendlichkeit des Relativen Grenzpotentials $-c^2$. Dies wird ausgedrückt durch die relativistischen Additions-Theoreme. Dies sind keine klassisch-unlogischen Additionen, sondern noch in klassischer Logik ausdrückbare unklassische relativistische Addierungen.

Es ist erstaunlich, daß die nichtklassische Quasi-Unendlichkeit doch noch klassisch beschreibbar ist. Irgendwie kann sich die menschliche Intelligenz selbst überholen. Dieser Kniff des Geistes trägt wohl auch nicht ad ultimo. Aber offenbar greift er noch bei den berühmten Additionstheoremen; beim GAT der Relativ-Geschwindigkeiten; beim PAT der Relativ-Potentiale; beim FAT der Flucht-Geschwindigkeiten.

Für Relativ-Geschwindigkeiten v_{mn} : Hat relativ zu einem Bezugskörper S_0 ein erster Körper S_1 die Geschwindigkeit v_{01}, und hat relativ zu diesem ersten Körper S_1 ein zweiter Körper S_2 die Geschwindigkeit v_{12}, so hat relativ zum Bezugskörper S_0 der zweite Körper S_2 die Geschwindigkeit v_{02} gemäß dem Geschwindigkeits-Additions-Theorem GAT.

Für Relativ-Potentiale ϕ_{mn} : Hat relativ zu einer Bezugs-Feldstelle S_0 eine erste Feldstelle S_1 das Potential ϕ_{01} , und hat relativ zu dieser ersten Feldstelle S_1 eine zweite Feldstelle S_2 ein Potential ϕ_{12} , so hat relativ zur Bezugsfeldstelle S_0 die zweite Feldstelle S_2 ein Potential ϕ_{02} gemäß dem Potential-Additions-Theorem PAT.

Für Flucht-Geschwindigkeiten f_{mn} : Hat relativ zu einer Bezugs-Substratstelle S_0 eine erste Substratstelle S_1 eine Fluchtgeschwindigkeit f_{01}, und hat relativ zu dieser ersten Substratstelle S_1 eine zweite Substratstelle S_2 eine Fluchtgeschwindigkeit f_{12}, so hat relativ zur Bezugssubstratstelle S_0 die zweite Substratstelle S_2 die Fluchtgeschwindigkeit f_{02} gemäß dem Flucht-Additions-Theorem FAT.

Diese Additionstheoreme sind mit v_{mn} bzw ϕ_{mn} bzw f_{mn} :

GAT $\quad v_{02} = (v_{01} + v_{12})/(1 + v_{01}\cdot v_{12}/c^2)$
PAT $\quad \phi_{02} = \phi_{01} + \phi_{12} + \phi_{01}\cdot\phi_{12}/c^2$
FAT $\quad f_{02} = f_{01} + f_{12} - f_{01}\cdot f_{12}/c$

Einfachere Formeln werden mit den Relativgeschwindigkeiten v bzw den Fluchtgeschwindigkeiten f in Einheiten der Invarianzgeschwindigkeit c erhalten; bzw mit den Relativpotentialen ϕ in Einheiten des Grenzpotentials $-c^2$.

Mit dem Geschwindigkeitswert $\nu = v/c$ ergibt sich GAT; bzw
mit dem Potentialwert $p = \phi/{-c^2}$ ergibt sich PAT; bzw
mit dem Fluchtwert $\varphi = f/c$ ergibt sich FAT; jeweils gemäß:

GAT	ν_{02}	=	$(\nu_{01} + \nu_{12})/(1 + \nu_{01} \cdot \nu_{12})$
PAT	p_{02}	=	$p_{01} + p_{12} - p_{01} \cdot p_{12}$
FAT	φ_{02}	=	$\varphi_{01} + \varphi_{12} - \varphi_{01} \cdot \varphi_{12}$

Klassisch gilt: Die Addition zweier endlicher Werte ergibt immer nur wieder einen endlichen Wert; nie einen unendlich-großen Wert, wie groß die endlichen Addidenten auch sein mögen. Ein unendlich-großer Wert addiert zu einem endlich-großen Wert – oder umgekehrt – ergibt einen unendlich-großen Wert. Aber auch ein unendlich-großer Wert addiert zu einem unendlich-großen Wert ergibt auch "nur" einen unendlich-großen Wert (nicht etwa zweimal unendlich!).

Relativistisch gilt das genau Analoge mit c bzw $-c^2$ anstelle des Klassisch-Unendlichen.

Im GAT für Geschwindigkeiten v_{01} und v_{12}, die weniger als c sind:
v_{01} plus v_{12} gibt weniger als c; auch wenn v_{01} und v_{02} nahe an c;
v_{01} plus c gibt c ; c plus v_{12} gibt c ;
c plus c gibt c ; c ist unüberschreitbar; zB:

$v_{01} = c \cdot 0{,}9$ plus $v_{12} = c \cdot 0{,}9$ gibt $v_{02} = c \cdot 0{,}9945..$
$v_{02} = c \cdot 0{,}9945..$ plus $v_{23} = c \cdot 0{,}9$ gibt $v_{03} = c \cdot 0{,}99971.$
$v_{56} = c \cdot 0{,}99...9$ plus $v_{67} = c \cdot 0{,}99.9$ gibt $v_{57} = c \cdot 0{,}999..9$

Im PAT für Relativ-Potentiale ϕ_{01} und ϕ_{02}, die höher als $-c^2$ sind:
ϕ_{01} plus ϕ_{12} gibt höher als $-c^2$; auch wenn ϕ_{01} und ϕ_{12} nahe an $-c^2$;
ϕ_{01} plus $-c^2$ gibt $-c^2$; $-c^2$ plus ϕ_{12} gibt $-c^2$;
$-c^2$ plus $-c^2$ gibt $-c^2$; $-c^2$ ist nicht unterschreitbar; zB:

$\phi_{01} = -c^2 \cdot 0{,}9$ plus $\phi_{12} = -c^2 \cdot 0{,}9$ gibt $\phi_{02} = -c^2 \cdot 0{,}99$
$\phi_{02} = -c^2 \cdot 0{,}99$ plus $\phi_{23} = -c^2 \cdot 0{,}999$ gibt $\phi_{03} = -c^2 \cdot 0{,}99999$
$\phi_{56} = -c^2 \cdot 0{,}99..9$ plus $\phi_{67} = -c^2 \cdot 0{,}99..9$ gibt $\phi_{57} = -c^2 \cdot 0{,}99..9$

Im FAT für Fluchtgeschwindigkeiten f_{01} und f_{12} je weniger als c:
f_{01} plus f_{12} gibt weniger als c ; auch wenn f_{01} und f_{12} nahe an c.
f_{01} plus c gibt c ; c plus f_{02} gibt c;
c plus c gibt c ; c ist unüberschreitbar; zB:

f_{01} = c·0,9 plus f_{12} = c·0,9 gibt f_{02} = c·0,99
f_{02} = c·0,99 plus f_{23} = c·0,999 gibt f_{03} = c·0,99999
f_{56} = c·0,99..9 plus f_{67} = c·0,99..9 gibt f_{57} = c·0,99....9

Im Flucht-Additionstheorem FAT sind für die Fluchtgeschwindigkeiten f_{mn}/c genau gleiche Verhältnisse wie im Potential-Additionstheorem für die Potentiale $\phi_{mn}/-c^2$.

Für jede noch so nahe an c kommende Fluchtgeschwindigkeit ist immer noch eine unendliche Kluft zur mit c fliehenden Singularität. Zwischen jeder noch so dicht an c fliehenden Substratstelle sind noch unbegrenzt große Parameter-Volumen möglich; aber auch noch unbegrenzt viele parametrische Umfänge U. Deshalb kann der Umfang U des Parameterraumes größer oder kleiner als die (präsente) Welttiefe R sein. Fluchtgeschwindigkeiten existieren immer nur mit positiven Werten, weil inbezug auf jede Substratstelle alle anderen Substratstellen immer nur fortbewegt sind.

Das Potential-Additionstheorem PAT ergibt für grenznahe Massenballungen interessante Verhältnisse: Etwa in Neutronensternen mit überall Neutronendichte (rund 10^{14} t/m^3) ist das Relativ-Potential ϕ_{12} vom Zentrum relativ zur Oberfläche ungefähr gleich dem Relativ-Potential ϕ_{01} der Oberfläche relativ zum Freien Raum. Wenn somit ϕ_{01} schon nahe an $-c^2$ kommt und damit auch ϕ_{12} nochmals ähnlich weiter vertieft ist, so erreicht gemäß dem PAT das Potential des Zentrum zum Freien Raum doch noch nicht $-c^2$ total; auch wenn schon ϕ_{01} und ϕ_{12} je für sich extrem nahe $-c^2$ kommen sollten.

Relational zum Freien Raum legt sich also eine Masse ansaugende Ballung gleichsam "flach an das Grenzpotential $-c^2$ an". Wenn somit die Oberfläche das Grenzpotential $-c^2$ noch nicht erreicht hat, so hat auch das Zentrum das Grenzpotential noch nicht erreicht; so tief das Zentrum auch im Potential relativ zur Oberfläche liege. Wenn eine Massenballung überhaupt das Grenzpotential erreicht, dann an der Oberfläche zugleich mit dem Zentrum. Eine Massenballung erreicht jedoch auch bei fortlaufender Materie-Ansaugung das Grenzpotential nicht; prinzipiell nicht, aber auch nicht aus faktischen Gründen.

Schon deshalb könnte sich ein Neutronenstern nur asymptotisch dem Grenzpotential annähern, weil extrapoliert auf die Grenze die ganze Energie mc^2 des zufallenden Neutrons erst in Bewegtenergie und dann beim Aufschlag in Wärmeenergie umgesetzt wird, welche abstrahlt. Hierbei tritt ein ungelöstes Problem auf: Weil hierbei einfallende Neutronen nicht als solche verstrahlen, würde bei fortlaufender Ansaugung von Atomen die Zahl der Neutronen fortlaufend steigen; wenngleich – infolge fortlaufenden Defektes – mit konstant bleibender Sternmasse. Es müßten laufend Neutronen etwa in Neutrinos vergehen. Dies könnte in einem ganzheitlichen Verhalten des Sternkörpers geschehen; etwa unmittelbar vor der Energieumsetzung beim oberflächlichen Aufschlag.

Wegen der Quasi-Unendlichkeit des Grenzpotentials aktiviert ein verschwindender Potential-Abstand die Reaktionen über alle Grenzen. Wenn nicht schon zuvor Neutronen verstrahlen, dann geht die Aktivierung unaufhaltsam bis zur Erzeugung von X-Partikeln weiter. Wegen der Endlichkeit des Grenzpotentials genügt jedoch bei geringem Potentialabstand bereits eine diesem proportional geringe Massen-Zunhame bzw Radius-Abnahme, um den Potentialabstand verschwinden zu lassen; ein zehntel, ein tausendstel,.. Schließlich würden schon kleinste Zufälle und Störungen genügen, um das Zentrum unbergrenzt zu aktivieren.

An sich könnte dies mit instabilen Prozessen einen existentiellen Kollaps einleiten. Eine Zündung zu einer schlagartigen Verstrahlung eines Großteils der Sternmasse ist umso eher zu erwarten, je näher das Sternzentrum an das Grenzpotential kommt. Wäre dies die Regel, so müßten allerdings allein schon in der Galaxis jährlich rund dutzend supernova-artige Explosionen beobachtbar sein.

Sicherlich steigert sich im Zentrum schon beträchtlich vor dem Grenzpotential – durch instabile Prozesse – eine zentrale Verstrahlung solange, bis die laufende Verstrahlung und Abstrahlung gleich der Ansaugung wird. Damit liegt der Stern quasi-statisch mit noch beträchtlichem Abstand am Grenzpotential an. Vermutlich ist hierbei der Umfang der Oberfläche noch nichteinmal unter den Radius der Ballung kontrahiert. Wenn diese Vermutung richtig ist, sollte dies an einer Rotverschiebungs-Schranke beobachtbar sein.

Haben Ansammlungen großer Massen innen sehr viel höhere Dichten als außen, so werden ihre inneren Bereiche in deren Potential-Vertiefung weniger abhängig von den äußeren Bereichen. Könnte man auf das Grenzpotential extrapolieren, hieße dies: nimmt die Dichte stärker als in einer kritischen Funktion zu, so können zentrumnahe Bereiche das Grenzpotential doch erreichen, ohne daß auch schon die Oberfläche das Grenzpotential erreichen müßte. Dies könnte in Galaxien sein. Es wäre interessant und wichtig, diese kritische Dichte/Radius-Funktion zu bestimmen: zur Erfassung der Verhältnisse, unter denen sich ein zentraler Bereich einer Galaxie – konkret ihr "Kern" – von den äußeren Bereichen der Galaxie – abkoppelt und kollabiert, mit welcher Masse und Dynamik.

Die Quasi-Unendlichkeit des Grenzpotentials $-c^2$ begründet seine Unerreichbarkeit und beherrscht die kosmiche Existenz.

Potential-Additionen nach unten können das quasi-unendlich tiefe Potential $-c^2$ nicht erreichen. Es ist relativistisch aber auch möglich, als Bezugsstelle eine Stelle unter dem Relativen Nullpotential zu wählen. Dies ist sogar sehr natürlich und gebräuchlich; etwa wenn man auf eine Bergspitze sieht und abschätzt, ob man den Fußmarsch leistet; etwa wenn man auf den Mond sieht und errechnet, welche Energie man der Mondrakete beizupacken hat usw. Von einer tiefen Stelle nach oben ergeben sich positive Relativpotentiale ϕ ; als ϕ_{01} und ϕ_{12} , deren relativistische Addition mit PAT wiederum ein positives Relativpotential ϕ_{02} ergibt, das theoretich über $+c^2$, sogar unbegrenzt hohe Werte zu ergeben vermag. ZB $\phi_{01} = +0{,}4c^2$ plus $\phi_{12} = +0{,}5c^2$ ergibt mit PAT ein Relativpotential $\phi_{02} = +1{,}1c^2$.

Allerdings sind Additionswerte ϕ_{02} größer als $+c^2$ nur möglich, wenn die Bezugsstelle S_0 schon sehr nahe $-c^2$ ist; vermutlich irreal nahe. Trotzdem erstaunt es, daß Relativpotentiale über $+c^2$ erreichbar sind. Jedoch ist schon ein positives Relativpotential ein Aspekt, der nicht dem real-negativen Wesen des Potentials gemäß ist. Aber alle Relativitätsphysik trägt dieses Stigma von Realitäts-Schwäche. Bezugsstellen tief unter dem Relativen Nullpotential ergeben einen relativistischen Bezug auf derart tief defektierte Zustände, daß die Stellen oben mit umso höheren Potentialen erscheinen. Gleichsam : der Blick nach unten geht in eine endliche, aber quasi-unendliche Tiefe $-c^2$; der Blick nach oben geht aber in unbegrenzte Höhen.

Diese physikalischen Potentiale sind somit ein unheimliches Abbild uralter Glaubenswahrheit : Gott der Schöpfer über allem Geschaffenen, blickt in die endliche Tiefe der von Ihm geschaffenen Welt, die Ihm nie entglitten und Ihm immer erreichbar ist. Für die, die Ihn anrufen, ist Er der immer Gegenwärtige. Aber für alles Geschaffene ist Gott in unendlicher, unerreichbarer Höhe, die nie und nimmer dem Geschaffenen von sich aus erreichbar ist; auch nicht unter Aufbietung aller Kräfte der Welt. Das Entkommen aus dieser quasi-unendlich tiefen Welt bedarf der Erlösung durch Gott selbst; durch Gott, der als solcher unendlich ist, aber alles Geschaffene in zwar quasi-unendlischer aber doch endlicher Tiefe verfügbar hat.

In welchem Potential existiert das All ?

Weltpotential

Alle innerhalb des All wirkenden Potentiale, alle diesen lichtdurchfluteten, feurig-ereignisreichen Kosmos beherrschenden, belebenden und betreibenden Potentiale, sind Relativ-Potentiale. Aber darunter gibt es ein so sehr ausgezeichnetes Potential, daß dieses sich als natürliches Bezugs-Potential aufdrängt: das Relative Nullpotential, das Potential des freien Raumes, in Relation dazu alle Potentiale im Kosmos negativ sind.

Dieses ist das höchste Potential im ganzen Kosmos und ist das fast überall im Kosmos gegebene Potential: nur in weniger als millionstel des Weltvolumens kommen Potentiale tiefer als millionstel c^2 unter dieses Potential des Freien Raumes. Prinzipiell nirgends kommt in diesem All ein Potential vor, das höher ist als dieses; auch nicht verschwindend wenig darüber.

Kommen zwei schwere Massen einander näher, so wird das durch sie erstellte Potential tiefer: jede kommt im Feld der anderen tiefer ins Potential und erhält negativ-größere Potentialenergie. In welchem Abstand der Massen voneinander ist deren Potentialenergie null? Wie ist zB die Potentialenergie des Systems Erde-Wasser beim Wasserkraftwerk? Ist sie 0 bei Erde-Untersee und damit höher (positiv) bei Erde-Obersee; oder ist sie 0 bei noch irgendwo engerer Annäherung der Wassermasse an die Erdmasse, womit sie schon bei Erde-Untersee höher (positiv) würde? Ist sie 0 bei Erde-Obersee und damit tiefer (negativ) bei Erde-Untersee; oder ist sie 0 bei irgendwo noch weiterer Entfernung der Wassermasse von der Erdmasse, womit sie noch bei Erde-Obersee tiefer (negativ) wäre als ein absoluter Nullwert des Potentials?

Die Natur gibt drei Hinweise: (1) Als Bindungsenergie ist Potentialenergie wesenhaft negativ, sodaß die höchste Potentialenergie dem 0-Wert am nächsten kommt, dh in unbegrenzt weitem Abstand der Massen voneinander. (2) Die Posaunen der Potentialenergie-Trichter aller kosmischen Inhomogenitäten – eines Planeten, eines Sterns, einer Galaxie – münden mit ihrem Potential oben in das Potential des Freien Raumes, dieses approximierend in zunehmender Entfernung. (3) Potentialenergie ist Bindeenergie aufgrund der Anziehungskräfte im Schwerefeld, womit naturgemäß die Potentialenergie für denjenigen

Zustand als 0 anzusetzen wäre, in welchem diese Kräfte 0 sind, dh in unbegrenzt großem Abstand der Massen voneinander.

Demnach ist der 0-Wert der Potentialenergie in unbegrenzt-großem Abstand der Massen voneinander gegeben. Diese gemäß (3) quantitative Null-Normierung der Potentialenergie – und damit auch des Potentials – für unendlich-großen Abstand der Massen voneinander, ist freilich auch schon durch (1) und (2) nahegelegt, weil noch größere Abstände als unbegrenzt-weit (als unendlich) unmöglich sind. Faktisch werden im realen Kosmos zwar auch unendlich-weite Abstände nicht erreicht; aber doch so große Abstände, daß die in jeder Inhomogenität zusammenwirkenden Massen miteinander eine Potentialenergie ergeben, welche der Potentialenergie eines unendlich weiten Abstandes schon sehr nahe kommt. Dies gilt sogar für 10^{14} Sonnenmassen in einer Riesen-Kugelgalaxie. Dies gilt extrem genau inbezug auf den Innenraum von Supervoids.

Das Relativpotential des Freien Raumes ist somit dasjenige Potential, dem eben natürlicherweise das Potential 0 für jede – kleine wie große – Inhomogenität zukommt. Dieses ist eben natürlicherweise das "Relative Nullpotential". Allein inbezug auf dieses sind alle Potentiale jeglicher Inhomogenität im All ausnahmslos negativ, wie es ihrem Wesen als Potential entspricht. Allein inbezug auf dieses hat ausnahmslos jede Masse in jeglicher Inhomogenität eine negetive Relativ-Potentialenergie, wie es ihr als Bindeenergie entspricht.

Damit ist aber immer noch eine wichtige Frage offen: hat dieses Potential des Freien Raumes, hat dieses Relative Nullpotential einen Absolutwert; und wie hoch?

Alle Relativpotentiale werden immer nur durch die in Massen-Inhomogenitäten angesammelten, kleinen Massen erstellt. Eine Riesen-Kugelgalaxie mit 10^{14} Sonnenmassen ist zwar kleine Kleinigkeit, ist aber doch klein im Verhältnis zu den etwa 10^{24} bis 10^{28} Sonnenmassen, die für die Weltmasse zu schätzen sind. Auch als Relatives Nullpotential ist das Potential des Freien Raumes das Potential dieser jeweils "kleinen" Inhomogenitäten: extrapoliert auf jeweils weiten Abstand jeweils dieser im "lokalen" zusammengehörigen Massen voneinander.

Aber auch die Weltmasse im Ganzen erstellt ein Potential, das "Welt-Potential". Dieses Weltpotential ist zwar auch das Potential des

Freien Raumes, des Weltraumes wie das Relative Nullpotential, aber in wesenhaft anderer Orientierung.

Das All hat schätzungsweise 10^{15} Galaxien, möglicherweise billion (10^{12}) bis trillion (10^{18}). Mit diesen ist die körperliche Weltmasse supergroßräumig einigermaßen gleichnäßig (homogen) im Weltraum verteilt. Das Neutrino-Meer mit mehrfacher Masse ist überhaupt homogen verteilt. Alle Massen des All befinden sich in endlichem Abstand voneinander und fliehen im Präsenzraum voneinander mit weniger als Invarianzgeschwindigkeit.

Auch wenn – was anzunehmen ist – die Gravitation (analog den Photonen) flucht-rotverschiebt, so gravitiert doch jede Masse des All mit jeder anderen Masse des All. Jede Galaxie im Ganzen – mit jedem darin enthaltenen Stern, Planeten und Körper jeder Art – aber auch jedes Neutrino und Photon, überhaupt jede Masse gravitiert und wirkt damit anzichend auf jede andere Masse. Die Gravitation jeder Masse auf jeweils alle anderen Massen trägt bei zu einem kollektiven Potential im All: zum Weltpotential.

Konkrete Berechnungen zeigen dreierlei: (1) Wegen der Abnahme der Feldstärken mit dem Abstand ergibt sich dieses Weltpotential aus der mittleren Dichte der supergroßräumigen Massenverteilung im Weltraum. (2) Wegen der supergroßräumigen Quasi-Homogenität der Körpermassen-Verteilung und des ohnehin homogenen Neutrino-Meers, ist dieses Weltpotential extrem homogen und extrem genau demjenigen Wert, den es im Homogenkosmos hätte. (3) Wegen der Null-Ausmittlung der Gravitation der allseits über den ganzen Kosmos befindlichen Massen, hat dieses Weltpotential nirgends einen Gradienten; nirgends hat es ein gerichtetes Feld, nirgends wirkt es mit einer Feldstärke.

Die Beobachtung ergibt mit den festgestellten Massen (leuchtende Sterne, Staub und Gas) eine großräumig mittlere Dichte von rund 10^{-30} t/m^3. Die quantitativen Berechnungen ergeben damit ein Weltpotential von rund $-0{,}1\ c^2$. Mit einer ganz bestimmten, supergroßräumig mittleren Dichte – ungefähr 10-mal der beobachteten – ergäbe sich ein Weltpotential von $-c^2$. Zur Vereinfachung sei künftig die supergroßräumig mittlere Dichte, bei der das Weltpotential exakt mit dem Wert $-c^2$ gegeben ist, als "Welt-Dichte" bezeichnet und zu 10^{-29} t/m^3 unterstellt.

Ist das Weltpotential prinzipiell gleich $-c^2$, so besagt dies etwas entscheidend Wichtiges: Das All hätte eine Total-Energie 0. Das Weltpotential wäre damit ein "Existenz-Potential" $-c^2$.

Weil jede Art von Beobachtung mit Ungenauigkeiten behaftet ist, kann ein exakter Beweis für diese Nullbilanz der Energie nicht erwartet werden; wenigstens nicht observativ. Es deutet aber vieles darauf hin, daß die tatsächliche Weltmasse um diesen für die Nullbilanz erforderlichen Faktor – ganz grob zehn – größer ist als zur Zeit beobachtet wird.

Interessanterweise ist nach den üblichen Interpretationen des Standard-Modells die geforderte "kritische Dichte" gleichgroß wie die für die Nullbilanz erforderliche Weltdichte. "Kritisch" bedeudet in diesen üblichen Betrachtungen zum Standardmodell jene Dichte, bei welcher der Kosmos derart expandiert, daß die Expansion nach unendlich langer Zeit zum Stillstand abgebremst ist. Derart "parabolische" Expansion ist die Scheide zwischen einer "elliptischen" Expansion, mit welcher die Expansion in einem endlichen Weltalter in Kontraktion überginge, und einer "hyperbolischen" Expansion, mit welcher auch in unendlichem Weltalter immer noch Expansion wäre.

Bisher schien es so, als verbände sich zwangslaüfig eine elliptische Expansion mit einer "elliptischen" Krümmung, was einen endlich-großen Kosmos bedeuten würde; bzw eine hyperbolische Expansion mit einer "hyperbolischen" Krümmung, was einen unendlich-großen Kosmos bedeuten würde; dies obgleich "elliptisch" bzw "hyperbolisch" bei Expansion in ganz anderem Sinn zu verstehen ist als bei Krümmung. Diese Identifikation, die viele Fehlinterpretationen in der Kosmophysik eingeleitet hat, wurde erst durch die Verallgemeinerung der Einstein-Gleichungen (Karl Philberth; Academy of Science New York; 2.Aufl. "*Das All*") aufgehoben, sodaß auch ein in unbegrenztes Weltalter weiter-expandierender Kosmos kugelig gekrümmt und damit endlich sein kann. Auch mit der Nullbilanz als Primärursache der Expansion ergibt sich ein immer weiter expandierender Kosmos; mit ungefähr $T^{1/2}$ abnehmender Expansion. Aber wie dem auch sei :

Für beide Aspekte – die Nullbilanz wie die kritische Scheide – ist gleicherweise eine großräumig mittlere Dichte von grob 10^{-29} t/m^3 erforderlich. Das große Problem der "Fehlenden Weltmasse" ist somit für verschiedene Aspekte der Kosmophysik gleicherweise gegeben.

Theoretisch wie observativ wird deshalb überall in der Welt nach dieser fehlenden Weltmasse intensiv gefahndet.

Verschiedene Aspekte in der Physik!? In diesen Grenzbereichen – in Hinsicht auf die Existenz als solcher – ist eben zu erwarten, daß physikalische und allgemein-wissenschaftliche Ergebnisse und Interpretationen nur noch gleichnishafte Abbildungen des kosmichen Sein sind; Abbildungen, Projektionen, welche – wie in der Kartographie – prinzipiell nur noch höchstens in partiellen Hinsichten "treu" sein können. Umso erstaunlicher ist es aber, daß verschiedenartige Projektionen doch so ähnliche Aussichten öffnen und gleiche Erfordernisse haben. Dies überzeugt irgendwie davon, daß die verschiedenen Theorien doch eine harte, objektive Realität abbilden; wenn auch jede in ihrer Art.

Schon der aufgrund Beobachtungs-Werten zu $-0{,}1\ c^2$ errechnete Wert deutet darauf hin, daß das Weltpotential tatsächlich den Wert $-c^2$ prinzipiell besitzt und damit vom Charakter eines existentiellen Potentials ist; zumal schwerwiegende, theoretisch wie observant gut abgestützte Gründe eine tatsächlich höhere Weltmasse als zur Zeit direkt-beobachtbar nahelegen; konkret sogar eben zehnfache. Es ist somit (zumindest arbeitshypothetisch) zulässig, ein Weltpotential mit prinzipiell dem Wert $-c^2$ zu unterstellen. Ein solches Weltpotential begründet die Existenz des All :

Jedes materiell Existierende hat mit seiner Materie-Masse m eine (positive) Materie-Energie $E = mc^2$. Befindet sich diese Masse m in einem Weltpotential des Wertes $-c^2$, so hat diese Masse m darin eine existentielle Potential-Energie $P = m\cdot\phi = m\cdot(-c^2) = -mc^2$. Die Summe E+P aus der materieeigenen Materieenergie $E = mc^2$ plus deren Potentialenergie $P = -mc^2$ ist 0 ; weil $E+P = mc^2 + (-mc^2) = 0$.

Dies gilt für jegliche Materie: für jede Galaxie, jeden Stern, jeden Stein, jeden Elementarpartikel, jedes Neutrino, jedes Photon, für jegliches materiell Existierende überhaupt. Wie dies für das einzelne Quantum an Materie gilt, so auch für alles Materielle zusammen : Die Total Energie des All ist null 0 .

Dies ist eine quasi-absolute Daseins-Begründung. Daran ändert auch keine noch so große Energie-Adfektion order Energie-Defektion irgend etwas : Ist zB ein Körper der Ruheenergie $E_0 = m_0c^2$ mit hoher Geschwindigkeit v bewegt, so ist seine Energie E bzw Masse m zur

Bewegtenegie $E = E_0/\kappa$ bzw Bewegtmasse $m = m_0/\kappa$ adfektiert (vergrößert). Aber genau gleichviel adfektiert mit der Masse auch die existentielle Potentialenergie $P = -mc^2 = -m_0c^2/\kappa$: zu wiederum totaler Nullbilanz. Oder : Ist zB ein Körper in der Tiefe eines Potentials in seiner Energie und Masse defektiert, so ist mit seiner Defektmasse im Weltpotential auch seine (im Kosmos erscheinende) Potentialenergie defektiert. zu immer totaler Nullbilanz. Anders ausgedrückt :

Als $-c^2$ ist das Weltpotential ein quasi-unendliches Potential, das durch keine noch so große Relativgeschwindigkeit erhöht und bzw oder durch kein noch so tiefes Relativpotential vertieft wird. Dies resultiert direkt aus dem Additionstheorem für Relativpotentiale ϕ : Nach PAT ist das resultierende Potential immer $-c^2$, wie groß das Addierte Relativpotential ϕ auch immer sei, denn $-c^2$ plus ϕ gibt $-c^2$. Dies gilt sogar mit ϕ als dem Relativen Grenzpotential $-c^2$ selbst, denn $-c^2$ plus $-c^2$ gibt $-c^2$. Das Weltpotential ist überhaupt ein absolutes Potential.

Das Weltpotential $-c^2$ ist ein Potential unter null ; eben c^2 tiefer als ein Quasi-Potential, das mystisch als "Absolutes Nullpotential" bezeichnet sei. Ist dies mehr als nur eben ein Wort? Wohlan: endliche Massen des All in endlichem Abstand geben ein Potential mit negativem Wert ($-c^2$) unter demjenigen Wert, den sie bei immer weiterem Abstand approximieren würden; unter einem Wert, den man – als unendliche Extrapolation – eben "Absolutes Nullpotential" nennen kann. Aber eigentlich entzieht sich dieses unheimliche Quasi-Potential jeglichem Zugriff. Irgendwie ist das Absolute Nullpotential das Potential des raum- und zeitlosen Nichts; der Nichtigkeit aller Zeiten, aller Räume, aller Materie, allen Seins. Sehr greifbar ist indes das Relative Nullpotential, das Potential des Freien Raums.

Das Weltpotential und das Relative Nullpotential sind irgendwie dasselbe in einer anderen Beziehung, in einem anderen Aspekt (analog wie Masse und Energie als Aspekt der Materie). Das Relative Nullpotential ist der weltinterne Aspekt von relativen Wert-Verhältnissen. Das Weltpotential ist der weltexterne Aspekt des absoluten "Seins unter dem Nichts". Diese "nur" verschiedenen Aspekte sind freilich derart verschieden, daß Relatives Nullpotential und Weltpotential doch etwas grundverschiedenes sind:

Das Relative Nullpotential ist das alle Inhomogenitäten verbindende Nullpotential für jede Ansammlung von Massen, die in einer Inhomogenität zusammengehören: es ist ein Relativ-Potential in den weltinternen Soseins-Verhältnissen. Jedoch das Weltpotential ist als Existenz-Potential das Potential aller Massen des All, in welchem sich existenzbegründend jede Materie-Energie für sich und alle Materie-Energie des All nullbilanziert: es ist das Absolut-Potential des Daseins der Welt im undifferenzierbaren und unumgreifbaren Gegensatz von Sein und Nichts.

Wie die Existenz, wie das Dasein die unfaßliche Fraglosigkeit einfachhin ist, so ist eben auch das Weltpotential nicht faßbar: es ist zwar als Rechenwert aus den Massen der Welt und ihren gravitativen Wechselwirkungen über die Raumzeit unabweisbar, ist aber als solches nicht beobachtbar, nicht meßbar; auch nicht in einem relationalen Bezug, es sei denn dem des Nichts. Nie und nirgends ist eine Feldstärke registrierbar, welche dem Weltpotential zugehören könnte; kein Potential-Gradient macht eine Kraft meßbar. Die wesenhafte und totale Homogenität des Weltpotentials vereitelt alles Suchen, Beobachten, Messen.

Vor mir liegt ein Stein zum Beschweren des Schreibpapiers: Seine Materienenergie mc^2 ist in ihm – hier und jetzt vor mir – manifestiert. Verstrahlt dieser Stein in Sekunden – was quantendynamisch zwar möglich aber extrem unwahrscheinlich ist – so verdampft seine freiwerdende Energie millionen Tonnen des Gesteins der Umgebung. Aber wo und wann findet sich die Potentialenergie, mit welcher er im Weltpotential seine Existenz begründet? Sie ist nicht hier oder dort lokalisierbar, sie ist nicht jetzt oder dann datierbar, sie ist überhaupt nicht diesem Stein zu-individualisierbar.

Eine Schau öffnet sich; wie von selber irgendwie selbstverständlich und doch undarstellbar: Die Potentialenergie aller Materie des All im Weltpotential, welche die Materieenergien aller Materie des All nullbilanziert, ist die Raumzeit selbst. Wie jegliche Materie als Energie mit Masse ist, so ist analog die Raumzeit als die Welt-Potentialenergie mit dem Welt-Potential. Die Welt-Raumzeit als solche ist das wesenhaft homogene Welt-Potential, deren Krümmungen in wesenhaft inhomogenen Relativ-Potentialen mit gerichteten Schwerefeldern erscheinen. Die Welt gründet ihr Dasein in Homogenität, aber realisiert und strukturiert sich intern in mannigfaltigen Inhomogenisierungen.

Die Welt gründet ihr Dasein in Nullbilanz. Offenbar ist die Nullbilanz das generelle Existenzprinzip. Alles was existiert, ist über das All nullbilanziert. Alle Total-Werte aller Fundamental-Größen des All sind null. Es ist Nullbilanz der Energie, der Masse, des Impuls, des Drehimpuls, der Ladung, des Spin und was sonst existiert. Vermutlich balanciert auch informatorische Negentropie die reaktions-dynamische Entropie zu null; mit den wesenhaft negativen Potentialen: Der Homogenkosmos wäre das thermodynamische Maximum der Entropie, doch die negativen Potentialenergien formen negativ-entropisch geordnete Weltkörper mit hochorganisiertem Leben.

Die Nullbilanz ist Prinzip der Existenz, des Daseins: Das Sein ist Soll und Haben, in welche das Nichts geschieden ist.

Soll und Haben

Die Gedanken beginnen zu schweifen und ungeheuerliche, nie betretene Bereiche zu durchstreifen. Anschauung von Niegeschautem öffnet sich.

Die Totalenergie des All ist null. Das All existiert in einer Scheidung des Nichts in die positiven Materie-Energien mc^2 und die negative Potential-Energie $-mc^2$ der Massen m im Weltpotential $-c^2$. Um das All zu schaffen, war keine Erschaffung von Energie aus dem Nichts erforderlich: "nur" die informative Scheidung des Nichts. Aber diese Information, dieser geistige Akt ist eben die Allmacht des Absoluten Souveräns, der das Nichts existenzschaffend in Positives und Negatives scheidet: Er schafft als Gesetzgeber.

Für jede Materie, jeden Körper und jede Strahlung, für jede Masse m des All gilt: Deren Materieenergie mc^2 ist aus der Raumzeit des All entnommen und in einer Masse m mit der Energie mc^2 investiert (Haben). Diese Entnahme hat die Masse m an das All in Raum und Zeit verschuldet (Soll). Und eben diese Verschuldung $-mc^2$ der Masse m im Weltpotential $-c^2$ hat dieser Masse mit deren Energie mc^2 in Raum und Zeit Existenz verschafft (Kredit).

Die negative Potentialenergie (der Massen m im Weltpotential $-c^2$) entzieht sich aber seltsam der Erfassung. Existentiell erscheint statt dessen eben Raum und Zeit: die Wechselwirkung der Massen reaktional (Aktualaspekt) mit den Schwerefeldern über den Raum mit der Zeit, ist existentiell (Existenzaspekt) Raum und Zeit. Höchst erstaunlich und zugleich aller banalest: es existiert fraglos Raum und Zeit und darin Massen mit Gravitation über Raum und Zeit.

Ist die existentielle Materieenergie mc^2 – wegen der Quasi-Unendlichkeit des Weltpotentials $-c^2$ – ein quasi-unendlicher Wert? Die Antwort ist unfaßbar und zugleich selbstverständlich: Im Weltpotential mit dem quasi-unendlich-tiefen Wert $-c^2$ unter dem Absoluten Nullpotential des Nichts, ist die Masse unendlich adfektiert, indem sie gegenüber dem Nichts im Dasein ist. Gegenüber dem Nichts ist jedes Sein etwas Unendliches. Gleichsam nur mit einem unendlichen Wert multipliziert (adfektiert) ergibt 0 den endlichen Wert, mit dem die Masse eben existiert. es ist einfachhin unfaßbar, warum überhaupt etwas ist und nicht nichtist. Und dennoch, innerkosmisch: das Seiende ist einfachhin fraglos da und hat eben den endlichen Wert mc^2.

Obgleich im All jede einzelne Masse die totale Energie 0 besitzt – investiert mit mc^2 und verschuldet mit $-mc^2$, – kann sie deshalb nicht ohne weiteres entstehen oder vergehen, weil die Verschuldung $-mc^2$ jeder Teilmasse in der Schwerkraft-Verhaftung mit allen Massen das All besteht; in eben den über alle Räume und Zeiten des All erstreckten Schwerefeldern (Gravitation). Diese Felder entstehen und vergehen aber nicht zeitlos, sondern bauen sich mit Invarianzgeschwindigkeit c auf und ab; zudem mit dem Raum weitend und in der Zeit alternd, dh mit der Raumzeit expandierend.

Entstehung und Vergehung ist aber möglich in Punktualität, dh in der extremen Inhomogenität der Singularität. Im partiell inhomogenen, strukturierten Kosmos ist nur Verstrahlung von Materie möglich, Übergang von körperlicher Masse in strahlende Masse, die aber in der Expansion der Raumzeit approximativ gegen null rotverschiebt und nichtigt.

Die Situation der Existenz ist vielleicht im Gleichnis verständlicher: Ein besitzloser Landstreicher kommt zur Bank Deutscher Länder und erbittet einen Milliarden-Kredit. Der Direktor entnimmt million Tausend-Mark Scheine dem Tresor und stopft sie dem Kreditnehmer in einen Rucksack. Der ehedem Landstreicher und nun Kreditnehmer unterzeichnet einen Schuldschein über eine milliarde Mark, den der Direktor an Stelle der entnommenen Milliarde in den Tresor legt. Ist der milliarden-schleppende Kreditnehmer nun reich oder arm? Das ist aspektabhängig : Für die Mitmenschen ist er fraglos Milliardär, hochbegehrter Geschäftspartner. Es werden Fabriken gebaut, es wird Arbeit und Brot "geschaffen". Der Schuldschein erscheint nicht und bleibt im Tresor verwahrt. Nun lacht sich der zum Industriellen gewordene Landstreicher aber eine Braut an. Der eventuelle Schwiegervater sieht ihn anders an: Dieser ehemalige Landstreicher ist zwar ein pfiffiger und tüchtiger Kerl: durch ihn wird fest gearbeitet und flott gelebt. Aber, aber, da ist doch noch dieser Schuldschein. Würde dieser eingefordert, so bliebe nichts mehr. Der Schuldschein ist jedoch nicht ohne weiteres einforderbar, aber auch kaum einlösbar, denn es sind weltweite Beziehungen entstanden. Der Kredit ist schwer zu bekommen, ist aber auch schwer loszuwerden. Der "verlorene Sohn" kann ihn freilich auch vergeuden, was die Verhaftung an die Bank noch zwingender fixiert, sodaß ein Entkommen nur noch durch einen die Schuld ablösenden ("ihn erlösenden") Vater möglich wird.

Erstaunlicherweise ist das Gleichnis der Heiligen Schrift von den zehntausend Talenten, die ein Diener dem Herrn schuldet, im Vergleich zu den achtzig Denaren, die ein anderer Diener diesem Diener schuldet, gerade das Verhältnis der existentiellen Energie $+mc^2$ eines Menschenkörpers zu der Energie, die ein Mensch in seinem ganzen Leben in Wechselwirkung zur Umwelt und Gesellschaft tätigt; an der Nahrungsaufnahme gemessen: dreißigmilliard zu eins. Diese Schuld wird ausdrücklich als existentiell bezeichnet: "Verkauf des Dieners selbst und all seiner Habe, um die Schuld zu begleichen".

In erstaunlicher Analogie der spirituell-religiösen zur physikalisch-kosmischen Existenz ist ein gleich riesengroßes Verhältnis der Verschuldung welche das Dasein begründet, zu den im Leben aufbringbaren Leistungen. Die Analogie greift aber noch tiefer, bis in das Wesen allen Daseins: Spirituell wie physikalisch ist die existentielle Verschuldung ein zwar endlicher aber quasi-unendlicher Wert :

Die christliche Verkündigung lehrt, daß keine auch noch so große Anstrengung eines in dieser Welt Existierenden, ein Entkommen aus dieser Welt, aus diesem "Tal der Tränen", aus diesem spirituellen Potential-Topf zu ermöglichen vermag. Größerer Einstatz führt auch wieder zu größerer Ich-Haftigkeit im Besitz, im Ruhm, in Macht und Lust; genau analog wie noch so schnelle Bewegungen mit ihrem Massen-Adfekt eine ebenso erhöhte Verhaftung im Potential ergeben. Am schwersten und gefährlichsten sind die Verhaftungen in der Kultivierung der Selbsterfüllung im Gutsein, im Starksein, im Heiligsein; bis zum Wahn des Berechtigtseins und Verpflichtetseins, Mitmenschen zu verurteilen: "Urteilt nicht, damit ihr nicht verurteilt werdet".

Die kosmische Existenz in der Tiefe des Weltpotentials, in welchem jegliches kosmische Existierende schon ins Dasein tritt, und die Nichtentrinnbarkeit aus diesem Potential-Topf ist die genaue Abbildung in die Physik, was die christliche Verkündigung von der Erbschuld lehrt: Schon mit Eintreten in das Dasein in dieser Welt erbt der Mensch diese existentielle Verhaftung, aus der ihn nur der unendliche Gott ablösen kann. Sogar die Bilder und Ausdrücke der christlichen Verkündigung sind aus der physikalischen Welt entnommen: Die Welt als Gefängnis in der Tiefe des Daseins (Potential-Tiefe); die

Verhaftungen an die Welt in der Erdenschwere (Gravitation); die Unmöglichkeit der Selbsterlösung auch mit jeglicher Bemühung, die wieder Stolz und Dünkel zur Folge hat (jeglicher Energie-Zuwachs führt zur Erhöhung der Masse und damit Schwere-Verhaftung, ohne Aufsteigen im Potential).

Es sind nichteinmal nur Bilder im Sinne von Gleichnissen, sondern im Sinne von sprachüblichen Beschreibungen. Was sind denn die "hohe Gesellschaft", doch nicht die in Obergeschossen der Wolkenkratzer wohnenden? Der Buddhismus, verkündet die Schuld-Verhaftung an die Welt, welche die Existenz überhaupt begründe, den Daseins-Durst (Schwere), das Karma-Gesetz (Energie-Erhaltung). In allen Religionen und Ideologien sind "unten" und "oben" Ausdrücke für Leben in "tieferen" oder "höheren" Existenz-Niveaus (Potentialen).

Das All existiert, es ist nicht nichts. Es existiert im innerkosmischen Aspekt, obgleich seine Totalenergie 0 ist; sogar weil alle seine Totalwerte 0 sind.

Kein noch so großer Aufwand, keine noch so hohe Energie kann irgendwelche Materie über das Weltpotential $-c^2$ hinausheben; auch nicht geringfügigst. Dies ist auf dieser Ebene des All wie analog von einem grenznahe-tiefen Relativpotential: ein demgegenüber höheres Relativpotential ist relativ umsomehr erhöht, je näher das Ausgangspotential dem Relativen Grenzpotential $-c^2$ ist. Vom Relativen Grenzpotential $-c^2$ sind schon geringste Potentiale darüber unerreichbar hoch, unendlich hoch; wie in unendlicher Höhe aus der Existenz entschwunden, jegliches Entkommen ausschließend.

Unendlich hoch, unerreichbar für jedwedes Existierende ist das Absolute Nullpotential. Der darauf extrapolierte Bezug ist existenzerschütternd schauerlich. In Bezug auf das Nichts ist das All wie nichtig, ist alles Sein wie nichtig. Dem innerkosmisch Existierenden steht dieser Aspekt wesenhaft nicht zu. Es ist ein nur dem allmächtigen Schöpfer, dem ewigen Gott eigener Bezug. Nur Gott ist in nichts begründet; nur in sich Selbst. Gott der absolut Seiende thront gleichsam im Nichts. Nur Er ruft mit Seinem schöpfungsmächtigen Wort alles Sein – mit allen Räumen, Zeiten, Energien, Massen aller Kosmen – in das Dasein und aus dem Dasein.

Kosmische Existenz

Fassungslos vor dem Ewigen, existenzbedroht vor dem Nichts, entmutigt vor der Unfaßbarkeit kehren die Gedanken in diese Welt zurück: in das "Innen" des Seins; noch hoffend, im fraglosen Sein einen Zipfel der Hyper-Komplementarität von Sein und Nichts zu erhaschen.

Alle Materie ist positive Energie mit positiver Masse. In allen Verbänden von Partikeln zu größeren Einheiten – Nukleonen, Atomkerne, Moleküle, Weltkörper – existieren und reagieren intern negative Bindungsenergien, die aber nie die Eigenenergien der gebundenen Partikel überwiegen. Das Energie-Loch, das die jeweiligen Partikel zur jeweils höheren Einheit bindet, erinnert real an das Loch im Konto, das uns an die Bank bindet. Der Kosmos ist aber eine sehr solide Gesellschaft, deren Bürger zwar manche winzigwenig und andere riesengroß abheben, aber das gesamte Soll und Haben nie zur Schuldbilanz überziehen.

Der öde Verdacht keimt auf, daß es vielleicht nur von Philosophie abhängen könnte, ob schlicht nur vermindert Positives übrigbleibt oder ob negative Energien als Solche existieren und reagieren. Gedanken-Assoziationen mit der Theologie drängen sich auf, wenngleich es problematisch ist, das Böse analog den negativen Bindungsenergien zu sehen; mit ihren Verhaftungen, Spannungen, Wechselwirkungen : Ist das Böse schlicht nur fehlendes Gutes bzw Minderung des Guten, oder existiert das Böse real im Leben und Geschehen, im Dasein und Sosein aktiv wirkend? In Physik wie Theologie macht dies gewaltigen Unterschied; nicht nur abhängig von Gedanken, die uns den Kopf durchfurzen.

Die chemische, nukleare und vor allem subelementare Reaktionsdynamik erweist indes höchst aktive Bindungsenergien: dh negative Komponenten. Ohne diese wäre überhaupt kein Neutron (oder Proton usw) existenz-und reaktions-fähig. Die Nichtverstrahlung etwa eines 10^{20} eV-Ultrastrahl-Protons bei Stoß mit einem Atom, weist auf über milliard-mal höhere interne Energie als extern im Neutron oder Proton verbleibt.

Zugleich wirft dies ein schwerwiegendes Problem auf, das sich schon chemisch andeutet, nuklear massiv wird und subelementar zum Exzeß aufgipfelt : Was bewirkt, daß diese Reaktionen streng energieerhaltend ablaufen. Was steuert, daß diese subelementar riesenhaft positiven und negativen Energien derart chaotisch auf- und wegtreten, daß exakt ein Neutron oder Proton verbleibt? Offenbar ist die Energie-Bilanz – die Existenz des Neutron mit genau und konstant eben seiner Energie – die Primär-Ursache der internen Dynamik; hingegen die Kräfte nur sekundärer Ausdruck eben der existentiellen Realisation der Energie-Bilanz. Offenbar ist dies sogar ein Grundprinzip der Kosmischen Existenz. Dies legt nahe, daß die Nullbilanz aller kosmischen Energie auch die Primär-Ursache der Expansion des All ist; mit den "Kräften" als sekundärer Ausdruck von deren Realisation.

Welche Struktur haben diese internen Energien? Die positiven Eigenenergien sind Quasi-Körper mit Quasi-Radien, wobei die Radien von Partikeln höherer Energie kleiner sind. Das Auf- und Weg-Treten dieser körperartigen Energiequanten wird eben von der Bindungsenergie beherrscht. Mit dieser erscheinen die Kräfte und Potentiale, womit sich der Verband zur höheren Einheit gestaltet. Wie sollte aber dasjenige selbst Struktur haben, das die Struktur überhaupt erst gibt? Für sich quasi-nichtexistent existieren die Bindungsenergien als strukturgebende Dynamik der Engeriequanten, die sich mit ihr zur höheren Einheit verbinden; dieserart aber in ihrer Dynamik real ermeßbar.

Die Bindungsenergien sind wie eine interne Raumzeit. Analog ist die kosmische Raumzeit, welche mit den gravitatorischen Bindungsenergien ersteht.

Groß- und gesamt-kosmisch herrscht nur die Gravitation: in den höchsten Einheiten der Massenballungen und in der allerhöchsten Einheit des All. Ist die negative Potentialenergie einer schweren Ballung eine aktive Komponente, die wie und wo wirkt?

Schon Einstein hat sich bis zum Tod mit dieser Frage gequält. Die schlecht in ein relativistisches Konzept passende negative Masse der Potentialenergie glauben viele Wissenschaftler mit einem formal-mathematischen Argument loswerden zu können: wenn ein Tensor in irgend einem Bezugssystem null ist, dann kann er nur identisch null sein; dh null inbezug auf alle Systeme. Dies ist abstrakt-mathematisch richtig. Aber es existiert gar kein allgemein-relativistisches System, in welchem ein endlich erstrecktes Schwerefeld null würde. Das Feld einer schweren Masse kann man relativistisch eben nicht los werden: wegen dessen wesenhafter Inhomogenität. Offenbar ist die Relativitätsphysik schon von ihrer Basis her mit diesem Problem überfordert. Die Frage erhebt sich überhaupt erst "hinter" der Relativitätsphysik: Wie sind die Verhältnisse von Massen-Ansammlungen intern; wie existieren und reagieren Massenballungen in sich und für sich selbst?

Als eine solche Massen-Ansammlung sei ein statischer, rotationsloser, kalter Neutronenstern betrachtet:

Im Weltraum mit der Freiraum-Masse M ruhend verteilte Neutronen ballen sich zu einem Neutronenstern. Nach Abstrahlung der Energie, die im gegenseitig erstellten Potential frei wurde, verbleibt statisch-rotationslos ein kalter Neutronenstern mit der Defekt-Masse M^-. Der Defektfaktor sei d^-. Für leichte Ballungen ist $d^- = 1$ (kein Defekt). Für schwere Ballungen ist $1 \geq d^- > 0$. Es ist: $M^- = d^- \cdot M$ (1)

Je mehr Neutronen in der Ballung sind, umso tiefer ist das Oberflächen Potential ϕ. Mit hinreichend viel Neutronen kommt dieses Potential ϕ dem Grenzpotential $-c^2$ nahe. Dies sind die Verhältnisse jedoch nur im relativistischen Aspekt; dh so, wie die "unten" im Potential ϕ befindliche Ballung inbezug auf "oben" im Relativen Nullpotential $\phi_0 = 0$ des Freien Raumes erscheint. Dies ist das externe Erscheinen der Ballung.

Damit erhebt sich aber erst die existentiell und reaktional entscheidende Frage nach den internen Verhältnissen. Mit welcher Eigen-Masse M^+ existiert und reagiert der Stern in sich? Wie groß ist die Potential-Masse P/c^2; dh die Masse der Potential-Energie P, welche sich mit der Eigenmasse M^+ im Potential ϕ als $P = M^+ \cdot \phi$ ergibt? Abschätzende Betrachtungen mit vernünftig scheinenden Unterstellungen und Ansätzen führen immer zu Adfekten mit vergrößerten Verhältnissen M^+/M.

Unterstellt ist, daß eine Potentialenergie $P = M^+ \phi$ (als Eigenmasse M^+ im Potential ϕ) existiere, welche die Potentialmasse P/c^2 besitze, wobei $P/c^2 = M^+ \cdot \phi/c^2 = -pM^+$; mit Potentialwert $p = -\phi/c^2$. Unterstellt ist, daß die (interne) Eigenmasse M^+ plus die (interne) Potentialmasse $-pM^+$ die (externe) Defektmasse M^- ergibt; also :

$$M^+ - pM^+ = M^- \; ; \quad \text{also:} \quad (1\text{-}p)M^+ = M^- \qquad (2)$$

Dieser dimensionslose Faktor (1-p) ist der "Potential-Abstand": der Abstand des Potentials ϕ vom Grenzpotential $-c^2$, gerechnet in Einheiten von $-c^2$. ZB ein Potential $\phi = -0{,}8c^2$ hat vom Grenzpotential

$-c^2$ den Abstand $-0{,}2c^2$, was im Verhältnis zu $-c^2$ den Potentialabstand $(1\text{-}p) = 0{,}2$ ergibt. Es ist $(1\text{-}p) = (1 + \phi/c^2)$.

Wie groß ist M^+/M bzw x im Ansatz: $M^+ = (1\text{-}p)^x \cdot M$ (3)
Mit M^+ aus (3), eingesetzt in (2), ergibt: $(1\text{-}p)^{1+x} \cdot M = M^-$ (4)
Mit M^- aus (1), eingesetzt in (4), ergibt: $(1\text{-}p)^{1+x} = d^-$ (5)

Daraus errechnet sich x und weiter M^+/M in Abhängigkeit von d^-. Der Defektfaktor d^- liegt real zwischen: $(1\text{-}p)^0 \geq d^- \geq (1\text{-}p)^{1/2}$.
Ohne Defekt ist $d^- = (1\text{-}p)^0 = 1$, sodaß mit jedem $\phi \neq 0 : d^- < (1\text{-}p)^0$;
Ist beim Grenzwert der Halbdefekt, so mit jedem $\phi \neq 0 : d^- > (1\text{-}p)^{1/2}$.
Wäre $d^- = (1\text{-}p)^0$, ergäbe dies $x = -1$; womit $M^+/M = (1\text{-}p)^{-1}$;
Wäre $d^- = (1\text{-}p)^{1/2}$, ergäbe dies $x = -1/2$; womit $M^+/M = (1\text{-}p)^{-1/2}$.

Somit ist also immer ein Massen-Adfekt; freilich sofern die Unterstellungen real sind, daß eine Potentialmasse $-pM^+$ existiert, und das $-pM^+$ plus die Eigenmasse M^+ die Defektmasse M^- ergibt. Dieser Massen-Adfekt ist mindestens $(1\text{-}p)^{-1/2}$. Auch schon diese minimalmögliche Adfektion steigt unbegrenzbar an, wenn der Potentialabstand (1-p) gegen 0 geht. Wie groß ist der angesetzte Defektfaktor d^- tatsächlich?

Die Halbdefektion als Grenzwert ist die "kollektive" Defektion, als Mittelwert 1/2 einer Aufintegration von 0 bis 1 bei der schrittweisen Zusammenfügung von 1,2,3,.. Neutronen zum geballten Stern. Naturgemäß ist dieser nur betreffend des Aufbaus bzw der Auflösung der Ballung relevant. Existentiell ist die "individuelle" Defektion jedes einzelnen Masse-Partikel in der Tiefe des Potentials relevant; ungeachtet dessen Entstehung.

Wie die Massen M^+, M, M^- des gesamten Sterns seien auch die Massen m^+, m, $m^=$ eines einzelnen Neutrons betrachtet. Wie die Stern-Eigenmasse M^+ die Potentialmasse $-pM^+$ erstellt, so die Neutron-Eigenmasse m^+ die Potentialmasse $-pm^+$. Wie kollektiv, so ist auch individuell: $(1\text{-}p) \cdot m^+ = m^=$. Mit dem Ansatz $m^+ = (1\text{-}p)^x \cdot m$ folgt gleicherweise $(1\text{-}p)^{1+x} = d^=$, wobei $m^= = d^= \cdot m$ ist, mit dem individuellen Defektfaktor $d^=$. Allgemein-relativistisch ist aber $d^= = (1\text{-}p)^{1/2}$. Daraus folgt zwangsläufig und eindeutig $x = -1/2$, womit $m^+/m = (1\text{-}p)^{-1/2}$.

Der Massen-Adfekt mit $(1\text{-}p)^{-1/2}$ ist offenbar real: unmittelbar anschaulich als Minimal-Adfekt für M^+/M erhalten; zwar weniger anschaulich aber eindeutig für m^+/m erhalten. Damit werden die existentiellen Verhältnisse in der Tiefe des Potentials analog den relativistischen Verhältnissen im Geschwindigkeits-Quadrat v^2: Eine "existentielle Kontraktion" $\kappa = (1 + \phi/c^2)$ ist analog der relativistischen Kontraktion $\kappa = (1-v^2/c^2)$; bzw ist $\kappa = (1\text{-}p)^{1/2}$ analog $\kappa = (1-vw)^{1/2}$.

Es ist: $0 \leq -\phi/c^2 < 1$ bzw $0 \leq p < 1$ oder $1 \geq \kappa > 0$;
analog: $0 \leq v^2/c^2 < 1$ bzw $0 \leq vw < 1$ oder $1 \geq \kappa > 0$.

Das Verhältnis der Eigenmasse m^+ zur Defektmasse $m^=$ ist somit κ^2; $m^+/m^= = (1\text{-}p) = \kappa^2$. Dies ist das analoge Verhältnis κ^2 der Zeitkontraktion mit κ zur Einsteindilatation mit $1/\kappa$. Dies ist übereinstimmend mit der generellen Gültigkeit der quanten-physikalischen Fundamental-Beziehung $E^+T^+ = ET = E^-T^- = h$ zusammen mit der generellen Gültigkeit der existenzphysikalischen Fundamental-Beziehung $E^+ = m^+c^2$ und $E = mc$ und $E^- = m^-c^2$. Daraus folgt:

In der Tiefe des Potentials ϕ, dh im Potentialabstand $(1\text{-}p) = \kappa^2$, ist existentiell die Zeit t^+ – mit allen ihren Dauern T^+ und ihrer gesamten Geschichte – mit κ kontrahiert im Verhältnis zur Zeit t und deren Dauern T im Freien Raum; dh $T^+ = T \cdot \kappa$. Relativistisch erscheinen jedoch die Dauern T^- bekanntermaßen mit $1/\kappa$ dilatiert relativ zu den im Freien Raum gegebenen Dauern T ; dh $T^- = T/\kappa$.

In den Energie- und Zeit-Verhältnissen scheint eine in der Tiefe ϕ stehende Ballung wie mit der Geschwindigkeit v fortbewegt; $-\phi$ adäquat v^2. Dies erscheint freilich für jeden Betrachter in jedwelcher Richtung von der Ballung. Die Raum-Verhältnisse sind in interessanter Weise moderiert-analog: in der Tiefe ϕ kontrahiert der Umfang der Ballung ; mit dem Geschwindigkeits-Quadrat kontrahiert der Radius der Ballung (Lorentz-Kontraktion). Aber mit dem Adfekt der Bewegtenergie kontrahiert quantenphysikalisch auch der Umfang eines bewegten Körpers.

Als noch unbeantwortete Frage: Defektiert die Gravitation eines fortbewegten Körpers; trotz dessen Massen-Adfekt, etwa analog der Einsteindilatation oder eines relativistischen Doppler-Effekts?

Ist $m^+/m = 1/\kappa$ oder ist $m^+/m^= = 1/\kappa^2$ der wirkliche Adfekt? Ist $m^+/m = \kappa$ oder ist $m^+/m^= = \kappa^2$ der wirkliche Defekt? Mathematische Formeln sagen oft wenig über das Wesen, weshalb so viele Fehlinterpretationen durch die Physik geistern. Die verbale Formulierung gibt die triviale Antwort: m^+/m ist der Eigenwert bzw m^-/m ist der Defektwert im Verhältnis zu demjenigen Wert, den die in der Tiefe ϕ befindliche Masse (Dauer, Strecke usw) hätte, wenn sie sich im Freien Raum befände (im Relativen Nullpotential $\phi = 0$). Hingegen ist $m^+/m^=$ der Eigenwert, mit dem die Masse (Dauer, Strecke usw) intern in der Ballung existiert, im Verhältnis zum Defektwert, mit dem sie extern im Freien Raum erscheint. Es hängt ab vom jeweiligen Problem, was konkret relevant und damit "wirklich" ist. Die Energie-Werte der beiden Aspekte ergeben im Verhältnis zueinander den Adfekt $1/\kappa^2 = (1\text{-p})^{-1}$.

In jedem Fall adfektiert – in der Tiefe ϕ wie mit dem Quadratwert v^2 – eine Masse bzw Energie unbegrenzbar hoch mit Annäherung an $-c^2$ bzw c^2. Der Wert $\phi = -c^2$ analog zu $v^2 = c^2$ ist ein quasi-unendlicher, prinzipiell unerreichbarer Wert.

Die Adfektion in der Tiefe des Potentials ist von existentiell entscheidender Wichtigkeit: Nur mit einer Adfektion – sogar mit der unendlichen Adfektion in der Tiefe des quasi-unendlichen Weltpotentials $-c^2$ unter dem Nichts – vermögen Materie-Massen und Materie-Energien aus dem Nichts ins Sein zu treten; als unendliche Adfektion von null zum endlichen Wert ihrer konkreten Existenz: als Formalismus von Dasein schaffender Gewalt!

Wie die subelementare Bindungsenergie ist auch die Potentialenergie mit negativer Masse und negativer Gravitation, welche die Eigenmasse und Eigengravitation auf die extern erscheinende Masse bzw Gravitation reduziert. Die Gravitationsenergie ist ebenfals nicht lokalisierbar. Wie sollte sie lokalisierbar sein, nachdem sie doch in der Wechselwirkung jeder Masse mit jeder anderen über die gesamte Ballung existiert. Verschiedene lokale Ansätze ergeben integrierend gleiche Ergebnisse.

Man ist versucht, dem Feld selbst die "Feldenergie" zuzuschreiben. Aber das Feld ist nur ein Potential-Kontinuum, ein Potential-"Zusammenhängendes", eine Potential-Landschaft. Solange sich keine Masse in einem Potential befindet, existiert noch keine Potentialenergie. Diejenigen Massen, welche die Potentiale des Feldes erstellen und sich zugleich darin befinden, sind in der Ballung; sie sind die Ballung selber. Die Potentialenergie ist der Ballung als solcher eigen, jedoch merkwürdig undifferenziert.

Gravitationsenergien sind nicht tensoriell formulierbar und sind nicht quantendynamisch miterfaßbar, was freilich noch gelingen könnte. Vermutlich ist aber die Gravitation und die daraufhin orientierte "Planck-Länge" der Urgrund für alle Kräfte, die sich davon mit zunehmenden Längen absetzen. Damit wäre die Gravitation wohl nicht auch quantendynamisch umfaßbar, dh nicht mit dem was sie begründet.

Die Besonderheit der Potentialenergie liegt indes vor allem darin, daß sie im Weltpotential die Existenz des All – als Materie in Raum und Zeit – begründet, womit sie sich irgendwie selbst umgreift.

Im Weltpotential ist die Nullbilanz der Energie des All vollzogen; als Grund der Existenz des All. Nullbilanz der Energie des All erfordert, daß die Welt-Materieenergien mit einer negativ-gleichgroßen Welt-Potentialenergie zu 0 ausgeglichen ist. Nullbilanz der Massen des All erfordert, daß der Welt-Potentialenergie eine negative Welt-Potentialmasse zukommt. Nullbilanz der Gravitation inbezug auf das Absolute Nullpotential erfordert, daß diese negative Weltpotentialmasse die positive Gravitation der Weltmasse zu null vermindert. Damit ist der Weltpotentialmasse eine negative Gravitation zuzuschreiben. Dies ist eigentümlich problematisch :

Die Nullbilanz aller Energien des All und deren Massen mit deren Gravitation ist inbezug auf das Nichts : im Weltpotential $-c^2$ unter dem Absoluten Nullpotential. Aber über welche Räume während welcher Zeiten sollte ein All gravitieren; ein All, das inbezug auf das Absolute Nullpotential punktuell verschwunden ist? Sollte dies etwa als Meta-Gravitation über eine Meta-Raumzeit sein?

Alles entgleitet fremdartig jeglichem Zugriff. Kein Wissenschaftler wagt sich an diesen gespenstischen Bereich unfaßlicher Selbstverständlichkeit. Und doch und gerade deshalb erheben sich aufwühlende Fragen, welche in die Tiefen des Sein zu greifen wagen; in Tiefen, in denen sich uralte Glaubens-Wahrheiten seltsam wiederspiegeln.

Extern ist Nullbilanz inbezug auf das Nichts; ist Nullbilanz des All, das jedoch punktuell verschwindet. Das Nichts schließt eben das Sein aus. Intern ist Nullbilanz im Weltpotential, das jedoch in gegenseitiger Aufhebung der Felder jeder Masse auf jede ander Masse in eine abstrakte Formalität entgleitet. Das Sein schließt eben das Nichts aus.

Die Nullbilanz ist wie ein gespenstischer Horizont, der frageloses Sein einschließt und vor dem Nichts bewahrt. Das selbst dem Zugriff entgleitende Weltpotential erscheint als Raumzeit, über welche und als welche die Massen die Nullbilanz vollziehen.

Das All existiert als Materie in Raum und Zeit. Die Raumzeit balanziert die Materieenergien des All zu null. Das Sein und das Nichts schließen einander total aus – und dennoch begrenzen und begründen sie einander. Sein und Nichts sind wie eine unheimliche Hyper-Komplementarität.

Nur Einer, der Alleine umfaßt diese: Gott, Jahveh, der Ist, weil Er ist. Das gesetzgebende Wort des Absoluten Souveräns scheidet Sein und Nichts. Der schöpfungsmächtige Souverän ist in Seiner Allmacht die Dreieinheit von Sein, Nichts und Wort.

Potential und Raumzeit

Jede Materiemasse m des All erstellt einen Beitrag zur Weltmasse M, als die Summe aller Materiemassen. Jede Materiemasse m erstellt im Weltpotential $-c^2$ einen Beitrag $-mc^2$ zur Weltpotentialenergie P, als Summe aller dieser Potentialenergien. Die Weltpotentialenergie $P = -Mc^2$ hat die Weltpotentialmasse $P/c^2 = -M$.

Gravitiert diese Welt-Potentialmasse P/c^2 als negative Masse –M im Inneren des Kosmos negativ; wie, wo und wann? Den einzelnen Weltkörpern selbst – Planeten, Sternen, Galaxien – kann man die negative Gravitation nicht zuschreiben, denn damit wären überhaupt keine Schwerkräfte mehr, es gäbe keine Bewegungen und Potentiale.

Wenn überhaupt, dann ist diese negative Masse nur dem leeren Raum zuzuschreiben: Damit würden zwar nahestehende Massen einander anziehen. Aber Volumen mit geringerer Dichte als Weltdichte würden jede außerhalb befindliche Materiemasse abstoßen. Supervoids würden ihre Wände (die diese bildenden Galaxien) abstoßen; vielleicht als Grund, warum sich die Zellen-Struktur des Groß-Kosmos überhaupt ausbildete? Supergroßkosmische Räume – mit ihrer Quasi-Homogenität – würden jedoch außerhalb befindliche Massen weder anziehen noch abstoßen. Es würden vielleicht sogar Supervoids einander anziehen; als negativ gravitierend auf eine negative Masse?

Wenn das richtig sein sollte: Wie kann dann überhaupt ein Weltpotential $-c^2$ erstellt werden; wie ist dann eine Expansions-Bremsung möglich, wie sie observativ gesichert scheint (Alan Wright). Anders ausgedrückt: Wenn eine Nullbilanz der Energien und Massen des All auch die Gravitation zu null ausmittelt, wäre das dann eine Aufhebung wiederum der Gravitation und damit der Erstellung des Weltpotentials und der Bremsung der Expansion, welche doch durch die Gravitation verursacht sein sollten! Die Frage muß offenbar differenzierter gestellt werden: In welchem Sinne ist interne Nullbilanz; insbesondere Nullbilanz der Gravitation? Muß intern überhaupt Nullbilanz sein? Das kosmische Sein ist doch nicht nichts!

Ein Beispiel mag die Antwort erahnen lassen: Ein Mann begeht eine Straftat, die durch eine Strafe gesühnt wird. Damit ist zwar wieder der ausgeglichene bürgerliche Status hergestellt. Dies aber nicht in dem Sinn, daß nun die Straftat als solche getilgt und die Strafe ungerecht gewesen wäre. Sondern es bleibt die reale Straftat, aber eben durch die sühnende Strafe ausgeglichen.

Es wird eine wichtige Feststellung fällig: Nullbilanz zum Nichts ist nur kosmos-extern, gleichsam gegenüber dem Nichts, existenzbegründend unter dem Nichts. Kosmos-intern ist jedoch Nullbilanz zum Sein. Der Kosmos existiert doch deshalb, weil in ihm (richtiger "als er") gigantische Massen einander in weiten Räumen über lange Zeiten gegenüberstehen.

Die Nullbilanzierung der Materie ist nicht durch Antimaterie. Die Nullbilanzierung der Materie ist durch die Raumzeit. Eine faszinierende Schau öffnet sich: Das All ist Existenz von Materie in Raum und Zeit. Die Materie existiert als Materieenergien mit ihren Materiemassen. Die Raumzeit existiert als Weltpotentialenergie mit ihrer Weltpotentialmasse.

Die Weltpotentialenergie selbst ist die Raumzeit, in deren Homogenität alle Materie existiert und in deren Inhomogenitäten sich alle Materie gestaltet. Im homogenen Weltpotential ist die Existenz; in den inhomogenen Relativpotentialen sind die Gestaltungen. Die Raumzeit als solche ist Dasein als Kosmos, ihre Krümmungen sind dessen Formen. Die Raumzeit selber ist es, in welcher alle Materie zusammen das Weltpotential erstellt, in welcher die Materie aber auch in Nullbilanz existiert.

Wo und wann ist die Raumzeit? Die Raumzeit ist nicht hier und nicht dort, nicht jetzt und nicht dann: sie ist selbst Träger, Geber, Begründer von allem "hier und dort" , von allem "jetzt und dann" . Eine seltsame Bank hat nur einen Kunden, und dieser ist schwerverschuldet sie selber; wer gibt und wer nimmt den Kredit, bei wem ist Soll und bei wem Haben?

Hervorgegangen aus der Gravitation aller Massen miteinander in der Raumzeit, gravitiert die Raumzeit nicht wieder selbst; nicht wie eine "negative Materie". Als Weltpotentialenergie ist sie zwar selbst mit negativer Masse, die vielleicht auch negativ gravitiert; aber nicht derart, daß sie diejenige Anziehung der Materiemassen aufeinander aufhebt, welche eben das Weltpotential erstellt und die Bremsung bewirkt.

Wie sollte die Raumzeit auch die Gravitation der Materiemassen aufeinander aufheben können? : Gravitation ist gegenseitige Anziehung von Materiemassen über den Raum mit der Zeit. Über welchen Raum mit welcher Zeit sollte die Raumzeit ihrerseits gravitieren; über und mit und als sich selber? Eine Bahn transportiert alle Güter; transportiert sie unter den Gütern auch sich selber? Ist sie selbst ihr eigenes Transportgut? Ja und nein! Die Fahrleistung ergibt sich zwar mit dem Gütergewicht plus dem Eigengewicht. Und doch und deshalb kommt der Fahrprofit aus dem Gütergewicht minus dem Eigengewicht.

Alles dies ist deshalb so unfaßbar schwierig, weil es so bodenlos selbstverständlich ist: so unbegreiflich und zugleich immer begriffen, wie eben für uns unsere Existenz, unser Dasein und nicht Nichtsein.

Bis zu den schwersten Massenballungen tritt die negative Potentialenergie zwar als Formgestaltung, Eigenschaft, Innendynamik in Erscheinung. Aber extern erscheint die Potentialenergie nur als Minderung der internen Materieenergie zu der extern erscheinenden Defektenergie, welche immer positiv verbleibt. Die intern negative Potentialenergie der Ballung erscheint somit nicht relativistisch.

Wie ein Gegensatz dazu erscheint die negative Potentialenergie des All als Raumzeit gegenüber den materiellen Massen. Dieser Gegensatz wird aber nur dadurch vorgetäuscht, daß in Relation zu uns jede Ballung extern auftritt, wogegen das All intern auftritt. Wir leben mit der Materie in der Raumzeit des All und haben grundsätzlich keinen Zugang zum internen Aspekt einer Ballung, haben aber auch grundsätzlich keinen Zugang zum externen Aspekt des All.

Extern:

Das All tritt erstaunlich analog einer Grenz-Ballung (dh einer auf die Grenze $-c^2$ extrapolierten Ballung) auf: In Relation zum Relativen Nullpotential (dh zum Weltraum intern im All) ist eine Grenzballung in der Tiefe $-c^2$ (als Grenzpotential) punktuell verschwunden. Analog ist auch das All in Relation zum Absoluten Nullpotential (dh zum Nichts) in der Tiefe $-c^2$ (als Weltpotential) punktuell verschwunden. Diese Punktualität der Grenzballung wie auch des All ist ein Verschwinden der Oberfläche zu 0 : in einer extrem entarteten nichteuklidischen Metrik an der Grenze. Das Verhältnis Umfang/Radius verschwindet zu 0; bei undefiniertem Radius und undefinierter Defektmasse bzw Eigenmasse. Der Umfang (und damit die Oberfläche) entartet gegen 0 bei endlichem Radius und endlicher Masse. Dieser Radius r und diese Masse M sind jedoch in einem charakteristischen Verhältnis zueinander (mit r = s als Schwarzschild-radius und mit $M = M^-$ als Defektmasse wäre bzw ist dies $M^-/s = c^2/2G$).

Diese punktuelle Entartung einer Grenzmasse (einer Grenzballung wie analog des All im externen Aspekt) ist wiederum konsequent analog der spziell-relativistischen Lorentz-Kontraktion und vor allem der quantenphysikalischen Schwingungsdauer-Kontraktion und Umfang-Kontraktion bei Energie-Adfektion. Alles ist großartig konsistent in allen Aspekten!

In dieser punktuellen Entartung an der Grenze ist intern (existentiell) die Eigenerergie der Ballung unendlich adfektiert im Verhältnis zur extern (relativistisch) erscheinenden Ballungsenergie (Defektenergie). Analog ist auch die Weltenergie unendlich adfektiert im Verhältnis zum Nichtsein. Faktisch treten bei Ballungen zwar keine unendlich großen Adfektionen ein, aber mit entsprechend geringem Potentialabstand (1-p) unfaßbar große. Etwa im Kollaps drehimpulsloser Kerne von Riesen-Kugelgalaxien können intern ähnlich große und sogar noch größere Adfektionen im Verhältnis zur extern erscheinenden Defektion auftreten, wie mit den Subpartikeln im Verhältnis zum Neutron; so groß, daß mit solch einem Kollaps-Adfekt ein neuer Kosmos zeugbar ist.

Die relativistisch halb-defektierte Energie einer Ballung kollektiv extern im Weltraum verschwindet somit ebenso im Verhältnis zur ballungs-intern adfektierten Energie wie die kosmos-extern null-defektierte Weltenergie im Verhältnis zu der im Kosmos intern existierenden Materieenergie.

Intern:

Das All tritt ebenfalls analog einer Grenzballung auf: Die negative Potentialenergie hebt ballungs-intern nicht die Gravitation von deren Teilmassen aufeinander auf, sodaß relative Potentiale auftreten, mit denen das Relative Grenzpotential $-c^2$ annäherbar ist. Ebenso hebt im All die negative Potentialenergie der Raumzeit auch nicht die Gravitation der Materiemassen aufeinander auf, sodaß das Weltpotential $-c^2$ unter dem Nichts erstellbar ist und eine Expansions-Bremsung möglich ist. Die mit der Weltpotentialenergie verallgemeinerten Einstein-Feldgleichungen (Karl Philberth, Academy of Science New York; 2.Auflage "*Das All*") ergeben eine Expansions-

Bremsung mit ungefähr der Wurzel $T^{1/2}$ des Weltalters T; der Nullbilanz genügend und der Observation entsprechend.

Für eine grenznahe Ballung wie für das All ist jeweils in Analogie: Extern erscheint eine Krümmung der übergeordneten Raumzeit; nach unten bis zur Verkrümmung zu 0 in punktuellem Verschwinden bei Unerreichbarkeit der übergeordneten Raumzeit, welche relational zur unteren Raumzeit verschwindet.

Extern erscheint mit der Ballung in Relation zur Raumzeit des All das reale (inhomogene) Schwerefeld, mit welchem die relativistische Defektmasse in den Umraum ausgreift; wie von deren Schwerpunkt ausgehend. Je mehr die Eigenmasse im Verhältnis zur Defektmasse adfektiert, umso mehr schwindet jedoch dieses in Relation zum Weltraum erscheinende und wirkende und existierende Schwerefeld im Verhältnis zu den internen Schwerefeldern der Ballungs-Teilmassen aufeinander; bis es an der Grenze ganz verschwindet. Beim All ist das "externe Schwerefeld" dieserart zu Nichts verschwunden, womit kein Ausgriff mehr über die Raumzeit des All hinaus möglich ist: es existiert überhaupt kein Potential über dem des freien Weltraums (über dem Relativen Nullpotential des All).

Intern erscheint allgemein eine Homogenisierung der eigenen Raumzeit; bis zur Streckung auf die minimale Krümmung einer Hyperkugel in voller Homogenität bei Übergang zur Grenze; bis zur Unentkommbarkeit in eine übergeordnete Raumzeit, die relational zur unteren Raumzeit verschwindet. In einer Ballung heben sich die Felder aller Schwerkräfte jeder Materiemasse auf jede andere an jeder Stelle gegenseitig umsomehr auf, je näher die Ballung an die Grenze kommt; jedoch ohne eben diese Schwerkräfte jeder Masse auf jede andere aufzuheben. Im All verschwinden jene Schwerefelder dem Zugriff, welche das Weltpotential erstellen und die Expansion bremsen. Die als solche nicht mehr erscheinende Potentialenergie erscheint als Welt-Raumzeit.

Die Existenz gründet im quasi-absoluten Weltpotential $-c^2$ in gestaltloser Homgenität, intern als Welt-Raumzeit erscheinend und wirkend und existierend. Die Existenz gestaltet sich jedoch in Relativpotentialen: als Krümmungen der Raumzeit, als Inhomogenitäten, welche die (Relativ-)Bewegungen und (Relativ-)Potentialen begründen; bis hin zu den quasi-unendlichen, unerreichbaren Grenzen der Invarianzgeschwihdigkeit und des Grenzpotentials.

Die Existenz gründet in der wesenhaften Unstrukturiertheit der Homogenität, die wie die Midgardschlange das Sein umschlingt und abgrenzt: als ein hypergigantischen Kontinuum in Nacht und Kälte. Voll Grauen flüchtet der Geist – im All nach Gestalt und Leben, nach Identität und Individualität suchend – in die Inhomogenität: in die Tiefen des Seins.

Tiefen des Seins

In Sehnsucht nach Geborgenheit durchstreift die Seele den Kosmos. Am dunklen Nachthimmel sieht das Auge tausend funkelnde Sterne und das Band der Milchstraße, in welchem die hundertmilliard Sterne in der galaktischen Scheibe den Hintergrund wie Milch aufhellen. In einigen million Lichtjahren sind die nächsten Galaxien als kaum sichtbare Nebelflecken im Freien Raum.

Weit ist der Freie Raum; weit über jeglicher Vorstellbarkeit und sogar jeder Erahnbarkeit. Winzig klein sind darin die Inhomogenitäten der Sterne und deren Ansammlungen. Lichtjahre über Lichtjahre durchstreift der anschauende Geist den Weltraum im Relativen Nullpotential des Freien Raumes – im höchsten Potential des All – bis er einem Stern begegnet, in dessen Potential-Trichter sich Relativpotentiale unter das Relative Nullpotential vertiefen.

Etwa 10^{-30} ist das Volumen aller leuchtenden Sterne im Verhältnis zum Weltraum; etwa 10^{-44} das Volumen aller Neutronensterne im Verhältnis zum Weltraum. Wo ist die ersehnte Geborgenheit? Wo ist ein bewohnbarer Planet, der an der Wand des Potentialtrichters seines Sternes umläuft? Sicherlich ist das ein Stern wie die Sonne, der selbst wieder an der Wand des Potentialtrichters seiner Galaxie umläuft.

Es gibt interessante Abschätzungen (zB über die Abfuhr des Drehimpulses bei der Sternbildung) aber keine Sicherheit, wie viele leuchtende Sterne der heimatlos streifende Geist besuchen muß, bis er einen Stern mit einem Planeten wie unsere Erde findet. Er kann sich auf der Erde zur Ruhe setzen; aber nur so lange diese noch nicht in der Atomosphäre der Sonne verglüht sein wird, wenn sie sich nach 13 Ga mit entartetem Kern zum "Roten Riesen" aufgebläht haben wird. Vom Unbestand betroffen, sucht der Geist weiter im Raum.

Leuchtende Sterne von vielerlei Art bevölkern den Weltraum; mit Oberflächen-Temperaturen von einigen tausend bis einigen zehntausend Grad. In überwältigender Macht und Schönheit durchstrahlen sie den Raum mit Fluten Lichtes; das All erhellend und das Leben unterhaltend. Im Zentrum mit vielen million Grad (Sonne 14,5 MK) stellt sich während der längsten Zeit des Sternlebens (Wasserstoff-Brennen zum Helium) ein Gleichgewicht zwischen Schwerkraft und Strahlungsdruck (weniger auch Gasdruck) ein. Der Stern behält einen

Radius – bei Dichten grob um 1 t/m^3 –, mit welchem das Potential etwa $-10^{-5}c^2$ bis $-10^{-3}c^2$ unter die Umgebung vertieft ist. Leuchtende Sterne sind auf viele tausend Lichtjahre sichtbar (die Sonne als "gelber Zwerg" nur 30 ac) und an ihrem reichhaltigen Spektrum erkennbar.

Im Verhältnis zum Relativen Grenzpotential $-c^2$ haben die leuchtenden Sterne noch kein tiefes Relativ-Potential und stellen somit noch kein existentielles Problem. Auf dem Weg durch den Raum zwischen den Heeren leuchtender Sterne lauern jedoch ganz unheimliche Objekte, welche den Grenzen des Seins in den Tiefen des Potentials nahe kommen: Neutronensterne und Galaxenkerne.

Neutronensterne sind ähnlich viele im Weltraum wie leuchtende Sterne. Sie bevölkern zumeist einen kugeligen Halo um den Schwerepunkt derjenigen Galaxie, der sie zugehören, mit etwa 100 Mac Radius (rund doppelter Radius der galaktischen Scheibe). In diesem Halo durchpendeln sie die jeweilige Galaxie mit Perioden von rund 500 Ma in zumeist rosettenartigen Bahnen mit hyperbolischem Vorbeigang am Perihel (schwerpunkt-nahe) und elliptischer Umkehr am Aphel (schwerpunkt-fern).

Ein Neutronenstern ist ein kernatomar ausgebrannter Stern, dessen Materie auf die Dichte von Neutronen – $1{,}7\cdot10^{14}$ t/m^3 – zusammengefallen ist. Die Entladung eines Protons durch ein Elektron zum Neutron ist als solche mit –0,78 MeV endotherm, wird aber im Sterninneren mit steigendem Druck über die Volumenverminderung der Entladung exotherm. In der Übergangsphase sind unentwegt Proton-Entladungen und Neutron-Zerfälle, wobei jeweils ein Neutrino abgeht. Unter Energie-Abfuhr verschiebt sich das Gleichgewicht zum Neutronen-Körper. Vermutlich sind außen noch Atomkerne mit zwischengepreßten Elektronen; vielleicht als Eisen-Atomkerne, die sich miteinander zu millionmal härterer Materie als Stahl verbinden. Innen sind faktisch nur noch Neutronen, die vermutlich (Oppenheimer) im Zentrum zu Hyperonen – "überschwere Neutronen" – weiter verdichten.

Der Neutronenstern saugt aus dem Umraum alle Arten von Materie an, was immer den Bereich seines gigantischen Schwerefeldes gelangt. Als "Staubsauger des All" zieht er Meteore, Staub, Gas an sich; sehr wenig außerhalb der galaktischen Scheibe, sehr viel beim Durchlaufen von Dunkelwolken oder gar Nebulen in der Galaxie. Die beim Niedergehen der Materie auf den Stern freiwerdende Energie heizt den

Stern auf rund 1 GK (eine milliard Grad) auf. Damit überzieht sich die Stern-Oberfläche mit einem dünnen e^+e^--Plasma; mit unentwegter Paar-Erzeugung und Paar-Rekombination von Elektronen und Positronen. Über 1 GK nimmt die Erzeugung und Abstrahlung von Neutrinos derart zu, ebenso von Gamma-Quanten, daß sich die Temperatur – fast unabhängig vom Materie-Ansog – auf eben 1 GK stabilisiert. Die weitaus längste Zeit befinden sich die Neutronensterne jedoch außerhalb der galaktischen Scheibe mit so geringem Materie-Angebot, daß sie vielleicht doch auf unter 1 GK auskühlen.

Viele Neutronensterne haben ein extrem starkes Magnetfeld (etwa milliard Tesla, billion-fache Stärke des Erd-Magnetfeldes), in welchem schnelle Elektronen und Protonen schon über der Oberfläche Bewegt-energie synchrotronartig abstrahlen. In der Regel rotieren die Neutronensterne. Weil das Magnetfeld zumeist nicht in der Drehachse liegt, wird gerichtet umlaufende Partikel-Strahlung ausgestoßen (wie Leuchtturm-Drehlicht). Die unsachliche Bezeichnung "Pulsar" rührt von der anfänglich als Schwingung fehlinterpretierten Rotation.

Der Strahl-Ausstoß beschleunigt den Stern translatorisch aufkosten der Rotation, was möglicherweise die hohen Peculiar-Geschwindigkeiten erklärt. Neutronensterne sind durchschnittlich mit 3/4 der galaktischen Fluchtgeschwindigkeit bewegt (in Sonnen-Umgebung 270 Km/s). Vermutlich haben viele Neutronensterne ihre Galxien überhaupt verlassen. Die Engergie-Umsetzung mindert die Rotation. Aus der meßbaren Abnahme sollte auf die Zahl der rotationsarmen, unbeobachtbaren Neutronensterne rückschließbar sein.

Neutronensterne starten in der Regel mit etwa 30 Umdrehungen pro Sekunde, also mit äquatorialen Geschwindigkeiten von tausenden km/s. Beträchtlich schnellere Rotation sollte einen Neutronen-Doppelstern bilden. Selten schnelle Rotationen (etwa 100 Umdrehungen pro Sekunde) sind vermutlich aus erst kürzlicher Verschmelzung eines Neutronen-Doppelstern entstanden, oder durch Ansog von Gas aus einem den Neutronenstern begleitenden leuchtenden Stern.

In der Tiefe des Potentials ϕ kontrahiert der Umfang der Oberfläche nicht-euklidisch unter $2\pi \cdot$Radius. Vermutlich kommt aber ein Neutronenstern dem Grenzpotential $-c^2$ nicht so nahe, als daß der Wert des Umfangs unter den des Radius abfiele. In jedem Fall ist aber die Oberfläche weniger als ein milliardstel der Oberfläche eines leuchtenden Sterns. Weil zudem die Energie zumeist mit Gamma-Photonen und

Neutrinos – aus dem Zentrum mit unmeßbaren keV-Neutrinos – abstrahlt, sind Neutronensterne fast unsichtbar.

Auf große Entfernungen (größer als zB 1 Gm) gravitiert ein Neustronenstern mit seiner Defekt-Masse zwar wie ein leuchtender Stern dieser Masse. Aber auf den kleinen Sternradius zu, wird die Gravitation extrem stark. An der Sternoberfläche wird die Gravitation so stark, daß dort ein Kügelchen von nur 1/10 mm Durchmesser (das eine Masse von rund 90 t enthält) so viel wiegt wie die ganzen Bayerischen Alpen. Mit weiterer Ansaugung von Massen aus dem Umraum reicht der Potentialtrichter in zunehmend tiefere Potentiale.

Mit Ansog von Materie kommt der Stern dem Grenzpotential solange näher, als noch nicht ebensoviel Energie abstrahlt wie einfällt. Die thermischen (1GK), nuklearen und kompressiven (pV) Energien sind zwar nur Promille der Potentialenergie, treiben aber doch auch mit gegen die Grenze. Gemäß $M^-/r = c^2/2G$ nimmt die zum Erreichen des Grenzpotentials erforderliche Zunahme der Defektmasse M^- und/oder Abnahme des Radius r, proportional mit dem Potentialabstand (1-p) ab. Nimmt der Potentialabstand gegen 0 ab, so treiben immer geringere und schließlich geringste Störungen – Massenzufall, Vibration, Neutronverdichtung – das Zentrum in das Grenzpotential $-c^2$.

Mit Vertiefung des Potentials steigt mit dem inneren Adfekt die innere Aktivität und Dynamik; bei Annäherung an das Grenzpotential über alle Grenzen steigend. Wenn die Verstrahlung von Neutronen nicht schon zuvor einsetzt, steigt die Aktivierung im Zentrum bis zur Bildung von Subpartikeln und schließlich sogar X-Partikeln. Bei Zufallen eines kosmischen Körpers ist der kritische Potential-Abfall unmittelbar vor dem Aufschlag.

Irgendwo vor der Grenze setzt immer die Verstrahlung der Neutronen (bzw schwerer Partikel) ein. Die Frage ist, ob dieser Verstrahlungs-Einsatz einen instabil-selbsterregt fortschreitenden Prozeß einleitet, mit welchem die Sternmasse großteils oder gar insgesamt verstrahlt. So eine schlagartige Verstrahlung müßte allerdings als eine supernova-artige Energie-Freisetzung beobachtbar sein, etwa jährlich dutzend-mal allein schon in der Galaxis. Derartiges wird jedoch nicht beobachtet. Offenbar nähert sich ein Neutronenstern asymptotisch einem stabilen Endzustand.

Die extrem geringe Komprimierbarkeit und Durchdringbarkeit des Neutronenstern-Körpers begünstigt ideal diese Stabilität. Zwar durchdringen keV-Neutrinos den ganzen Stern kaum behindert, aber MeV-Neutrinos durchdringen weniger als Meter neutronendichter Sternmaterie (die Neutrino-Weglängen sind reziprok-quadratisch der Neutrino-Energie). Die damit unverzögerte Druck-Erhöhung im Zentrum bei dortiger Neutronen-Verstrahlung, und die dann aber verzögerte Energie-Abfuhr durch keV-Neutrinos und superhohe Wärmeleitung, bewirkt offensichtlich das "stabile Anlegen des Neutronenstern an das Grenzpotential", mit quasi-statisch laufender Verstrahlung und Abstrahlung angezogener Materie.

Hingegen begünstigt die extrem hohe Komprimierbarkeit und Durchdringbarkeit eines Galaxenkerns, ideal dessen instabil-selbsterregt fortschreitenden Kollaps.

Galaxenkerne sind der extreme Gegensatz zu Neutronensternen. Ein Galaxenkern hat etwa die milliard- bis billion-fache Masse eines Neutronensterns. Ein Neutronenstern ist eine kosmisch-winzige, superdichte Sternkugel, mit einer extrem scharfen Oberfläche, sodaß die Dichte längs der dünnen Schicht des Elektron-Plasmas um über 30 Zehnerpotenzen ansteigt. Ein Galaxenkern hat zwar nur millionstel des Volumens seiner Galaxie, ist aber als solcher riesengroß. Die Dichte und der Dichteanstieg ist so gering, daß der streifende Geist kaum bemerkt, wenn er vom Interstellarraum einer Galaxie in deren Kern gelangt.

Der Kern einer Galaxie ist der Bereich um ihren Schwerpunkt; etwa ein tausendstel bis ein zehntel der Galaxenmasse enthaltend. Die Dichte der Masse im Kern ist zwar sehr viel höher als im Durchschnitt der Galaxie, aber immer noch sehr gering; etwa 10^{-18} bis 10^{-12} t/m^3. Dennoch sind in dem riesigen Volumen des Kerns gewaltige Massen. Für den Kern einer Riesen-Kugelgalaxie rechnen wir zehnbilliard (10^{16}) Erdmassen bzw dreißigmilliard ($3 \cdot 10^{10}$) Sonnenmassen. Für eine große (nichteinmal größte) Riesen-Kugelgalaxie ist dies erst ein tausendstel ihrer Masse, aber doch bereits die Masse einer durchschnittlichen Spiral-Galaxie. Große Kerne von Riesen-Kugelgalaxien können sogar bis trillion (10^{18}) Erdmassen erreichen. Mit unseren 10^{16} Erdmassen legen wir also sogar eine mäßige Masse zugrunde.

Die den Kern umgebenden Sternheere und Staubmassen verschleiern den Blick auf den Kern in allen bekannten Galaxien. Wegen seiner geringen Dichte ist der Kern ideal kompressibel und durchdringlich. In

Perioden von hundertmillion Jahren (50 bis 200 Ma) fallen in allen "noch aktiven" Galaxien deren Kerne zusammen; insbesondere als Gas mit beigemengtem Staub.

Extrem energische Zusammenstürze – instabil-selbsterregt fortschreitend – sind die in den (fast) drehimpulsfreien Riesen-Kugelgalaxien. Das Relativpotential im Zentrum vertieft sich im Kollaps fortschreitend. Und dies ist der wohl wichtigste Vorgang im All.

Leben und Heimat ist in diesem All nur in einem schmalen Bereich von Relativ-Potentialen; etwa wie mit unserer Erde. In der Nacht und Kälte, in der Strukturlosigkeit des Relativen Nullpotentials im Freien Raum, ist kein Leben. Es ist aber auch kein Leben in den Tiefen des Potentials. Die Tiefen des kosmischen Seins auszuloten ist ein lebensgefährliches Unternehmen.

In den Tiefen des Seins, nahe dem Relativen Grenzpotential $-c^2$ begegnet man unheimlichen Grenzen der kosmischen Existenz: einer Meta-Existenz; nichtmehr der Real-Existenz des kosmos-internen Seins zugehörig, dieses aber bestimmend und sogar generierend.

Grenzpotential

Die Existenz-Grenze in der Tiefe des Potentials ist bei $-c^2$ zu erwarten. Seit den 20er Jahren forscht die Kosmophysik intensiv nach diesen Grenzen. Theoretisch wie experimentell, observativ wie mathematisch verfolgt sie dieses ihr wichtigstes Problem. Zur zentralen Frage ist es geworden: Gibt es eine Gravitations-Singularität, dh eine "Einzigartigkeit", einen wichtigen aber gesonderten Punkt?

Eine jegliche Masse – 1 Gramm, 1 Tonne, trilliard Tonnen – von punktueller Kleinheit, hat immer eine negativ-unendlichgroße Potentialenergie und am Punkt ein unendlich starkes Feld. Ein solcher "Massenpunkt" ist eine Massen-Singulariät. Eben diese unendliche Potentialenergie schließt jedoch die physikalische Existenz eines derart mathematisch postulierten Massenpunktes aus. Was sollte etwa eine solche punktuell gravitierende Masse M^- für eine Defekt-Masse von was für einem Massenwert im Freinen Raum sein?

Eine reale Masse M^-, die in einer Ballung mit endlichem Radius R existiert, gravitiert auf Stellen in weiteren Abständen als R, exakt wie eine am Schwerpunkt der Ballung punktuell konzentrierte Masse M^-. Dies gilt nicht im Inneren der Ballung. Dies gilt streng von den größten Weiten bis sogar zum Radius R selbst. In diesen Abständen, die gleich oder größer als der Ballungsradius R sind, ist ein Potential ϕ im Umraum als Funktion vom Abstand r vom Punkt. Klassisch hat das Feld eine reziprok-quadratisch ($1/r^2$) mit dem Abstand r abnehmende Feldstärke. Darüber integrierend ergibt sich das Potential ϕ negativ-reziprok dem Abstand r, proportional der (Defekt-) Masse M^- und dem universalen Gravitationsfaktor G. Dies wird ausgedrückt durch die

"Potential-Gleichung" : $\phi = (-2/r)\cdot M^- \cdot G = -2M^- \cdot G / r$.

Schon zu Beginn wurde erkannt (Schwarzschild), daß eine derartige Massen-Singularität "umkleidet" ist von einem Potential mit dem besonderen Wert $-c^2$. Dieses ist im Abstand des "Schwarzschild-Radius" s . Für $\phi = -c^2$ wird $r = s$ gemäß $\phi = -c^2 = -2M^- \cdot G/s$; also $s = M^- \cdot 2G/c^2$. Der Schwarzschildradius s ist proportional der (Defekt-) Masse M^- ; mit dem konstanten Beifaktor $2G/c^2$.

Wie ist diese noch ganz klassische und abstrakte Berechnung physikalisch relevant? Irgendwie ist dieser Schwarzschildradius s eine

Besonderheit, eine Singularität. Es konzentrierten sich die Fragen darauf, ob dieser Schwarzschildradius "nur eine Koordinaten-Singularität" sei, die Punktmasse aber die "eigentliche Zentral-Singularität". Ist in einer statischen Ballung am Schwarzschildradius s nur eine formal-mathematische Quasi-Singularität, die eventuell "unbemerkt durchfallen" werden könne, im Punkt aber eine Real-Singularität mit "unendlich-starken" Gezeiten-Kräften? Es formulierten sich die Fragen, ob es etwa auch "nackte" Singularitäten gäbe; dh nicht von einer formal-mathematischen Singularität umkleidet.

Im Verein mit Allgemeiner Relativeitätsphysik sind weitgreifende Konzeptionen erstanden, die sich perfekte mathematische Apparate mit imponierender Leistungsfähigkeit geschaffen haben. Ohne dies wäre es nicht zur derzeitigen Kosmophysik mit ihren tiefen Erkenntnissen gekommen, die auch geistig ungemein bereichernd waren. Erst auf der Basis dieser hochprofilierten Wissenschaft ist es möglich aber auch nötig geworden, die in ihren Grundlagen gegebenen Grenzen dieser Wissenschaft abzutasten.

In der ersten Mathematik-Vorlesung sagte der Professor: "Das Studium beginnt mit den Fächern. Man könnte zwar meinen, daß man dazu erst die Grundlagen kennen lernt. Aber erst nach hoher Profilierung als Wissenschaftler kann man die Problematik der Grundlagen seiner Wissenschaft angehen". Weiterhin: "Erst nach dem Existenz-Beweis einer Gleichung hat es Sinn, an deren Lösung oder gar an die Interpretation des Ergebnisses heranzugehen". Diese Feststellungen des "Alten" lösen unter uns erregte Debatten aus. Und tatsächlich:

Der Erfolg des Ansatzes einer Punktmasse zur Bestimmung von Verhältnissen außerhalb des Schwarzschildradius bis hin zu diesem, geben noch keine Grundlage dafür, den "Raum" zwischen dem Schwarzschildradius und dem Massenpunkt als überhaupt existent anzusehen. Warum sollte dieser Pseudo-Raum mehr sein als die mathematische Landschaft einer arbeitshypothetischen Hilfs-Vorstellung? Die Punktmasse selbst, die unendlichgroße Potentialenergie haben müßte, hat jedenfalls keine Existenz. Existiert ein Potential $-c^2$ als durchfallbares Potential? Was sollte eine noch so kleine, "durch s fallende" Masse für eine Potentialenergie im Abstand s/2 oder s/999 oder gar im Abstand 0 vom Massenpunkt haben? Muß zwangsläufig alle Materie und alle Wissenschaft im Schwarzen Loch enden?

Was ist dieses eigenartige Potential $-c^2$? Ist es wirklich ein Grenzpotential? Offensichtlich ist $-c^2$ ein quasi-unendliches Potential, wie dies das PAT (Potential-Additions-Theorem) ausdrückt.

Je geringer der Potentialabstand (1-p) vom Potential $-c^2$ auch sein mag – ob 0,1 oder 0,001 oder 0,0...01 – so sind in diesem Abstand immer noch unbegrenzbar viele Schritte an Relativ-Potentialen ϕ_{mn} zum Relativ-Potential $-c^2$, von denen jedes für sich schon dem Potential $-c^2$ beliebig nahe sein mag. Das Potential $-c^2$ ist Quasi-Unendlichkeit; eben das Grenzpotential, als existentielle Grenze des All.

Das Wort "Quasi-Unendlichkeit" sagt sich leicht, ist aber in seiner Ungeheuerlichkeit unbegreifbar. Das Grenzpotential $-c^2$ ist ebenso quasi-unendlich wie c^2 für v^2 der Relativ-Geschwindigkeiten: Die Bewegtenergie E eines Neutrons steigt gegenüber seiner Ruheenergie E_0 mit $E = E_0/\kappa$ an: mit v^2/c^2 gleich 0,99 ist sie 10-fach; mit v^2/c^2 gleich 0,999999 ist sie 1000-fach; mit v^2/c^2 gleich $1-10^{48}$ (dh 0,9....9 mit 48 "Neunern") wäre sie 10^{24} fach, aber dennoch "erst" wie die Materieenergie meines kleinen Radiergummis. Jedoch mit $v^2/c^2 = 1$ – dh mit exact $v = c$ – wäre sie größer als die Materieenergie der ganzen Galaxis, sogar als des ganzen All.

Wenn es einen existentiellen Adfekt in der Tiefe eines Potentials ϕ analog v^2 gibt, dann steigt dieser in Annäherung an das Potential $-c^2$ über alle Grenzen. Dies weist unignorierbar darauf hin, daß das Relativ-Potential $-c^2$ prinzipiell das tiefstmögliche Potential im All ist, das prinzipiell nicht unterschritten, das nichteinmal erreichbar ist. Es ist eine nicht überschreitbare, nicht "durchfallbare" Existenz-Grenze.

Die Potentialgleichung $\phi = -2M^{-}\cdot G/r$ bzw $M^{-}/r = -\phi/2G$ ist in der Kosmophysik überall in der Welt generell anerkannt und sei auch hier nicht infrage gestellt. Was folgt aus dieser betreff Erreichbarkeit des Grenzpotentials mit $\phi = -c^2$ bzw $-\phi = c^2$? Nach dieser müßte sich das Potential $-c^2$ mit einem Verhältnis M^{-}/r (der Ballungsmasse M^{-} zum Ballungsradius r = s) gleich $c^2/2G$ einstellen; also bei

$$M^{-}/s = c^2/2G = 6.7347\cdot 10^{23}\ \text{t/m}\ ,\ \text{bzw}\ \ s = M^{-}\cdot 1{,}4848\cdot 10^{-24}\ \text{m}.$$

Dieser kritische Radius r = s – der Schwarzschild-Radius – ist zB: rund 15 km bei 10^{28} t (fünf Sonnenmassen; etwa ein Neutronenstern); rund $9\cdot 10^{13}$ m = 300000 sc bei $6\cdot 10^{37}$ t (10^{16} Erdmassen; Galaxenkern).

Ist ein Objekt statisch dem Schwarzschildradius extrem nahe, so würden kleinste Erhöhungen der Masse M^- oder kleinste Verminderungen des Radius r das Potential $-c^2$ erreichen lassen. Es ist beinahe unfaßbar, daß kleinste Masse- oder Radien-Veränderungen eine quasi-unendliche Kluft überspielen zu können scheinen. Tatsächlich ist damit die Neigung fast unwiderstehlich, die Erreichbarkeit eines Potentials $-c^2$ und sogar die Uberschreitbarkeit eines "Horizontes" $-c^2$ zu unterstellen.

Dies für möglich zu halten schien zudem dadurch berechtigt, daß nicht nur die einfache Potentialgleichung, sondern auch ein leistungsfähiger, auf gleicher Basis erstellter mathematischer Apparat zu verführerischen Ergebnissen kam; konkret: Eine "im eigenen Schwerefeld – aus in weiter Entfernung ruhend – freifallende Wolke von 10^{16} gleichverteilten Staubkörnern als je eine Erdkugel mit je $6 \cdot 10^{21}$ t" würde beim "Durchfallen des Schwarzschildradius keine Auffälligkeiten zeigen"; weder in der Relativ-Geschwindigkeit des Falls (rund 0,8c), noch in den Abständen der Erdkugeln voneinander (vielfaches der Erddurchmesser), noch in den kaum meßbar kleinen Gezeitenkräften.

Dieses Ergebnis des unauffälligen Durchfallens des Schwarzschildradius (300000 sc) für die Erdkugeln ist insofern auch richtig, als bei derart schnellem Freifall der Staubwolke am Schwarzschildradius das Potential $-c^2$ noch gar nicht erreicht ist: Die c-Bewegung der Gravitation ist nicht sehr viel schneller als die Fallgeschwindigkeit, sodaß aufgrund der verzögerten gravitativen Verkopplung das Potential noch nicht auf den Wert vertieft ist, den es statisch hätte. Jedoch nähert sich die weiter beschleunigt fallende Ballung an einem nicht viel kleineren "Grenzradius" s^- dem Potential $-c^2$.

Dieser existentiell entscheidende Grenzradius s^- wird vom Schwarzschildradius s nur bei statischen Ballungen genau, bei fallenden Ballungen aber moderiert bezeichnet. Klassisch gerechnet wären auch am Grenzradius noch keine Auffälligkeiten (im Beispiel mit den 10^{16} Erdkugeln würden sich diese noch gar nicht berühren). Jedoch real stellt sich am Grenzradius die punktuelle Kontraktion der Oberfläche ein. Zudem ist am Grenzradius auch die Zeit kontrahiert und die Eigenenergie adfektiert. Wegen dieser Kontraktion des Raumzeit-Kontinuums als solchem ist die Approximation an den punktuellen Zusammenfall im Grenzradius unverzögert: keine besonderen Beschleunigungen und keine diese verursachenden Kräfte benötigend. Wegen des "flachen Anlegens" der Ballung an das Potential $-c^2$ ereignet sich diese punktuelle Kontraktion vereinheitlicht für die gesamte Ballung.

Zwischen Schwarzschildradius s und Grenzradius s^- ist die Ballung bereits in einem "Überhang", welcher mit den Verhältnissen bei 10^{16} Erdkugeln Tage währt; mit dem Kollaps sehr großer Galaxenkerne sogar Monate. Die Ballung hat bereits geringeren Radius (kleiner als s), als bei voller gravitativer Verkopplung für ein Potential $-c^2$ erforderlich wäre. Weil aber die Gravitation c-bewegt nachzieht und die Massen einholt, verursacht dies superdynamische Energieumsetzungen vor dem Erreichen des Potentials $-c^2$.

Aber wiederum drängt sich die nagende Frage auf: wieso sollte das Potential $-c^2$ nicht doch erreichbar sein; zumal bei derartigem Überhang? Der Grenzradius s^- selbst, an welchem sich das Grenzpotential $-c^2$ total einstellen müßte wird nicht erreicht, weil dort eine existentielle Entkopplung der Ballung aus der Raumzeit des Kosmos eintreten würde:

Für die Entstehung und Vergehung von Materiequanten -- etwa eines Neutrons (zur Erhaltung des Spin zusammen mit Neutrino) – in einer Ballung ist deren individuelle Defekt-Masse m^- bestimmend. Ist der Potentialabstand (1-p) zwar schon sehr klein, aber noch nicht 0 (dh das Potential ϕ dem Grenzpotential nahe), dann entsteht mit dem Auftreten eines Materie-Quants eine beinahe gleichgroß-negative Potentialmasse wie die Materiemasse. Weil das Potential nur "beinahe" $-c^2$ ist, verbliebe doch noch ein kleiner Defizit, der zur Entstehung eines Materie-Quants eine Energie-Zufuhr aus dem Kosmos benötigt, dh die Selbst-Entstehung existentiell verbietet (Energie-Erhaltung).

Am Grenzpotential $-c^2$ selbst, tritt jedoch ein grundsätzlich anderer Zustand ein: Die Entstehung einer Materiemasse würde mit ihrer Gravitation auf die übrige Materiemasse der Ballung genau negativ-gleichgroße Potentialmasse (Masse der negativen Potentialenergie) entstehen lassen. Es wäre keine Energie-Zufuhr aus dem Kosmos mehr nötig, um Materie entstehen zu lassen. Es wäre auch keine Energie-Abfuhr nötig, um Materie vergehen zu lassen. Nach dem quantenphysikalischen Grundprinzip wäre das energetisch mögliche auch faktisch tatsächlich: Unbegrenzbar würden materielle Quanten – Neutronen, Protonen und Elektronen, Photonen und Neutrinos, alleart

Partikel und Subpartikel – entstehen und vergehen; vermutlich auch unbegrenzbar schnell. Das Grenzpotential $-c^2$ ist damit die Entkopplungsgrenze, an welcher eine Ballung existentiell aus dem Kosmos entkoppelt.

Am Grenzpotential $-c^2$ selbst wäre ein Zustand existentieller Indifferenz und prinzipieller Undefiniertheit. An sich enden an diesem meta-existentiellen Zustand alle Aussage-Möglichkeiten. Nur irgendwie gleichnishaft kann man aber vielleicht doch sagen: Geringste Verschiebungen dieses indifferenten Zustandes bringen entweder zurück in den stabilen Zustand reeller Existenz, oder "hinüber" in einen Zustand "virtueller" Existenz.

Rechnerisch – die Mathematik macht bei allem Virtuellen wie Reellen, Nichtexistenten wie Existenten wacker mit – ergäbe sich in diesem instabilen Bereich virtueller Existenz eine gegenseitig sich selbsterregt steigernde Entstehung von positiven Eigenmassen (Materiemassen) mit negativer Potentialmase: Entstehung einer kleinen Materiemasse läßt eine negativ-größere Potentialmasse entsehen. Dieser negative Überschuß erzwingt die Neuentstehung größerer Materiemassen, die wieder nochmals negativ-größere Potentialmasse generieren. Und so ist ein exponentielles Ansteigen in gegenseitiger Aufschaukelung.

Es ist keine Grenze gegeben für eine derart instabil-selbsterregt fortschreitende Entstehung positiver Materie- und negativer Potential-Energien (bzw -Massen). Aus kleinen, in extremer Inhomogenität das Grenzpotential erreichenden Massen, könnten Materieenergien und Potentialenergien – als neue Raumzeit – von zB der Größe unseres Kosmos entstehen. In der existentiellen Entkopplung aus unserem Kosmos würden diese homogen als neuer Kosmos expandieren: eben in der homogenen Expansion als neuer Kosmos sich wieder in sich nullbilanzierend stabilisieren. Freilich ist all dies – bezogen auf unseren Kosmos – ein virtuelles Sein, etwas nicht reell Existierendes. Darüber zu reden wird zur absonderlichen Phrase.

Kosmos-intern – dh bezogen auf unseren Kosmos – wird indes die Meta-Existenz des Grenzpotentials schon gar nicht erreicht. Aber in unbegrenzbarer Annäherung an die Quasi-Unendlichkeit des endlichen Potentials $-c^2$ verstrahlt die Materie. Der Strahlungsdruck treibt umgebende Massen in den weiteren Umraum ab. Die abstrahlenden, abtreibenden und verbleibenden Massen enthalten genau die Defektmasse des ehedem kollabierenden Galaxenkern. Der Prozeß endet mit Vollzug der Nullbilanz im Kosmos; soviel auch "innen" adfektiert sein mag. Es bleibt die kosmische Nullbilanz von Energie und Masse, von Ladung und Spin, von Impuls und Drehimpuls.

Die Verstrahlung und Rückstrahlung in den Kosmos erfolgt noch vor totalem Erreichen des Grenzpotentials. Damit verschwindet ua ein Paradoxon, das sich ergibt, wenn man an ein Durchfallen von Materie durch einen Horizont $-c^2$ mit Verstrahlung in einer Zentralsingularität glaubt: Die Einstein-Gleichungen gelten revers ebenso wie invers. Damit würde jedoch die Vernichtungsstrahlung in den Kosmos beträchtlich früher zurücklaufen als die durchfallen-sollende Materie überhaupt an den Horizont herangekommen wäre; gleichsam: der Kapitän überlegt sich noch, ob er das Triebwerk zu seiner Rettung einschalten will, wenn er schon vernichtet ist und ihm sogar die Strahlungstrümmer seines vernichteten Selbst schon um die Ohren geflogen sind. Aber die raumzeit-vertauschte Landschaft zwischen einer "Zentralsingularität und ihrer $-c^2$ Umkleidung" existiert überhaupt nicht, sodaß dieses Paradoxon ein formal-mathematischer Roman ist. Dies ist analog nichtexistent wie die schneller als c-bewegten "Tachyonen", die früher ankommen als sie abgehen. Börsenspekulanten werden auch mit Tachyonen keine Millionäre.

Die Verstrahlung der Materie unmittelbar vor dem Grenzpotential ist verschiedenartig möglich. Neutronensterne legen sich offenbar stabil vor das Grenzpotential mit quasi-statisch laufender Verstrahlung der jeweils angesaugten Massen. Galaxenkerne verstrahlen im Zusammensturz explosionsartig einen Großteil ihrer Masse.

Beim Kollaps von Galaxenkernen treibt der supergigantische Strahlungsdruck aus dem Kollaps-Zentrum, bis zu viele milliarden Sonnenmassen in den weiteren Umraum. Meist geschieht dieser Abtrieb als ein Paar von Gasstrahlen, aus welchen sich neue Spiralarme bilden. Diese dynamische Verstrahlung beherrscht alle Galaxien bis sie in Erschöpfung ihres Gasgehaltes inaktiv werden. Der Überhang leitet sich selbsterregt steigernde Prozesse vor dem Grenzpotential ein, bis eine die Nullbilanz vollziehende Abstrahlung den Prozeß abschließt; wenigstens relational zu unserem Kosmos.

Welcherart ist dieses unheimliche Grenzpotential? Ist es eine physikalische Singularität, ist es die wesenhaft unerreichbare "kosmische

Singularität"? Ist es in der Tiefe dieses Kosmos eine "Ziel"-Singularität, auf welche die Galaxenkerne zusammenstürzen. Ist es zugleich aber auch eine "Start"-Singularität eines neuen Kosmos? Wird diese Ziel/Start-Singularität zwar nie erreicht, aber gleichsam in extremer Annäherung "durchtunnelt"?

Potentialaspekte

Welcher Art ist das Grenzpotential, welcher Art sind die Relativ-Potentiale? Diese Fragen bewegen die ganze Kosmophysik.

Naturgemäß wird die Anwendbarkeit jeglicher Wissenschaft umso problematischer, je weiter sie vorstößt und wird zutiefst fragwürdig bei Annäherung an extreme Forschungsobjekte. Das Grenzpotential ist jedoch das Äußerste des ganzen All.

Die Grenzen jeglicher Wissenschaft sind schon mit ihren Voraussetzungen, Prämissen, Axiomen vorgegeben, welche sie grundlegen; seien diese bewußt gesetzt oder seien diese als fraglose Selbstverständlichkeit benutzt. Es ist vielleicht nicht grundsätzlich aber vermutlich faktisch unmöglish, bei einem hochentwickelten wissenschaftlichen oder mathematischen Apparat in der Hinterfragung und Veränderung seiner Grundlagen die Grenzen seiner Anwendbarkeit hinauszuschieben; gar bis an die Grenzen des Seins. Der geistige Aufwand wäre wohl größer als die jahrzehntelangen Bemühungen an der Erstellung des Apparates.

Es ist aber möglich, mit kontroverser Befragung und Beantwortung konkreter Situationen die Grenzen der Anwendbarkeit abzutasten. Dies ist die große Bedeutung der berühmten Antinomien und Paradoxien, welche immer schon tiefschürfende Wissenschaftler, Philosophen und Theologen aufs äußerste herausgefordert haben und einige in den Wahnsinn getrieben haben. Es wäre ein naives Mißverstehen derart kontroverse Betrachtungen mit andersartigen Ergebnissen des jeweils in Gebrauch und in Gunst befindlichen Apparates abweisen zu wollen, denn es geht doch gerade darum, deren Grenzen abzuschätzen. Sinnvoll und notwendig sind derartige Betrachtungen in ihrer inneren Konsequenz und Glaubwürdigkeit zu untersuchen, um eben die Grenzen – wo immer sie liegen und in was immer sie gründen – aufscheinen zu sehen.

Weil ein derartiges Unterfangen nicht eine neue Wissenschaft gründen, sondern die angesprochene Wissenschaft sichern und stärken will, sollten einerseits möglichst selbst nur Ergebnisse der betreffenden Wissenschaft benutzt werden, die der Fachkonsens als mit an Sicherheit grenzender Wahrscheinlichkeit als richtig ansieht. Es sollte aber andererseits möglichst auf Voraussetzungen dieser Wissenschaft verzichtet werden. Die Formulierung "als richtig unterstellter Fachkonsens" drückt aus, daß die betreffende allgemeine Fachmeinung arbeitshypothetisch als richtig unterstellt sei und der Betrachtung zugrunde gelegt sei. Die Formulierung "nicht infrage gestellter Fachkonsens" drückt aus, daß die betreffende Fachmeinung nicht benutzt werden muß, sodaß es offen bleiben kann, ob sie richtig ist oder nicht.

Eine kontroverse Befragung und Beantwortung ist zudem umso aufschlußreicher und zuverlässiger, je einfacher und anschaulicher sie zu operieren vermag; auch wenn damit die befragbare und beantwortbare Situation verengt wird. Eine möglicherweise dadurch revidierte Wissenschaft bzw ihren Appart wieder umfassend leistungsfähig zu gestalten, ist eine andere Aufgabe.

Erstens seien als Konstante und Invariante unterstellt:

die Invarianzgeschwindigkeit c	;	$c = 299792458$ m/s.
das Wirkungsquantum h	;	$h = 6{,}6261 \cdot 10^{-37}$ t·m^2/s.
der Gravitationsfaktor G	;	$G = 6{,}6726 \cdot 10^{-8}$ m^3/s^{2}t.

Zweitens seien die Beziehungen $E = mc^2$ und $E \cdot T = h$ als allgemein gültig unterstellt.

Drittens sei jede Masse als gleicherweise träge und schwer und als selbst gravitierend unterstellt.

Es sei das Allgemeine Relativitätsprinzip, das Potential-Additions-Theorem und die Potential-Gleichung zwar nicht benutzt, aber auch nicht infrage gestellt. Es seien nur elementare Rechnungen angewendet.

Eine freundliche Geste der Natur erleichtert die Betrachtung: Der Sauerstoff hat nur eine stark dominierende Spektrallinie mit einer Schwingungsdauer T von sehr genau 2 fs (zwei femto-Sekunden, $2 \cdot 10^{-15}$ s), dessen Photon als "0-Photon" bezeichnet sei und dessen Schwingungsdauer im Freien Raum als exakt 2 fs unterstellt sei.

Es seien nachfolgend drei Situationen I, II, III befragt und beantwortet. Diese Betrachtungen I, II, III sind insofern voneinander unabhängig gehalten, als der etwaige Nachweis der Unrichtigkeit einer oder zweier davon ohne Konsequenz für die Richtigkeit oder Falschheit der jeweils anderen wäre.

Es seien die Energie-, Zeit- und Raum-Verhältnisse betrachtet, diese "Unten" im Relativ-Potential ϕ relativ zu "Oben". Konkret : Das Oben sind wir auf einem Planeten wie der Erde. Das Unten ist irgendwo auf der geraden, 300 Gm langen Verbindungslinie zum Schwerpunkt eines

Neutronensterns mit einer Defekt-Masse von $2{,}0204 \cdot 10^{28}$ t (dh wie 10,158 Sonnenmassen) über oder an dessen Oberfläche. Speziell bei einem Unten in 40000 m Entfernung über dem Stern-Schwerpunkt ergibt sich damit $\phi = -0{,}75c^2$; dh $p = 3/4$ und $(1\text{-}p) = 1/4$ bzw $\kappa = 1/2$. Extrapoliert auf 30000 m über dem Schwerpunkt ergäbe sich das Grenzpotential $\phi = -c^2$; dh $p = 1$ und $(1\text{-}p) = 0$ bzw $\kappa = 0$. Grundsätzlich noch real sind 3003 m über dem Schwerpunkt, womit das Unten dem Grenzpotential $-c^2$ bis auf $\phi = -0{,}9999\ c^2$ nahe käme; dh $p = 0{,}9999$ und $(1\text{-}p) = 0{,}0001$ bzw $\kappa = 0{,}01$. Unser Oben ist somit zwar noch im Schwerefeld des Sterns (doppelter Radius der Erdbahn um einen 10-mal schwereren Stern als die Sonne), aber erst $10^{-7}\ c^2$ unter demjenigen Potential, das der Stern in viel weiterer Entfernung erstellt, sodaß faktisch wie mit den Werten im Freien Raum gerechnet werden kann. Die zusätzliche Potential-Vertiefung durch Erdfeld mit rund $10^{-8}\ c^2$ ist erst recht vernachlässigbar. Es sei somit $\phi = -0{,}75c^2$ oder noch tiefer.

Die nachfolgenden Betrachtungen I, II, III sind von überraschender Simplizität. Diese Notwendigkeit ist ihre Chance, den kosmophysikalischen Apparat in Hinsicht auf die Grundlagen und Grenzen zu hinterfragen.

I Energie- und Massen-Adfekt:

Das Relativpotential ϕ ist durch ein von Oben nach Unten ziehendes Schwerefeld gegeben. Nach dem als richtig unterstellten Fachkonsens defektiert die Energie eines von Unten nach Oben aufsteigenden 0-Photons von seiner Energie E_u, mit der es Unten abgeht, auf die kleinere Energie E^-, mit der es Oben ankommt, sodaß es mit einer Schwingungsdauer T^- Oben ankommt, die länger ist als diejenige Schwingungsdauer T_u, mit der es Unten abgeht. Dies ist die relativistisch bekannte Defektion der Energie bzw Dilatation der Schwingungsdauer eines von unten nach oben strahlenden Lichtquants.

Nach dem als richtig unterstellten Fachkonsens ist die Oben (extern) auftretende Schwingungsdauer T^- und die zugehörige Energie E^- die relativistisch der Ballung zukommende Schwingungsdauer bzw Energie. Daraus folgt zwangsläufig, daß die Unten-Schwingungsdauer T_u kürzer als die relativistisch erscheinende Schwingungsdauer T^- ist, bzw daß die Unten-Energie E_u größer als die relativistisch erscheinende Energie E^- ist.

Damit ist – zumindest für den das Photon generierenden Vorgang – im Unten ein Energie-Adfekt gegenüber der Energie, die im Oben relativistisch erscheint; ebenso ein Massen-Adfekt. Es besteht jedoch kein Grund, diesen Adfekt nicht für die Eigenenergien und Eigenmassen aller Materiequanten anzunehmen. Wieso kann aber im Oben eine kleinere Energie und Masse erscheinen als im Unten existiert und wirkt?

Die vermutlich einzige Antwort auf eine im Unten adfektierte Energie ist deren interne Ausbalancierung durch eine negetive Energie bzw Masse in Relation zum externen Aspekt; eine negative Energie, die quantenphysikalisch nicht wirksam wird. Eine solche wäre aber eben die Potentialenergie bzw Potentialmasse.

Es besteht nicht die Frage des Ob, sondern nur des Wieviel. Aber gegenüber der primären qualitativen Feststellung ist die Frage der quantitativen Wertverhältnisse sekundär. Es genügen hierzu glaubhafte Mutmaßungen:

Nach dem als richtig unterstellten Fachkonsens ist die relativistische Defekt-Energie E^- (individuell für einzelne Materiequanten) gleich der Energie E im Freien Raum mal κ; also $E^- = \kappa{\cdot}E$. Demgegenüber ist die Unten-Energie E_u zwangsläufig irgendwie größer; also E_u größer als $\kappa{\cdot}E$. Sicherlich ist dies nicht irgend eine krumme Vergrößerung. Sie könnte aber etwa $E_u = E$ oder $E_u = E/\kappa$ sein. Tatsächlich ist $E^+ = E/\kappa$, weil nur damit die Potentialenergie $P = m^+{\cdot}\phi$ gleich $-pE^+$ ist, womit die Potentialenergie P die interne Eigenenergie E^+ zur extern erscheinenden Energie E^- balanciert; $E^+ + P = E^-$.

Die Realität von $E^+ = E/\kappa$ ist auch so sichtbar: Ein Neutron mit Oben der Masse m und der Energie $E = mc^2$ fällt frei von Oben nach Unten. Bei ϕ hat es eine Unten-Masse $m^+ = m/\kappa$ bzw Energie $m^+c^2 = mc^2/\kappa$ – und mit dieser Masse erstellt es die Potentialenergie $m^+{\cdot}\phi = -pE^+$. Beim Aufschlag auf den Stern geht lediglich die Energie in eine andere Form über; in Wärme, die aber die gleiche Potentialenergie hat.

Kommentar zu I: Beschränkt auf den relativistischen Soseins-Aspekt erscheint konsequent keine ballungs-interne Komponenten-Aufspaltung in Eigenenergien und Potentialenergie. Relativistisch wird eine solche Aufspaltung jedoch lediglich nicht erfaßt, aber nicht geleugnet und nicht widerlegt. Der Energie-Defekt des gegen das Feld aufsteigenden Photons ist ein Wirkungs-Aspekt und somit quantenphysikalischer Natur. Das von Oben nach Unten gerichtete Schwerefeld und die ballungs-interne Energie-Aufspaltung ist ein Daseins-Aspekt und somit existentieller Natur.

Der quantenphysikalische und der existentielle Aspekt widerlegen auch nicht den relativistischen Aspekt, sondern bestätigen ihn sogar. Sie erfassen aber über den relativistischen Aspekt hinausführende Fakten mit schwerwiegenden Konsequenzen, welche zugleich Grenzen der Anwendbarkeit des relativistischen Aspektes erkennen lassen.

Unterstellt man $E^+ = E/\kappa$ als Realität, dann sind in der Tiefe eines Potentials ϕ die Energien E^+ und Massen m^+ von Materiequanten genau analog adfektiert wie die Bewegtenergie bzw Bewegtmasse eines v-bewegten Körpers; dies in Relation zum Freiraumwert bzw Ruhewert. Mit $-\phi/c^2$ bzw v^2/c^2 gegen 1 gehend, steigt dieser Adfekt über alle Grenzen.

Ohne existentielle Adfektion der Materieenergien und Materiemassen in der Tiefe des Weltpotentials $-c^2$ würde das All überhaupt nicht existieren. Zur Existenz des Kosmos ist sogar eine unendlich große Adfektion erforderlich, die sich im quasi-unendlich tiefen Weltpotential $-c^2$ (unter dem Nichts) tatsächlich vollzieht. Wie sollte sonst irgendein Energiequantum 0 zu einem Quant mit endlichem Wert gelangen können, mit welchen jegliche Materie existiert?

Was schon die Propheten des Alten Bundes verkündet haben, wird nun durch die Physik aufgezeigt: Vor Gott, der nur in Sich Selbst gründet, der im Nichts thront und alle Kosmen mit dem schöpfungsmächtigen Wort des souveränen Gestzgebers ins Dasein ruft, sind alle Kosmen wie ein verschwindener Hauch, aber Ihm – jenseits aller Räume und Zeiten – immerfort gegenwärtig.

Der Adfekt der internen Eigenenergie E^+ gegenüber der externen Energie E^- ist $1/\kappa^2 = 1/(1\text{-}p)$. Die Kontraktion der Unten-Schwingungsdauer T^+ eines Photons im Verhältnis T^+/T^- zur Oben-Schwingungsdauer T^- ist $\kappa^2 = (1\text{-}p)$; gleicherweise beim Aufstieg wie Abfall: der Abfall-Adfekt ist reziprok dem Aufstieg-Defekt. Jedes Materiequant ist Unten ebenso in der Energie adfektiert wie die Energie eines von Oben nach Unten einfallenden Photons adfektiert. Weil auch das Photon ein Materiequant ist, scheint dies fast selbstverständlich. Dieses Verhältnis $T^+/T^- = \kappa^2$ ist kein Gegensatz zur relativistisch erscheinenden Kontraktion mit κ : es ist ein anderes Verhältnis als das relativistische Verhältnis zum Freiraum-Wert T.

In dem Verhältnis $T^+/T^- = \kappa^2 = \kappa \cdot \kappa$ ist der eine Faktor κ aufgrund des Abfalls im Potential, der andere Faktor κ aufgrund der unten kontrahierten Zeit als solcher; zB bei κ = 1/2 mit je einem 0-Photon: Oben mit dem Freiraumwert 2 fs erzeugt, wird es unten mit 0,5 fs (als κ^2-kontrahiert) empfangen; Jedoch Unten wird es (wegen der Zeit-Kontraktion κ·2 fs) mit 1 fs erzeugt und oben mit 4 fs empfangen

II Zeit-Kontraktion und Zeit-Drift :

Wiederum : Nach dem als richtig unterstellten Fachkonsens geht ein von Unten nach Oben aufsteigendes Photon Unten mit kürzerer Schwingungsdauer T_u ab als derjenigen Schwingungsdauer T^-, mit der es Oben ankommt; T^- länger als T_u . ZB konkret: ein Unten mit 1 fs erzeugtes Photon strahlt nach Oben und reagiert oben mit einer Schwingungsdauer von zB 1,001 fs oder 2 fs oder 4 fs oder 999 fs; jedenfalls länger als 1 fs (nicht gleich 1 fs, erst recht nicht kürzer).

Wie ist das nun mit dem kontinuierlichen Wellenzug eines Laser, bei welchem lange fortwährend – etwa 1 Sekunde oder 1 Jahr lang – Unten Photonen korreliert erzeugt und nach Oben gestrahlt werden? Wie ist das analog mit einem Langwellensender, Der Unten Photonen mit 1 Sekunde Schwingungsdauer erzeugt und nach Oben in eine Antenne einstrahlt? Wie ist das gar mit einem von Unten bis Oben reichenden Rohr, das sich Unten mit einer Umdrehungs-Dauer von 1 Sekunde dreht? Nach dem als richtig unterstellten Fachkonsens ist oben die Dauer T^- der Schwingung bzw Drehung länger als die untere Dauer T_u dieser Schwingung bzw Drehung, dh länger als 1 fs bzw 1 Sekunde.

Wie ist das real möglich? Müßten da doch fortwährend Schwingungen bzw Drehungen buchstäblich "auf der Strecke bleiben", dh auf dem Weg von Unten nach Oben irgendwie irgendwo irgendwann gespenstisch verschwinden! Wie-wo-wann sollten Drehungen eines Stahlrohres magisch verloren gehen; müßten nicht Torsionskräfte auftreten, die das Stahlrohr in Stücke drehen? Wie sollte all dies möglich sein, ohne die Kontinuität dieser einheitlichen Vorgänge zu stören? Wie-wo-wann sollten im reziproken Vorgang der Oben-Absendung die bei kürzerer Unten-Dauer T_u unten mehr empfangenen Schwingungen bzw Drehungen dazu gemogelt werden?

Die vermutlich einzige Antwort auf eine Unten kürzere Dauer T_u eines in sich einheitlichen Vorgangs relational zur Dauer T^- Oben, ist die Balancierung durch eine Zeit-Drift D, mit der die gesamte untere Zeit gegenüber der oberen Zeit fortwährend in die Zukunft driftet. Dies ist eine fortwährende zeitliche Verschiebung der Zeiten als solcher, mit allen ihren Momenten, Dauern und Ereignissen. Diese Zeitdrift ist analog der speziell-relativistischen Verstreichung $D = w \cdot vt$ mit dem Zeitgradient w längs einer sich mit der Geschwindigkeit v während der laufenden Zeit t fortwährend vergrößernden Fortbewegungs-Strecke $v \cdot t$. Dies ist analog, nur: statt sich mit v vergrößernder Strecke ohne Feld, ist die Zeitdrift auf konstanter Strecke (Oben-Unten) mit Feld, mit Potential-Gefälle ϕ.

Damit löst sich zwangslos ein eigentümliches Paradoxon: Die Dauer von elektromagnetischen Schwingungen oder mechanischen Drehungen ist dem Uhr-Schlag adäquat; dies ist geradezu der Urtyp von "Uhr". Mit der Unten-Dauer T_u kürzer als der Oben-Dauer T^- bedeutet dies in sich einen unten schnelleren Uhrschlag. Nach dem als richtig unterstellten Fachkonsens hat aber trotzdem eine von Oben schnell (1 Tag) nach Unten verbrachte, dann dort lange (1 Jahr) belassene, schließlich schnell (1 Tag) wieder nach Oben verbrachte Uhr weniger Schläge ausgeführt als die immer oben verbliebene Zwillings-Uhr. Dies dürfte ebenfalls nur mit derartiger Zeitdrift erklärbar sein. Mit der Zeitdrift ist die Erklärung zwangslos wie selbstverständlich. Auch dies ist analog dem "speziell-relativistischen Zwillings-Problem", des Weltraum-Fahrers, der weniger gealtert zurückkommt als der hier verbliebene Zwillingsbruder.

Mit der Zeitdrift besteht nicht die Frage des Ob, sondern nur des Wieviel. Aber gegenüber der primären qualitativen Feststellung ist die Frage der quantitativen Wertverhältnisse sekundär. Es genügen hierzu glaubhafte Mutmaßungen :

Vorangehende Betrachtungen hatten bereits nahegelegt, daß die Unten-Schwingungsdauer T_u identisch T^+ ist, welche gegenüber der Freiraum-Dauer T mit κ kontrahiert ist; $T_u = T^+ = \kappa \cdot T$; zudem, daß die Oben-Dauer T^- die gegenüber der Freiraum-Dauer T mit $1/\kappa$ dilatierte Dauer $T^- = T/\kappa$ ist. Die Balancierung von der Unten-Dauer T^+ durch die Zeitdrift D zur Oben-Dauer T^- ist:

$T^+ + D = T^-$, also $D = T^- - T^+$. Mit $T^+ = \kappa \cdot T$ und $T^- = T/\kappa$ wird $D = T \cdot (1/\kappa - \kappa)$ bzw $D = T^- \cdot (1 - \kappa^2)$. Also : $D = p \cdot T^-$.

Mit $T^+ = \kappa \cdot T$ – konkret bei $\phi = -0{,}75c^2$, dh $\kappa = 1/2$ – entlarft sich das Photon als unser altes 0-Photon, das Unten mit $\kappa \cdot 2$ fs = 1 fs erzeugt wird. Das Ende der Oben-Schwingungsdauer $T^- = 4$ fs wird somit dadurch gegeben, daß das Ende der Unten-Schwingungsdauer $T^+ = 1$ fs bis zum Ende der Schwingung mit der Zeitdrift $D = pT^- = 0{,}75 \cdot 4$ fs = 3 fs in die Zukunft verschoben wird; 1 fs + 3 fs = 4 fs.

Kommentar zu II : Konsequent bezogen auf Oben erscheint im relativistischen Soseins-Aspekt keine ballungsinterne Komponenten-Aufspaltung in einen (kontrahierten) Zeit-Ablauf und eine (fortwährende) Zeit-Drift. In der Aspektbeschränkung auf nur ein "Obenerscheinen" (Sosein) wird diese Aufspaltung lediglich nicht erfaßt, aber auch nicht geleugnet oder widerlegt. Das Abfallen der Schwingungs-, Rotations-, Lebens-Dauer usw längs des Weges gegen das Feld ist als Wirkungsaspekt quantenphysikalischer Natur. Die ballungs-interne Zeit-Kontraktion und die (sie ballungs-extern zur Dilatation überkompensierende) Zeit-Drift ist als Daseins-Aspekt existentieller Natur. Dies ist analog der speziell-relativistischen Überkompensation der Zeit-Kontraktion mit κ zur Einstein-Dilatation mit $1/\kappa$; aber auch wieder: statt längs einer Fortbewegungs-Strecke ohne Feld, auf einer konstanten Strecke mit Feld.

Der quantenphysikalische und existentielle Aspekt widerlegt aber auch nicht den relativistischen Aspekt, sondern ergänzt ihn. Zugleich öffnen diese komplementären Aspekte den Zugang zu weiteren wichtigen Fakten mit schweren Konsequenzen. Wie schon etwa die mit allgemein-relativistischen Bezugssystemen "fallenden und umlaufenden Galaxien" unmittelbar erkennen lassen, ist insbesondere der allgemein-relativistische Aspekt eng beschränkt, wenngleich in dieser Beengung leistungsstark. Der Wirkungs- und Daseins-Aspekt zeigt die Grenzen des relativistischen Aspektes gerade mit den die Existenz jeglicher Materie begründenden Energien und Inhomogenitäten.

Der Potentialwert $p = -\phi/c^2$ ist analog dem speziell-relativistischen Produkt $vw = v^2/c^2$. Wie mit der Annäherung von v^2/c^2 an 1, so kontrahiert auch mit Annäherung von 1 (dh von ϕ an $-c^2$) die Zeit im Unten gegen 0, wobei die im Oben erscheinende Dilatation unbegrenzbar groß wird, indem die Zeitdrift D gleich dem Zeitablauf T^- im Oben wird: mit $p = 1$ wird $D = p \cdot T^-$ zu $D = T^-$.

Dazu ein seltsamer Gedanke: Ohne existentielle Zeit-Kontraktion würde überhaupt nichts geschehen. Das All wäre gar nicht als "Ereignis" existent. Die Ereignislosigkeit des Nichts ist der Nicht-Ablauf in gleichsam unendlich langsamem Ablauf. Um Geschehnisse zu ermöglichen, ist sogar eine unendliche Zeit-Kontraktion erforderlich, welche im quasi-unendlich tiefen Weltpotential $-c^2$ den unendlich währenden Nicht-Ablauf in die endlichen Geschehnis-Dauern kontrahiert. Im Weltpotential $-c^2$ sind sogar alle Zeiten dieses Kosmos mit allen ihren Geschehnissen zu einem Ereignisblitz kontrahiert, der aber einem überkosmischen Betrachter – in der vollen Zeitdrift immerfort begleitend – immerwährend gegenwärtig ist.

Es bildet sich somit metaphysikalisch in die Physik ab, was seit alters die großen Theologen und Kirchenväter gelehrt haben: Vor Gott verschwinden alle Geschehnisse des All wie zu Nichts – und doch sind für Gott alle Zeiten und Ereignisse des All zeitlos immerfort gegenwärtig.

Singularität

Die Betrachtung I zielte auf die Energie-Verhältnisse. Die Betrachtung II zielte auf die Zeit-Verhältnisse. Die Betrachtung III zielt auf die Raum-Verhältnisse; konkret auf die Punktualität des Grenzpotentials, mit welchem sich dieses als physikalische Singularität erweisen wird.

Zuvor einige einleitende Betrachtungen zum Fachkonsens ("übereinstimmende Fachmeinung"). Die Betrachtung III und der Fachkonsens werden sich zwar in den entscheidend wichtigen Ergebnissen gegenseitig bestätigen. Dies ist aber um so wertvoller, je weniger für die Betrachtung schon an Fachkonsens vorausgesetzt werden muß (Absicherung gegen logische Zirkel).

(1) Nicht vorausgesetzter, aber auch nicht in Frage gestellter Fachkonsens ist: Bei einer Ballung mit einem gegen $-c^2$ gehenden Oberflächen-Potential verbleibt eine Defekt-Masse M^- , wobei das Verhältnis M^-/r dieser Ballungsmasse M^- zum Ballungsradius r eine charakteristische Größe ist. Das Potential wird durch eben M^-/r begründet. Für die Defektmasse M^- ist im wesentlichen Halbdefektion gegeben, wobei es nicht darauf ankommt, ob dieser kollektive Defekt exakt 1/2 ist oder moderiert (etwa 1/3 bis 2/3) ist. Das Verhältnis M^-/r ist im wesentlichen gleich $c^2/2G$, wobei es nicht darauf ankommt, ob dies exakt oder moderiert ist. Die Metrik ist im wesentlichen mit Schwarzschild-Radius s als – zumindest für statische Ballungen – Radius des Potentials $-c^2$, wobei es nicht darauf ankommt, ob diese exakt oder moderiert maßgeblich sind. Soweit ist der Fachkonsens nicht infrage gestellt aber auch nicht als richtig unterstellt, sondern ist offen gelassen (freilich in der Hoffnung, daß er sich bestätige).

(2) Partiell als richtig unterstellter Fachkonsens : Es existiert ein "Horizont" mit dem Potential $-c^2$. Wegen der kollektiven Halbdefektion der Ballung strahlen davon in Richtung zum Freien Raum Photonen verschiedenster Energie ab, die jedoch immer zu total 0 defektieren; unabhängig von der Energie, mit der sie abstrahlen (ob etwa mit neV oder eV oder GeV). Dies sei als "Photon-Nulldefektion" bezeichnet. Das Potential mit Photon-Nulldefektion sei als "Grenzpotential" bezeichnet (der Ausdruck "Horizont" sei vermieden, weil dieser schon vorweg dieses Potential als irgendetwas Ausgedehntes

erscheinen läßt; der Ausdruck "Grenzpotential" ist zwar auch nicht frei von einer vorweg unterstellten Bedeutung, aber doch dessen Art offen lassend). Dieser Fachkonsens muß und sei nur insoweit als richtig unterstellt (V1), daß irgendein Potential ϕ_z tiefer als Freiraum-Potential mit Photon-Nulldefektion existiere, wobei offen bleiben kann, wie tief dieses Potential ϕ_z sei (ob etwa weniger tief als $-c^2$ oder noch tiefer als $-c^2$ oder eben $-c^2$ selbst). Es ist zwar schon nahegelegt, daß ϕ_z den Wert $-c^2$ besitzt (eben als Grenzpotential $-c^2$), dies ist aber nicht vorausgesetzt.

(3) Dieser Fachkonsens der Existenz eines Potentials mit Photon-Nulldefektion ist so weitgehend essentiell für die gesamte Kosmophysik, daß mit einer Unrichtigkeit dieses Konsens die ganze Kosmophysik ins Rutschen käme und alles von Grund auf neu entwickelt werden müßte. Dies ist jedoch weder nötig noch gewollt. Man kann diesen Konsens deshalb arbeitshypothetisch voraussetzen; in der Erwartung, daß er sich verifiziert.

Nachfolgende Betrachtung III kann auf erstaunlich wenige und einfache Voraussetzungen gestellt werden. Dies ist umso erstaunlicher, als sie auf das Ungeheuerlichste des All zielt: auf die Kosmische Singularität. Offenbar wird auch damit und insbesondere damit das Unfaßliche zum Selbstverständlichen.

Für die Betrachtung III sind nur drei Voraussetzungen benötigt: V1, V2, V3. Die Voraussetzung V1 ist kritisch. Die beiden Voraussetzungen V2 und V3 sind trivial: V2 ist bei jedem Schwerefeld gegeben; V3 ist gesicherter Fachkonsens.

Die Voraussetzung V1 ist: Es existiert ein Potential ϕ_z mit Photon-Nulldefektion; dh es existiert ein Grenzpotential, von welchem in Richtung zum Freien Raum aufsteigende Photonen zu total 0 defektieren; wie hoch auch immer die Energie E_u sei, mit der sie von ϕ_z abstrahlen.

Die Voraussetzung V2 ist: Entlang dem Feld, welches das Potential ϕ_z begründet, steigt das Potential stetig monoton zum Freien Raum an.

Die Voraussetzung V3 ist: Jedes Photon, das von jeglichem Potential ϕ_y , welches höher als ϕ_z ist, aufsteigt, defektiert bis zum Freien Raum auf eine endliche Energie; wie nahe auch ϕ_y an ϕ_z sei.

Diese drei Voraussetzungen V1, V2, V3 führen direkt zu einem Grenz-Theorem der Potentiale, dem "Potential-Grenz-Theorem" PGT .

III Potential-Grenztheorem :

Gemäß V3 würde ein Photon, das mit noch endlicher Energie an eine Stelle kommt, die gemäß V2 auf höherem Potential als Grenzpotential liegt, bis zum Freien Raum nicht mehr zu total 0 defektieren. Gemäß V2 ist aber in Richtung zum Freien Raum jede Stelle in jedwelcher endlichen Entfernung vom Grenzpotential auf höherem Potential als das Grenzpotential. Gemäß V1 folgt daraus unmittelbar das hiermit als "Potentialgrenztheorem" bezeichnete Theorem für das Grenzpotential PGT :

> *Ein vom Grenzpotential abgehendes Photon defektiert zu jeder Stelle zu total 0 , die in einem endlichen Abstand von der Stelle mit Grenzpotential in Richtung zum Freien Raum entfernt ist; wie klein (sogar verschwindend klein) der Abstand auch immer sei, und wie hoch (sogar unbegrenzt hoch) die Abgangsenergie auch immer sei.*

Man ist versucht, sich dieser harten Problematik billig zu entledigen : es sei trivial, daß schon in beliebiger Nähe eines mathematischen "Pols" endliche Werte auftreten; oder : es sei eine Defektion zu total 0 allein schon durch die Tiefe $-c^2$ eines Potentials erklärt. Aber um das geht es gerade : ob ein Grenzpotential zwangsläufig von der Art eines mathematischen Pols ist; und: welcher Art ein Grenzpotential ist, welchen Wert (etwa $-c^2$) ein solches auch immer habe.

So billig kommt man eben nicht um diese harte Problematik herum, welche – geradezu unfaßbar – durch einfachste Gedanken aufgeworfen wird und doch schwerste Konsequenzen für die ganze Kosmophysik hat. Einige Konsequenzen seien nachfolgend angedeutet:

1) Wenn vom Grenzpotential aufsteigende Photonen jedwelcher Energie auf verschwindend kurzer Strecke zu total 0 defektieren, dann muß das Schwerefeld am Grenzpotential unendlich stark sein, dh es muß ein unendlicher Potential-Gradient sein.

2) Wenn vom Grenzpotential Photonen auf Nullstrecke mit Nulldefektion aufsteigen, dann muß die Feld-Stärke bzw der Potential-Gradient "unendlich in 2.Potenz" sein.

3) Wenn das Feld am Grenzpotential unendlich stark ist, aber endlich stark in den Freien Raum ausgreift, dann muß das Feld am Grenzpotential von einer zum Punkt kontrahierten Fläche ausgehen :

als punktuell (zu 0) kontrahierte Ballungs-Oberfläche, was nicht einen endlichen Ballungs-Radius und was nicht eine endliche Ballungs-Masse ausschließt.

4) Eine Ballung mit zum Punkt kontrahierter Oberfläche ist vermutlich ohne Drehimpuls. Was wäre ein rotierender Punkt, zumal mit aus dem Kosmos entkoppelter Masse?

5) Wenn ein von einer Stelle aufsteigendes Photon auf dem Weg zum Freien Raum nicht zu total 0 defektiert, obgleich diese Stelle räumlich und bzw oder potentiell zwar endlich aber unbegrenzbar nahe dem Grenzpotential ist, dann ist das Grenzpotential eine physikalische Singularität.

6) Wenn die Energie des geschlossenen Systems in Relation zum Kosmos konstant bleibt, dann verliert eine auf Grenzpotential liegende Ballung durch Abstrahlung von Photonen keine Energie.

7) Wenn die Energie eines vom Grenzpotential aufsteigenden Photons auf total 0 defektiert, dann adfektiert reziprok ein auf Grenzpotential abfallendes Photon auf unendlich hohe Energie.

8) Wenn die Energie des geschlossenen Systems in Relation zum Kosmos konstant bleibt, dann adfektiert die negative Potential-Energie des Systems ebenso wie die positive Photon-Energie; als Scheidung unbegrenzt großer positiver und negativer Energien.

9) Ein Potential mit Photon-Nulldefektion hat quasi-unendliche Eigenschaften, mit welchen ein derartiges Potential prinzipiell unerreichbar tief ist.

Kommentar zu III, zum Grenztheorem und den Konsequenzen :

Das Grenztheorem der Potentiale folgte zwangsläufig aus der Unterstellung der Richtigkeit des Fachkonsens, daß ein Potential mit Photon-Nulldefektion existiert. Die kaum abweisbaren Konsequenzen erweisen ein derartiges Potential als physikalische Singularität, die prinzipiell unerreichbar ist. Der Fachkonsens, daß ein derartiges Potential existiere, war – trotz dessen Unerreichbarkeit – als richtig unterstellbar, weil dieses Potential zwar nicht total, aber extrapolativ in unbegrenzbarer Annäherung begreifbar ist. Das Grenztheorem und die Konsequenzen setzen interessanterweise nichteinmal einen konkreten Wert für ein derartiges Potential voraus; jedoch :

Die Betrachtungen I und II haben schon dringend nahegelegt, daß das Potential $-c^2$ eine quasi-unendliche Grenze ist. Auch der Fachkonsens sieht den "Horizont" $-c^2$ als dasjenige Potential an, mit welchem Nulldefektion für von ihm aufsteigende Photonen gegeben ist. Jedoch bei prinzipieller Unerreichbarkeit ist das Potential $-c^2$ nicht von der Art eines Horizontes, als einer Linie bzw Fläche, die überschreitbar, dh durchfallbar wäre.

Nicht entscheidend ist demgegenüber zB, ob die Potentialgleichung, die Schwarzschildmetrik und der Schwarzschildradius exakte Beschreibungen sind oder vielleicht nur gleichnishafte Abbildungen. Entscheidend ist nicht, ob der Schwarzschildradius erreichbar oder gar durchfallbar ist, sondern, daß das Grenzpotential $-c^2$ nicht erreichbar ist. Dennoch ist der Schwarzschildradius eine zumindest grobe Angabe für Situationen in Annäherung an das Grenzpotential.

(Zu 1) Nur eine quasi-unendliche Potential-Differenz kann eine Energie-Defektion von darin aufsteigenden Photonen mit jeglicher Abgangs-Energie zu total 0 bewirken, weil jegliche endliche Potential-Differenz nur eine endliche Defektion mit einer der Abgangs-Energie proportionalen Auslauf-Energie bewirkt. Photon-Nulldefektion ist damit nur erreicht, wenn wenigstens auf einem Teil der Strecke eine unendliche Feldstärke, ein quasi-unendlicher Potential-Gradient gegeben ist. Dies kann freilich nur am Grenzpotential selbst sein.

(Zu 2) Wenn auf einer Nullstrecke bereits Nulldefektion erfolgt, dann muß der Potential-Gradient am Grenzpotential das "Unendlich in 2.Potenz" (gleichsam unendlich·unendlich) sein: Die Potentialgleichung berücksichtigt bereits den klassischen Metrik-Faktor (für das Potential $1/r$, für die Feldstärke $1/r^2$); als gleichsam erster Unendlich-Faktor. Allein gemäß der Potentialgleichung wäre der Potentialabstand $(1-p)$ die generell gegebene Potential-Differenz $(p+1)\cdot c^2$. Jedoch ist an derjenigen Stelle, welche sich von hier (Oben) im Potentialabstand $(1-p)$ befindet, die Potential-Differenz – nicht $(p+1)c^2$ wie von hier erscheinend, sondern wie vom PAT ausgedrückt – selbst wieder ein quasi-unendlicher Abstand $-c^2$ vom Grenzpotential $-c^2$. Der effektive Potential-Gradient ist somit $1/(1-p)$ fach dessen wie von der Potentialgleichung ausgedrückt; als gleichsam zweiter Unendlich-Faktor.

(Zu 3) Endliche Massen und Radien bei punktueller Oberflächen-Kontraktion sind mathematisch formulierbar und faktisch möglich. Als

Approximation mit einem gegen 0 gehenden Potentialabstand (1-p) dürften endliche Defektmassen M^- mit endlichen Radien r in einem bestimmten Verhältnis M^-/r real sein. Aber was ist Realität an der Grenze selbst? Mit einem Potentialabstand (1-p) = 0 werden die abends grauen Katzen zum schwarzen Kater: Der Grenzzustand ist grundsätzlich undefiniert. Jedes approximative Hineinprojizieren in die Quasi-Unendlichkeit eines Grenzzustandes wird leer. Schon von "Grenzzustand" zu sprechen wird zur Phrase.

Seltsame Gedanken drängen ins Bewußtsein: Der Übergang zur Grenze vollzieht einerseits extern (in unseren Kosmos hinein) eine extreme Inhomogenisierung mit halbdefektierter Masse und dazugehörig endlichem Radius bei dennoch Punktualität; andererseits intern (in die Ballung hinein) eine völlige Homogenisierung mit einer hochadfektierten Masse und zugehörigem Umfang einer Hyperkugel mit (wegen des PAT) überall gleichem Potential $-c^2$. Ist dieses – extern als Relatives Grenzpotential mit $-c^2$ unter dem Freiraum-Potential erscheinende Potential – vielleicht intern ein "Weltpotential" einer eigenen Raumzeit mit $-c^2$ unter dem nach oben ins Nichts entschwundenen "alten" Kosmos?

(Zu 4) Es wäre eine interessante Untersuchung, ob eine nichteuklidische Oberflächen-Punktualität bei endlicher Masse auf endlichem Radius relativ zum Kosmos noch Drehimpuls haben kann. Wie sollte eine "Rotation" durch die punktuelle Oberfläche wirken? Vermutlich ist einer physikalischen Singularität am Grenzpotential $-c^2$ selbst überhaupt kein Drehmoment eigen, weil die Singualrität als solche schon nicht erreichbar ist und in Masse und Radius undefiniert ist. Könnte eine existentiell aus dem Kosmos entkoppelte Ballung Drehimpuls mitnehmen, gleichsam dem Kosmos entführen? Dies würde – im Kosmos wie in der Ballung – die Nullbilanz verletzen.

(Zu 5) Es ist undenkbar, daß eine Singularität durchfallen oder sonst überschritten werden könnte, wenn diese sogar gegenüber ihrer verschwindend nahen Umgebung quasi-unendlich tief ist.

Wieder drängen sich seltsame Gedanken auf: Wenn es doch ein "Intern" mit Masse und Radius in der Singularität geben sollte, und wenn mathematische Konsequenzen dahinein anwendbar sein sollten, dann würde dies – von unserem Kosmos her gesehen – ein existentiell instabiler Bereich sein, in welchem sich – in der Entstehung von

Materie – die Entstehung von positiven Eigenenergien und negativer Potentialenergie gegenseitig immer intensiver steigert. Dies müßte, könnte und würde sich aber im Gleichgewicht mit einer dynamischen Expansion stabilisieren. Es entstände – wie von der Singularität herkommend – ein neuer homogen expandierender Kosmos; ganz im Stil des Standard-Modells. Aber wie sollten mit realen Gegenbenheiten unseres Kosmos etwa 10^{20} bis 10^{30} Sonnenmassen für einen neuen Kosmos zeugbar sein?

(Zu 6) Strahlt von einer Singualrität ein Photon noch so hoher Energie ab, so defektiert dies zu total 0. Das System verliert mit dem Abgang des Photons soviel an negativer Potentialenergie als es dem zu 0 defektierenden Photon mitgegeben hat. Im System defektiert die Potential-Energie negativ soviel wie die Photon-Energie positiv. Die Singualrität kann unentwegt abstrahlen ohne sich zu erschöpfen. Zugleich ist in der indifferenten Singualrität die Entstehung von Photonen (von allen Materiequanten) möglich, indem ebensoviel Potential-Energie negativ wie Photon-Energie positiv adfektiert.

(Zu 7) Defektion eines ausstrahlenden Photons ist revers die reziproke Adfektion eines einstrahlenden Photons. Defektion eines austrahlenden Photons von endlicher Energie zur Energie total 0, ist Adfektion eines einstrahlenden Photons von endlicher Energie auf unendlich-große Energie. Dies ist in sich zwingende Konsequenz; insbesondere unabhängig davon, ob ein interner Adfekt gegeben ist oder nicht. ZB schon ein einziges, aus dem Freien Raum in eine Singularität einfallendes Rotlicht-Photon von 1 eV adfektiert in der Singularität bis auf unendlich-große Photon-Energie; auch wenn aus noch so geringem Abstand einfallend.

(Zu 8) In Relation zum Kosmos (etwa zum Freien Raum) erscheint mit Einfall eines Photons nur die Erhöhung der (Defekt-)Energie des Systems um die Energie (zB 1 eV), welche das Photon im Freien Raum hatte, indem ebenso negative Potential-Energie wie positive Photon-Energie adfektiert. Relativistisch erschiene nur die um die Photon-Energie (zB 1 eV) vergrößerte Gesamtenergie. Aber aktuell und existentiell wäre in der Ballung die Adfektion, mit welcher sich unbegrenzbar große positive Eigenenergien von negativer Potential-energie scheiden; am Grenzpotential sich gegenseitig nullbilanzierend.

(Zu 9) Wäre das Grenzpotential $-c^2$ durchfallbar, so würde schon ein einziges hindurchfallendes Photon diesen unendlichen Adfekt einbringen. Wie sollte gar eine Erdkugel einen zum Punkt kontrahierten Horizont durchfallen können? Diese Absurdität löst sich schlicht damit, daß das Grenzpotential $-c^2$ schon gar nicht erreichbar ist.

Endliche Adfekte werden zwar mit auch endlicher Annäherung an $-c^2$ erreicht. Aber um zB mit einem 1eV-Photon ($2 \cdot 10^{-39}$ t) intern 10^{24} Sonnenmassen ($2 \cdot 10^{51}$ t) zu generieren, wäre ein Adfekt von 10^{90} erforderlich. Ein so nahes Herankommen einer Balung an das Grenzpotential $-c^2$ – dh ein Potentialabstand $(1\text{-}p) = 10^{-90}$ – ist zwar theoretisch möglich aber faktisch unmöglich. Nur von sehr großen Massen ist zu erwarten, daß sie tatsächlich so nahe an das Grenzpotential kollabieren, um zu einer Masse ähnlich der Masse unseres Kosmos adfektieren zu können.

Galaxenkerne werden sicher weit vor dem Grenzpotential instabil, womit ein selbst-beschleunigter Kollaps einsetzt. Dem Kollaps wirkt nur der Drehimpuls entgegen. Es deutet einiges darauf hin, daß infolge einer internen Energie-Adfektion eine existentielle Instabilität bei halbem Grenzpotential eintritt; bei $\phi = -c^2/2$, dh $p = 1/2$. Diese besondere Instabilität würde sich auch gegen höhere Drehimpulse durchsetzen und die Kollaps-Dynamik extrem steigern. Ob eine solcherart wesenhafte Instabilität bei $p = 1/2$ tatsächlich eintritt, erscheint jedoch fragwürdig, weil man damit etwa für Neutronensterne eine Schranke beobachten sollte: ua sollte man eine statistische Häufung von Neutronensternen mit einem Zentralpotential eben nahe $-c^2/2$ erwarten.

Jedenfalls kommen mit dem Kollaps des Kerns einer drehimpulsfreien Riesen-Kugelgalaxie genügend große Massen dem Grenzpotential $-c^2$ so nahe, um Energien mit 10^{20} bis 10^{30} Sonnenmassen scheiden zu können. Der Kollaps-Prozeß – und somit die weitere Annäherung an das Grenzpotential – ist dann und damit beendet, wenn derart viel Energie (und Masse) in den Kosmos abgestrahlt und abgetrieben ist, daß die Nullbilanz im Kosmos gewahrt ist.

Die Singualrität – eben das Grenzpotential $-c^2$ – selbst ist nicht erreichbar. Selbst dem Dasein des Kosmos nicht mehr zugehörig, ist alles kosmische Sein auf die Singularität hin und von der Singularität her. Die Singualrität ist meta-existent.

Meta-Existenz

Die meisten Galaxien sind zur Zeit noch aktiv. Etwa in Abständen von hundermillion Jahren stürzen in ihrem Kern gigantische Gasmassen zusammen, wobei die Vernichtungs-Strahlung am Grenzpotential in der Regel ein Paar von Gasstrahlen ausstößt, aus welchen sich neue Spiralarme formieren; soweit es sich um Spiral-Galaxien handelt.

Der Drehimpuls wirkt dem Zusammenfall entgegen. Zur "Erhaltung des Drehimpuls" steigt die Winkelgeschwindigkeit, und die gravitatorische Zusammenziehung geht in kreisende Bewegung über. Der Gas- und Strahlungs-Druck wirkt dem Zusammenfall ebenfalls entgegen; wobei der Strahlungsdruck dominiert. Volumen-Verminderung gegen Druck ("Kompression") ist positive Energie. Bei leichter Komprimierbarkeit wirkt der Gasdruck nur gering, bei hoher Durchstrahlbarkeit ("Durchsichtigkeit") wirkt der Strahlungsdruck nur gering dem Zusammenfall entgegen.

Es sind jedoch viele (fast völlig) drehimpulsfreie Riesen-Kugelgalaxien mit bis zu hundertbillion Sonnenmassen bekannt, in welchen Kerne extrem kollabieren. Zur Zeit wird an der "Radiogalaxie" 3C 273 der Ausstoß eines Gasstrahls mit über hundertmilliarden Sonnenmassen beobachtet. Dieser konkrete Galaxenkern-Kollaps ist sehr viel mächtiger als folgendes Beispiel eines für Riesen-Kugelgalaxien nur mittelmächtigen Kollapses, an welchem der Ablauf veranschaulicht sei:

Eine drehimpulsfreie Gaswolke mit einer Masse von $6 \cdot 10^{37}$ t (zehnbilliard Erdkugeln) hat an ihrem Schwarzschildradius s von 300000 sc (dh $9 \cdot 10^{13}$ m) nur 1/1000 der Dichte unserer Umgebungs-Luft und ist damit ideal kompressibel und durchstrahlbar. Deshalb werden so hohe Drucke, daß beträchtliche Anteile der kollabierenden Masse wieder zurück in den interstellaren Raum "abgetrieben" werden, erst nahe am Grenzpotential erreicht: es läuft ein höchst dynamischer Prozeß ab. Ohne Gegendruck würden die kollabierenden Massen den Schwarzschildradius mit rund 0,8c durchfallen. Die tatsächliche Geschwindigkeit dürfte in günstigen Fällen kaum weniger sein.

Weil die das Potential begründenden Schwerefelder mit (auch nur) Invarianzgeschwindigkeit c die aufeiander zufallenden Massen gravitatorisch miteinander koppeln, ist mit schnellem Durchfallen des Schwarzschildradius das Grenzpotential zwar noch nicht erreicht, aber die Ballung ist schon "überfällig". In diesem "Überhang" jagen die c-bewegten Felder die weiter kollabierenden Massen super-abrupt in das Grenzpotential. Schon "wenig" unter dem Schwarzschildradius – aber doch Stunden bis Tage, bei den allergrößten Kollapsen sogar Monate verzögert – stürzt das Potential in das Grenzpotential $-c^2$. Es wäre eine erregende Aufgabe, dies möglichst exakt durchzurechnen. Aber wie immer das auch sei: Zumindest die in den Überhang geratenen Nukleonen werden vernichtungs-verstrahlt.

Konservativ betrachtet, wobei es auf ein geringes Vielfaches oder einen geringen Bruchteil der Größen nicht ankommen soll, läuft der Kollaps so ab :

Der sich selbst steigernde Zusammenfall treibt das Potential ϕ auf einen immer kleineren Potentialabstand (1-p) an das Grenzpotential; dh $\phi = pc^2 - c^2 = -(1\text{-}p)\cdot c^2$, wobei $1/(1\text{-}p)^{1/2} = \kappa$. Ungeachtet eines etwaigen geringfügigen Beifaktors, beherrscht der Potentialabstand $(1\text{-}p) = 1/\kappa^2$ die Defektionen und Adfektionen. Proportional κ defektieren von einer Stelle mit Potential ϕ in den Freien Raum strahlende Photonen. Reziprok κ, dh mit $1/\kappa$, adfektiert die positive Eigenenergie zusammen mit der negativen Potentialenergie, in welche die Ballungsenergie intern aufspaltet. Die Eigenenergie ist im fortgeschrittenen Kollaps schließlich nur noch Strahlung.

Extern – gegenüber dem interstellaren und Freien Raum – erscheint die Ballung mit ihrer Defekt-Masse M^-, die im Verhältnis zu ihrem (noch ungeballten) Freiraum-Wert M auf rund die Hälfte defektiert ist. Infolge dieser (kollektiven) Halbdefektion ist die Ballungsmasse nur unerheblich vermindert. Jedoch wird die Ballungsmasse mit fortschreitendem Kollaps durch Massen-Abfuhr sehr vermindert.

Diese Massen-Abfuhr ist Abstrahlung und Abtreibung: Die aus der Ballung in den Interstellarraum abstrahlende Energie führt naturgemäß direkt ihre eigene Masse ab. Der gigantische Strahlungsdruck aus dem Zentralbereich der Ballung auf äußere Ballungsmassen treibt zudem indirekt immer größere Anteile der anfänglichen Ballungsmasse in den Interstellarraum ab. Hierbei wird der Drehimpuls der Ballung mit abgetrieben. Bei Kernkollapsen von Spiralgalaxien paarig abgetriebene Gasstrahlen lenken aufgrund dieses mitbekommenen Drehimpulses zu neuen Spiralarmen ein. Weil für die entscheidend wichtige Endphase auch geringe Drehimpulse kritisch sind, ist diese Abfuhr auch für den fast drehimpulsfreien Kollaps in Riesen-Kugelgalaxien wichtig.

Der allermeiste Drehimpuls wird vermutlich schon abgeführt, bevor der selbsterregt fortschreitende Kollaps mit immer geringeren (Defekt-) Massen immer intensiver fortschreitet. Die genauere Erfassung derartiger Kernkollapse ist die großartigste und wichtigste Aufgabe der kommenden Kosmophysik. Derzeit sind nur Mutmaßungen mit grundsätzlichen Konzepten möglich.

Das Kollapsende ist erreicht, wenn in den Interstellarraum (in unseren Kosmos) soviel Energie und Masse zurückgestrahlt und -getrieben ist, daß weitere Abstrahlung die Nullbilanz verletzen würde. Zumal es zur Zeit noch nicht gelingt, dieses Prozeßende mathematisch zu erfassen, sei eine andere Betrachtung dazu angesetzt, die zwar damit nicht direkt inbezug bringbar aber doch relevant scheint.

Potentiale sind proportional den Massen und reziprok den Radien von Ballungen. Wenn auch die weiter und intensiver kollabierende Masse abnimmt, wird sicherlich die totale Punktualität am Grenzpotential $-c^2$ doch nicht erreicht. Es drängt sich jedoch die Idee auf, daß irgendwie die "Elementarlänge" h/mc als Endradius von Bedeutung ist. Sollte dies sein, so wäre sicherlich irgendwie das Verhältnis V der Elementarlänge h/mc zum Schwarzschildradius bestimmend. Mit $M = 2M^-$ wäre dieser MG/c^2, womit: $V = (h/mc) : (GM/c^2)$, dh $V = hc/GMm$.

Die Elementarlänge ist die elementar ununterschreitbare Mindestlänge, und der Schwarzschildradius ist die die Ballung charakterisierende Länge. Deren Verhältnis V dürfte irgendwie – ungeachtet eines geringen Vielfachen oder Bruchteils – den Kollaps charakterisieren. Konkret mit einer anfänglichen Ballungsmasse $M = 6 \cdot 10^{37}$ t und der Nukleonmasse $m = 1{,}67 \cdot 10^{-30}$ t wird dieses Verhältnis $V = hc/GMm$ zu rund $V = 10^{-28}$.

Der reale Kollaps verläuft zwischen zwei irrealen Extrem-Fällen: Im einen Extrem würde die Ballung immer laufend soviel Masse verstrahlen und abstrahlen als ihr von außen zufällt. Dies wäre ein quasi-stabiler Zustand ohne inneren Adfekt gemäß $V^{-0} = 1$; mit konstantem Potentialabstand (1-p). Dies mag bei Neutronensternen möglich sein. Dies ist aber sicher nicht bei Galaxenkernen möglich, die sogar bei einem Zusammenfall auf Schwarzschildradius noch kompressibel und durchstrahlbar sind. Im anderen Extrem würde die

Ballung bis auf Elementarlänge ohne Verstrahlung und ohne Massenabfuhr kollabieren. Dies wäre ein total steriler Zusammenfall mit extrem innerem Adfekt gemäß $V^{-1} = 10^{28}$ (als Bewegungsenergie der fallbewegten Massen); mit Abfall des Potentialabstandes auf $(1\text{-}p) = 10^{-28}$. Dies wäre indes nur mit einer "ideal zusammenfallenden Staubwolke" möglich, in der die gesamte anfängliche Masse M als miteinander nichtstoßende, kalte, superdichte Staubkörner zusammenfällt. Dies ist aber bei realen Galaxenkernen nicht gegeben.

Der reale Kollaps-Prozeß liegt dazwischen mit einem dynamischgleitenden Gleichgewicht aus der Abfuhr immer größerer Anteile der anfänglichen Ballungsmasse M und einem immer intensiveren Zusammensturz der immer kleiner werdenden Restmasse. Zwischen den Extremen gemäß V^{-0} und V^{-1} dürfte – ganz grob genommen – die Realität etwa gemäß $V^{-1/2}$ gegeben sein. Damit wird der Potentialabstand (1-p) vom Grenzpotential $-c^2$ im Fortlauf des Prozesses immer kleiner, um am Prozeß-Ende rund $(1\text{-}p) = 10^{-28}$ zu erreichen. Die Kontraktion κ ist damit am Prozeßende $\kappa = 10^{-14}$, also hundertbillionstel.

Damit ist eine räumliche Kontraktion extrem auf die Punktualität hin. Und damit ist auch eine zeitliche Kontraktion auf einen Ereignisblitz hin. In Relation zum Interstellarraum (und Freien Raum) erscheint relativistisch eine reziproke Dilation: Vorgänge, die unten in sich billiardstel Sekunden (10^{-14} s) währen, erscheinen oben im Kosmos auf Jahrmillionen (10^{+14} s) dilatiert. Was ereignet sich mit den Energien und Massen?

Bis zum Prozeß-Ende ist von der anfänglichen Ballungsmasse M bereits alles in den Interstellarraum abgeführt; dh abgestrahlt und abgetrieben. Im Schlußakt selbst, in welchem sich die Raum-Schließung vollzieht, ist nur noch 10^{-14} M als Defektmasse verblieben; konkret 100 Erdmassen, welche im Schlußakt in den Interstellarraum abgeführt werden.

Dies ist nur mit invarianzbewegten Energiequanten möglich; dh mit Photonen und eventuell Gravitonen, welche hierbei auf 10^{-14} defektieren. Damit diese Masse – von konkret 100 Erdmassen – den Interstellarraum erreicht, muß unten eine Materieenergie von der Größe der ehemaligen Ballungsmasse M abstrahlen, was eben nur aufgrund der gewaltigen ballungs-internen Adfektion (auf 10^{14} M) möglich ist. Sollten Neutrinos eine endliche Ruhemasse besitzen (etwa einige eV/c^2), so können diese schon lange vor dem Schlußakt nicht mehr in den Interstellarraum abgehen. Die Erforschung, was mit den Neutrinos im forgeschrittenen Kollaps geschieht, und ob diese vielleicht heute beträchtlich zur "Fehlenden Weltmasse" beisteuern, ist ein interessantes Problem für die Forschung.

Ballungs-intern ist bis $\kappa = 10^{-14}$ die Scheidung in positive Eigenmassen und negative Potentialmasse mit einer Adfektion von 10^{14}M bzw -10^{14}M (je hundertbillionfach der anfänglichen Ballungsmasse) vorangeschritten, wobei sich diese im Schlußakt gegenseitig total nullbilanzieren. Somit sind intern $10^{14} \cdot 10^{16}$ Erdmassen an Materiemassen adfektiert; das sind 10^{30} Erdmassen = $3 \cdot 10^{24}$ Sonnenmassen. Diese ist reine Strahlung. Also ein für Riesen-Kugelgalaxien mittelschwerer Kernkollaps generiert – durch Potentialmasse nullbilanziert – eine Masse, wie sie ungefähr für unseren Kosmos veranschlagt wird.

Solange der Prozeß noch nicht abgeschlossen war, stieg mit der inneren Energie-Adfektion die Abstrahlung extrem schnell an; trotz der ebenfalls zunehmenden Defektion der abstrahlenden Photonen und Quanten. Der Abstrahlungs-Rückstoß überwiegt schließlich sogar die selbst extrem ansteigende Schwerkraft der Restmasse in sich, sodaß die Selbstbeschleunigung des Prozesses über alle Grenzen steigt: Der Impuls von vielen milliarden Sonnenmassen, die mit Geschwindigkeiten von einigen zehntausend km/s abgetrieben werden, lastet letztendlich auf den immer kleiner werdenden Kollapsmassen.

Am Prozeß-Ende hat der Prozeß total der Nullbilanzierung in unserem Kosmos genügt; nicht nur mit der Energie und Masse, auch mit Impuls und Drehimpuls, mit Ladung und Spin. Diese Nullbilanzierung ist eben das Prozeßende, mit welchem sich das Raumzeit-Kontinuum dieses Kosmos schließt. Der Schlußakt ist eben durch die Nullbilanzierung als Primär-Ursache gesetzt, indem weitere Abstrahlung aus der innen adfektierten Energie in unserem Kosmos Energie und Masse ungewesen entstehen ließe. Der Schlußakt geschieht extrem nahe – zB $(1\text{-}p) = 10^{-28}$ – zum Grenzpotential $-c^2$, geschieht extrem nahe zur Punktualität der Singualrität, ohne diese aber total zu erreichen.

Bis zum Schlußakt, bis zum Schließen des Kontinuums war die kollabierende Ballung zwar extrem wenig, aber doch immer noch gravitorisch mit allen Massen unseres Kosmos verkoppelt. Deshalb geschahen zwar schon die unserem Kontinuum noch zugehörigen Adfektionen, aber es war noch keine instabil-selbsterregte gegenseitige Steigerung der Eigenenergien und Potentialenergie möglich. Deshalb war auch immer noch Kollaps und keine Expansion. Immer größere Anteile der Potentialenergie erstellten zwar in einer inneren Homogen-Komponente eine interne Raumzeit als solche. Aber immer noch war über die Inhomogen-Komponente eine Verbindung mit der Raumzeit unseres Kosmos. Über diese Brücke war die innere Raumzeit immer noch gleichsam nur eine Auswucherung der Raumzeit unseres Kosmos. Dies endete jedoch schlagartig mit dem Schlußakt.

In Relation zu unserem Kosmos erscheint das urgewaltige Ereignis eines Galaxienkern-Kollapses "einfach" als eine Verstreuung vordem geballter Masse M in den Interstellarraum der Galaxie und in deren Umraum. Die im "Inneren" adfektierten Eigenenergien und Potentialenergie ist in Relation zu unserem Kosmos existentiell verschwunden; "einfach" nicht mehr in Raum und Zeit unseres Kosmos existent. Rechtschaffenerweise müßte damit unsere Wissenschaft ebenfalls schließen. Dennoch kann man auch das Jenseits der Singualrität betrachten, denn es ist wie das Diesseits derjenigen Singularität, von welcher unser Kosmos herkommt.

Das bisherige "Innen" ist mit gewaltig adfektierten Eigenerergien und diese nullbilanzierender Potentialenergie "jenseits" der Singularität existent geworden; wie aufgetaucht. Der mathematische Formalismus ergibt für den virtuellen Bereich jenseits der Singularität zwar eine gegenseitige Steigerung der Eigenenergien und der Potentialenergie. Aber diese dynamische Selbsterregung erscheint nun im Diesseits nach der Singularität als Expansion des neuen Kosmos; als kosmische Expansion eines Homogen-Kosmos.

Die Eigenenergien des "Innen" sind die Materieenergien des neuen Kosmos; die Potentialenergie ist die dem neuen Kosmos eigene Raumzeit. Dieser neue Kosmos taucht bereits als Expansion in Nullbilanz auf. Die schon im Auftauchen mit Invarianzgeschwindigkeit c fliehende Singularität in seinem Präsenzraum und die gebremste Expansion seines Parameterraumes, nullbilanziert diesen neuen Kosmos in zunehmender gravitativer Verkopplung seiner Strahlungsmassen. Diese schwinden in expansiver Defektion (Rotverschiebung), sofern sie sich nicht in Körpermassen manifestieren. Die Nullbilanz erzwingt – als Primär-Ursache – eine parametrische Bremsung mit ungefähr der Wurzel des Weltalters des neuen Kosmos.

Im Kollaps kontrahiert die Ballung im alten Kosmos auf die Singularität hin; sie selbst aber nicht erreichend. Die kosmische Singularität ist Ziel-Singularität des alten Kosmos, auf die hin der Kollaps bestimmt ist und abläuft. Die Weltmaterie expandiert im neuen Kosmos von der Singularität her; aber nicht von ihr selbst ausgehend. Die kosmische Singularität ist Start-Singularität des neuen Kosmos, von der her die Expansion bestimmt ist und abläuft.

Das Grenzpotential $-c^2$ ist die kosmische Singularität: selbst der kosmischen Existenz nicht zugehörig – undefiniert in Masse und Radius – ist sie die machtvolle Orientierung für das Kommen und Gehen jeglicher kosmischen Existenz.

Die kosmische Singularität ist prinzipiell unerreichbar; weder im Hingang als Ziel, noch in Herkunft als Start. Extrem nahe vor ihr in extremer Inhomogenität scheidet die Ballung im Kollaps aus der Existenz – und extrem nahe hinter ihr in extremer Homogenität tritt der neue Kosmos expandierend in die Existenz. Die Singularität selbst wird irgendwie ausgelassen; gleichsam untertaucht, gleichsam durchtunnelt.

Die Singularität ist also doch ein existentieller "Horizont", der selbst unerreichbar ist und selbst nicht mehr der realen Existenz dieses oder jenes Kosmos zugehört, der aber kosmische Existenz eines Dieseits und eines Jenseits scheidet. Die kosmische Singularität ist meta-existent.

Meta-Theologie

"Meta" ist ein schönes Wort. Unsere Singularität ist eine schöne Meta-Existenz mit seltsamen Eigenschaften. Sie existiert nicht und bestimmt doch alles: den Hingang und die Herkunft jeglicher kosmischen Existenz. Sie ist – hin wie her – wesenhaft unerreichbar: ein unheimlicher Existenz-Horizont, der ganze Kosmen voneinander scheidet. Damit bilden sich metaphysische Wahrheiten der Theologie in unsere physikalische Welt ab.

"Vor" diesem ganzen Kosmos sehen wir eine Singularität als Start unseres Kosmos. Unser ganzer Kosmos ist "nach" dieser Singularität. Sie ist in der größten Entfernung dieses Kosmos, in der Welttiefe R. Sie ist vor der längsten Vergangenheit dieses Kosmos, vor dem Weltalter T. Sie umgibt uns ringsum mit der größten Fläche dieses Kosmos, in der Oberfläche des ganzen realen Weltraums. Sie flieht uns in allen Richtungen zugleich mit der größten Geschwindigkeit dieses Kosmos, mit der quasi-unendlichen Invarianzgeschwindigkeit c. Sie flieht in einer existenzbegründenden Expansion und begründet in fortwährender Weitung und fortschreitender Alterung unsere Raumzeit. Ein noch "vor" dieser selbst schon unerreichbaren Start-Singularität existiert nicht; kein "noch-früher", kein "noch-weiter" als eben der Weltanfang. Eine Wirkung, eine Abstrahlung, ein Feld nach "draußen" ist Leerheit, Irrealität, Unsinnigkeit. Sie ist im höchsten Potential dieses Kosmos, im Absoluten Weltpotential $-c^2$ unter dem Nichts, in welchem dieser Kosmos seine Existenz gründet.

"In" diesem Kosmos sehen wir eine Singularität als Ziel des supergigantischen Kollapses eines Galaxenkerns. Wir sehen sogar kaum zählbar viele solche Kollapse, jeweils zugehend auf diese Singularität. Unser ganzer Kosmos ist "vor" dieser Singularität. Sie ist die kleinste Oberfläche in diesem Kosmos, die totale Punktualität. Sie reicht nur die kleinste Strecke in diesen Kosmos, nur bis in ihre unbegrenzte Nähe. Alle Momente währen in ihr nur die kürzeste Dauer in diesem Kosmos, den unbegrenzt kurzen Blitz; aber in voller Zeitdrift uns nicht-alternd begleitend. Ein "nach" dieser selbst schon unerreichbaren Ziel-Singularität existiert nicht. Sie existiert nicht real in einer Masse und einem Radius, doch extrapoliert sich auf sie hin jede Masse. Sie ist im tiefsten Potential dieses Kosmos, im quasi-unendlich tiefen

Relativen Grenzpotential $-c^2$, in welchem dieser Kosmos seine Existenz begrenzt.

Dieseits und jenseits von der Singularität als Start, dieseits und jenseits von der Singularität als Ziel, vertauscht sich Innen mit Außen in Existenz und Nichtexistenz als Realität und Virtualität. Zwischen der Singularität als Start einerseits, und andererseits der Singularität als Ziel, sind die größten Gegensätze in unserem Kosmos: volle Homogenität und extreme Inhomogenität, Expansion und Kollaps, Größtes und Kleinstes, Höchstes und Tiefstes. Die Singularität als Start ist Absolutheit in Einzigartigkeit; also Ziel ist Relativität in Vielzahligkeit.

Die Singularität – als Start- und als Ziel-Singularität – ist eben die Grenze des kosmischen Seins. In der Herkunft der Expansion ist sie der rückwärts unerreichbare Start; im Hingang des Kollaps ist sie das vorwärts unerreichbare Ziel. Gleichsam in einer Durchtauchung, in einer Durchtunnelung ersteht aus dem Hingang des Alten die Herkunft des Neuen. Jeder Kosmos hat zwar nur eine Herkunft, zeugt aber undefiniert vielzahligen Hingang.

Die Singularität begrenzt und begründet alles kosmisch-physikalische Sein, alle Existenz. Alles Existierende ist auf-sie-hin und von-ihr-her orientiert und begründet. Naturgemäß gehört die Singularität dem nicht zu, das sie begründet: der Existenz. Die Singularität ist nicht existent und ist nicht nichts. Sie ist meta-existent. Die Meta-Existenz ist keiner Kategorie von Existenz zugehörig.

Die Theologie hat ihre Meta-Physik. Ein schätzenswert bissig-bitterböser Physiker sagte von der Metaphysik: "ein schwarzer Kater in einem dunklen Raum, der gar nicht drin ist". Es ist spaßig, daß sich nun die Physik ein schwarzes Loch geleistet hat, aus dem vielleicht dieser Kater einmal zu denen kommt, die ihm dieses Gefängnis gebaut haben. Jetzt hat die Physik sogar noch in der Singularität eine Meta-Existenz.

Jeder hat jetzt seinen Kater; sogar einen solchen Schwarzen. Die Frage, ob dieser überhaupt drin ist, verstummt vor seinem Miauen: mit diesem sind große Kulturen der Menschheit vergangen und erstanden; mit diesem vergehen und entstehen die Kosmen. Wie die "Metaphysik" der Theologie, könnte man ebensoschlecht die Gedanken um die

Singularität "Metatheologie" der Physik benennen; zum tiefsinnig werden.

Doch so schlecht ist das gar nicht, das mit der Metatheologie: In wunderbarer Weise bilden sich die hohen und höchsten Seins-Mächtigkeiten bis in die tiefsten Ebenen ab. Schon mit dem kleinsten Körper des All, dem Elektron, wurde eine in der Quanten-Elektrodynamik erstaunliche Abbildung der allerhöchsten Seinsmächtigkeit sichtbar: der himmlichen, irdischen, höllischen Welten vor dem Absoluten Souverän, der sich in allen Potentialen Seinen Geschöpfen offenbart. Wenn schon das Allerkleinste Sein Wesen wiederspiegelt, so umsomehr das Größte im All; die Singularität :

In Extrapolation auf die nichterreichbare Start-Singularität erscheint uns diese als der absolute physikalische Urgrund, als unsere fraglose Herkunft aus einer unfaßbaren Machtfülle. Sie generiert jeglichen Raum in fortwährender Weitung und jedwelche Zeit in fortschreitender Alterung. Alle Massen und Energien wurden vor ihr ins Dasein geworfen um sich in der Raumzeit zu strukturieren und zu gestalten. So erscheint die Start-Singularität wie ein Gleichnis dafür, daß Gott nicht in Raum und Zeit chaotische Materie geordnet hat, sondern daß Er als Absoluter Souverän alle Räume und Zeiten aus dem Nichts geschaffen hat, daß Er in diesen von Ihm geschaffenen Räumen und Zeiten Materie aller Art aus dem Nichts ins Dasein gerufen hat, daß Er der Materie die Fähigkeit zur Strukturierung und Individualisierung gegeben hat.

In Extrapolation auf die nichterreichbare Ziel-Singularität erscheint uns diese als ein übergewaltiger Ballungs-Körper. Ohne sich je zu erschöpfen, strahlt die Ballung in Überfülle Photonen jeden Quantums an Energie ab. Aber jedes auch noch so energiereiche Photon geht – ohne Begegnung mit den unzählbar vielen anderen Photonen – unaufhaltsam in die Nichtigung in sich selbst. So bildet sich im verschwindenden Ballungs-Umfeld mit jedem abstrahlenden und nulldefektierten Photon eine der unzählbar vielen voneinander und von Gott gesonderten höllischen Kosmen ab, die in der Entscheidung zur Absonderung von Gott in die Nichtigung abdriften; ohne jeglichen Verlust in der Allmacht des Souveräns.

Die Photonen strahlen von der Oberfläche der Ballung ab; von einer dünnen Fläche, in welcher die Entscheidung fällt : geringst darüber mit unwiderbringlicher Abdrift in die Nichtigung; geringst darunter mit Verbleib in der unentwegten Selbstgenerierung der Grenzballung. So bildet sich in der Oberfläche die Mannigfaltigkeit der Entscheidungswelten ab, in denen das von Gott angerufene Geschöpf die nie widerrufbare Entscheidung trifft, zum Weggang von Gott oder Verbleib bei Gott, der allein das Leben Ist.

Im Ballungs-Körper ist unentwegt unerschöpfliches Entstehen und Vergehen jeglicher Art von Materiequanten in gegenseitiger Verkopplung. So bildet sich im Ballungskörper die Manigfaltigkeit der in immerwährendem Leben entstehenden und vergehenden himmlischen Kosmen ab, die alle in immerwährender Vereinigung untereinander und mit Gott sind; mit Gott dem ewig Lebenden.

Wahrhaft überwältigend ist die undefinierte Vielzahl von Kollapsen der Kerne von Riesen-Kugelgalaxien. Unser Kosmos kann mit viel-leicht milliarden solcher Kollapse je einen neuen Kosmos generieren; jeder ähnlich wie unserer. Dies ist eine überwältigende Abbildung der Allmacht Gottes, dessen Schöpfungsmacht keine Grenzen sind.

Was soll aber diese erschlagende Überfülle, wenn jeder Kosmos milliarden weitere generiert; davon jeder wieder milliarden – und so unbegrenzbar immerfort? Werden vielleicht nur ganz wenige davon auserwählt, Bewußtsein zu erhalten, mit lebenden Geschöpfen besiedelt und bevölkert zu werden? Was wäre ein noch so großer Kosmos ohne jegliches Bewußtsein und ohne Bezug zu einem Bewußtsein? Was wäre ein Kosmos, den niemand kennt, um den niemand weiß, in dem niemand jemals lebt?

Das weiß nur Einer : der Eine und Einzige, der in Ewigkeit lebt; der der allein "Ist weil Er Ist" : JAHVEH.

DIE SCHÖPFUNG

Kreation und Evolution

Unser Kosmos, die Erde und die Menschen sind von Gott geschaffen. Der Absolute Souverän schafft was Er will, wen Er will, wie Er will; als souveräner Gesetzgeber. Der Allmacht Gottes ist alles möglich.

Gott hätte eine Welt mit vollständiger Selbst-Entwicklung schaffen können. Nach dem Konzept der Auto-Evolution (auto ist selbst) wäre im Singularitäts-Punkt des Kosmos ein Naturgesetz effektiv gewesen und nach diesem hätte sich alles aus sich selbst, gleichsam automatisch entwickelt; bis zum Menschen.

Gott kann eine Welt mit Lenk-Evolution schaffen. Bei Lenk-Evolution läuft im Sinne "höherführender Schöpfung" (Karl Philberth) zwar eine Evolution, eine Entwicklung mit Arten-Wandel ab. Aber diese Evolution ist geleitet vom schöpfungsmächtigen Konzept Gottes, der die Welt offen für die Möglichkeit von informativen Einsteuerungen geschaffen hat. Eine solche Welt ist durch Einsteuerung lenkbar.

Gott hätte auch eine Welt ohne jede Evolution schaffen können. Er hätte jeden Organismus in einem gesonderten Schöpfungsakt ins Dasein rufen können; provozierend ausgedrückt: ein Schlag, grüner Rauch verzieht, der erste Fuchs steht da und späht nach seiner Frau Füchsin, um sich mit ihr fortzupflanzen. Aber weder die Genesis und Bibel behaupten solche Art von Schöpfung, noch geben die Wissenschaften zu solcher Meinung einen Anlaß.

Der dialektische Materialismus möchte mit einem pervertierten Konzept der Evolution einen Schöpfungsakt als unnötig und als nicht gegeben nachweisen. Dieses Primitiv-Konzept konstatiert "Gesetze", die souverän eine Auto-Evolution aus sich bewirkt hätten. Solche Gesetze könnten zwar bestehen. Aber dieses Konzept muß grundsätzlich die Antwort auf die Frage schuldig bleiben, worin diese Gesetze ihren Grund hätten. Dieses Konzept muß – wenn es keinen Gesetzgeber anerkennen will – diesen Gesetzen ewige Gültigkeit zuschreiben; wie dieses Konzept auch die Materie selbst als ewig postuliert. Aber was soll dieses zeitliche "ewig", wenn die Zeit selbst erst mit der kosmischen Singularität begonnen hat.

Die kosmische Singularität weist zwar auf Schöpfung hin, gibt jedoch auch keinen Beweis für einen Schöpfungsakt. Es wurde sogar ein sehr bestechendes Konzept gefunden (B. Philberth), welches kosmische Singularitäten – auch für das Standard-Modell mit dem "heißen, dichten Anfang" – als Ausstoß aus einem anderen Kosmos zu erklären vermag. Aber all das widerlegt nicht die Welt als Schöpfung Gottes; als Schöpfung in einem viel höheren, gewaltigeren Sinn als alle jene Schöpfungsvorstellungen, an welche sich der Kleingläubige klammert.

Der Umstand, daß Gegner der christlichen Verkündigung und eines jeglichen Gottesglaubens eine Evolution als Argument gegen eine Existenz Gottes einsetzen, darf nicht der Grund dafür sein, einen Anti-Evolutionismus zu vertreten. Nur ehrlich uneingeschränkte Suche nach Wahrheit ist sittlich zulässig und der Würde Gottes entsprechend.

Die krampfhafte Suche nach einer Denkmöglichkeit für eine nicht evolutive Schöpfung – trotz der sehr hohen und immer noch steigenden Indizien für eine evolutive Schöpfung – treibt exotische Blüten: Freilich könnte ein allmächtiger Gott – etwa in wenigen Tagen vor einigen tausend Jahren ("Kurzzeit-Kreationismus") – eine Welt geschaffen haben, die genau so wäre, wie mit der milliarden Jahre langen Evolution heraufgeführt. Aber sollte dieser gewaltige Gott tatsächlich derart gekünstelt schaffen, womit zudem die großartigen Ereignisse – etwa der Quasar- und Galaxen-, Sonnen- und Planeten-Entwicklungen und der ganzen Erdgeschichte – sinnlos irreal würden; und welchem Zweck dienend? Gottes Allmacht ist nicht der "deus ex machina", um menschliche Naivität nicht über die eigenen Füße stolpern zu lassen und primitive Absicherungsversuche für einen schwachbrüstigen Gottesglauben zu begründen.

Der künstlich aufgeputschte Gegensatz "Evolution oder Kreation" – dh eben "Entwicklung oder Schöpfung" – gründet einerseits in Naivität, andererseits in Demagogie. Ein echter Gegensatz besteht nicht. Es besteht hohe Evidenz für Schöpfung durch Entwicklung; evolutive Kreation, höherentwickelnde Schöpfung. Nur deshalb gegen eine Evolution anzugehen, weil diese als Argument gegen eine Schöpfung und gegen eine Existenz Gottes mißbraucht wird, ist eine wissenschaftlich suspekte Methodik und ein sittlich verwerflicher Opportunismus und fußt auf einer armseligen Vorstellung von Gott.

Die Evolutions-Theorien sind nicht gesichert. Aber sogar wenn es sichere Evolutions-Theorien gäbe, welche einen Schöpfungs-Akt entbehrlich erscheinen lassen, ist dies grundsätzlich kein Beweis gegen die

Existenz eines Gottes und Seines Wirkens und Lebens; wie immer das auch sei.

Die Fähigkeit innerweltlicher Systeme zur Selbst-Organisation würde eine Schöpfung von bislang ungeahnter Großartigkeit und Vollkommenheit aufscheinen lassen. Eine schöpferische Leistung ist umso größer, je mehr es dem Schöpfenden gelingt, sein Werk über Notwendigkeiten seines ständigen Weiterwirkens zu erheben. Zum ersten Diesel-Motor sagte der Volkswitz, dieser würde ständig einen Fachingenieur und einen Professor benötigen. Wartungsfreie oder gar sich selbst regenerierende Anlagen sind nur über erregende Fortschritte höchst produktiver Forschung und Entwicklung erwartbar. Ein Kosmos mit Selbst-Organisation seiner Systeme wäre wahrhaftig das Werk eines übermächtigen Gottes.

Immer mehr werden überwältigend großartige Strukturen und Aktivitäten in der Schöpfung sichtbar. Mit immer größerem Staunen steht der Wissenschaftler, je weiter die Wissenschaften voranschreiten, vor diesem unermeßlichen Gesetzgeber und Schöpfer.

Im "aufgeklärten" 19. Jahrhundert galten der Agnostizismus, Atheismus und Materialismus als vornehm und kritisch. Heute, Ende des 20. Jahrhunderts, gibt es kaum mehr einen Spitzen-Wissenschaftler, der nicht die Existenz eines Gottes annimmt. Viele aber machen von der ihnen vom Schöpfer selbst gegebenen Freiheit Gebrauch, Ihn als Gott, Herrn und Richter abzulehnen.

Alle wissenschaftliche Forschung und die alltäglichste Erfahrung machen Evolution überwältigend offensichtlich. Beinahe alles in dieser Welt ist evolutiv; Kristalle und Gesteine, Pflanzen und Tiere entwickeln sich. Der Mensch entwickelt sich im Mutterleib, im Heranwachsen und in der Ausbildung, in der Lebensgestaltung und in seinem ganzen Dasein. Die Geschichte und Kunst, Technik und Wissenschaft, Philosophie und Theologie, alles, alles ist evolutiv.

Es wäre Aufgabe einer profilierten Theologie, gegen eine Leugnung Gottes durch Auto-Evolutionismus anzutreten; aber nicht gegen Evolution als solche und nicht mit einem irrealen Anti-Evolutionismus. Die krampfhaften Versuche, einerseits gegen Evolution anzukämpfen, andererseits Evolution zu ignorieren, haben vermutlich dem Glauben an Gott und der christlichen Verkündigung mehr geschadet als alle gegnerischen Doktrinen. Die Theologie hat sich damit selbst unglücklich isoliert.

Welcher Art ist die Evolution unseres Kosmos und in unserem Kosmos? Auto-Evolution wäre möglich bei gegebener Auto-Organisation, Selbst-Organisation. Einen höchst erregenden Aspekt von "Kreation und Evolution" ergibt die Möglichkeit einer vollen Selbst-Organisation des Kosmos.

Selbst-Organisation

Das Ausmaß der Selbst-Organisation, das der Schöpfer Seiner Schöpfung verliehen hat, ist schwer abschätzbar. Noch in den sechziger Jahren schien eine innerkosmische Selbstorganisation zwar nicht ganz unmöglich aber derart wenig wahrscheinlich, daß dies einer faktischen Unmöglichkeit gleichkam. Inzwischen ist eine hohe Selbstorganisation im Kosmos als gesichert anzusehen. Es ist sogar nicht mehr ausschließbar, daß die Schöpfung – in menschlich unfaßbarer Großartigkeit – mit der Fähigkeit voller Selbstorganisation ausgestattet ist.

Ein Kosmos mit voller Selbstorganisation wäre die perfekte Schöpfung. Das Schöpfen wäre damit nicht mehr als aktives Antreiben, als "erste Bewegung", auch nicht als Weiterwirken notwendig zu verstehen, sondern als eine machtvolle Erstellung in sich autarker geistiger Strukturen; sogenannter "Gesetze", welche den Kosmos eben entstehen und entwickeln lassen und welche die Geschehnisse dirigieren. Dies läßt zwar einen Schöpfer nicht mehr in Seinen konkreten Handlungen erfassen, aber eben das offenbart Seine Macht und Herrlichkeit umso gewaltiger:

Eine Maschine, deren Betrieb es nötig macht, daß der Konstrukteur immer wieder eingreift, ist eine mangelhafte Schöpfung, die zwangsläufig immer wieder mit dem Konstrukteur zusammenbringt. Eine Maschine, die immer wartungsfrei arbeitet, ist eine perfekte Schöpfung, mit der man dem Konstrukteur nicht mehr zwangsläufig begegnet, den man aber eben deshalb umso staunender bewundert. Bei einer absolut perfekten Maschine, die seit unabsehbarer Zeit perfekt arbeitet, könnte ein naiver Benutzer sogar meinen, diese Maschine hätte gar keinen Konstrukteur.

Der Mensch versucht in seiner Armseligkeit immer wieder, den Schöpfer auf die Stufe eines simplen Machers herabzuziehen, um sich Seiner zu versichern. Wie einmal ein Freund sagte: "Gut, daß du uns ein solches Gelumpe hergestellt hast, daß wir dich damit immer wieder bei uns haben". In einer Verkennung der Hoheit Gottes wird immer wieder die Frage der innerweltlichen Selbstorganisation hochgespielt. Die Versuche, eine Selbstorganisation als grundsätzlich unmöglich aufzuzeigen – etwa um damit Gottesbeweise zu bekommen –, werden immer mehr zu einem üblen Bärendienst an einer wahrhaftigen und kraftvollen Glaubensverkündigung.

Unabhängig davon ist aber die Frage der Selbstorganisation, bis hin zur Selbstgenerierung ganzer Kosmen, von höchstem wissenschaftlichen und spirituellen Interesse. "Selbstorganisation", Auto-Organisation, gäbe eine Höherentwicklung weltlicher Systeme, ohne daß immer neue außerweltliche Schöpfungsakte oder Einsteuerungen erforderlich wären. Sie gäbe welteigene Entwicklungen von Organismen, ungeachtet, ob solche als "lebend" oder "tot" zu bezeichnen wären.

Quantenphysikalisch ist eine Selbstorganisation bis etwa zum hochentwickelten Säugetier, nur mit extrem geringer Wahrscheinlichkeit möglich; Abschätzungen belaufen sich auf etwa 10^{-200} bis 10^{-500}. Bedeutende Wissenschaftler argumentieren, es könnten eben so viele Kosmen entstanden und vergangen sein, daß dieses extrem unwahrscheinliche Entwicklungs-Ereignis doch einmal geschehen sei; aber weil nur wir (eben der extrem selten hochentwickelte Mensch) darüber nachdenken, seien andere Kosmen und ihre Zahl bedeutungslos.

Dieses "anthropologische Prinzip" reicht jedoch für die Begründung einer Selbstorganisation dennoch nicht hin: Alle Kosmen mit Entwicklung bis zu denkenden Wesen (denen gegenüber auch noch so viele andere Kosmen bedeutungslos sind) müßten sich untereinander drastisch unterscheiden; darin, wieviele andere Evolutions-Ketten, derer die Kette zum denkenden Wesen nicht bedurfte oder davon früher abwich, außerdem noch gegeben sind. Wäre auf dieser Erde nur eine einzige Evolutionskette bis zum denkenden Menschen gegeben, und wäre deren Wahrscheinlichkeit zB 10^{-200}, so würde jede weiter hinzukommende unabhängige Evolutionskette die Wahrscheinlichkeit extrem weiter senken. Diese zusätzliche Absenkung der Wahrscheinlichkeit geht über das anthropologische Prinzip naturgemäß hinaus. Auch mit Unterstellung des anthropologischen Prinzips machen die konkreten Evolutionsketten auf unserer Erde eine rein quantenphysikalisch begründete Selbstevolution oder Selbstorganisation extrem unwahrscheinlich; etwa weniger als 10^{-300}.

Jedoch könnten andere Prinzipien von Selbstorganisation eine solche sehr viel wahrscheinlicher machen; sowohl auf die Quantenphysik aufbauende als auch davon abgelöste oder dieser übergeordnete Prinzipien. Schon evolutive Höher-Strukturierungen, die auf schon hochstrukturierte Einheiten aufbauen, machen eine Selbstorganisation um viele Zehnerpotenzen wahrscheinlicher.

In den siebziger und achtziger Jahren entstand aus völlig überraschenden Beobachtungen bei meteorologischen und mathematischen Forschungsprogrammen mit schnellen Computern ein ganz neues Forschungsgebiet. Die Erkenntnisse aus dieser "Chaos-Forschung" werden von vielen Wissenschaftlern als ein geistesgeschichtlicher Durchbruch angesehen; vergleichbar der von der Quanten- und Relativitäts-Physik eingeleiteten geistesgeschichtlichen "Revolution". Ergebnisse dieser Forschung schreiten geradezu atemberaubend voran und öffnen faszinierende Aspekte. Es wird damit mehr und mehr offenbar, daß die Schöpfung schon in sich eine unabsehbar hohe Potenz zur Selbstorganisation besitzt; schon im Bereich des "Toten", erst recht des "Lebenden"; etwa mit Fraktalen und an Attraktoren orientierten, komplexen Systemen. Im biologisch-medizinischen Aspekt verwischt mit solcher Selbstorganisation der Übergang von "Totem" zu "Lebendem" immer mehr.

Höchst organisations-aktiv sind Scheidepunkte, unterhalb derer sich die Systeme chaotisch desorganisieren, die sich aber oberhalb derer hochstrukturiert organisieren. Hinreichend nahe dieser Scheidestellen ergeben schon beliebig kleine Einflüsse unbegrenzt hohe Wirkungen. Mit diesem "Schmetterlingseffekt" kann eben "der Flügelschlag eines Schmetterlings in Mexiko einen Wirbelsturm in Nordamerika auslösen". Weil in der Natur die Systemgrößen in der Regel kontinuierlich variieren, werden diese Scheidestellen der Systeme immer wieder unter- und überschritten, womit unabsehbar große Wirkungen durch unerkennbar kleine Einflüsse im gesamten Naturgeschehen immer und immer wieder möglich werden.

Die Vermutung (B. Philberth), daß nicht nur der Totalwert von Energie, Masse und Ladung des Kosmos, sondern auch dessen Total-Entropie gleich null ist, erhält damit eine starke Stütze. Ungeachtet dessen, daß die Entropie – dh das Maß der Unordnung – sehr problematisch in ihrer Definierbarkeit ist, ergeben sich damit merkwürdige Probleme: wenn schon winzige informative Steuerungen gewaltige Ereignisse auslösen können (Schmetterlingseffekt), wie kann dann überhaupt das Ausmaß einer Organisation objektiv definiert werden? Vielleicht wird dies mit dem "Prinzip der kleinsten Störung"

(Karl Philberth) etwas greifbarer. Zudem stellen sich dann besondere Abhängigkeiten etwa von freien menschlichen Handlungen ein, welche das Problem grundsätzlich vom Physikalischen ablösen.

Immer mehr Möglichkeiten von Selbstorganisation werden erkannt – und doch ist das Wirken und Wesen der Selbstorganisation kaum faßbar. Sogar eine totale Selbstorganisation der Schöpfung ist nicht ausschließbar; vielleicht sogar dem Willen und Wesen Gottes am besten und vollkommensten entsprechend. Schon Augustinus hat erkannt, daß es größer ist, eine Welt mit Fähigkeit von Selbstorganisation zu schaffen, als die Dinge als solche zu schaffen; er sagt: "Was ist größer, Dinge zu machen, oder zu machen, daß sich die Dinge machen?" Die Autonomie der Schöpfung ist vielleicht sogar so ungeheuerlich groß, daß Kosmen heiße, dichte Singularitäten ausstoßen, raumzeitlich ablösend, mit denen je ein neuer Kosmos entsteht; mit eigener Zeit und eigenem Raum.

Die Schöpfung scheint sogar noch ungeheuerlicher, über alle Maßen erstaunlich zu sein: komplementär zu einer Selbstorganisation offen für Lenkbarkeit. Es ist inzwischen als gesichert anzusehen, daß die Welt lenkbar ist; derart, daß der Schöpfer selbst, aber etwa auch andere selbstbewußte Geistmächte, in die Welt einsteuern und Evolutionen und Geschehnisse lenken. Damit wird Gott durch nichts gezwungen, in die von Ihm geschaffenen Kosmen einzuwirken. Er kann es aber in freier Entscheidung; jederzeit, jedenorts.

Je weiter die Entdeckungen fortschreiten, umsomehr verlieren theologische, philosophische, physikalische und sonstige "Beweise für eine Existenz Gottes" an Boden. Zugleich wird aber die Existenz Gottes in Seiner Schöpfung umso klarer erkennbar. Wie schon Paulus sagt, tut Gott seine Macht und Herrlichkeit in Seinen Werken erkennbar kund. Die Schöpfung wird selbst zu einer Offenbarung eines alles Begreifen grenzenlos überragenden Gottes. Wie gewaltig und großartig jedes Geschaffene aber auch sei, so ist der Schöpfer immer noch größer: "Deus semper major".

Der Verlust strenger Beweisbarkeit hat offenbar einen sehr tiefen Grund: Der Absolute Souverän stellt die von Ihm geschaffenen Wesen und Welten eben in grenzenlose Freiheit; es gibt keinen Zwang, Ihn anzuerkennen oder abzulehnen. Die Forschung reicht nicht hin, um Gott zu beweisen oder zu widerlegen. Paulus weist nachdrücklich auf diese ungeheuerliche Freiheit hin: "Sie haben Gott erkannt, Ihn aber nicht als Gott anerkannt". Die Forschung öffnet aber Ausblicke auf Strukturen der Welt, wie sie nur ein absolut vollkommener Schöpfer erstellen kann: Eine Welt mit voller Fähigkeit zur Selbst-Organisation, die aber dennoch offen ist, um von geistigen Mächten gelenkt zu werden.

Die Komplementarität von Ordnung und Freiheit gipfelt im Kosmos zur Komplementarität von Organisation und Lenkung.

Lenk-Evolution

Die Lenkbarkeit der Welt, der Evolution, der Geschehnisse gründet in der quantenphysikalischen Unbestimmtheit, womit das physikalische Geschehen – und darauf aufbauend alles materielle Geschehen – außerphysikalisch bestimmbar wird. Die der gesamten materiellen Existenz zugrundeliegende physikalische Struktur ist in überaus sinniger und geordneter Weise offen für Lenkung.

Die Erkenntnis dieser quanten-physikalischen Indeterminiertheit (dh Unbestimmtheit) war eine der größten "Revolutionen" der Geistes-Geschichte. Sie ist eine Konsequenz der "Welle-Körper-Komplementarität", die aller physikalischen Existenz und allem Geschehen fundamental eigen ist. Diese mikrophysikalische Unbestimmtheit ist sinnvoll geordnet; in der "Unbestimmtheits-Relation": Das Produkt der Unbestimmtheiten zweier konjugierter Werte ist immer gleich dem Wirkungsquantum $h = 6{,}626176 \cdot 10^{-34}$ Js (dh Joule mal Sekunden, als Wirkung = Energie × Zeit). Konjugierte Größen sind eben solche, deren Produkt eine Wirkung ergibt; zB Wirkung selbst mit Zahl; Energie mit Zeit; Impuls mit Raum; Drehimpuls mit Drehwinkel; elektrischer mit magnetischem Fluß (As·Vs) usw.

Dies sind nicht nur in der prinzipiellen Meßbarkeit erscheinende, sondern objektiv gegebene Unbestimmtheiten. Mit nicht wirklich objektiven Unbestimmtheiten wäre – bei strenger Energie- und Impuls-Erhaltung – jegliche Reaktions-Wahrscheinlichkeit null: alles wäre tot. Zu große Unbestimmtheiten ergäben dagegen chaotische Reaktionen. Die konkrete Größe des Wirkungsquantums h erscheint als ein Optimum der "Freiheit-Ordnung-Komplementarität" im physikalischen Bereich; höchst erstaunlich!

Auf der quantenphysikalischen Unbestimmtheit erheben sich übergeordnete Spielräume für unübersehbar weite Einsteuerbarkeit, Einwirkbarkeit, Lenkbarkeit der Welt, der Evolution, des Geschehens. Analog der quantenphysikalischen Welle-Körper-Komplementarität, darauf aufbauend und sich darüber erhebend, beherrscht auf höchster, aber noch weltlicher Ebene eine Geist-Materie-Komplementarität alle irdische Existenz, Aktion und Evolution.

Im Rahmen der Unbestimmtheits-Relation ist physikalisches Geschehen lenkbar, steuerbar; ohne die physikalischen Gesetze zu durchbrechen. Die Naturgesetze selbst sind es sogar, welche diese Spielräume begründen. Ungelenkt sind mikro-physikalisch weitgehend undeterminierte Geschehen; erfaßbar in Reaktions-Wahrscheinlichkeiten, als statistische Häufigkeiten. Ungelenkt mitteln sich aber meso- und makro-physikalisch die Geschehnisse statistisch derart aus, daß die Geschehnisse streng als gesetzlich determiniert erscheinen.

Lenkung ist Einsteuerung in die von der Natur selbst gegebenen Frei-Spielräume. Lenkung ist das Alltäglichste, Häufigste in dieser Welt. Jeder lebende Mensch und überhaupt jeder Organismus ist ein gelenktes physikalisch-chemisches System. Organismen sind über Verstärker-Ketten steuerbar; etwa über Elektronen in Atomen eines Riesenmoleküls in der Synapse einer Gehirnzelle werden Bewegungen, Empfindungen, Gedanken gesteuert. Diese Einsteuerung erfolgt zugleich synchron über mehrere Steuerstellen. Durch Ausschaltung der Steuerwirkung einzelner Stellen werden hierbei unkontrollierte Einsteuerungen – die sonst durch quantenphysikalisch undeterminierte Zufälligkeiten möglich wären – ausgeschlossen: eine überaus sinnvolle Einrichtung!

Prinzipiell wäre eine Einsteuerung auf zugleich alle Mikro-Vorgänge großer Körper möglich. Damit wäre ungeheuerliche Magie wirkbar. Dies ist aber offenbar nicht regulär in dieser Welt vorgesehen.

Neben der Einsteuerbarkeit über die biologischen Verstärker-Ketten gibt es noch ganz andere Einsteuer-Möglichkeiten; etwa die von Attraktoren moderierten Steuerungen unübersehbar großer Ereignisse durch umso kleinere Steuerungen, je näher ein System dem Übergangs-Zustand von Organisation in Destruktion ist. Weil sich die Zustandsgrößen unentwegt verändern, werden Übergangs-Zustände immer und immer wieder überschritten, so daß immer wieder (während entsprechend kurzen Zeiten) unbegrenzt kleine Steuerungen unbegrenzt große Ereignisse in geschichtsgestaltendem Ausmaß einleiten können. Schon wenige Jahre nach Entdeckung haben diese revolutionären Erkenntnisse harte Realitäten geschaffen: in der Metereologie, der Physik, der Wirtschaft, der Politik und sogar in der industriellen Großproduktion.

Sogar Einsteuerungen aus dem Mikrobereich der quantenphysikalischen Unbestimmtheit werden möglich und tatsächlich. Möglicherweise und sogar wahrscheinlicherweise gehen diese Lenkbarkeiten irgendwie auf die quantenphysikalischen Unbestimmtheiten zurück. Darüber erhobene Unbestimmtheiten auf ganz anderer Ebene sind jedoch auch nicht ausschließbar.

Ein simples Beispiel für uneingeschränkt steigerbare Einsteuerbarkeit ist etwa die jedem Radiobastler bekannte Steigerbarkeit der Empfangs-Sensitivität eines "rückgekoppelten Audion"; im Herangehen mit der Systemverstärkung an den Rückkopplungspunkt. Bei immer näherem Heranstellen der Verstärkung an den Instabilitätspunkt steigt die Empfangs-Sensitivität immer mehr; in verschwindend geringem Abstand bis gegen unendlich ansteigend. Aber am "Nyquist-Punkt" selbst wird das System instabil, entgleitet der Lenkbarkeit und geht in selbstgeführte Oszillation über. Damit ist die zuvor uneingeschränkt erhöhbar gewesene Sensitivität und Empfangs-Leistung erloschen und das System in einen gänzlich anderen Zustand übergegangen. Mit dem "Superregenerativ-Empfänger", der eine interessante Steuerung des Instabilitäts-Einsatzpunktes nutzt, sind extrem hohe Empfangs-Leistungen realisierbar. Dieses schon jedem Radiobauer bekannte Verhalten der Rückkopplungen ist jedoch nur ein winziger Anwendungsfall von "aktiven Netzwerken", welche faszinierende Einsteuer-Möglichkeiten bieten und die ganze Schöpfung entscheidend prägen:

Jeder akademische Elektro-Ingenieur lernt das Verhalten "aktiver Netzwerke" mit der Knotengleichungs-Matrix [y] kennen: $[i] = [y][u]$. Hierbei ist [i] die Matrix von auf die Netzwerk-Knoten einsteuernden Strömen i, und ist [u] die Matrix der an den Knoten auftretenden Spannungen u. Diejenigen komplexen Frequenzen, an denen die Matrix [y] eine Null-Stelle hat, sind die "Eigenwerte" des Netzwerks. An jeder Nullstelle kann das System – auch bei identisch verschwindenden Steuerströmen – mit endlichen Spannungen schwingen: trotz $[i] \equiv 0$ bewirkt $[y] = 0$ das Auftreten von Wellen mit $[u] \neq 0$.

Vereinfacht ausgedrückt: weil die Gleichung $0 = 0 \cdot u$ mit jedem (beliebig großen) Wert u richtig ist (weil $0 \div 0$ undeterminiert ist), vermag das System auf diesen Eigenfrequenzen selbstständig zu arbeiten. Hat es eine Nullstelle mit positivem Realwert der komplexen Eigenfrequenz, so erregt es sich selbst bis zu derart hohen Intensitäten, daß das System dadurch verändert wird. Die Veränderung kann eine Selbstzerstörung und kann eine Selbstbeschränkung sein (Realwert wird 0); sie kann aber auch zum Auftreten neuer Null-Stellen mit neuen

Selbst-Aktivitäten führen. Diese Selbsterregung kann aus unbegrenzt kleinen Anfängen aufsteigen; auch aus physikalisch undeterminierten Mikro-Energien. Damit ist das System an den Nullstellen generell physikalisch undeterminiert und an diesen Stellen lenkbar.

Diese technisch routinemäßig genutzte Erkenntnis ist etwas ebenso fraglos Triviales wie höchst Erstaunliches. Diese erinnert unheimlich an das Wesen der Allmacht Gottes in der Nichtigkeit aller Grenzen in Gott.

Solche elektrotechnischen Systeme sind jedoch nur Teil eines allumgreifenden Systems:

Diese ganze Welt ist ein überaus komplexes und vielmaschiges Netzwerk. Vielartige Energie-Quellen – Kernreaktionen, Einstrahlungen, Wetterprozesse, Brenn- und Stoffwechselprozesse usw usf – machen dieses Netzwerk überaus aktiv. Unüberschaubar viele Unter- und Teilnetzwerke ganz verschiedener Art und Größe sind mit sehr verschiedenen Kopplungsgraden eben zum aktiven Netzwerk "Welt" zusammengeschlossen. Diese Welt ist ein unübersehbar mannigfaltig, physikalisch undeterminiert einsteuerbares System. Die überall aufsteigenden Intensitäten verändern fortwährend das System; immer wieder Null-Stellen beseitigend und immer wieder neue Null-Stellen bildend.

Das Dasein und Verhalten der Organismen und Lebewesen, die Entwicklung der Einzelwesen (Ontogenese) und der Arten (Phylogenese), die Entwicklung der Gesellschaft, Wirtschaft, Wissenschaft, der ganzen Geschichte erscheint wie eine mannigfaltige Erregung eines höchst komplexen Netzwerks. Die Welt ist ein wesenhaft evolutionäres System.

Die Entwicklungs-Geschichte ist – höchstcharakteristisch für Erregungen in einem aktiven Netzwerk – eine Überlagerung sehr vieler Exponential-Funktionen zu einem Anklingen mit Schritten in sich exponentiell verkürzenden Zeiten:

Jahrmilliarden:	niederste Organismen;
Jahrhundertmillionen:	Wirbeltiere;
Jahrzehnmillionen:	Säugetiere;
Jahrmillionen:	Primaten, Vorstufen des Menschen.
Jahrhunderttausende:	Mensch als Sammler und Jäger;
Jahrzehntausende:	Stein-Werkzeuge und -Waffen, Siedlungen, Höhlenkunst;
Jahrtausende:	Eisen-Werkzeuge und -Waffen, Hochkulturen, Erfindungen: Pflug, Rad, Gewölbe;
Jahrhunderte:	Schiffahrt, Polytechnik, Philosophie, Wissenschaft, Christianisierung der Welt;
Jahrzehnte:	Groß-, Fein-, Kern-Technik, Elektronik, Gen-Technik, Telefon, Kraftmaschinen, Flugzeug, Raketen;
Jahre:	Übersteigerung der Technik und Kommunikation mit beschleunigtem Hochjagen gegen eine Grenze.

Milliarden Jahre Erdgeschichte war Anpassung der Lebewesen an die Umwelt.

Millionen Jahre Menschheitsgeschichte war Gestaltung der Umwelt durch den Menschen.

Tausend Jahre Technik-Geschichte war Beherrschung der Welt durch den Menschen.

Jetzt ist die Welt von der Vernichtung durch den Menschen bedroht. Erstmals seit Bestehen der Welt ist es einem geschaffenen Wesen – dem Menschen – möglich geworden, seinen Lebensraum zu vernichten; sich selbst auszulöschen. Damit ist erstmals der Fortbestand irdischen Lebens von sittlich-religiöser Entscheidung abhängig geworden.

Die Welt ist ein mannigfaltig einsteuerbares System. Eine gesteuerte Evolution hat die Welt zu dem gelenkt, was sie ist. Wer steuert in dieses System ein? Wer lenkt in dieser Welt, wer lenkt diese Welt?

Einsteuerungen

Diese Einsteuerungen, diese Lenkungen und alle Betrachtungen dazu sind naiv selbstverständlich und zugleich zutiefst problematisch. Alles und jedes darüber könnte hinterfragt und totdiskutiert werden, bis zum Exzeß. Um sich diese Bereiche zu erschließen, ist reichlich Unvoreingenommenheit, unbelastet von Bedenken, erforderlich.

Jeder von uns lenkt seinen Körper, sein Gehirn, sein Verhalten selber. Meine bewußte Persönlichkeit steuert mich, ober- und unterbewußt. Meine "Personalität" als ansprechbares "Ich-Du" gründet in meinem mir quantenhaft eigenen Bewußtsein. "Ich" steuere über mich in die Gesellschaft, die Wirtschaft, die Politik ein; in die Wissenschaft, in den Glauben, in die Geschichte. Aber vieles steuert auch in mich ein.

Diese Welt ist erfüllt von sehr vielen Bewußtseins-Elementen. Analog der Energie tritt Bewußtsein quantenhaft auf: Bewußtsein kann unermeßlich weit und kann verschwindend eng sein, aber es ist immer eine Einheit in sich. Es kann sich vergrößern oder verkleinern, aber immer nur als Einheit. Es kann sich spalten, aber dann ist jedes Fragment eine Einheit. Es kann individuell einem Menschen eignen und kann kollektiv einer Gesellschaft, einer Bevölkerung, einer Kultgemeinde eignen. Es kann einer Tierherde oder ganzen Tierart eignen. Es ist aber immer eine unteilbare Einheit, es ist quantenhaft.

Dies ist analog der Welle-Körper-Komplementarität: Ein Alpha-Strahl – ein bewegter Heliumkern, der aus energisch aneinander gebundenen Nukleonen besteht – hat die Materie-Welle sowohl der einzelnen Nukleonen als auch des Kerns. Aber jeder Welle – eine zeitartige Welle, welche die Auftrittswahrscheinlichkeit eines Nucleons oder des ganzen Heliumkerns bestimmt – ist ein Energie-Quantum eigen; dh eine Energie-Einheit.

Die Existenz ist erstaunlich vielschichtig. Oft existiert etwas in vielfältigem "sowohl als auch". Aber jede existentielle Komponente ist in sich eine Einheit, ein Quantum.

Die Erkenntnis des Seins als Komplementarität war der große Durchbruch der Geistesgeschichte. Die Erkenntnis der Welle-Körper-Komplementarität der Physik verwies die klassische Logik in ihre

Grenzen, vernichtete den ideologischen Materialismus im Fundament und eröffnete ungeahnte technische Machtentfaltungen. Analog beherrscht eine höhere Komplementarität die ganze Welt: die Geist-Materie-Komplementarität. In diesem Sinne ist "Materie" alles in dieser Welt physikalisch, chemisch, biologisch, physiologisch Existierende und Strukturierte.

Alles Sein ist in Komplementarität. Jedes Daseiende hat alle Komponenten. Jede materielle Existenz und Struktur hat komplementär eine personale Komponente. Wenn diese auch oft äußerst beschränkt ist, so doch vorhanden und wirkend; irgendwie – eben gemäß seiner Art – ansprechbar. So spricht die Apokalypse etwa vom "Engel der Wasserquellen". Es gibt einen Geist, einen Engel für eine und jede Landschaft, Pflanzenart, Tierart, Eigenschaft, Wissenschaft, Kultur, Gesellschaft, Bevölkerung, Nation, Rasse; für einfach alles, individuell und kollektiv, in dieser Welt Existierende.

Kommt man in ein Ordenshaus, ein Parteibüro, eine Industriefirma, eine Stadt, so fühlt man den Geist. Und diesem kommt Bewußtsein und Personalität zu, die eigenartig, oft fremdartig ist.

So hat etwa eine spezielle Tierherde, aber auch eine allgemeine Tiergattung eine personale Komponente, die in erstaunlichen Instinkten spürbar wird. Die oft unfaßbaren Leistungen verbinden sich zwar in der Regel auch mit materiellen Vorgängen. Aber das ist eben diese Komplementarität von Materie und Geist; konkret mit eben dem Geist, dem Engel dieser Tiergruppe, Tierart.

Begegnet man etwa allein in der Wüste einem Zug Ratten, so erfährt man das grausige Erlebnis "Ratte". Der "Geist" der Ratten trachtet die Ratten zu erhalten, zu ernähren, zum Angriff zu führen. Der Geist der Ratten ist aber ansprechbar, und er spricht an; insbesondere wenn man sich des eigenen Engels bedient: Ratten, die natürlicherweise angegriffen hätten, ziehen sich zurück. Der Geist der Ratten ist eine Seins-Komponente dieser Ratten, er ist diese Ratten selbst, die in diesem Geist ansprechbar sind. Das Wissen um solche Geist-Materie-Komplementaritäten ist für Urvölker überlebens-notwendig.

Ist Bewußtsein, auf höherer Ebene, tatsächlich der Energie analog? Eine gewaltige Analogie tut sich auf; bezogen auf den gesamten Kosmos: Körper und Quanten der materiellen Seins-Komponente existieren in einer Ergänzung der individuellen (positiven) Massenenergien mit der kollektiven (negativen) Potentialenergie zu null. Existieren weltintern auch die mannigfaltig individuellen Bewußtseinselemente in einer analogen Null-Ergänzung mit den kleineren und größeren Gesellschaften und mit der gesamtkosmischen "Gesellschaft"; mit dem "Geist dieser Welt"? Sind die seelisch-geistigen Verhaftungen – etwa eines Menschen mit seinem Ehepartner, seiner Familie, seiner Gemeinde, seinem Volk, mit der Erdbevölkerung, mit allem Bewußtsein der Erde und des ganzen Kosmos – analog der Gravitation; mit deren Kräften sich die negative Potentialenergie ergibt, welche eben existentiell die Massenenergien zu null ergänzt?

Schon Gautama Buddha lehrt dies. Irgendwie erscheint dies in allen Religionen. Vor allem ist dies der Grund-Aspekt der christlichen Glaubensverkündigung: der schon mit Geburt gegebenen Verhaftung in diese Welt; der Erlösungs-Bedürftigkeit aus dieser Schuld-Verhaftung; der tatsächlichen Erlösung durch Gott-Sohn.

Entstehen auch die weltinternen geistigen Wesenheiten durch Aufspaltung in sich zu null ergänzende Komponenten; analog wie die materiellen Dinge damit existent werden? Vergehen die weltinternen geistigen Wesenheiten wieder; analog dem Vergehen der materiellen Dinge mit Ende des Kosmos? Die Selbstorganisation eines Kosmos bezieht diese geistigen Komponenten mit ein. Information, Erkenntnis, Wissen ist einer negativen Entropie analog. Eine Selbstorganisation des Kosmos bezieht eben die Lenkungen, Einsteuerungen kosmos-eigener Geist- und Bewußtseins-Komponenten mit ein.

Geist und Materie, was ist das Wesentliche? Vornehmlich in weißen Kulturen wird das Materielle als wesentlich angesehen; die Geister "nur" als flüchtige Zuordnungen dazu. Vornehmlich in schwarzen Kulturen wird das Geistige als wesentlich angesehen; die Materie "nur" als dessen gegenständliche Manifestationen. Der spirituell degenerierte "Zivilisations-Mensch" hat weitgehend das Empfinden für die geistige Komponente allen Seins verloren – und wird dann umsomehr von spirituellen Perversionen überwältigt: abwegige infernale Kulte beginnen die verkommene Gesellschaft zu ergreifen und zu zersetzen.

Für den spirituell noch offenen Urmenschen waren diese Geist-Komponenten unabdingbares Sein. Die "Dreamtime" des australischen Ureinwohners ist die Schöpfungsepoche, in der sich Geist-Mächte schöpferisch als Welt manifestieren. Das Wort "Traum-Zeit" ist eine mißverstandene Übersetzung.

Jedes Existierende ist strukturiert, ist komplementär in einer materiellen, einer spirituellen und einer personalen Komponente. Jedoch sind diese Komponenten bei verschiedenen Existenzen sehr verschieden. So gibt es "reine Geister" mit sehr feinen Strukturen in "geistigen Körpern". Christus zeigte Seinen geistigen Leib in der Verklärung und nach Seiner Auferstehung den Jüngern. Paulus spricht von geistigen Leibern in der Herrlichkeit der Auferstandenen. Die unmittelbare Ansprache von Geist zu Geist als adressierbare Kommunikation ist das Primäre. Viel erstaunlicher ist die über physiologische Augen, Ohren, Nasen ermöglichte Verbindung stark materiell gebundener Wesen.

So gibt es alles; bis zur grobstofflichen Materie mit nur noch Spuren von Bewußtsein. Dieses manifestiert sich physikalisch eben in einer Einsteuerbarkeit, gleichsam "Ansprechbarkeit". Ob man Materie ein "Bewußtsein", eine "Ansprechbarkeit" zuschreiben will, ist eigentlich nur ein Problem der Sprachgestaltung; ob man im materiellen Bereich diese Worte noch gebrauchbar erachtet.

Diese personalen, bewußten Komponenten weltlicher Existenzen sind "Engel" in ganz anderem Sinn als die überweltlichen Engel. Es gibt unzählbar viele Engel, die Gott unmittelbar gegenüberstehen; von Angesicht zu Angesicht. Bestimmte Engel sind Personifikationen von Kräften Gottes; Michael, "wer ist wie Gott?", als Personifikation der Hoheit Gottes; Raphael, "Gott heilt", als Personifikation der Heiligkeit Gottes; Gabriel, "Kraft Gottes", als Personifikation der Herrlichkeit Gottes.

Es gibt dem Menschen zugeordnete Engel; etwa den persönlichen Schutzengel; etwa den "Gott immerdar schauenden Engel" eines Menschen, als dieser Mensch selbst in der erlangten Heiligkeit, in der Zeitlosigkeit des Ewigen. Und so gibt es eben auch die ganz anderen Engel als Personifikationen weltlicher Existenzen. Diese der Materie der Welt komplementär zugehörigen Engel sind so viel- und verschiedenartig wie eben die ihnen zugeordneten materiellen Existenzen und Strukturen. Es gibt hunderttausende Arten von Insekten und Reptilien, Weich-, Wirbel-, Beutel- und Säugetieren. Und so gibt es eben auch entsprechend viele Arten solcher welteigener "Engel".

In dieser Welt sind dies auch bösartige, dämonische Geistmächte. Auch diese innerweltlichen Geister, diese bewußten, personalen Komponenten steuern in die Welt ein.

Die Welt ist ein steuerbares System mit überaus vielschichtigen Steuerungen auf allen Seinsebenen. Für diese Einsteuerungen gibt es ein "Prinzip der kleinsten Störung" (Karl Philberth): Jeder Bereich steuert in den darunter liegenden Bereich mit kleinstmöglicher Störung der Eigengesetzlichkeit des gesteuerten Bereichs ein. Die quantenphysikalische Unbestimmtheit ist ein Spezialfall dieses allgemeinen Prinzips.

Möglichkeiten und Grenzen der Einsteuerbarkeit sind geordnet. Und diese Ordnung ist Ausdruck einer super-intelligenten Schöpfungsmacht. Die Spielräume des indeterminierten physikalischen Geschehens sind durch das Wirkungsquantum geregelt und geordnet. Analog sind die Einsteuerbarkeiten von Geist-Mächten in die weltlichen Strukturen geordnet.

Zu geringe Einsteuerbarkeit würde eine passive Welt ergeben; eine von Gott determinierte, fest vorprogrammierte Maschine. Zu große Einsteuerbarkeit ergäbe chaotische Entartung. Was wäre, wenn jeder armselige Geist – wie Aladin mit der Wunderlampe – Königspaläste her- und wegzaubern könnte! Wie uns die Märchen aller Kulturen, Völker und Rassen zeigen, bewegt diese Einsteuerbarkeit den Menschen zutiefst; seit Menschengedenken.

Ohne die Einsteuerbarkeit würde diese Welt, dieser Kosmos nicht so sein, wie er ist; vermutlich überhaupt nicht existieren. Informationen in unübersehbarer Fülle und Verschiedenheit steuern ein und werden eingesteuert. Information und Steuerung ist überhaupt eine Komplementär-Komponente jeglicher Existenz. Erkenntnis und Information ist negativ-entropisch; ist negative Entropie, "Negentropie".

Die Totalwerte aller Fundamentalgrößen des Kosmos – Energie, Masse, Ladung, Spin, Impuls, Drehimpuls – sind null. Vermutlich ist auch die Total-Entropie des Kosmos gleich null.

Gottes Schöpfung

Schöpfung und Entwicklung, Kreation und Evolution sind keine Gegensätze: Gott schöpft in gelenkter Evolution. Die Welt entwickelt sich als "höherführende Schöpfung" (Karl Philberth).

Gott ist kein stümperhafter Ingenieur. Er schafft keine Maschine, die Ihn nötigt, immer weiter daran zu kurbeln. Er schafft nicht notwendig in Einzelakten. Er schafft genial in gelenkter Evolution.

Mehr noch: Er schafft keine automatischen Rollstühle für Schwerbehinderte, sondern elegant fahrbare Autos. Er schafft nicht nur in von Ihm selbst gelenkter Evolution, sondern eine generell steuerbare Welt.

Noch viel mehr: Der Absolute Souverän schafft Welten, die von den darin geschaffenen Wesen frei gestaltbar, entwickelbar sind. Er schafft diese in wunderbarer Ausgewogenheit von Möglichkeiten und Grenzen. Er schafft in Weisheit und Macht, die alles Begreifen unerreichbar übersteigt. In einer Geist-Materie-Komplementarität wird die Welt in gelenkter Evolution von den der Welt innewohnenden Geistern nach ihrer Art gestaltet.

Die Forschung ist zur Erkenntnis durchgebrochen, daß weltinterne Systeme zu unerwartet und erstaunlich hoher Selbst-Organisation fähig sind. Immer schneller und immer sicherer festigt sich diese großartige Einsicht; immer weitere Bereiche einbeziehend. Dies läßt die Annahme eines zu autarker Selbst-Organisation fähigen Kosmos immer wahrscheinlicher werden.

Weltinterne Evolutionen und Organisationen sind durch Informationen gesteuert – und wirken auf die Informationen zurück; diese selbst weiterentwickelnd. Diese Informationen verbinden sich mit Bewußtseins-Elementen vielerlei Art und Zahl; von kleinster bis größter Mächtigkeit. Mit dem Menschen hat sich diese Entwicklung extrem forciert.

Diese Welt ist die Welt des Menschen. Gott hat sie geschaffen als verwaltbar und gestaltbar. Mit seinen Entdeckungen, Erfindungen, Planungen, mit seinem ganzen Leben und Wirken steuert der Mensch in diese Welt ein. Die Wirklichkeit zeugt immer neue Erkenntnisse, und die Erkenntnis gebiert immer neue Wirklichkeiten; dies aber in der persönlichen Geschicklichkeit des Menschen.

Gewaltige Einblicke in das Schöpfungswerk Gottes öffnen sich: Die armselige Auffassung der Schöpfung als Stückwerk Gottes wandelt sich in die Schauung der Übermacht eines Gottes, der als souveräner Gesetzgeber eben jene übergenialen Gesetze und Prinzipien setzt, aus denen Kosmen mit Selbstorganisation erstehen, die aber dennoch für Lenkung einsteuerbar geschaffen sind; lenkbar von innewohnenden Personen, Geistern, Bewußtseinselementen; aber auch vom schaffenden Gott selbst. Die den Kosmen eingeschaffene Selbstorganisation ist ein dynamisches, lebendiges Wechselspiel der Dinge und Systeme eines Kosmos mit den ihm innewohnenden Geistmächten und Personalitäten.

In dieser irdischen Welt ist Böses und Gutes potentiell gegenwärtig. So gibt es üble Evolutionen und Organisationen von vielerlei Art. Es gibt Evolutionen mit brutal gewaltgelenkten Mutationen und mörderischen Auslesen durch Tötung des Unterentwickelten (ua schwächeren, dümmeren, ärmeren) durch das Höherentwickelte (ua stärkere, klügere, reichere), so daß jede Art unentwegt von der Ausrottung bedroht, auf Leben und Tod um ihr Fortleben kämpft. Es gibt Evolutionen mit liebend sinngelenkten Mutationen und mit zwangsloser Verminderung der Neigung zur Fortpflanzung zuvor entwickelter Arten, so daß auch diese weiterhin ihren angemessenen Lebensraum finden und sich neben höheren Arten ihres Daseins erfreuen und die Welt bereichern.

Diese Entscheidungswelt, die böse und gut potentiell noch miteinander enthält, gestaltet sich somit in sehr verschieden gearteten raum-zeitlichen Bereichen; jeweils vornehmlich in den Umgebungen der einsteuernden Bewußtseins-Elemente, Geist-Mächte. Mit den einsteuernden Individuen, kleinen Gruppen, großen Gesellschaften gestalten sich alle Arten von raumzeitlich engen, weiten, riesigen Weltbereichen als besondere "Umwelten".

Gott ablehnende Geister, Menschen entfernen sich von Gott; ihre Umwelt verdunkelt. Böses, Verlogenes, Häßliches nimmt überhand. Sinnlosigkeit und Hoffnungslosigkeit beschleicht die Seelen. Trotz allen ergierten Genusses herrscht Qual – und es wird immer schwieriger, Gott zu finden. Das Gute verblaßt wie ein törichter Wahn. Die Entscheidung zum Bösen wird einladender.

Gott annehmende Geister, Menschen nähern sich Gott; ihre Umwelt wird hell. Gutes, Wahres, Schönes leuchtet auf. Sinn und Hoffnung erfüllt zunehmend das Leben. Trotz willig ertragener Leiden erhebt sich

Freude im Herrn – und es ist immer mehr Wandel mit Gott. Das Böse verliert an Macht. Die Entscheidung zum Guten wird einsichtiger.

Gottes Schöpfung erstellt gigantische Kosmen mit voller Autarkie und dennoch aller Freiheit. Alle Möglichkeiten sind den geschaffenen Personen offen; sogar Absonderung von Gott und Vereinigung mit Gott selbst. Dieser Kosmos, in dem wir leben, ist als Entscheidungswelt geschaffen. Der Herr über Leben und Tod, der Herr des Gerichts schränkt aber nicht die Freiheit Seiner Geschöpfe ein, für oder gegen Ihn, für Leben oder Tod zu entscheiden. Er lenkt aber für diejenigen, die Ihn anrufen.

Dieser Welt sind alle Möglichkeiten gegeben, zu einer infernalen oder einer heiligen Welt gelenkt zu werden: "Und Gott sah, daß es gut war". Schon in dieser Welt gibt es zwar Bereiche, Umwelten, die übel entartet sind mit verdunkeltem Glauben an Gott, – und Bereiche, Umwelten, die heilig angetan sind mit lebendigem Glauben an Gott. Aber in dieser Welt hält der Schöpfer Seinen Geschöpfen immer noch beide Wege offen; frei wählbar.

Erst in den höllischen Kosmen ist die Absonderung von Gott und die Unwissenheit um Gott vollkommen, womit jede Möglichkeit der Entscheidung für Gott erloschen ist; kein Gott als Herr und Richter findet sich. Erst in den himmlischen Kosmen ist die Gegenwart Gottes in immerwährender Anschauung Gottes vollkommen, womit jede Möglichkeit der Entscheidung gegen Gott erloschen ist. Immerfort ist Gott der, "DER DA IST", der mit den Heiligen lebt: als der allen Heiligen immerfort weltenbereitende Herr und immerwährend rechtschaffende Richter.

Uralte, unlösbar scheinende Probleme mit Gott als Schöpfer alles Seienden lösen sich wie von selbst.

Geschaffene Kosmen

Ist die Hölle von Gott geschaffen?

Alles Existierende ist von Gott geschaffen. Schafft also ein gütiger Gott höllische Kosmen, den innewohnenden Lebewesen zur Qual?

Die höllischen Kosmen innewohnenden Personen, Geister hatten sich frei entschieden, vom Absoluten Souverän "frei" zu sein; sie wollten Ihn nicht als Gott, Herrn und Richter; sie wollten Sein Einwirken nicht und wollten gesondert von Ihm sein. Und der Absolute Souverän achtete ihre Entscheidung und erfüllte ihren Wunsch. Er setzte für sie Gesetze zur Erstellung eines Kosmos, der in sich selbstorganisationsfähig ist und den sie – auch in völliger Absonderung von Ihm – selbst evolutiv und organisierend steuern können. Höllische Kosmen und Gesellschaften vermögen überhaupt nur zu existieren in einer vom Absoluten Souverän eben abgelösten Evolution und Organisation; steuerbar und gesteuert eben von "Verdammten" (dh Eingedämmten, Abgedämmten); von selbstbewußten Geistwesen, Personalitäten, Gesellschaften, die eben von Gott abgesondert sind.

Könnten die Verdammten die Weisheit aufbringen, ihren Kosmos zu einem Paradies zu organisieren? Dies ist nicht ausschließbar. Aber wer garantiert dies? Die sich von Gott Absondernden, die dies zu können vermeinen, gehen ein grauenhaftes Risiko ein, gegen das es nie und nirgends eine Versicherung gibt. Ist Luzifer, der dies verspricht, Garant; er, der "Vater der Lüge und Mörder von Anbeginn"? Es besteht der fürchterliche Verdacht, daß sich faktisch zwangsläufig eben höllische Verhältnisse einstellen:

Die Einwohner der Hölle – einer der zahllos vielen höllischen Kosmen – sind die für immer verlorenen Waisen ohne liebenden Vater; für die niemand und nichts da ist, was sie voreinander schützt. Das zu machende Paradies ist der immerfort treibende Wahn; das Paradies, für dessen Erreichen sie sich gegenseitig antreiben, aufhetzen, ausrauben; das Paradies, für dessen Nichterreichen sie einander haßerfüllt beschuldigen, verurteilen, quälen; das Paradies, das sie eben deshalb nie erreichen.

Jeder höllische Kosmos ist autark, selbstentwickelnd und selbstorganisierend in Wechselwirkung mit den innewohnenden Bewußtseins-Elementen. Aber gesondert von Gott, der allein IST, ist dies eine

Evolution und Organisation in die Nichtigung: Dies ist der "Zweite Tod", DAS NICHTS.

Irdische Kosmen (wie unserer) sind von der Struktur gefallener Kosmen, höllischer Kosmen. Aber nicht alle Personen, Geister, Lebewesen in irdischen Kosmen haben die Entscheidung gegen Gott hinreichend frei vollzogen. Diesen erstellt der Schöpfer die Möglichkeit zu freier Entscheidung – und er "erlöst" diejenigen, die in "Umkehr" dem Bösen absagen und sich für Ihn entscheiden. Die Ihn anrufen, zu Ihm beten, Ihn lieben und fürchten, für die wirkt Gott lenkend in diese Welt ein. Aber mit dem Freikauf sind sie Fremdlinge, Pilger in dieser Welt geworden, in der sie das Heimatrecht verloren haben.

Heimatrecht in dieser Welt haben "die Kinder dieser Welt", die sich dem Geist dieser Welt zubekennen. Für diese, die keine Lenkung Gottes wollen, lenkt Er eben auch nicht. Daher hat diese "Entscheidungswelt" einen furchtbaren Hang zu höllischer Entartung. Dies wird aber zur Bewährung, Prüfung, Läuterung denjenigen, welche die Erlösung durch Gott angenommen haben.

Ist der Himmel von Gott geschaffen?

Die Heiligen haben ewiges Leben im Himmel; ist also der Himmel ewig? Gibt es keine Zeit – soweit zurück auch immer –, in welcher der Himmel geschaffen wurde?

Die himmlischen Kosmen sind uneinschränkbar vielartige und verschiedenartige Schöpfungen; jede immer neu geschaffen und wieder vergehend. Aber jede der himmlischen Schöpfungen ist vollkommen: selbstmächtig in ihren internen Evolutionen und Organisationen, deren Prinzipien der geliebte Gott, Herr und Richter in solcher Vollkommenheit gesetzt hat, daß sie zudem – trotz ihrer Autarkie – immer offen sind für Lenkung durch Ihn selbst. Er läßt Seinen Kindern, den Heiligen, grenzenlose Freiheit. Aber Er, der "Ist weil Er Ist", ist zugleich der, der immerfort "Da Ist", den Heiligen gegenwärtig; in Seiner Heiligkeit schöpfend, lenkend, richtend, wenn immer Ihn Seine Heiligen anrufen. So "gürtet sich der Herr und dient ihnen, bedient jeden einzelnen von ihnen" (Matthäus, Lukas).

Es sind keine Grenzen dieses liebenden Dienstes jedes Heiligen an jedem anderen und Gottes an den Heiligen: von verschwindend geringer Einflußnahme, Einsteuerung, Lenkung im Belassen größter Eigenständigkeit und Freiheit; bis zu intensivstem Eingreifen in überwältigend großartiger und herrlicher Begegnung mit dem lebendigen Gott in Seiner absoluten Herrlichkeit.

In heiligen Welten, mit Personen, Geistern, Lebewesen, die frei den Absoluten Souverän als Gott, Herrn und Richter gewählt haben, die einander in Liebe gedient haben und immerfort dienen, bringen in der göttlichen Liebe gelenkte Evolutionen und Organisationen jene Herrlichkeit hervor, "die Gott denen bereitet hat, die Ihn lieben".

Im Himmel ist das ewige Leben der göttlichen Dreieinheit: Gott-Vater und Gott-Geist ist gegenüber der Gemeinschaft der Heiligen; gleichsam als dritter Person Gottes; als Seine Kinder in Christus, Seinem Sohn. Und dies ist ein einziger, alleiniger Gott, der lebt und herrscht in Ewigkeit. Allein in Gott ist das "Ewige Leben", ist DAS SEIN.

Lehre und Kirche

Erkenntnis der Wahrheit!

Jede Religionsgemeinschaft, irgendwie jeder Mensch vermeint die Wahrheit zu kennen. Jeder hält für wahr, was er eben für wahr vermeint; auch wenn er eine Kirche für autorisiert erachtet, zu bestimmen, was wahr ist.

Auf der höchsten Ebene der Kirche ist freie, weitsichtige, ehrliche Erörterung aller Probleme. Die höchste Autorität verwirft die Unterdrückung der Veröffentlichung von Konzepten, die dem jeweiligen theologischen Konsens entgegenstehen; will aber damit nicht voreilig konfrontiert sein, um – erst nach weltweiter Erörterung und Prüfung – offen zu sein, anzunehmen oder abzulehnen oder auch zu ignorieren.

Dieser großzügige Stil ist aber nicht in den mittleren und unteren Etagen durchführbar. Gerade naive Geister, mit mangelnder Bildung und Erfahrung, wähnen umso eher, lehr- und hirten-amtlich befähigt und befugt zu sein. Damit nimmt Verwirrung und Verirrung überhand. Weil aber die große Mittelschicht das Geschehen weitgehend trägt, sind schwere Krisen unvermeidlich. Die Exponenten der Kirche wußten immer um die gefährliche Bedrohung der Glaubensverkündigung durch restriktive Theologen; gefährlicher als durch Irrlehrer.

So konnte es geschehen, daß Thomas von Aquin zum größten Kirchenlehrer wurde, nachdem er über ein Jahrhundert verworfen worden war; daß Johanna von Frankreich die große Heilige wurde, nachdem sie als Hexe verbrannt worden war; daß Giordano Bruno verbrannt, Galileo Galilei inhaftiert, Charles Darwin mißbilligt wurde; und daß Kreuzzüge, Inquisition, Hexenwahn und vieles allzu Menschliche das Vertrauen in die Glaubens-Verkündigung schwer erschüttert hat.

So bietet der Zirkus Gottes auch akrobatische Komik, die zusammen mit schrecklich Ernstem auch erheiternd Lustiges dem Welt-Publikum vorführt. So waren etwa die Lehren Galileis – daß "die Sonne die Mitte des Weltalls" sei und daß sich "die Erde in sich bewege" – physikalisch falsch, wurden aber von der kirchlichen Instanz aus theologisch falschen Konzepten verworfen. Darum geht im Vatican der Spruch, daß Galilei der bessere Theologe, das Kirchenkollegium der bessere Physiker gewesen sei.

Zweitausend Jahre hat die Kirche alles andere überlebt: durch eine unvergleichliche Selbst-Regeneration. Etwa die Überwindung der Hexenverfolgungen geschah vor allem durch den Jesuiten Friedrich von Spee, der sein Buch "cautio criminalis" (1631) jedoch leider unter anderem Namen in einem reformierten Verlag erscheinen lassen mußte. Immer wieder berief Gott Menschen in Seiner Kirche, die die Kirche erneuerten. Die Kirche tritt zwar Irrlehren entgegen, aber unterdrückt andere Auffassungen nicht, denn es geht ihr um die ewige Wahrheit. Die Erkenntnis des Wahren gewinnt jedoch in der Auseinandersetzung mit dem Irrtum.

Das schwerste Verbrechen, das den Zorn des Richters über Lebende und Tote herausfordert, ist der Mißbrauch des Rechts zur Unterdrückung der Wahrheitssuche. Friede hat nur in Gerechtigkeit Bestand, die Gerechtigkeit gründet aber in der Wahrheit. Der GAU (Größter Angenommener Unfall) des Rechtswesens ist es, wenn ein Historiker von Ruf von einem öffentlichen Gericht wegen Vertretung seiner Ansichten strafrechtlich verurteilbar ist und verurteilt wird, von Richtern auch noch beschimpft; dies sogar unter Ablehnung der Einsichtnahme in die vorgelegte Dokumentation für die vertretene Ansicht. Dies gipfelt zum Super-GAU, wenn die Berufungsinstanz mit Erhöhung der Bestrafung die Entschlossenheit und Beflissenheit zur Unterdrückung der Äußerung wissenschaftlicher Ansichten demonstriert und damit die Wissenschaftler aller Disziplinen in ihrem Ethos bedroht, verantwortlich zu forschen und zu publizieren; auch unter Inkaufnahme der Irrtums-Möglichkeit, die grundsätzlich nie ausschließbar ist.

Die derzeitige Weltbevölkerung wird nur durch die Früchte wissenschaftlicher Forschung am Leben erhalten. Insbesondere Staaten, welche Rohstoffe und Lebensmittel überwiegend importieren müssen, leben allein von der produktiven Leistung ihrer Wissenschaftler. Grundlegende Entdeckungen und Erfindungen erstehen fast nur aus der bedingungslosen Liebe zur Wahrheit von Wissenschaftlern, deren Motor die Entdeckung der Wahrheit ist, um die Menschen damit unermeßlich zu bereichern.

Notwendig geht jeder grundlegenden Entdeckung und Erfindung die Infragestellung der bestehenden Doktrin voraus, so gut diese auch gesichert scheint. Es gibt in dieser Welt grundsätzlich keine derart offenkundige Tatsache, die so gesichert wäre, daß eine Beweiserhebung überflüssig würde. Je wichtiger eine Doktrin ist – vor allem wenn sie mächtigen politischen und finanziellen Interessen dient – um so intensiver ist diese immer neu zu überprüfen; zumal sich nur damit ihre Wahrheit zu erweisen vermag.

Die Unterdrückung der Veröffentlichung wissenschaftlicher Ansichten – mit welcher Begründung auch immer – ist die generelle Kampfansage auf Leben und Tod eines mißbrauchten Rechts an die Wissenschaft. Sie zwingt den Wissenschaftler, die zu überprüfen verbotene Doktrin grundsätzlich in Zweifel zu ziehen und dies öffentlich zu vertreten. Kann er dies angesichts seiner Bedrohung nicht wagen, so vernichtet dies sein Ethos und seinen Lebensinhalt; ihn zwingend, mit seinem Schaffen abzuwandern.

Zugleich erlöscht in einer Gesellschaft, welche eine derartige Verfolgung billigt, zwangsläufig das Bewußtsein der existenzentscheidenden Wichtigkeit jeglicher Forschung; derart, daß für die produktive Intelligenz kein Lebensraum verbleibt. Diese "Verdunkelung des Geistes" ist bereits derart weit fortgeschritten, daß in Konsequenz damit die allermeisten produktiven Leistungen nach Ostasien gegangen sind: das Ende der pervertierten und degenerierten Gesellschaften einleitend.

Eine Gesellschaft, welche die Zerstörung ihres Rechtswesens durch derartige Gesetzgebung und/oder Rechtsprechung hinnimmt, verwirkt den Anspruch auf jegliche Leistung jeglicher Wissenschaftler in der Welt und bereitet sich den Untergang mit tödlicher Sicherheit. Sie öffnet sich der Gewalt und bereitet sich die Despotie, in der sich ihre Welt zur Hölle wandelt. Sogar diejenigen, die sich ihrer Macht in der Unterwerfung des Rechtswesens unter ihre Interessen freuen könnten, quittieren diesen Zusammenbruch mit Abscheu und Verachtung. Die Schande dieser Rechtsperversion und der Zerfall der Gesellschaft währt als Mahnmal für alle kommenden Geschlechter.

Der Weg der Unterdrückung der Wahrheits-Findung führt in den Tod. "Ich bin der Weg, die Wahrheit und das Leben" offenbart das Wesen aller Existenz in Gott selbst.

Sicherheit und Anschauung

An Sicherheiten zu klammern liegt in der Natur des Menschen. So sucht er seit eh und je Beweise für oder gegen Gott; Seine Existenz, Sein Schaffen, Sein Gutsein.

Naturwissenschaft und Geisteswissenschaft, insbesondere Philosophie, ergeben keine Sicherheiten. Auch eine Theologie, die das Wort Gottes zu interpretieren sucht, ergibt eher Verwirrung als Sicherheit. Nur das Wort Gottes selbst und dessen Verkündigung im Beistand des Geistes Gottes ist sicher; eben in Gott.

Die Naturwissenschaft vermittelt in vielem Erkenntnisse mit geringen Wahrscheinlichkeiten, in anderem mit hohen Wahrscheinlichkeiten, die an Sicherheit grenzen. Vieles, was sehr wahrscheinlich schien, erwies sich später als doch nicht gegeben; vieles, was unwahrscheinlich und geradezu unmöglich schien, erwies sich später als doch gegeben. ZB wurde in früheren Jahrhunderten eine Erde als um ihre Achse kreisende Kugel für unmöglich gehalten; Wissenschaftler, die dies sagten, wurden verketzert. Heute, da man sogar die Kontinentendrift auf mm/Jahr zu messen vermag, ist diese Erkenntnis extrem an Sicherheit grenzend wahrscheinlich; faktisch eben ganz gesichert. Es ergaben sich sogar umwälzende Durchbrüche zu neuen Erkenntnissen, die niemand erwartet hätte und die einfachhin selbstverständlich genommene Ansichten und sogar "Denkgesetze" zerbrachen.

Die Argumentation, daß Empirie nie volle Sicherheit geben könne, wohl aber der Geist, ist formal richtig, aber faktisch kritiklos. Die von harten Experimenten und Beobachtungen bestätigbaren Naturwissenschaften ergeben in der Regel Erkenntnisse mit sehr viel höheren Wahrscheinlichkeiten als die Geisteswissenschaften. Jahrhundertlange Erfahrungen der Menschheit aus der Geistesgeschichte sollten dies jedem Philosophen und Theologen gezeigt haben. Theologie – soweit sie sich nicht bedingungslos auf das Wort Gottes stützt – und Philosophie sind weitgehend auf Blindflug angewiesen, der sich an menschlich-fiktiven Axiomen und Prämissen orientieren muß; insbesondere am logischen Apparat selbst, auf den er mit Gedeih und Verderb angewiesen ist; an logischen Denksystemen, die selbst nur menschliche, an der Umwelt approbierte Fiktionen sind.

Von Anti-Evolutionisten wird häufig ins Feld geführt, daß die "Bindeglieder" (Übergangs-Arten), die bei einem Arten-Wandel zu erwarten seien, nicht aufgefunden würden. Abgesehen davon, daß Mutationen denkbar, möglich und wahrscheinlich sind, die eben keine Bindeglieder benötigen, wäre die Auffindung eines dieser vermißten Bindeglieder ("missing link") unter den Fossilien viel zu selten, als daß die Nichtauffindung einen Beweis für Nicht-Evolution erbrächte: es wäre etwa nur ein Binde-Fossil unter Hunderttausenden von Arten-Fossilien zu erwarten. Man sollte sich mehr den (witzigen) "Fundamentalsatz der Experimental-Physik" vor Augen halten: "man kann jedes Experiment so anstellen, daß es nicht geht". Ganz allgemein kann man jeden Gedanken und "Beweis" so töricht und ungeschickt führen, daß er nichts bringt und sagt.

Umgekehrt ist auch eine kosmische Evolution nicht gesichert; insbesondere nicht eine kosmische Selbstorganisation. Der Hinweis auf deren Ungesichertheit ist aber dennoch unkritisch, weil die sich für Evolution und Organisation ergebenden Wahrscheinlichkeiten bei weitem höher sind als die vom philosophischen oder theologischen Anti-Evolutionismus erstellbaren Wahrscheinlichkeiten. Die Wahrscheinlichkeit einer phylogenetischen Evolution ist zwar nicht so nahe an 1 wie etwa die Erde als rotierender Kugel, aber grenzt auch schon an Sicherheit. Die Wahrscheinlichkeit einer kosmischen Selbst-Organisation schien noch vor drei Jahrzehnten verschwindend klein, scheint jetzt erwägenswert hoch und steigt weiter beschleunigt an. Höchst wahrscheinlich ist gelenkte Evolution und auch Selbst-Organisation.

Aber sogar wenn eine totale Auto-Evolution und Auto-Organisation des Kosmos, also ein autarker Kosmos, nachgewiesen würde, erbrächte dies keinen Beweis gegen die Existenz, das Schaffen, das Gutsein eines Gottes; es könnte eben nur die Möglichkeit oder Gegebenheit eines von Gott gesonderten Kosmos aufscheinen lassen. Dies müßte immer die Möglichkeit eines schöpfenden, guten Gottes offen lassen und würde Gott sogar als übergenialen, übergewaltigen Gott erscheinen lassen; einen Gott, der nicht Stückwerk schafft, sondern perfekt Funktionierendes.

Kein aus menschlichem Denken geborener Beweis hat genügend langen Arm. Beweise sind nur Wegweiser. Der Weg ist aber frei wählbar. Diejenigen, die Gott annehmen, finden überzeugend viele

Gründe für Seine Existenz, Sein Lenken und sogar Sein Gutsein: im heilvollen Denken, Tun, Leben vieler Menschen und in der Sinnhaftigkeit, Herrlichkeit, Wohlheit der meisten Strukturen und Geschehnisse. Und sie werden wundervoll recht haben, wenn sie im Reich des lebendigen Gottes sein werden. Diejenigen, die Gott ablehnen, finden überwältigend viele Gründe gegen Sein Gutsein, Lenken und sogar Existieren: im grauenvollen Denken, Tun, Leben der meisten Menschen und in der Sinnlosigkeit, Scheußlichkeit, Übelkeit vieler Strukturen und Geschehnisse. Und sie werden entsetzlich recht haben, wenn sie in einem jener Kosmen sein werden, die von Gott für immer gesondert sind, die sich im "Zweiten Tod" nichtigen.

Vor der Mächtigkeit unter- und überirdischer Existenz verblassen alle "Beweise" gegen oder für Gott zu einem nebulösen Wahn; ausdünstend aus Nichtwissenheit um die Hoheit Gottes. Diese irdische Welt hat potentiell höllische und himmlische Aspekte; frei zur Wahl stehend. Wie immer ein Mensch will, findet er deshalb immer ihm "Beweis" erscheinende Gründe gegen oder für Gott.

Eine freie Entscheidung für oder gegen Gott setzt ein Erkennen Gottes vorraus. Zwar: wer mit Beweisen die Erkenntnis Gottes zu erzwingen sucht, der verzweifelt und scheitert. Aber: unvergleichliche Gewißheit ist in der wahren Anschauung und Gegenwart Gottes. Gleichwohl für den Dummen wie Intelligenten gilt vor Gott: Wer sucht, von dem läßt Gott Sich finden; wer bittet, der empfängt von Gott die Freude Seiner Anschauung; wer anklopft, dem öffnet Gott die Türe zu Seiner Gegenwart.

Im Anfang schuf Gott die Himmel und die Erde; alle Stern- und Lufthimmel und diesen Erdball. Aber dies ist ursächlicher Anfang in der Setzung der Gesetze und Prinzipien für die Evolutionen und Organisationen in dieser Welt. Es ist ein ursächlicher Anfang, der alle Zeiten und Räume dieser Welt einbezieht; es ist aber kein zeitlicher oder räumlicher Anfang. Wie sollte die Schöpfung in der Zeit und im Raum sein, wenn alle Zeiten und Räume selber Geschaffene sind?

Was bedeutet Zeit in der Schöpfungs- und Heilsgeschichte, im Einwirken Gottes in diese Welt?

Die Zeit in der Quantenphysik ist anders als in der Relativitätsphysik. Die physikalische Zeit ist anders als die historische Zeit. Und doch wirkt die Geschichte in physikalisch-atomar und astronomisch erfaßbaren und erfaßten Zeiten. Die islamische, augustinische, thomistische, calvinistische Prädestination ist verschieden von der Problematik etwa der speziell-relativistischen "Zeit-Umkehr" (richtig: Folgen-Umkehr) und ist doch ein höchst interessantes Analogen, das die damit einfließende Scheinproblematik erkennen läßt (B. Philberth: XXIV. Weltkongreß für Philosophie in Wien).

Der Absolute Souverän ist der überzeitlich Seiende. Alle Zeiten dieser Welt – längst vergangene, gegenwärtige, fernst zukünftige – sind in Ihm ewige Gegenwart; gleichsam alle Zeiten in einem Moment gegenwärtig. Sein Einwirken in diese Zeiten ist somit wesenhaft nicht diesen Zeiten unterwerfbar, ist nicht naiv welt-zeitlich erfaßbar.

Der Sündenfall Luzifers und seiner Engel, der Sündenfall des Menschen und seine Erlösung, das Gericht und das Reich Gottes sind überzeitliche Ereignisse, die in dieser Weltzeit erscheinen. Sie treten in diese Welt als welt-zeitlich darstellbare Ereignisse, die aber dennoch und zugleich allen Zeiten zugehören. Die alle Zeiten einbeziehende Heilsgeschichte erscheint in dieser Welt wie eine Evolution des Erscheinens und Wirkens Gottes in Seiner eigenen Schöpfung. Wie dieses All selbst punktförmig begann, um sich in gigantischer Expansion zu entwickeln; so auch der Sündenfall Luzifers und des Menschen, so auch die Erlösung und Entscheidung, so auch das Gericht und das Reich Gottes.

Das zeitlose Erscheinen und Wirken Gottes erscheint in der Heilsgeschichte wie zeitlich hintereinander gereihte, wesensverwandte Geschehnisse, die später immer gewaltiger werden. So etwa: die Kreuzigung Christi, die Zerstörung Jerusalems, der Untergang der Völkerwelt, das Vergehen des Weltalls. Oder etwa: die Auferstehung Christi, die Wiederbelebung des Judentums, die Heimholung der Kirche, das ewige fortwährende Eingehen aller Heiligen in Gott.

Christus stellt die rhetorische Frage an sich: "Mit was soll Ich das Reich Gottes vergleichen? Es ist wie das Senfkorn; es ist das kleinste unter den Samenkörnern, aber ausgewachsen wird es zum Baum, in welchem die Vögel nisten". Was aber – projiziert in diese Weltzeit – als punktförmig anfangende Evolution zu großen Geschehnissen erscheint, ist in Gott das grenzenlose Reich des ewigen Lebens: "Mein Reich ist nicht von dieser Welt".

Die Bibel und das alte Judentum haben überhaupt ein anderes Zeit-Empfinden (Lapide) als das des europäischen Kulturbereichs. Schon etwa im Russischen erscheint ein verschiedenes Zeit-Bewußtsein. Die biblischen Termini von "vorher", von "am Anfang", von "Lebensaltern" sind auf das Wesen hin orientiert; es sind eben ursächliche Beziehungen.

Wenn "Adam und Eva" überhaupt ein konkretes Menschen-Paar war (nicht etwa genereller Ausdruck für "den" Menschen), dann ist unter dem altjüdisch-biblischen Verständnis dessen Zeit nicht datierbar; nicht etwa mit der Genealogie als vor Jahrtausenden fixierbar und beschränkbar. Erst recht ist der Anfang der Welt nicht sieben Tage vor dem ersten Menschenpaar datierbar. Solches Mißverständnis der orientalen Ausdrücke bringt eine irreale Verarmung in die Verkündigung, mit einer Abwertung des Wortes Gottes. Zudem werden damit gänzlich unnötige Konflikte mit der Forschung heraufbeschworen.

Kritik der Systematik und Methodik ist dringend erforderlich.

Systemkritik

Die schwersten Mißverständnisse und Krisen der Glaubens- und Geistesgeschichte, mit schweren Entgleisungen und Fehlentscheidungen, wurden durch mehrerlei verursacht; vor allem durch:

a) Zeitliche Einordnung des Überzeitlichen:

Die naive Einordnung von Überzeitlichem in unsere weltlichen Zeiten reduziert die Vielschichtigkeit der Heilsgeschichte (und jeglicher Existenz) auf vereinseitigte Aspekte, deren fortschreitender Ausbau mit exzessiver Ausscheidung komplementärer Aspekte in erstarrenden Doktrinen endet.

b) Verengte Ausdeutung der Heiligen Schrift:

In zu enger Ausdeutung biblischer Texte erschien das Wirken Gottes zu eng lokalisiert: erst auf einen Kulturkreis, dann auf diese Erde beschränkt. Es schien unabdingbare Wahrheit, daß die Erde feststehende Mitte der Schöpfung sei. Daher die Konflikte mit Giordano Bruno, Galileo Galilei; als ein bis heute fortwirkendes Trauma. Tatsächlich ist – vor der Ewigkeit und Unbegrenztheit Gottes – sogar die Begrenzung auf diesen Kosmos zu eng.

Paradoxerweise mußte die Physik (Kosmologie, Geologie, Quanten- und Relativitätsphysik) die Theologie zwingen, ihre Horizonte zu weiten. Eine Theologie, welche ihre Horizonte nicht weitet, zerfällt mit der alle Weisheit und alles Wissen enthaltenden Heiligen Schrift in der Hand und mit dem von Menschengeist gesetztem klassischen Denken im Kopf in einen viele Wahrheiten über Bord werfenden Progressismus und einen viele Torheiten hütenden Traditionalismus.

c) Verabsolutierung begrenzt richtiger Aussagen:

Die Verabsolutierung von aspektbezogenen Aussagen führt zu gefährlichen Verengungen und Verstörungen. Bei Aussagen über Gott kurzschlüssig angewandte Logik endet in teils groteskem Unsinn.

ZB: Die richtige Formulierung "Maria, Mutter unseres Herrn und Gottes Jesus Christus" verleitet zum logischen Kurzschluß: Christus ist Gott; Maria ist seine Mutter, also ist Maria die "Mutter Gottes". Warum dann nicht ebenso logisch weiter: Gott ist ein einziger Gott in den drei Personen Vater-Geist-Sohn. Die Gottesmutter ist also Mutter des einzigen Gottes, also Mutter von Gott-Vater und Gott-Geist und Gott-Sohn.

Oder: Es ist zwar richtig, daß die Kreuzigung Christi die Ermordung unseres Herrn und Gottes war. Die kurzschlüssige Bezeichnung der Kreuzigung als "Gottes-Mord" verleitet zu dem grausigen Irrtum, daß der ewige, dreieine Gott von Menschen tötbar sei.

Oder: In Christus in der Kirche wirkt jedes Mitglied – einbezogen in das Wirken Christi – irgendwie mit an der Gnadenvermittlung und an der Erlösung; Maria in besonders begnadeter Weise. Aber die Kurzform: "Maria, Mittlerin aller Gnaden" oder "Maria, Miterlöserin" verführt zu tödlichem Mißverstehen der Erlösung: Alleiniger Mittler und Erlöser ist Jesus Christus. Wesenhaft kann nur Gott selbst erlösen.

Zur Zeit bahnt sich wohl die schwerste Problematik der Geistes-Geschichte für die Kirche an: damit, was der Mensch ist. Die Gegner der Kirche – in die Kirche selbst eindringend – treiben die kirchliche Verkündigung in kurzschlüssige Formulierungen zur Phylo- und Onto-Genese. Dies zeitigt größte Bedrängnisse. Nur unbedingtes Festhalten am Wort Gottes, aber gesehen in den von den Wissenschaften weit geöffneten Horizonten, wird in dieser tödlichen Bedrohung standhalten.

All diesen und ähnlichen Formulierungen liegt die dem klassischen Denken noch anhängende Unkenntnis der Komplementarität allen Seins zugrunde; die Unkenntnis der wesenhaft begrenzten Anwendbarkeit klassisch-logischer Schlüsse. Solche sind auf einfachste physikalische Geschehnisse nicht anwendbar; erst recht nicht auf Geschehnisse im Wirken Gottes oder gar in Bezug auf Gott selbst. "Meine Gedanken sind nicht eure Gedanken."

d) Doppelbedeutung von Worten:

Der doppelsinnige Gebrauch von Worten für übernatürliche wie natürliche Dinge und Beziehungen ergibt sich dadurch, daß das Übernatürliche relativ wenig in der breiten Bevölkerung bewußt ist. Die meisten Sprachen haben deshalb keine besonderen Worte für Übernatürliches ausgebildet. Weltbezogene Worte werden – übertragen – auch für Überweltliches benutzt.

Etwa "Himmel": als terrestrisch erscheinender Luftraum, aber auch als Zustand des Lebens in Gott. Der Karl Marx zugeschriebene (von Heinrich Heine stammende) demagogische Reißer "den Himmel überlassen wir den Engeln und den Spatzen" wäre zB mit der englischen Unterscheidung in "sky" und "heaven" unwirksam.

Etwa "Leib": als irdischer, verweslicher Leib und Körper; aber auch als geistiger, unsterblicher Leib: eine Personalität bezeichnend.

Etwa "Seele": als animalische, sensitive Funktion der natürlichen Organismen; aber auch als unsterbliche Seele des Heiligen in Gott.

Etwa "Geist": als Träger der rationalen Intelligenz; aber auch als Träger des unverlöschbaren Bewußtseins im ewigen Leben.

Etwa "Mensch": als irdischer Mensch, wie er von der Naturwissenschaft verstanden wird und wie er seit über Millionen von Jahren diese Erde bevölkert; aber auch den von Gott wesensverwandelten Menschen, wie ihn die Heilige Schrift versteht.

Etwa "ewig" in sogar vielfach verschiedenem Sinn: als "einmal für immer", angewandt auf das unwiederbringliche Ende in der Zerstörung eines Gegenstandes; oder als Zeitabschnitt aller Zeitabschnitte (saecula saeculorum) die gesamte Weltzeit bezeichnend; oder als in der Zeitlichkeit immer fortdauernd (sempiternum); aber auch als überzeitliches Sein in Gott (eternum). Man sollte "ewig" nur für das überzeitliche Sein benutzen.

e) Verkennung der Sprachstruktur :

Die Übernahme der Worte orientaler (östlicher) Sprachen – wie hebräisch, aramäisch, babylonisch usw – im Sinn der Struktur okzidentaler (westlicher) Sprachen – wie lateinisch, deutsch, französisch, spanisch usw – läßt falschen Sinn erscheinen. Okzidentale Ausdeutung von Texten in orientalischen Sprachen verursacht schwerste Mißverständnisse. Der Grund sei nur kurz angedeutet: Die Begriffe der orientalen Sprachen sind wesen-orientiert – und der Sachbezug ist im Kontext. Die Begriffe der okzidentalen Sprachen sind sach-orientiert – und der Wesensbezug ist im Kontext.

Beispiel : Oriental gibt es kein Wort für "Wasser"; wohl aber für "Fließendes". Eis ist nicht Fließendes; wohl aber Flußwasser oder ein einströmendes Feindesheer.

Oder: Oriental gibt es kein Wort für "Tag", für "Morgen" oder "Abend"; aber es gibt Epochen mit diese charakterisierendem Anbruch und Abbruch. Eine Epoche kann die Dauer einer chemischen Reaktion, eines Tages, einer Völkergeschichte oder eben der Schöpfungsgeschichte sein. Nicht einmal in einer Lebensversicherungs-Police heißt "Abend des Lebens", daß der Mensch nur einen Tag lebe. Wenn man "iom" einmal naiv als "Tag" übersetzt hat, dann ist ebenso naiv dessen "Anbruch" als Morgen und dessen "Abbruch" als Abend zu verstehen.

Aber wie sollten denn schon die ersten Epochen echte Tage mit Sonnen-Aufgang und -Untergang sein, wenn die Sonne erst in der vierten Epoche überhaupt geschaffen wird. Die Genesis enthüllt gewaltige Epochen mit für diese jeweils charakterischem Anbruch und Abbruch; genau wie dies auch die neuesten Ergebnisse der Kosmologie des Weltalls aufzeigen.

In diesem Sinn der Sprache – mit primär Wesensbezeichnungen und dem Sachbezug im Kontext – sind die Begriffe der Heiligen Schrift von der Genesis bis zur Apokalyse unverändert und eindeutig benutzt. Die Offenbarung im Geist des Herrn ist vollkommen.

Freilich sagen viele Theologen mit Recht, daß die Heilige Schrift die Heilsgeschichte verkünde und ankünde, daß sie nicht eine naturwissenschaftliche Publikation sein wolle. Weniger zu Recht wird gesagt: Weil die Heilige Schrift von Menschen niedergeschrieben sei, enthalte sie naive Vorstellungen und gravierende Fehler.

Tatsächlich: Die Heilige Schrift ist aber vom Geiste Gottes, des Herrn der Schöpfung und Offenbarung inspiriert. Gott verkündet den Menschen aller Zeiten Heilsgeschichte. Er stellt diese in die Zeitgeschichte dieser Welt und des Menschen. Warum sollte Er die Fakten seiner eigenen Schöpfung durch die von Ihm inspirierten Schreiber so verzeichnet darstellen lassen, daß Sein Wort unsinnig erschwert glaubbar wird. Gott läßt dem Menschen große Freiräume in Entscheidung und Darstellung, so daß tatsächlich die Darstellungen von Vorstellungen und Bildern der Schreiber geprägt sind. Was sollten sie auch anderes nehmen als eben ihre Sprache, die geprägt ist von den Vorstellungen und Bildern ihres Kulturkreises. Aber die Schreiber waren nicht die Autoren, sie waren Kuriere von Botschaften, die ihr Wissen unerreichbar weit überstiegen.

Umso erstaunlicher ist die Klarheit und Exaktheit der faktischen Berichte der Bibel, denen sich die neuesten Forschungsergebnisse aus Kosmologie, Geologie, Meteorologie asymptotisch annähern. Schienen vor wenigen Jahrzehnten noch schwere Unterschiedlichkeiten gegeben zu sein, so sind inzwischen nur noch ganz wenige Punkte verblieben, die nicht oder schwer vereinbar scheinen.

Wie die Apokalypse am Ende der Heiligen Schrift, so auch am Anfang in der Genesis: Es sind klare und präzise Sachberichte.

Genesis

Mit der "Kosmischen Singularität" vor ca 20 milliarden Jahren begann die Entstehung des Raumes und der Zeit; mit der Materie als dunkles schnell-fließendes Wasserstoff-Plasma. Die Erde war noch nicht geballt. Dann schied sich Materie, in der Ballung der Quasare (million mal million Sonnen-Massen), vom dunklen Weltraum ab. Jeder Quasar (aus bis zu 15 milliarden Lichtjahren Entfernung sichtbar) leuchtete mit einer Intensität der ganzen Galaxis.

Die Plasmen schieden sich in die, welche die Galaxien bildeten, und jene, welche die Planeten und die Erde bildeten.

Die Erde entstand aus interstellarem Staub zugleich mit der Sonne und dem Mond (vor 5-6 milliarden Jahren). Es bildete sich die Ur-Atmosphäre. Die Sonne schien erst nach Scheidung der Meere von den Festländern auf das Land. Es entstanden als "lebende Seelen" die Tiere. "Gott sah, daß es gut war".

Schließlich entstand der irdische Mensch. "Gott schuf den Menschen als Sein Abbild, als Mann und Frau schuf er sie" und "Gott sah, daß es sehr gut war".

Schon der irdische Mensch – der noch nicht mit dem Geist Gottes erfüllte Mensch – war in Mann und Frau Ebenbild Gottes, der als Gott-Vater und Gott-Geist Ist: Gott-Vater schafft im Feuer Gott-Geistes – und Gott-Geist ruht in Ewigkeit in Gott-Vater. Und aus diesem allmächtigen Dialog geht die Schöpfung hervor. Dem ebenbildlich: Der Mann zeugt, und die Frau gebiert. Und daraus geht die Geschlechterfolge, das "Menschengeschlecht" hervor. "Seid fruchtbar und mehret euch".

Damit endet der "Erste Schöpfungsbericht" der Genesis. Dieser ist die Naturgeschichte der Welt und des Menschen. Der Mensch, der nun über million Jahre auf dieser Erde lebt, war seitdem schon im vollen Besitz seines materiellen Leibes, seiner animalischen Seele und seiner rationalen Intelligenz.

Das ist aber noch nicht das, was ihn von hochentwickelten Tieren unterschieden hat und was seine Anwartschaft auf sein ewiges Leben in Gott begründet hätte. Es gibt Tiere, die dem Menschen materiell-leiblich oder animalisch-seelisch überlegen sind; sogar ein Tier – den Buckelwal –, der dem Menschen rational-intelligent überlegen scheint.

Entscheidend für Intelligenz ist nicht die Größe des Gehirns (einige Tiere haben ein größeres Gehirn), sondern die Zahl und Struktur der Neuronen und Synapsen, die Anzahl der Informations-Einheiten und die Komplexheit von deren Verschaltung. Diesbezüglich liegt jeder Affe weit und eine Delphin-Art knapp unter dem Menschen; aber der Buckelwal weit über dem Menschen.

In der Gehirnleistung ist das Verhältnis Buckelwal zu Mensch ungefähr wie Mensch zu Orang-Utan. Die fünftausend noch lebenden Buckelwale "unterhalten sich" in ihren Gemeinschaften (Schulen) in Sprachen von sonst unerreichtem Informations-Reichtum, wobei sie zudem diese "Sprachen" offenbar alle fünf bis zehn Jahre völlig neu formulieren (vermutlich in spielerischer Nutzung der sonst kaum einsetzbaren Intelligenz-Kapazität).

All dies ist aber nicht entscheidend dafür, was ein Geschöpf vor Gott ist. Die besondere Berufung des Menschen, mit der er unendlich über jedem Tier ist, kommt erst in der Erfüllung mit dem Geist Gottes. Der "Zweite Schöpfungsbericht" der Genesis ist die Geistesgeschichte des Menschen.

Dieser faßt die gesamte phylogenetische Entwicklung des Menschen nochmals in dem einen Satz zusammen: "Gott bildete den Menschen aus der Humus-Erde". Tatsächlich kommt alle Substanz des irdischen Menschen – über die Pflanzen und indirekt über den Tiermagen – aus dem "fruchtbaren Boden". Für den irdischen Menschen gilt daher: "Mensch bedenke, daß du Staub bist und zu Staub wirst".

Das ewige Leben des Menschen kommt nicht aus der evolutiven Gestaltung des irdischen Menschen. "Fleisch und Blut können das ewige Leben nicht erben" ... und ... "Nur wer aus dem Geist wiedergeboren ist, kann das ewige Leben erben".

Der Zweite Schöpfungsbericht der Genesis verkündet die Einhauchung des Geistes Gottes; durch Gott selbst, in den irdischen Menschen: "Er blies ihm Seinen Geist ein. So wurde der Mensch zu einem lebenden Wesen".

Gott bereitete für den Menschen aus der Schöpfung Hervorgehendes (Aufwachsendes, "Bäume"). Alle Bäume waren Bäume der Erkenntnis, etwa der Natur-, Geistes-, Gesellschafts-Wissenschaften, überhaupt aller geistigen Entfaltung. Alles durfte und sollte der Mensch nutzen. Von den Früchten jedes Baumes der Erkenntnis durfte und sollte er essen. Nur durfte er nicht die aus der Schöpfung hervorgehende Erkenntnis dazu mißbrauchen, um selbst zu bestimmen, was Gut und Böse ist: "Doch vom Baum der Erkenntnis des Guten und Bösen darfst du nicht essen, denn sobald du davon ißt, wirst du sterben".

Der biblische Mensch hatte somit die Anwartschaft auf das ewige Leben in Gott. Das ewige Leben war ihm bedingt gegeben. Gott selbst kündet den Verlust des Lebens, kündet das Sterben an, wenn sich der Mensch – im Griff nach Selbstbestimmung – von Gott absondert .

Es geht hierbei um das ewige Leben, es geht um den Tod im Verlust dieses ewigen Lebens. Gott sagt dies durch die Heilige Schrift immer wieder. Etwa: "Ich habe kein Gefallen am Tod des Sünders, sondern daß er sich bekehrt und lebt". Oder: "Wenn der Gerechte den rechten Weg verläßt und Unrecht tut, muß er sterben".

Dies wären unsinnige Reden, wenn sie sich auf den natürlichen Tod bezögen, nachdem jeder Mensch ohnehin sterblich ist. Gott spricht – in höchster Sinnerfüllung jedes Seiner Worte – vom ewigen Leben in Vereinigung mit Ihm, und vom Tod einmal für immer in der Absonderung von Ihm.

Wesenswandlung

In der Anrufung des Menschen durch Gott, in der Einhauchung des Geistes gewinnt der irdische Mensch eine Wesenswandlung ("Transsubstantiation").

Vor mir liegen zwei Schriftstücke. Sie kamen nacheinander aus der Kopiermaschine vom selben Original. Und doch ist ein wesentlicher Unterschied. Das eine Schriftstück ist ein nichtgezeichnetes Aktenduplikat, das andere ist ein vom Unternehmer und den Patentinhabern gezeichneter Vertrag. Die Unterzeichnung durch die Zeichnungs-Berechtigten wandelte ein vorher wertloses Schriftstück in einen Industrie-Vertrag, der von den Staatsbehörden aller Länder respektiert wird und aufgrund dessen nun dutzend Jahre produziert, ex- und importiert wird und Arbeit und Brot für hunderte von Menschen geschaffen wird. Sollte es einmal zum Rechtsstreit kommen, wird es den Richter nicht interessieren, von welcher Papiermühle das Papier geliefert wurde. Den Richter interessiert aber grundlegend, ob die Unterzeichnenden abschlußberechtigt waren: ob das Schriftstück eben die Wandlung zum rechtsverbindlichen Vertrage erfahren hat, oder ob es ein rechts-unwirksames Papier geblieben ist.

Auf dem Altar liegen Stücke Brotes. Vor der heiligen Wandlung war es nur natürliche Speise. Nach den Konsekrations-Worten des Priesters sind sie der Leib Christi; anerkannt von den Gläubigen, der Kirche, den Engeln, von Gott selbst. Sogar die Dämonen wagen nicht, die Anerkennung zu verweigern. Durch die in Procura Christi vollzogenen Worte erfährt natürliches Brot die Wesens-Wandlung zur sakramentalen Speise, die ewiges Leben vermittelt.

Ebenso erfährt der irdische, natürliche Mensch in der Einhauchung des Geistes Gottes, in der "Wiedergeburt aus dem Geist", die Wesens-Wandlung zur Kindschaft Gottes, der das Erbe des Himmels verheißen ist. Adam war der erste Mensch, der – vor Jahrtausenden – diese Wesens-Wandlung erfuhr. Adam und Eva waren das erste Paar des biblischen, des heilsgeschichtlichen Menschen.

Zoologisch bereitete Gott das irdische Gefäß "Mensch" in einer Lenk-Evolution, um es mit Seinem Geist zu erfüllen. Prä-Adamiten (vor Adam) lebten seit million Jahren auf dieser Erde. Offenbar hatte Kain Nachkommen mit einer Präadamitin, und sicherlich waren die "hochberühmten Recken der Vorzeit" (Buch Noah) ebenfalls Präadamiten. Aber heilsgeschichtlich stammen alle Menschen von Adam und Eva ab. Das überzeitliche Heilswirken Gottes bezieht alle Weltzeit ein.

Christus ("der zweite Adam") lebte vor zweitausend Jahren. Er lebt aber auch heute in jedem der vom Geiste Gottes Wiedergeborenen: in Seiner Kirche. Adam lebte vor mehreren tausend Jahren. Aber zugleich ist jeder von uns Adam und Eva. Die damals mit den Stammeltern vollzogene Wesens-Wandlung vollzieht sich zugleich mit jedem von uns im Gnadengeschenk Gott-Geistes: in Glaube, Hoffnung und Liebe. Die damals von den Stammeltern vollzogene Ursünde, die seitdem als "Erbsünde" allen Geschlechtern anhaftet, wird zugleich von jedem von uns neu vollzogen. Die damals den Stammeltern angekündigte Erlösung wird zugleich jedem von uns angekündigt: in Christus, der – damals und heute und bis zum Gericht – in den Menschen lebt.

Naturwissenschaftlich ist die Problematik über Mono- oder Poly-Genese des natürlichen Menschen hochinteressant. Aber vor der Überzeitlichkeit des Heilswirkens Gottes wird die theologische Problematik der Entstehung des natürlichen Menschen zum Scheinproblem. Ob der natürliche Mensch als ein erstes Paar (Monogenese) oder als vielfaltiger Übergang (Polygenese) über die "Hominisationsschwelle" entwickelt wurde oder wie immer er von Gott geschaffen wurde, ist heilsgeschichtlich ohne Bedeutung.

Leben und Mensch

Was ist "Leben", was ist "Mensch"?

Die Geschichte der Natur- und Geistes-Wissenschaften ist gesäumt von Meilensteinen erschütternder Niederlagen philosophisch-theologischer Fixierungen, was lebendig ist, was "organisch" ist. In den herrschenden theologischen Vorstellungen (an sich nicht prinzipiell) ist die technische "Nichtherstellbarbeit" ein unabdingbares Merkmal für "Lebendes". Diese Vorstellung gründet in der Unterstellung, daß die Schaffung von Lebendem nur Gott möglich sei.

Die Synthese – eigentlich sogar nur Umstrukturierung – des "organischen" Harnstoffs aus dessen "anorganischem" Isomer Ammonzyanat durch den Chemiker Friedrich Wöhler (1828) stürzte die Vorstellung, daß niemals derart (rein chemisch definierte!) organische Verbindungen aus anorganischen Verbindungen herstellbar seien. Wie tief verwurzelt, geradezu dogmatisch diese Fixierung war, ist ua daraus ersichtlich, daß heute noch auf der ganzen Welt alle Chemie in "organische Chemie" und "anorgansiche Chemie" eingeteilt wird: zB eine Plastik-Tüte aus Polyäthylen ist "organisch".

Heute erscheint diese Fixierung derart naiv, daß das Ausmaß des Zusammenbruchs kaum mehr ermeßbar ist. Wie schwer dieser war, ist ua darin sichtbar, daß bis Mitte dieses Jahrhunderts sich die kaum weniger primitive Fixierung behauptete, daß Proteine (Eiweiße) lebend seien und deshalb nie herstellbar seien.

Als diese Vorstellung durch das berühmte "Miller-Experiment" gestürzt war, kam der Rückzug auf die Postulierung der Nie-Herstellbarkeit eines Virus. Als dann auch Viren strukturiert und sogar synthetisiert wurden, sollte auf einmal das Leben erst bei den Bakterien beginnen. Weil sich aber Bakterien nur durch ihren bereits eigenständigen Stoffwechsel von Viren abheben, ersteht die Frage, ob sich wirklich Lebendes über Nichtlebendes nur durch Stoffwechsel abhebt; also auch nur durch einen chemischen Prozeß. Können überhaupt derartige Kriterien irgendeine theologische Basis sein? Was könnte dann von der Theologie überhaupt noch gehalten werden?

Heute droht die Fixierung, daß die Zygote (befruchtete Eizelle) Leben sei, daß das Genom lebendig sei und daß sich damit zwingende sittlich-religiöse und theologische Konsequenzen ergäben. Aber schon heute ist das Genom niederer Säugetiere nach Plan strukturierbar (neue Arten erzeugbar; "Synthe-Maus").

Bis etwa Ende dieses Jahrhunderts wird die völlige Strukturierbarkeit und Beherrschbarkeit des menschlichen Genoms erwartet. Mit der Ausstattung des Genoms zur multipel reproduzier-fähigen Zelle – als "Synthe-Zygote" – wird die Erstellung eines jeden menschlichen Organismus nach Programm möglich. Den sich selbst manipulierenden Menschen wird das Grauen der Perversion seiner "Gott-Ähnlichkeit" überkommen.

Immer und immer wieder wurde versucht zu definieren, was "Mensch" sei, wie sich etwa der Mensch vom Tier unterscheide. Und immer wieder führte dies zu schweren Zusammenbrüchen fixierter Vorstellungen.

In der krampfhaften Suche nach Unterschiedlichkeiten hatten sich mittelalterliche Theologen sogar in die Idee geflüchtet, daß das Tier nicht einmal Schmerz empfinde. Heute ist bekannt, daß zwar etwa Insekten keine sensitiven Nerven besitzen, daß aber zumindest einige höhere Säugetiere nicht nur körperlich, sondern auch vital-seelisch höchst sensitiv sind. Die hohe Wissenschaft hat also entdeckt, was jeder Tierfreund schon immer wußte.

Die dadurch erzwungenen Rückzüge führten nun dahin, den Menschen zum alleinigen Träger von intellektuell-geistigen Qualitäten zu ernennen. Aber auch dagegen erscheinen schon aufregende Forschungsergebnisse am Horizont der Wissenschaft, die drohen, solchen Unterstellungen den Boden zu entziehen.

Dies wird zu schweren Erschütterungen der überkommenen Konzepte führen. Dies wäre als solches nicht einmal schlimm, wenn dadurch nicht auch die Verkündigung essentieller Glaubens-Wahrheiten in schweren Mißkredit käme. Solche Mißkreditierung ergibt sich indes nur, weil die Glaubensverkündigung zu naiv mit schwachen Konzepten verknüpft wurde. Tragfähige Konzepte lassen jedoch die Glaubens-Wahrheiten sogar vertieft aufleuchten.

Der Mensch ist unendlich über jedes Tier erhoben, und das ihm verheißene ewige Leben ist unendlich über jedes biologische Leben und jedes physikalische Existieren erhaben; aber nicht aufgrund armseliger Vorstellungen des Menschen, sondern aufgrund seines Verhältnisses zu Gott. Alle Konzepte, die nicht die Beziehung zu Gott selbst und Seinen

Heilsplan ausschließlich zugrunde haben, sind zum Untergang verurteilt. Denn auch dafür gilt das Wort des Herrn über Leben und Tod: "Ich bin ein eifersüchtiger Gott".

Was ist der Kern des Menschen? Wie wurde der Mensch, wie wird ein Mensch?

Natürliche Menschwerdung

Durch was wird der Mensch, wann wird ein Mensch? Wie artengeschichtlich (phylogenetisch), wie einzelgeschichtlich (ontogenetisch), wie heilsgeschichtlich (biblisch)?

Artengeschichtlich:

Über die Zeiten der Erdgeschichte – etwa vor einer Milliarde Jahre beginnend – entwickelten sich die Arten von niedersten Organismen bis zu den Säugetieren. Diese "phylogenetische Evolution" ist eine Entwicklung der DNS (Desoxyribonucleinsäure) von etwa einem Millimeter Länge bei niedersten Organismen bis zu rund einem Meter beim hochentwickelten Säugetier und Menschen. Die DNS ist Träger der genetischen Information. Biologisch, in seinem Organismus ist der Mensch ein hochentwickelter Säuger.

Dieser irdische Mensch, der natürliche Mensch lebt seit schon million Jahren auf dieser Erde; schon voll sensitiv, intellektuell und spirituell ausgebildet: zu höchsten sozialen, technischen, wissenschaftlichen, philosophischen, kulturellen, religiösen Leistungen befähigt; wenn auch faktisch erst nach und nach durch entwickelte Dispositionen ermächtigt. Erst mit der exponentiell anklingenden Kultur- und Zivilisations-Evolution wurden die Systeme der Neuzeit erreicht.

Ob dieser natürliche Mensch aus einem primären Schöpfungsakt oder aus einer Auto- oder Lenk-Evolution hervorging, ist für das Wesen des Menschen unbedeutend; ebenso unbedeutend wie die Herkunft des Papiers in einem Industrievertrag oder des Brotes in der Eucharistie. Es deutet vieles darauf hin, daß es eine gelenkte Evolution war, in der die verschiedenen Affen-Arten nicht Vorläufer, sondern Abzweiger auf dem Weg zum Menschen waren.

Die biblischen Stammeltern – Adam und Eva – vor eine million Jahre zu datieren oder das Auftreten des natürlichen Menschen mit der biblischen Genealogie zu datieren, ist schlicht nicht möglich; ist aber auch nicht nötig: der natürliche Mensch – wie und wann immer entstanden – ist nur ein Gefäß zur Erfüllung mit einem ganz anderen Wesen.

Einzelgeschichtlich:

Über die Zeit der Schwangerschaft hinaus – von der Empfängnis (Befruchtung; Zygote) bis 21 Monate danach – entwickelt sich jeder einzelne Mensch. Diese "ontogenetische Evolution" beginnt mit der Vereinigung eines männlichen Sperma mit einem weiblichen Ovum zur Zygote (in der Empfängnis befruchtetes Ei). Die Zygote teilt sich und bildet zwei Zellen. Durch immer weitere Teilungen wird jedesmal die Anzahl der Zellen verdoppelt; nach zB 6 Teilungen auf 2^6, etwa auf 60 bis 70 Zellen.

Erst bildet sich so die kleine, mehrzellige Morula, die im Eileiter zur Gebärmutter gleitet; dann die Blastozyste ("Entwicklungs-Blase"; speziell beim Menschen "der Blastozyst"). Am 5. bis 7. Tag nach der Zygote erfolgt die Nidation (Implantation; Einnistung) des Blastozyst in die Schleimhaut der Gebärmutter. Dort entwickelt sich nach circa 3 Wochen die "lange Platte"; als erster Ansatz des Gehirns. Damit beginnt das neue Wesen bereits selbst aktiv in die Entwicklung einzusteuern.

Der Embryo wird sensitiv. Er nimmt zB über Körperschall schon Musik wahr und speichert diese für das spätere Leben; das ganze künftige Leben unterbewußt steuernd. Nach 3 Monaten ist der Embryo bereits hoch wahrnehmungsfähig. Nach 9 Monaten erfolgt die Geburt. Als einziger Ausnahme unter allen bekannten Säugern ist die Geburt des Menschen noch im Embryonal-Zustand.

Das Gehirn entwickelt sich beim Menschen noch weiter; bis 21 Mo nate nach der Zygote. Gleichsam wird die "hardware" dieses extrem leistungsfähigen Computers erst 1 Jahr nach der Geburt fertig. Möglicherweise begründet dies die unvergleichlich hohe Anpassungsfähigkeit des Menschen an verschiedenste Umwelt-Verhältnisse; vielleicht weil sich das Menschen-Gehirn in Anpassung an den bereits einsetzenden Gebrauch weiterentwickeln kann.

Erst 1 Jahr nach der Geburt ist der Mensch organisch fertig. Die Individual-Evolution läuft aber weiter: Vom heranwachsenden Menschen wird der Computer "Gehirn" programmiert und gebraucht. Das Kleinkind erobert seinen Körper und erlernt dessen Gebrauch. Der Heranwachsende lernt die Einfügung in die Familie und Gesellschaft; bildet sich in Schule und Beruf aus, bereichert sich kulturell und spirituell – und wird für die Wiedergeburt im Geist bereit.

Heilsgeschichtlich:

Der natürlichen Menschwerdung unerreichbar ist die heilsgeschichtliche Menschwerdung mit der Einhauchung des Geistes Gottes. In einer "Neu-Zeugung" von Gott-Vater, aus einer "Neu-Geburt" aus Gott-Geist wird der "neugeschaffene Mensch" zum Kind Gottes.

Die Betrachtung dieser übernatürlich-heilsgeschichtlichen Menschwerdung vorbereitend, sei erst noch die natürliche Menschwerdung genauer betrachtet.

Phylo- und Onto-Genese

Aus Ähnlichkeiten dieser Vorstufen in der einzelgeschichtlichen Entwicklung (in der Ontogenese, bis etwa 3. Monat) mit Vorstufen in der artengeschichtlichen Entwicklung (in der Phylogenese, über die Erdgeschichte) schloß Ernst Haeckel (1866), daß damit jeder einzelne Mensch die (erdzeitliche) Arten-Entwicklung in seiner (derzeitigen) Einzel-Entwicklung erneut nachvollziehen würde. Dieses "biogenetische Grundgesetz" wird heute von den meisten Wissenschaftlern für richtig gehalten.

Erich Blechschmidt – der die Phylogenese jedoch nicht in Zweifel zieht – demonstrierte an den Körpermerkmalen von Embryonen, daß die schwangerschaftliche Entwicklung in allen Stufen schon spezifisch menschlich ist. Noch wichtiger: Während die DNS in den phylogenetischen Vorstufen erst bis einige Millimeter Länge entwickelt war, haben alle ontogenetischen Vorstufen schon die gleiche, voll entwickelte DNS von ca einem Meter Länge. Ein Mensch hat schon in seiner Zygote die gleiche DNS wie noch nach seiner ontogenetischen Ausbildung und wie bis zu seinem Tod.

Das biogenetische Grundgesetz ist somit zweifelhaft, vermutlich eben gar kein "Gesetz", sondern falsch. Die Ontogenese ist anscheinend doch nicht der schwangerschaftliche Nachvollzug einer erdgeschichtlichen Phylogenese (Entwicklung der Menschenart).

Einerseits entfällt damit ein "Beweis" für die erdgeschichtliche Arten-Entwicklung. Andererseits ergibt sich damit aber auch kein Beweis gegen eine Evolution mit Arten-Wandel; wie dies vielfach von Traditionalisten – unkritisch oder unehrlich – vorgeschoben wird. Sogar eine exakte Widerlegung des biogenetischen Grundgesetzes gäbe nicht einmal einen Hinweis auf eine nicht-evolutive Schöpfung der Arten. Warum sollte die Schöpfung unvernünftiger eingerichtet sein, als etwa unsere Industrie arbeitet: Gelenkt von der erfinderischen Intelligenz der Entwicklungsingenieure, verlief die Entwicklung (analog Phylogenese) zum modernen Kraftfahrzeug über primitive Vorstufen (Glühkopfzünder auf Pferdekarren) zum heutigen Modell. Aber die heutige Produktion (analog Ontogenese) ist in allen Stufen spezifisch auf das neueste Modell ausgerichtet; mit in der Regel unaustauschbaren Teilen.

Zumindest in Hinsicht auf die DNS sind in der Ontogenese des Menschen die Entwicklungsstufen keine tierischen Organismen, die erst menschlich werden müßten; von der Zygote an sind alle Stufen spezifisch menschliche Organismen. Was ist überhaupt "tierischer" oder "menschlicher" Organismus, was deren Unterschied? Gerade bei Abstützung der Argumentation auf die DNS wird dieses Problem besonders kritisch:

Schon in der Natur werden – zB durch Viren – unentwegt menschliche und tierische Gene ausgetauscht. Der Ersatz eines Gens durch das Gen eines anderen Organismus führt zwar allermeist zu lebensunfähigen Organismen. Aber manchmal, wenn auch sehr selten, führt dies zu lebenstüchtigeren Organismen. Die Ausnahme aus der regulären Nichtaustauschbarkeit könnte sogar eine besondere Bedeutung haben; vor allem für die Phylogenese.

Neuerdings ist Gen-Austausch – auch menschlicher mit tierischen Genen und umgekehrt – sogar gen-technisch möglich und wird bereits in der Viehzucht genutzt. ZB wurde durch Einsetzen eines Menschen-Gens in ein Schaf-Gen das australische Riesenschaf gezüchtet. Mit wieviel Ersatz von Genen ist aber dann ein Genom noch menschlich oder schon tierisch, bzw noch tierisch oder schon menschlich?

Die Abgrenzung ist abhängig von der biologisch-medizinischen Definition und Nomenklatur: Die auf biologische Ähnlichkeiten mit phylogenetischen Vorstufen gestützte Definition bezeichnet, eben dieser Definition gemäß, schwangerschaftliche Frühstufen des Menschen als "noch tierische Organismen". Die auf die DNS bzw auf die ontogenetische Zielrichtung gestützte Definition kennzeichnet, damit dieser Definition gemäß, alle schwangerschaftlichen Stufen des Menschen als "menschlich von der Zygote an".

Zwar dürfte die auf die DNS gestützte Definition eine bessere Beschreibung der Fakten darstellen. Grundsätzlich führt aber keine der biologisch-medizinischen Formulierungen zu entscheidenden und zwingenden weltanschaulichen, sittlichen oder religiösen Konsequenzen. Vielmehr setzt umgekehrt die weltanschauliche Einstellung die Definitionen.

Was ist der Mensch? Wann entsteht ein Mensch? Mit was geschieht die Schöpfung eines individuellen menschlichen Wesens? In der Ontogenese von der Zygote bis zum Tod sind zwar wichtige Abschnitte. Aber keiner ist so markant, daß dieser als "der" Schöpfungsakt behauptet werden könnte.

Vertreter des politischen Materialismus setzen als Menschwerdung die "soziale Realisation" – und sagen, daß Tötung des noch nicht sozial oder gar sozialistisch Realisierten noch keine Menschen-Tötung sei. Diese Aussage dient der politischen Terrorisierung und degradiert den Menschen zum manipulierbaren Objekt; in totaler Abwertung des Menschseins.

Vertreter des religiösen Traditionalismus setzen als Menschwerdung die Entstehung der Zygote – und sagen, daß Zerstörung einer Zygote Menschen-Tötung sei. Diese Aussage soll dem Kampf gegen die Abtreibung dienen und reduziert hierbei das Menschsein auf eine chemische Struktur. Die Verabsolutierung biologisch-medizinischer Definitionen zu universellen Aussagen über "den Menschen" stürzen jedoch die Glaubensverkündigung in schwere Konflikte.

Die Biologie und Medizin behandelt fachgemäß das "Menschsein" eben unter rein biologischen bzw medizinischen, dh materiellen, physiologischen, physikalisch-chemischen Aspekten. Der Mensch ist aber sehr viel mehr als Materie, als Physiko-Chemie. Die Frage, was Mensch ist, entscheidet sich erst auf höheren Ebenen des Seins; insbesondere mit der heilsgeschichtlichen Menschwerdung.

Deren Problematik ist jedoch angesichts der Fakten der biologischen Reproduktion zu behandeln.

Biologische Reproduktion

Das menschliche Genom, die Gesamtheit aller Erbinformationen, besteht aus milliarden Genen. Jede menschliche Körperzelle enthält ein menschliches Genom. Die Gene legen alle Merkmale eines Menschen fest; physische und psychische. Diese Merkmale gestalten sich aber erst in der ontogenetischen Evolution, die ab der Teilung der Zygote bis 21 Monate danach läuft.

Das Innere der Zellen bewahrt (mit den Genen) die Entwicklungs-Information; das Äußere der Zellen bewirkt die Fortentwicklung und ist Träger der Entwicklungs-Dynamik. Die spätere Spezifizierung der sich fortwährend mit Zellteilung vermehrenden Zellen ist vornehmlich in den Außenbereichen des wachsenden Zellverbandes. Etwa milliarden Zellen eines ausgewachsenen menschlichen Organismus, aber nur zwei bis drei million menschliche Eizellen wiegen ein Gramm.

Die mit Vereinigung von Sperma und Ovum gebildete Zygote ist ein chemischer Molekül-Verband, aus Riesenmolekülen. Dieser Molekülverband enthält die überaus vielfältige und komplizierte Information für den Aufbau eines menschlichen Organismus. Die Reproduktion dieser Erbinformation bei den folgenden Teilungen, die als solche ebenfalls informativ programmiert ist, geschieht mit sonst nie erreichter Präzision. Dies ist umso erstaunlicher, als die etwa ein Meter lange DNS in einem winzigen Knäuel gefaltet ist. Schon die bei der Zellteilung erfolgende Kopie der DNS ist äußerst präzise; zudem werden Fehler zumeist noch durch einen Korrigier-Mechanismus beseitigt. Im Endeffekt ist unter milliarden Reproduktionen kaum ein Fehler.

Ein Genom enthält mehr Information als eine riesige Bibliothek. Die Zygote ist ein nur in chemischen Verbindungen geschriebener Bauplan eines Menschen; und auch das nur eines natürlichen Menschen. Dieser Bauplan ist zwar mit überwältigend hoher Intelligenz strukturiert, ist aber doch nicht mehr als eben ein Bauplan von rein materieller Struktur. Die Gleichsetzung der Zygote mit dem damit vorgeplanten Menschen selbst ist der extremst-mögliche Materialismus; ist die Reduzierung des Menschseins – nicht nur auf einen funktionsfähigen physiologischen Organismus, sondern sogar – auf eine rein chemische

Verbindung. Dies ist ein noch viel radikalerer Materialismus als etwa der von Haeckel, Marx, Lenin oder von irgend einem Ideologen.

Mit den von der Zygote ausgehenden Zellteilungen ergibt sich eine Blastozyste. Der reguläre Weg der ontogenetischen Evolution eines Menschen (auch aller Säuger) geht über die Nidation der Blastozyste in den Uterus (Gebärmutter). Ein beträchtlicher Teil der menschlichen Blastozysten geht jedoch schon natürlicherweise vor der Nidation ab. Dieser Anteil ist zwar schwer genau bestimmbar. Nach der allgemeinen Fachmeinung dürfte rund die Hälfte abgehen. Auch nach der Nidation geht noch ein beträchtlicher Anteil ab. Diesen Abgängen folgt das Absterben. Es entstehen somit mehr menschliche Zygoten als Menschen geboren werden.

Aus einer einzigen Zygote können jedoch auch zwei oder mehr Menschen hervorgehen. Durch natürliche "Clonung" entstehen gelegentlich zwei Blastozysten, die sich ontogenetisch zu je einem vollen Menschen entwickeln; als "eineiige Zwillinge". Auch Mehrlinge können entstehen. In der früher noch nicht gestörten Natur gab es für den Menschen die Regel: immer unter 80 Singeln war ein Zwilling, unter 80 Zwillingen war ein Trilling, unter 80 Trillingen war ein Vierling usw. Natürliche Clonung kann sich sogar noch nach der Nidation ereignen.

Unheimlicherweise ist es möglich, durch Clonung aus einer einzigen menschlichen Zygote unbeschränkt viele, je volle Menschen hervorzubringen. Dies ist auch technisch möglich. Analoge Clonung wird derzeit bereits in der Viehzucht weltweit betrieben.

Schon die Natur bietet erstaunlich viele Mechanismen zur Entwicklung mehrerer, je voller Organismen aus einer einzigen Zygote; auch noch spät in der Entwicklung. Diese Mechanismen sind zumeist auch technisch vollziehbar und werden vollzogen. Hunderte von früh gebildeten Zellen sind technisch zur Entwicklung je eines vollen Menschen geeignet. Zudem hat jeder erwachsene Mensch milliarden von Zellen, welche alle Gen-Informationen enthalten, um prinzipiell daraus je einen vollen Menschen entwickeln zu lassen. ZB jedes weiße Blutkörperchen hat volle genetische Information. Das Genom jeder dieser milliarden Zellen ist im Prinzip gleich dem Genom in derjenigen Zygote, aus der dieser Mensch entstanden ist; nur gelegentlich verändert durch äußere Einwirkungen auf die Zellen oder durch Reproduktions-Fehler bei der Zellteilung.

Viele dieser Zellen mit voller Erbinformation sind prinzipiell zum Organismus eines neuen Menschen entwicklungsfähig. Bei niederen Tieren können solche homöo-ontogenetische Entwicklungen bereits technisch herbeigeführt werden. Es ist möglich und wahrscheinlich, daß dies auch bald beim Menschen machbar sein wird. Dies ist irgend wie vergleichbar der Vermehrung von Pflanzen durch Ableger.

Der reguläre Weg der Natur zur Vermehrung ist jedoch die hetero-ontogenetische Entwicklung. Dies gibt statistisch gesündere, vitalere und intelligentere Lebewesen. Die hetero-genetische Vermehrung ist die Vereinigung eben einer männlichen Sperma-Zelle mit einer weiblichen Ovum-Zelle zu einer Zygote. Dies ist vergleichbar der Vermehrung von Pflanzen durch Samen: das männliche Sperma ist analog dem Blütenstaub, das weibliche Ovum ist analog dem Stempel, die Zygote ist analog dem Samenkorn.

Ein Mann stößt bei jeder Ejakulation ca dreihundertmillion Sperma-Zellen aus. Jede Frau trägt bei Erreichen der Geschlechtsreife (mit 12 bis 14 Jahren) ca vierhunderttausend Ovum-Zellen (je zweihunderttausend als Primärfolikel in jedem Ovar, Eierstock). Während die anderen Zellen des Menschen (und Säugers) die Genträger (Chromosome) doppelt enthalten, haben die Sperma- und Ovum-Zellen diese nur einfach. Durch eine überaus sinnreiche Halbierung der Genträger in den Geschlechts-Zellen erzielt die Natur mit der Vereinigung wieder die normale Anzahl von Genträgern und Genen. Möglicherweise vermag die Natur mit dieser Halbierung schadhafte Genträger und Gene bevorzugt auszuscheiden.

Eine Zygote reproduziert sich – in der Regel auf dem Nährboden eines mütterlichen Körpers, aber auch in einer synthetischen Nährlösung – mit fortlaufender Zellteilung zu Zellen, die anfangs noch gleichartig der Zygote sind. Erst nach starker Vermehrung und Vergrößerung des Zell-Verbandes entwickeln sich auch spezielle Zellen; wie des Gehirns, der Leber, des Genitals usw.

Regulär nutzt die Natur die fortlaufende Reproduktion der Zellen für das Wachstum und die Erneuerung des einzelnen Organismus von der Zygote bis zum Tode; im ausgereiften Organismus auch zur geschlechtlichen Vermehrung.

Fortwährende natürliche Angriffe auf jede Zelle und alle Gene (chemisch, thermisch, radioaktiv usw) schädigen die Zelle bis zur baldigen Zerstörung. Nur mit der laufenden Reproduktion zufällig und bevorzugt gerade nicht gestörter Zellen zu neuen Zellen wird der Organismus fortwährend derart regeneriert, daß er sehr viel länger lebt als jede einzelne Zelle. Etwa alle sieben Jahre erneuert sich ein menschlicher Organismus in faktisch allen Zellen. Der Organismus existiert überhaupt nur in dieser grundsätzlichen Veränderlichkeit.

Dies ist wie bei einem Wasserfall, der tagelang gleiche Gestalt (eben als dieser Wasserfall) hat, aber jede Sekunde veränderlich mit neuem Wasser: als ein dynamischer Vorgang, einbezogen in einen weltweiten Wetter-Prozeß; nicht aus der Natur herausschneidbar und nicht in ein Museum stellbar. Der Wasserfall ist wesenhaft "Stoffwechsel". Der "lebende" Organismus ist – im Gegensatz zu "toten" Gegenständen – ein dynamischer Vorgang mit fortlaufendem Stoffwechsel. Ohne Stoffwechsel durch Nahrungs-Aufnahme ist Tod durch Verhungern. Allerdings ist in diesem Sinne "lebend und tot" beschränkt auf den biologischen Aspekt; nicht mehr und nicht weniger.

Schon damit ergibt sich ein Bezug zu einem zwar nicht kritischen aber interessanten theologischen Problem: zur "Auferstehung des Leibes":

Weil der materielle Körper des Menschen eben als Stoffwechsel und damit in grundsätzlicher Veränderlichkeit existiert, ist es wenig glaubwürdig, daß derart in Vergänglichkeit Existierendes in ein ewiges Leben eingehe. Zudem ist schwierig vorstellbar, welche konkrete Gestalt sich damit für ewig fixieren sollte; welchen irdischen Alters und überhaupt mit welchen Gliedern und Organen. Viele Indianer mochten jung sterben, um in der Kraft der Jugend in die "ewigen Jagdgründe" einzugehen; ähnlich bei den Germanen und bei vielen Völkern.

Dies dürfte aber kaum eine profilierte Motivierung für einen modernen Menschen abgeben. Diese Problematik ergibt sich indes auch nur in einer sehr restriktiven theologischen Schau, die allerdings lange Zeit und weitverbreitet dominierte. Die Leerheit dieses (Schein-)Problems ergibt sich jedoch schon aus der Heiligen Schrift: Christus selbst lehrt nachdrücklich die Auferstehung im "geistigen Leib"; in einem Leib, wie Er selbst ihn auf dem "Berg der Verklärung" gezeigt hat. Paulus erklärt ausdrücklich den irdischen Leib als den der "Verweslichkeit", von dem man "Vernichtung erntet"; aber den geistigen Leib der Auferstehung als den Leib der Unvergänglichkeit und Herrlichkeit.

Aus der Biologie erstehen aber auch harte Konfrontationen und Konsequenzen für die Theologie. Diese ergeben sich bei einer Verabsolutierung der biologisch-medizinischen Gleichsetzung der Zygote mit dem Menschen; mit einer auch heilsgeschichtlichen Gleichsetzung der Zygote mit dem Menschsein in Hinsicht auf die Ewigkeit.

Abtreibung

Die Menschheit, jedes Volk, jede Familie, jeder Mann und jede Frau ist mit einem Geschehen konfrontiert, von dem Überleben oder Untergehen abhängen; materiell-gesellschaftlich, sittlich-kulturell, aber vor allem spirituell-religiös: die zunehmende Billigung und Durchführung der Abtreibung.

Die offizielle Bezeichnung "vorzeitiger Schwangerschafts-Abbruch" verschleiert deren Ungeheuerlichkeit. Gesetzgebung und Rechtsprechung kann sich an Verbrechen dadurch mit schuldig machen, daß verharmlosende Bezeichnungen benutzt werden, die das Bewußtsein von Schuld mindern oder gar löschen. Sachlich am treffendsten wäre die Bezeichnung "Abschlachtung ungeborener Kinder". Eine Gesetzgebung und Rechtsprechung, die zwar sentimental das Leben jeden Hundes schützt, aber kaltrechnend das Leben der eigenen Kinder der willkürlichen Vernichtung faktisch preisgibt, dürfte eine solche Bezeichnung jedoch bald verbieten.

Der Kampf gegen die Abtreibung wird – vor allem von christlicher Seite – oft darauf gestützt, daß bereits die Zygote dem Menschen gleichzusetzen sei, womit Abtreibung und sogar schon Nidations-Verhinderung Menschen-Tötung sei.

Begründet mit der DNS ist jede Zygote und jede ontogenetische Stufe, die zur Geburt eines Menschen zu führen vermag, menschlicher Organismus. Die Schwere der Verwerflichkeit, die Tödlichkeit der Sünde der Abtreibung gründet jedoch in einem Bereich über dem der Biologie und Medizin. Das Wesen des Menschen ist nicht durch seine materielle, physiologische Struktur bestimmt; schon gar nicht durch einen mit chemischen Verbindungen erstellten Bauplan. Es gründet in seinem Verhältnis zu Gott. Aber eben dieser Aspekt ergibt umgekehrt auch einen wichtigen Aspekt für die Zygote. In diesem besonderen Aspekt ist die Zygote doch mit dem Menschen verbunden; irgendwie sogar gleichsetzbar:

Das analoge Problem ist mit der Quantenphysik aufgetaucht. Man hat dies, in einem nur begrenzt richtigen Aspekt, so formuliert: in die Zukunft ausschauend sind die Mikro-Reaktionen undeterminiert, aber in die Vergangenheit rückblickend sind sie determiniert. Diese gekünstelt klingende Formulierung drückt jedoch etwas ganz Natürliches, Alltägliches aus; im analogen Beispiel: Ich habe die freie Möglichkeit, in die Zukunft zu wirken, indem ich dies oder jenes oder ganz anderes tun kann. Wenn ich aber dann eine der frei zur Wahl gestandenen Möglichkeiten vollzogen habe, ist dieser Vollzug durch eben meine konkrete Entscheidung verursacht worden. Vielleicht macht dies auch die Bedeutung der Zygote deutlicher:

Ein jeder Mensch lebt, weil er sich aus seiner Zygote entwickelt hat. Wäre diese eine, für ihn einzigartig wichtige, existenzentscheidende Zygote vernichtet worden, wäre dieser Mensch nicht zum Leben gekommen, nie und nimmer existent geworden. Also: Den vergangenen Ausgangspunkt (Zygote) eines faktischen Menschgewordenseins betrachtend, ist die Zygote die Ursache der einzigartigen Existenz dieses Menschen. Aber den zukünftigen Endpunkt (Menschen) einer möglichen Ontogenese betrachtend, ist die Zygote eben doch nicht mehr als eben der Bauplan für einen danach ermöglichbaren Menschen.

Wenn jeder zu einem Menschen entwickelbare Erbinformations-Träger mit einem Menschen gleichsetzbar wäre, ergäbe schon jedes Nasenbluten tausendfache Abtreibung. Auf dieser Erde verkommen jede Sekunde schon natürlicherweise mehr derartiger Zellen, als je Menschen gelebt haben.

Erst im personalen Bereich ist der Grund, warum die Abtreibung verwerflich ist. Dieser Grund greift aber dann auch zurück auf die Nidationsverhinderung und sogar auf die Empfängnisverhütung. Entscheidend ist das Verhältnis zu Gott und damit das Verhältnis von Mensch zu Mensch. Dazu ein Gleichnis:

Jemand hat einen Garten, den er mit Freude plant und anpflanzt. Aus einem Sack mit vielen Samen entnimmt er ein Samenkorn für einen von ihm gewünschten Baum, setzt es ein und pflegt es. Nun kommt ein Anderer und zerstört dieses gepflanzte Samenkorn oder gar den schon unter der Erde sprießenden Keim.

Dieses Vergehen hat keinen Bezug zum Wert des Samenkorns als solchem. Die Frage, ob und inwieweit das Samenkorn mit dem vielleicht daraus wachsenden Baum gleichsetzbar ist, trifft das Vergehen überhaupt nicht. Sogar wenn eine ganze Handvoll dieser Samen weggeworfen worden wäre, würde kein Richter dies als Zerstörung eines Waldes verurteilen; es würde überhaupt nicht als Vergehen verurteilt. Das Vergehen besteht im Angriff auf die Person des Gartenbesitzers; auf seine Lebensgestaltung, die seine Freude ist und der er sich in Liebe hingibt.

Dieser Gartenbesitzer ist Gott, der den Garten Seiner himmlischen Welten mit von Ihm einzeln geliebten Menschen bevölkern will. Schon Empfängnisverhütung und Nidationsverhinderung, noch sehr viel mehr Abtreibung ist eine Sünde gegen Gott, der einen Menschen erschaffen, ihn anrufen und berufen will, um ihm an Seinem Leben in ewiger Herrlichkeit Anteil zu geben; aus Liebe und in Freude.

Abtreibung ist schwere Versündigung gegen Gott selbst und Seine von Ihm gesetzten Ordnungen; gegen Gott, der den Menschen als Mann und Frau nach Seinem Ebenbild geschaffen hat, der die bis zum Tod unauflösliche Ehe gesetzt hat und der in der liebenden Begegnung von Mann und Frau zum ewigen Leben berufene Menschen gezeugt und geboren haben will.

Das ist die seit zwei Jahrtausenden unveränderte und bis zum Ende der Welt unveränderliche Lehre der Kirche vom Willen Gottes: die Untrennbarkeit der Ehe, die Unantastbarkeit der Familie, der Schutz des Lebens; von der Vereinigung des Mannes mit der Frau an, bis zum Tod.

Von der Zygote bis zum Tod ist menschliches Leben eine Schöpfung Gottes, die Er auf das ewige Leben hin wirkt und leitet. Der Absolute Souverän schafft menschliches Leben, um es – wann immer Er will – zur Vereinigung mit Ihm selbst zu rufen. Ob Er ein konkretes menschliches Leben anruft, ist allein Seine Gnade; Gnade der allmächtigen Souveränität. Die Wesenswandlung im Angerufensein ist eine Wandlung des natürlichen Lebens zum Leben vor Gott, in Gott. "Die Gnade baut auf die Natur auf". Jedes, auch das "nur" natürliche menschliche Leben – vom ersten Moment der Empfängnis bis zum letzten Moment des Abscheidens – hat damit einen unendlichen Rang; zu was immer auch Gott es beruft und leitet.

Die Tötung menschlichen Lebens ist ein Angriff auf die Souveränität Gottes. Die Tötung menschlichen Lebens ist umso schlimmer, je mehr dieses Leben in unsere Obhut und Verantwortung gegeben ist. Am tiefsten abhängig von unserer Obhut ist aber das hilflos und unschuldig in unsere Gewalt gegebene, ungeborene Kind. Die Abtreibung ist damit die schwerste Versündigung bei der Tötung von Menschenleben; verwerflicher als die Tötung im Krieg, sogar als die Tötung von Menschen und Völkerschaften, etwa wegen ihrer Nationalität,

Rasse oder Kultur, etwa aus militärischen, politischen, wirtschaftlichen Interessen.

Eine Abtreibung hinterläßt schwere und tiefe Verstörungen der Frau. Im Alter, im Zurückblicken auf das Leben wird sie oft als furchtbares seelisches Elend empfunden. Bei Verdrängung aus dem Oberbewußtsein ergeben sich böse, schwer erfaßliche Syndrome. Es mag zwar sein, was oft behauptet wird, daß die seelischen Schäden nur durch anerzogene, religiös-sittliche Orientierungen kämen. Vielleicht sind solche auch nicht für jene, die sich von Gott gesondert haben und verloren sind. Aber in dieser Welt der Entscheidung ist das Angebot der Erlösung immerfort da – und eine Absage an das von Gott gegebene Kindes- und Mutter-Leben ist eine Absage an das Angebot des ewigen Lebens.

Eine auch nur faktische Freigabe der Abtreibung verunehrt und mißbraucht den Mann; zumal bei Arbeits- und Wehrpflicht für den Mann, unter Verweigerung der Mitbestimmung über das von ihm gezeugte Leben. Es ist unfaßbar, daß ein Mann unter Einsatz seines eigenen Lebens für die Erhaltung eines Staates eintreten soll, der das von ihm gezeugte Leben der Vernichtung preisgibt. Sogar die bisher schrecklichsten Kriege haben nicht so vielen Menschen das Leben gekostet wie die Abtreibung, welche zudem mit der verwerflichsten und zugleich zersetzendsten Art die unschuldigsten und hilflosesten Glieder des eigenen Volkes tötet. Ein verlorener Krieg könnte sogar zur Rettung werden, wenn hierbei das System vernichtet wird, welches mit Freigabe der Abtreibung die Selbstausrottung des Volkes begründet.

Jeder Mann muß sich die Frage vorlegen: Ist es eine Frau, die für das Recht der Tötung des Kindes kämpft, wert, daß der Mann für sie eintritt; in der Familie, in der Gesellschaft, im Staat? Ist es ein Staat, der das Recht auf Kindestötung freigibt, wert, daß seine Männer ihn erhalten; im Frieden oder Krieg? Verdient nicht jeder – Person wie Staat – das, wofür er kämpft; das Leben, wer für den Schutz des Lebens eintritt, den Tod, wer die Tötung zuläßt?

Die Abtreibung ist die bösartigste Ausformung der Ursünde; ist die Sünde unmittelbar gegen die fruchtbringende Beziehung von Mann und Frau, in welcher der Mensch Gott ebenbildlich ist. Es ist Wahnwitz zu vermeinen, daß der Absolute Souverän, im heraufziehenden Morden der Endzeit, unser Leben bewahren müßte, wenn wir das uns von Ihm anvertraute Leben der Vernichtung preisgeben. Wer immer diesem

Angriff auf das anvertraute Leben stattgibt – ob als Einzelner oder als Partei, als Wählender oder Gewählter, ob im Privatleben oder in der Öffentlichkeit, ob als Verein oder als Volk, ob als Schwangere oder als Arzt –, wird dies mit dem bezahlen, worin er gegen den Herrn über Leben und Tod gesündigt hat; mit dem Leben.

Die Abtreibung ist die wirksamste luziferische Kampfmaßnahme zur Entmenschlichung des Menschen, der damit zum Vieh und zum Opfer totaler Manipulation wird. Dieser Kampf um Gut und Böse auf Leben und Tod wird mit allen Mitteln der Unterwelt geführt; mit Bedrohung der Gegner, mit jeglicher Demoralisation und Desinformation. Der Kampf zielt auf die völlige Pervertierung des Menschenbildes; auf die Zerstörung der Familie und des Menschen selbst.

Wenn immer im Alten oder Neuen Testament auf Empfängnis oder Geburt bezogen ist, dann ausschließlich im Sinne des Heilsplanes und Gnadenwirkens Gottes; aber nie mit biologischer oder medizinischer Begründung. Die Lehre der Kirche gründet nicht auf Unterstellungen der Biologie oder sonst einer Naturwissenschaft. Der Schutz des Lebens kann nur mit tragfähigen Argumenten gewonnen und erhalten werden. Die Anwendung schlechter Gründe zur Durchsetzung noch so guter Absicht schlägt vernichtend zurück.

Zwei entgegengesetzt orientierte Gruppen versuchen die Kirche auf die Gleichsetzung der Zygote mit Menschsein zu fixieren: Strenggläubige, um den Kampf gegen die Abtreibung zu radikalisieren; Kirchenfeinde, um die christliche Verkündigung in unhaltbare Positionen zu manövrieren. Mit einer Verabsolutierung der Aussage "Mensch von Zygote an" erstehen schwerste Konflikte für eine Theologie, die sich nicht konsequent auf die Beziehung des Menschen zu Gott beschränkt und stützt.

DER MENSCH

Empfängnis und Ewigkeit

Hat der Mensch mit seiner Empfängins bereits eine unsterbliche Seele? Schöpft Gott die Menschen-Seele bereits in der Zygote? Dies ist die klassische Frage der Theologie seit über dutzend Jahrhunderten; formuliert in der Nomenklatur moderner Wissenschaft. Was begründet, daß sich mit einer menschlich-biologischen Empfängnis ein Leben in Ewigkeit verbinden solle?

Jeder Mensch hat sich ontogenetisch aus einer Zygote entwickelt, welche (naturgemäß) schon die gleiche DNS enthielt; nicht nur die noch viel kürzere noch unterentwickelte DNS phylogenetischer Vorstufen: seine Zygote war schon spezifisch menschlicher Organismus; sogar spezifisch sein eigener unverwechselbarer Organismus, dem menschlichen Organismus des Eltern-Paares entstammend. Aber in der gesamten Ontogenese (bis 21 Monate nach Empfängnis) ist kein Schritt von einer zur nächsten Stufe so markant, daß dies als Zeitpunkt für die Einschaffung einer unsterblichen Seele annehmbar wäre.

Wenn man also schon jedem natürlichen (auch dem nicht "im Geist wiedergeborenen") Menschen eine unsterbliche Seele zuschreibt, scheint es – einer noch im klassischen Denken gefangenen Theologie – unausweichlich, die Beseelung schon in der Zygote als gegeben anzunehmen. Diese Unterstellung ist jedoch höchst konfliktträchtig; insbesondere aus drei Gründen:

a) weil auch sehr viele andere Körperzellen die gleiche DNS derart enthalten, daß aus jeder ein voller Mensch entwickelbar ist;

b) weil aus einer Zygote durch Clonung unbegrenzt viele volle Menschen entwickelbar sind;

c) weil viele Zygoten absterben, bevor der daraus entstehende Blastozyst nidiert und bevor die Ontogenese abschließt.

Alle drei Vorgänge (a,b,c) beziehen sich auf den natürlichen Menschen und überhaupt alle Betrachtungen zu "Empfängnis und Ewigkeit" nur auf menschliche Zygote. Alle drei Vorgänge sind sowohl natürlich wie technisch denkbar und machbar. Es geht hierbei um die natürliche Gegebenheit bzw grundsätzliche Durchführbarkeit zur Klärung des prinzipiellen Seinsverhalts. Es geht aber nicht um deren religiöse, sittliche, juristische Erlaubtheit oder Verwerflichkeit, die –

auf ganz anderer Ebene liegend – den Seinsverhalt als solchen nicht berührt; erst recht nicht eine Erörterung ausschließt.

Zu a; gleiche DNS in vielen Zellen:

Die Existenz (relativ zur Zahl an Zygoten) sehr viel mehr voll informationstragender, zum vollen menschlichen Organismus entwicklungsfähiger Zellen, schließt vernünftigerweise (nicht prinzipiell) aus, der Erbinformation oder der Entwickelbarkeit als solcher die Beseeltheit zuzuschreiben. Es ist vermessen, bei der Zell-Vermehrung im natürlichen Wachstum zu unterstellen, Gott müsse nun tausend bis milliarden unsterbliche Seelen schaffen, die nie als Mensch die Welt erblicken, aber in Ewigkeit zu konservieren wären; wie immer auch.

Wenn man jedoch nicht die Erbinformation als solche als ausreichenden Grund ansieht, könnte – für sich oder zusätzlich – nur noch die konkrete Zurichtung zur faktischen Einleitung der Ontogenese als Grund für die unsterbliche Beseelung angesehen werden. Natürliche oder technische Zurichtungen oder Vorkehrungen als entscheidend für die Schaffung unsterblichen Lebens zu postulieren, verweltlicht aber eine Schöpfung von Unsterblichkeit.

Dies ist nicht der Geist der christlichen Verkündigung und entwürdigt Gott. Der Mensch erhält Unsterblichkeit jedoch nicht durch menschliches Tun, sondern im Anruf Gottes, der selbst das ewige Leben Ist.

Zu b; Reproduktion durch Clonung:

Schon mit jeder prinzipiell entwickelbaren Zelle tritt das Problem auf, das mit der Clonung speziell hochaktuell ist: Schon natürliche Zwillinge oder Mehrlinge kommen aus ein und derselben Zygote. Welcher dieser verschiedenen Menschen hat das ewige Leben der Zygote; bekommen die neu dazugekommenen Menschen ihre unsterbliche Seele also doch später; irgend wie anders?

Vermutlich ist in der Zygote und in den daraus entstehenden Blastozysten irgend wie schon Bewußtsein: In natürlicher wie technischer Clonung entstandene Zwillings- oder Mehrlings-Keime entwickeln individuell beachtlich verschiedene Menschen.

Geradezu grotesk ufert das Problem aus, wenn ein Gentechniker unbeschränkt viele Menschen aus dem Blastozyst einer einzigen Zygote erzeugt und entwickelt. Dieser Techniker sollte Gott zwingen können, jedem von ihm erstellten menschlichen Organismus eine unsterbliche Seele alsbald einzuschaffen? Damit wäre eine Berufung zur Unsterblichkeit durch Gott nicht nötig; wäre voll ersetzbar durch die Angestellten und Einrichtungen eines biotechnischen Instituts, das selbst oder zwangsläufig über göttlichen Schöpfungsakt die Beseelung herbeiführt.

Völlig verrückte Relationen ergeben sich mit bestimmten fundamentalistischen Versionen: sogar tierisches Leben sollte nur Gott in primären Schöpfungsakten der betreffenden Art schaffen können; aber ewiges Leben kann jeder Gentechniker erstellen.

Zu c; Absterben vieler Zygoten:

Geradezu existenzbedrohend wird die theologische Problematik mit dem Verenden von Zygoten und Blastozysten. Schon das Problem der Erlösung nicht-christlicher Menschen ist kaum bewältigt. Über ungetaufte Kinder, abgegangene oder abgetriebene Feten und Embryonen verschärft sich das Problem extrem bei den verendenden Zellen und Zygoten; sogar schon bei natürlichem Absterben:

In der Regel sterben alle aus jeder Zygote im ontogenetischen Wachstum hervorgegangenen Zellen früher oder später ab; milliarden prinzipiell voll entwicklungsfähiger Zellen, aber auch hunderte mit schon praktizierten Mitteln voll entwickelbarer Zellen. Insbesondere sterben ein großer Teil der Zygoten selbst schon vor der Nidation ab; nach allgemeiner Fachmeinung etwa die Hälfte. Der tatsächliche Anteil ist medizinisch interessant; aber nicht theologisch, weil auch schon vereinzelte Abgänge das Problem unabweisbar aufwerfen:

Sterben damit schon natürlicherweise viele (vermutlich sogar die mehreren aller) "Menschen" schon in Stadien, die keine Gelegenheit bieten zu einer heilsnotwendigen Entscheidung? Was wäre die Erlösung einer verendeten Zygote? Was wäre mit einer unsterblichen Seele eines solchen Abganges?

Es ist unmöglich anzunehmen, daß diese in die Hölle stürzen. Gott schafft doch nicht unsterbliche Seelen bzw läßt sie durch menschliche Zurichtung entstehen, um diese hilflos und schuldlos in die Qual höllischer Welten fallen zu lassen. Man mußte sich also etwas Besseres einfallen lassen: eine "Vorhölle" oder einen "Vorhimmel", wie dies, je nach Mentalität, bezeichnet wurde.

Wie die Industrieproduktionen haben auch die Wissenschaften ihre Abraumhalden, um dort abzuladen, was nicht zu den Produkten paßt. Das Schwarze Loch theologischen Denkens und Wähnens ist der Limbus ("Eingrenzung"), in welchem sonst nirgends hineinpassende Seelen eine ganze Ewigkeit konserviert werden. Neben einem Limbus patrum (der Vorväter), Limbus infantium (der Kinder), Limbus parvulorum (der Unschuldigen) wäre jetzt auch ein Limbus zygotorum einzurichten; ein Monster-Unternehmen: schon allein mit den verendeten Zygoten wäre dieser Limbus größer als der Himmel – und mit allen voll entwicklungsfähigen Zellen-Seelen noch milliardenfach größer. Dieses super-aufwendige Komfort-Gefängnis überzieht jedoch den theologischen Kredit.

Indes: Der allmächtige Gott ist nicht so unbeholfen, als daß Er derart Ausschuß produzieren müßte. Ungeachtet unseres kleinen Denkens schafft Er Großes. Pleite schon vor Gründung, kann das Limbus-Projekt unbedenklich aus dem Budget gestrichen werden.

Kommen also die unsterblichen Seelen der verendeten Zygoten allesamt in den Himmel? Damit gerät die Problematik noch gar ganz ins Schleudern: "Warum denn all diese furchtbaren Umwege" für den sich lebenslang durch diese Welt kämpfenden und sorgenden Rest der auf Erden lebenden Menschen?; eine fürchterliche Frage, die Romano Guardini, unter der Qual seines Trigeminus-Leidens, an den Richter über Leben und Tod stellen wollte.

Wenn Gott viele oder gar die meisten aller von Ihm geschaffenen Seelen ohne weiteres in den Himmel aufnähme, dann wäre der große Vorwurf gegen Ihn vielleicht sogar berechtigt: "Warum all die Leiden, Bedrängnisse, Gefährdungen in dieser Welt; sogar die Bedrohung mit dem Verlust des ewigen Lebens selbst?" Dann wäre die Zerstörung einer Zygote oder auch die Abtreibung eines Embryos eine grenzenlose Wohltat für die so risiko- und mühelos in den Himmel Beförderten. Dann wären diejenigen, die mit Abtreibung sich selber schuldig machen und opfern, um diese Seelen sicher zu retten, die größten Heiligen. Dann bräuchte man Gott gar nicht, um jemand in den Himmel zu bekommen; es genügt eine Pille, wie sie von geschäftstüchtiger Industrie fortlaufend "verbessert" auf den freien Markt kommt.

Aber so ist es eben nicht. Die Lehre der Kirche ist anders, und das Heil schenkt nur Gott.

Lehre und Heil

Nach den Worten Christi, aller Apostel und Kirchenlehrer, nach den gewaltigen Reden der Heiligen und Engel zu Gott in der Offenbarung (Apokalypse), hat diese ganze irdische Schöpfung den Sinn, dem Menschen die Entscheidung für oder gegen Gott zu eröffnen. Die personale Entschei-dung für oder gegen Gott im ErlösungsAngebot Gottes in Christus an den Menschen gibt dieser ganzen Welt allein einen Sinn.

Die Leiden, Bedrängnisse, Gefährdungen sind zur Bewährung im Glauben, in der Hoffnung, in der Liebe zu ertragen und als Prüfung zu bestehen. Standhaftigkeit in den Leiden, Selbsthingabe in liebendem Dienst, Hinwendung zu Gott und Absage an das Böse ist der Heilsweg, der seit zwei Jahrtausenden von der Kirche gelehrt und, geleitet von der Kirche, gelebt wird; das ganze Leben eines Menschen einbeziehend.

Die Grundlage der kirchlichen Verkündigung – mit der sie steht und fällt – ist die Heils-Geschichte in der Erlösung des Menschen durch den in die Welt gekommenen Sohn Gottes, der von jedem Menschen frei anzunehmen ist. Die Entscheidung, die einmal für immer zur Scheidung in Himmel oder Hölle führt, muß geschehen im klaren Wissen und freien Willen der von Gott in diese Welt gestellten Personalität.

Und nun erstehen aus theologisch verabsolutierten biologischen Konzepten "Tote Seelen" zur Unsterblichkeit, welche diesen grandiosen Heilsplan Gottes unnötig machen und alle Grundlagen der spirituellen Existenz in Frage stellen: das ganze Lehr- und Hirtenamt und alle Sakramente der Kirche verlieren ihre Notwendigkeit; die ganze irdische Existenz wäre wirklich ein leidvoller, gefährlicher, sinnloser Umweg.

Die intelligentesten Geister, die bedeutendsten Theologen kämpften sich Jahrhunderte mit dieser Problematik herum. Auf Augustinus zurückgreifend lehrte Thomas von Aquin eine zunehmende Beseelung über Wochen nach der Empfängnis; für Burschen und Mädchen sogar verschieden langsam. Auch andere Heilige sprachen von einer Beseelung erst nach Wochen. Ganze Bibliotheken füllend wurde darüber gearbeitet und geschrieben. Aber jede These öffnete nur wieder andere Konflikte.

Die neuerliche theologische Verabsolutierung der biologischen Aussage "Mensch ab Empfängnis" (ab Zygote), in Unterstellung von in Ewigkeit unsterblichem Leben, ist nicht nur in sich extremster Materialismus, sondern wertet den Auftrag Gottes an die Kirche ab; sogar überhaupt Gottes Heilsplan und Heilswirken bis in den Grund.

Eine Gleichsetzung des Menschen mit der Zygote mit dem darin voll enthaltenen Struktur-Programm zu begründen, überspitzt sogar noch den Materialismus von Marx und Lenin. Eine solche Gleichsetzung mit einer zwangsläufigen Entwicklung der Zygote zum Menschen zu begründen, überspitzt sogar noch den Evolutionismus von Darwin und Haeckel. Würde die Kirche einen derart radikalen Materialismus und Evolutionismus zu vertreten anfangen, zerstörte sie ihre eigene Lehrgrundlage: Der übernatürlichen Berufung des Menschen durch Gottes Gnade und des Sinns des Menschenlebens auf Erden.

Und doch lebt der Mensch schon von der Zygote an: in seiner heilsgeschichtlichen Existenz. Diese gründet im Anruf Gottes, der zeitlos überzeitlich das ganze irdische Leben einbezieht und das Tor zum ewigen Leben öffnet; gründet aber nicht in der Zygote als einer nur ontogenetischen Evolution. Oberflächlich betrachtet mag es als unwichtig erscheinen, warum der Mensch ab Zygote lebt. Es ist aber eine unermeßlich höhere Ebene, wenn etwas in einem freien Geschenk des Absoluten Souveräns statt in einer fixierten chemischen Struktur gründet. Die großen Krisen der Geistes- und Kirchen-Geschichte erwuchsen daraus, daß Großes klein gemacht wurde: religiöse Erwägungen wurden an materielle (astronomische, chemische, biologische) Gegebenheiten gefesselt und damit materialistische Aspekte verabsolutiert.

Solche Verabsolutierungen sind Folgen der Anbetung eines Götzen, der als Diener überaus nützlich ist, der aber geisttötend wird, wenn er zum Herrn erhoben wird: das klassische Denken mit der Anbetung der "Beweise" des klassisch-logischen Apparates. Sogar die führenden Theologen vergangener Jahrhunderte und sonst die gebildetsten Geister ihrer Zeit vermochten sich nicht dem Würgegriff dieses Götzen zu entziehen. Erst stahlharte Beobachtungen im physikalischen Bereich und die daraus geborene Quantenphilosophie vermochten diese Umklammerung dieses gewaltigen Bären zu sprengen und den Durchbruch zu öffnen zur Erkenntnis der Komplementarität allen Seins; vermochten den logischen Apparat auf seinen Platz zu verweisen: als nützliches Werkzeug im Dienst der Erkenntnis, statt zur Erkenntnis zwingender Gewalt.

Der Mensch, insbesondere in seinem Verhältnis zu Gott, ist weit mehr als jegliche fiktive Denkmethodik und Logik je erfassen kann.

Neurotisches Festklammern an überholten Fiktionen und Fixierungen treibt anderen Endes zum Loslassen uralter, immer bleibender Wahrheiten und Einsichten. Ein erstarrter Traditionalismus verdrängt zwanghaft die Konflikte und zeitigt tiefgreifende Verstörungen und Erschütterungen des Vertrauens in die Lehre; statt den Suchenden festen Halt in echter Überlieferung zu geben, um den notwendigen Fortschritt wagen zu können. Ein zerstörender Progressismus wirft die alten Wahrheiten über Bord; statt in echtem Fortschritt diese in ihrer, alle Interpretationen überragenden Größe und Tiefe auf dem Fundament der Überlieferung aufzuzeigen. Fortschritt führt zum Chaos, wenn er nicht in Überlieferung gründet. Überlieferung wird zur Erstarrung, wenn sie nicht dem Fortschritt den Weg bereitet. Aber ein entarteter Traditionalismus und ein irrlehrender Progressismus treiben sich gegenseitig in tödlichen Exzeß; kaum mehr Boden dazwischen belassend, zu existentieller Gefahr für die Kirche auswachsend.

Auf den Kanzeln und Kathedern wird die Verkündigung von Sünde, Gericht, Verdammnis, aber auch von Erlösung, Liebe, Heiligung verdrängt durch soziale und kulturelle Schaustellungen. Immer mehr Menschen verlieren das Vertrauen und gehen verloren. Eine fragende und suchende Jugend wendet sich von diesen Lehren ab; enttäuscht von gezwungenen Antworten auf ihre Fragen; frustriert in ihrem ergebnislosen Suchen; verunsichert in den Grundlagen ihrer Existenz. In der Wüste der nicht bewältigten, nicht einmal aufgegriffenen Probleme leeren sich die Seminare, Ordenshäuser und Kirchen.

Aber gerade die so gefürchtete, gemiedene und mißbrauchte Wissenschaft öffnet mit grandiosen Konzepten ungeahnte Ausblicke auf die Allmacht und Herrlichkeit Gottes – und läßt uralte Lehrverkündigung der Apostel und Kirche als überirdische Wahrheit aufscheinen.

Wahre Theologie, als Krone der Wissenschaften, läßt sich nicht von ihren eigenen Interpretationen beherrschen, orientiert sich nicht an menschlichem Denken und Wähnen, läßt sich nicht durch den logischen Apparat zwingen, sondern orientiert sich am Wort des Herrn. Christus selbst und ebenso Paulus sagt nachdrücklich, und der Johannes-Prolog stellt an den Anfang der Frohbotschaft ("Evangelium"), daß der aus dem "Willen des Mannes" Stammende das ewige Leben nicht ernte, sondern die Vernichtung.

Also kann der Wille des Mannes und der Frau im geschlechtlichen Akt nicht ewiges Leben zeugen. Also kann menschlich-natürliche Empfängnis nicht die Ewigkeit erzwingen. Also kann Gott durch menschlichen Willen nicht gezwungen werden, ewiges Leben zu schaffen; etwa zwangsläufig in der Zygote entstehen zu lassen.

Ewig ist nur Gott. An der Ewigkeit hat nur jener Anteil, der mit Gott vereint ist: dieser ist ewig in Gott. Das ist die unfaßbare Großartigkeit des Geheimnisses der Eucharistie: damit und nur damit gibt sich der ungeschaffene, ewige Gott in die Hände des Menschen.

Der Mensch erhält in der Einhauchung des Geistes Gottes die Unsterblichkeit von Gott selbst. Aber in dieser Welt erhält Adam – dh der aus den Substanzen des Ackerbodens genommene, also eben der natürliche Mensch – das unsterbliche Leben erst bedingt. Er verliert es, sodaß er "stirbt", wenn er gegen Gott entscheidet. Und das gilt mit Adam für jeden Menschen.

Der Mensch ist nicht bestimmt durch ein Riesenmolekül; durch einen chemisch geschriebenen Bauplan seines Organismus. Das eigentliche Menschsein gründet im Verhältnis des Menschen zu Gott. Und dies lehrt die Kirche seit zwei Jahrtausenden. Diese Wahrheit innerweltlich absichern zu wollen, ist elende Prostitution. Gott läßt solche Absicherung scheitern. Sie ist aber auch gar nicht nötig. Nur konsequente Beschränkung auf Gottes Wort und Willen läßt die Glaubenswahrheiten in ihrem göttlichen Licht aufleuchten und macht die sittlichen Konsequenzen glaubwürdig.

Der kirchlichen Verkündigung und der ihr dienenden Theologie geht es gar nicht um die Frage, ob die Zygote schon Mensch sei. Es geht ihr darum, ob der Mensch die Unsterblichkeit erlangen könne und ob er sie schon mit seiner Menschwerdung habe. Wenn er sie zwar erlangt, aber nicht schon mit der Menschwerdung, stellt sich die Frage, wann. Wenn er sie schon mit der Menschwerdung erlangt, stellt sich die Frage, wann diese sei – und ob es "Menschwerdung" auf verschieden Ebenen, in verschiedenen Hinsichten gibt.

Aus der Naturwissenschaft erwachsen keine Konflikte mit der Heiligen Schrift und der Verkündigung; auch nicht mit der Theologie, sofern die Theologie nicht unzulässig Grenzen überschreitet. Die Theologie kann davon ausgehen, daß die heilsgeschichtliche Menschwerdung erst mit der Wesenswandlung des Menschen in der Anrufung durch Gott erfolgt; nicht schon mit der natürlichen Menschwerdung. Die Theologie kann weiter davon ausgehen, daß der Mensch die Unsterblichkeit erst mit seiner heilsgeschichtlichen Menschwerdung erlangt. Damit ergibt sich konfliktloser Einklang der Heiligen Schrift und der Kirchenlehre mit den wissenschaftlichen Fakten. Mehr noch:

Die Aufschließung weiter- und tiefergreifender Denk-Methodiken durch die Naturwissenschaften eröffnen umsomehr der Theologie Bereiche und Erkenntnisse, an die sich bislang auch die intelligentesten Geister nicht wagen konnten.

Schon der natürliche Mensch ist nicht als rein materiell bestimmt begreifbar, sondern nur in einer Geist-Materie-Komplementarität. Wann wird der Mensch? Anders als die phylogenetische ist die ontogenetische Menschwerdung; wieder ganz anders ist die heilsgeschichtliche Menschwerdung.

Der Kosmos zielt auf die heilsgeschichtliche Menschwerdung, in welcher Gott über das kosmische Sein hinausführt. Das Seins-Prinzip dieses Kosmos ist die Komplementarität.

Komplementarität

Nur die Komplementarität etwa von Welle-Körper ermöglichte in der Physik die Phänomene des Lichtes und der Materie darzustellen, wobei sie die Nichtobjektivierbarkeit des raumzeitlichen Befindens der Lichtenergie zwischen Emission und Absorption aufzeigt; für den in der klassischen Logik Gefangenen undenkbar. Dies ist eine Komplementarität auf nur der niedersten Seinsebene, in der Physik, und ist deshalb am einfachsten und damit überzeugend erfaßbar. Aber sogar diese konnte erst nach jahrhundertelangem Ringen erfaßt werden.

Mit analogem Wissen um Komplementarität wären ebenfalls jahrhundertelang gewälzte Erörterungen der Theologie als Scheinprobleme erkannt worden; verwirrend wirkende Fixierungen wären unterblieben. Schon eine raumzeitliche Nichtobjektivierbarkeit (wie beim Lichtquant) macht etwa die Fragen gegenstandslos, wo Christus während Seinem Tod und Auferstehen war; ob ein persönliches Gericht zu unterscheiden wäre vom Jüngsten Gericht; wann im Leben ein Sakrament wirksam wird; wann die Beseelung des Menschen erfolgt; und vieles mehr.

In höheren Seinsebenen sind sogar noch höhere, gewaltigere Komplementaritäten; alle letztendlich in der Dreieinheit Gottes selbst begründet. Komplementarität in höheren Seinsmächtigkeiten sind, unter vielem anderen: Ordnung-Freiheit; Überlieferung-Fortschritt; Gerechtigkeit-Barmherzigkeit; Materie-Geist, Gottesplan-Menschenwille.

Ordnung und Freiheit:

Ordnung und Freiheit verdrängen einander, denn die Ordnung schränkt die Freiheit ein – und die Freiheit löst die Ordnung auf: Dennoch gehören Ordnung und Freiheit derart zusammen, daß sie nur miteinander existieren. Ordnung ohne Freiheit ist Erstarrung; Freiheit ohne Ordnung ist Chaos; beides ist lebensfeindlich, tötend. Die Ordnung muß immer neu Freiheiten begründen und anregen. Die Freiheit muß immer neu Ordungen begründen und erstellen.

In höllischem Sein vernichtet eine verabsolutierte Ordnung die Freiheit zur Sklaverei – und zugleich zerstört eine entfesselte Freiheit die Ordnung zur Willkür: Der Drang zur Befreiung entartet in immerwährende Revolution; die Notwendigkeit zur Verordnung entartet in nie-endenden Terror.

In himmlischem Sein begründet sich die Freiheit immer neu in frei gesetzten Ordnungen – und die Ordnung erstellt sich immer neu aus geordnet entfalteter Freiheit.

Überlieferung und Fortschritt:

Überlieferung (Tradition) bremst den Fortschritt – und der Fortschritt (Progression) löst die Überlieferung auf. Und dennoch: Überlieferung ohne Fortschritt ist Erstarrung, Sterben – und Fortschritt ohne Überlieferung ist Entwurzelung, Zerstörung. In dieser immerwährend veränderlichen Welt muß in Tradition gegründete Progression, und muß in Progression sich erfüllende Tradition, die neuen Situationen immer neu bewältigen und leben. Geht in einer degenerierten Gesellschaft das Bewußtsein der Zusammengehörigkeit der komplementären Komponenten verloren, so stirbt diese Gesellschaft.

Heute wird die Kirche zutiefst gefährdet durch Auseinanderfallen ihrer Glieder in einen erstarrenden, mumifizierenden Traditionalismus und einen zerfahrenden, irrlehrenden Progressismus. Die Vertreter jeder Seite treiben, mit dem Hinweis auf die exzessive Entartung der anderen Seite, die eigene Seite weiter in den Exzeß. In der Kultivierung von Wahnvorstellungen, allein rechtgläubig und heilweisend zu sein, und im Aufbauen von Feindbildern bezüglich derer, die anders bewerten, ergreift das Böse die Herzen der Menschen auf beiden Seiten; das Christsein in der Wurzel zerstörend. Jeder urteilt und richtet über jeden andern; ihn verurteilend. Aber nur einer ist der Richter über Lebende und Tote; jener, der sagt: "richtet nicht, daß ihr nicht gerichtet werdet" und: "wer zu seinem Bruder sagt, du gottloser Narr, sei dem Feuer der Hölle verfallen".

Die Kirche verabscheut alle Verabsolutierungen; die des Traditionalismus ebenso wie die des Progressismus: Die Selbstgerechtigkeit der Traditionalisten hat die Kirche jahrhundertelang in furchtbaren Verkrampfungen festfahren lassen. Die Selbstherrlichkeit der Progressisten läßt die wahre Glaubensverkündigung in sinnlose Zweifel zerstieben. Nur im Geiste Christi ist eine gegenseitige Ergänzung von Überlieferung und Fortschritt erreichbar, in welcher die Kirche dynamisch leben und glaubhaft verkünden kann.

Gerechtigkeit und Barmherzigkeit:

Auch sie verdrängen einander, denn die Gerechtigkeit schränkt die Barmherzigkeit ein – und die Barmherzigkeit weicht die Gerechtigkeit auf. Und dennoch gehören auch sie zusammen; sie existieren überhaupt nicht ohne einander.

In höllischem Sein wird eine Gerechtigkeit zu einem seelenlosen Rechtsapparat, der zum Instrument der Macht wird: Es ist überhaupt keine Gerechtigkeit und kein Recht, weil keine Barmherzigkeit mehr ist. Und eine Barmherzigkeit wird in willkürlicher Protektion und Korruption zum Instrument der Interessen: Es ist überhaupt keine Barmherzigkeit und Liebe, weil keine Gerechtigkeit mehr ist. "Weil die Gesetzlosigkeit überhand nimmt, wird in Vielen die Liebe erkalten".

In himmlischem Sein besteht die höchste Gerechtigkeit darin, daß vor Gott in Seiner Barmherzigkeit leben, die selbst barmherzige Liebe geben – und lebt die tiefste Barmherzigkeit dadurch, daß Gott Gerechtigkeit denen gibt, die selbst Recht wirken. "Selig, die nach Gerechtigkeit hungern, denn sie werden gestättigt werden".

Materie und Geist:

Diese Komplementarität öffnet eine gewaltige Schau der uralten, immer wahren christlichen Verkündigung. Die Welt, in der wir leben, hat die Grundstruktur einer gefallenen Welt; einer höllischen Welt: Im infernalen Geist dieser Welt kommen und gehen unentwegt materielle Organismen, und unentwegt ein- und austretend manifestieren sich Bewußtheiten mit diesen Organismen. Diese Welt ist ein unentwegt quanten-dynamisches Auftreten und Wegtreten von winzig engen bis zu gigantisch weiten Bewußtheiten in fortwährend veränderlichen materiellen Organismen, welche in Wechselwirkung mit dem Bewußtseins-Feld dieser Welt – mit eben dem Geist dieser Welt – entstehen und vergehen.

Wie in einem Wellenfeld tasten Bewußtheiten, welche zur Manifestation drängen, die materiellen Strukturen und evolutiven Möglichkeiten ab. Dies beginnt schon mit dem ehelichen Akt und mit der Zygote, um sich dann zunehmend häufiger und intensiver mit den entstehenden Organismen zu manifestieren. Mit den vergehenden und schließlich sterbenden Organismen sind diese seltener und schwächer, bis zum Verenden.

Die Materie bringt nicht Geist hervor, sondern ist Instrument geistiger Aktivitäten. Der Geist bedarf nicht der Materie. Er gestaltet sich die Materie; die Entwicklung steuernd; im menschlichen Individuum und im gesamten Geschehen und Leben der Welt.

So entstehen unentwegt in dieser Welt die Lebewesen; von kleinsten und schwächsten bis zu größten und stärksten; aber immer in solcher dynamischen Materie-Geist-Komplementarität. Auch der natürliche Mensch, der Präadamite, entsteht und vergeht dynamisch in dieser Welt. Deshalb heißt es im Alten Testament, "die Menschen vergehen vor dem Herrn wie Gras" – und Gott sagt: "Kommt wieder ihr Menschen".

So ist das natürliche Kommen und Gehen des noch nicht von Gott zur Unsterblichkeit erlösten Menschen; des "Adam" – des aus der "Humuserde Genommenen", der "vom Staub ist und wieder Staub wird" –, der die bedingt erhaltene Unsterblichkeit wieder verloren hat: "... dann mußt du sterben". Wie das Kommen und Gehen des natürlichen Menschen, so ist quantendynamisches Kommen und Gehen aller Tiere, aller Pflanzen, aller Mineralien und überhaupt aller irdischen Gestalten. Dies ist eben in einer Komplementarität von Materie und Geist.

In der Materie-Geist-Komplementarität ist die Materie-Komponente wieder in sich komplementär in Welle-Körper; und ist die Geist-Komponente wieder in sich komplementär in Bewußtsein-Personalität.

Gottesplan und Menschwille:

Diese Komplemaentarität betrifft alles Folgende.

Bewußtsein

Das Bewußtsein und die Personalität sind nicht mit klassischem Denken begreifbar. Wenn schon die niedersten (physikalischen, chemischen) Seinsbereiche die Betrachtung in den höheren Denkoperationen der Quantendynamik erfordern, wievielmehr dann die höheren (biologischen, psychologischen) und die höchsten (philosophischen, theologischen) Seinsmächtigkeiten.

Die Seele, der Geist – sterblich oder unsterblich – ist nicht schon der Zygote eigen bzw eingeschaffen; ist nicht mit der ontogenetischen Evolution fortschreitend entwickelnd bzw weitergeschaffen; ist nicht als materielle Funktion mitentstehend bzw zugeschaffen. Alle im klassischen Denken allein möglichen Alternativen scheitern hoffnungslos, eine wie die andere. Die der Quantendynamik und Quantenphilosophie analogen höheren Denkoperationen sind in der Biologie und Psychologie, Philosophie und Theologie noch nicht gefunden; deren Notwendigkeit noch nicht einmal geahnt. Deshalb müssen primitiv-analoge Betrachtungen und Gleichnisse kümmerlich weiterhelfen.

Das Bewußtsein ist der Energie analog. Es tritt quantenhaft auf; jeweils als Einheit, als eine Bewußtheit. Diese kann fast verschwindend eng bis riesenhaft weit sein. Sie kann in Wechselwirkung Quantität aufnehmen und sich weiten, oder abgeben und sich verengen; aber immer quantenhaft, als in sich einheitliche Bewußtheit: als Persönlichkeit, die ebenso fast vergehend schwach bis titanenhaft stark sein kann. Weitungen und Verengungen der (dennoch quantenhafte Einheit bleibenden) Bewußtheit ist alltäglichste Erfahrung: sie verengt und erweitert sich von Situation zu Situation. Jedes Lernen ist Erweiterung des Bewußtseins. Bewußtseins-Erweiterung kann trainiert werden.

Bewußtheiten sind nicht statisch, nicht quasi-gegenständliche Gegebenheiten, sondern sind quantendynamische Prozesse. Die Empfindung von schwacher Stabilität dynamischer Prozesse ist ein klassisches Vorurteil. Gerade in der laufenden Erneuerung – im dynamischen Vergehen und Entstehen – gründen lange Lebensdauern; zB einer Stadt, einer Tierart, eines Menschen, eines Nukleons:

Die Häuser werden in Jahrzehnten aufgebaut, bewohnt, verwohnt, abgebaut; die Stadt, als Entstehen und Vergehen der Häuser, lebt Jahrhunderte. Die Tiere leben und sterben in Jahren; die Tierart, als

Kommen und Gehen der Tiere, lebt Jahrmillionen.Die Zellen entstehen und vergehen in Jahren; der Mensch, als Stoffwechselsystem kommender und gehender Zellen, lebt Jahrzehnte.

Extrem ist dies beim Nukleon: Größenordnungen schneller als die Elementardauer treten die Sub-Partikel auf und ab; das Nukleon, als System quantendynamisch-chaotischen Entstehens und Vergehens der Sub-Partikel, existiert über die ganze Weltzeit, mindestens 10^{30} Jahre.

Die Analogie des Bewußtseins mit der Energie im Existieren und Reagieren ist sowohl existentiell im Kosmos, als auch individuell im Menschen, aber auch generell in allem Geschehen und Leben:

Existentiell im Kosmos:

Die materielle Komponente des Kosmos ist ein riesiges kollektives Energie-Feld, in welchem sich Energie-Quanten individuell gestalten; kommend und gehend. Die Total-Energie des Kosmos ist null, indem die gegenseitige Verhaftung der Massen – in der Anziehung jeder Masse auf jede andere Masse – kollektiv eine negative Potential-Energie erstellt, und indem die Summe aller individuellen Massen-Energien diese Potentialenergie zu null ergänzt.

Die geistige Komponente des Kosmos ist ein Bewußtseins-Feld, aus dem sich Bewußtheiten (Bewußtseins-Einheiten, –Elemente, –Quanten) individuell gestalten; kommend und gehend. Auch die Bewußtheiten sind miteinander verhaftet; jede mit jeder. Jede Personalität existiert in schwereähnlicher Abhängigkeit von der Gesellschaft, der Gemeinschaft aller Bewußtheit der gesamten Welt als dem Geist der Welt, von der Gesellschaft unseres Planeten als der Menschheit, von der Gemeinschaft des Volkes, der Stadt, der Familie, und von sich selbst.

Existiert jede individuelle Bewußtheit, jede Personalität ebenfalls in solcher Null-Ergänzung mit der kollektiven Gemeinschaft? Vermutlich ja!

Wie in dieser Null-Ergänzung jede Energie, jede Masse existiert und nicht nicht existiert, so auch jede Bewußtheit, jede Personalität. Dieser Kosmos ist eben eine durchgehende Materie-Geist-Komplementarität.

Individuell im Menschsein:

Die natürliche Menschwerdung ist – von der Zygote bis zum Tod – die Manifestation einer individuellen menschlichen Bewußtheit, Personalität. Auch dies ist ein quantendynamisches Geschehen; wenn auch immer mit einer diesem Menschen individuell eignenden Bewußtheit. Nur bei extremen Wechselwirkungen (ebenfalls analog energetischer Reaktionen) können andere Bewußtheiten einbrechen oder eigene Bewußtheit ausbrechen. Einige solcher unüberschaubar vielartig-möglicher Vorgänge sind zB die Besessenheit, die Bewußtseins-spaltung, die Exkorporierung. Regulär ist es jedoch – von der Empfängnis bis zum Tod – eine individuell diesem natürlichen Menschen zugehörige Bewußtheit; aber eben als quantendynamischer Prozeß.

Die dem lebenden menschlichen Organismus, dem Körper des Menschen, komplementär zugeordnete Bewußtheit tätigt dynamisch ihren Körper, fortwährend ein- und austretend. Sie tätigt ihn mit Häufigkeiten und Intensitäten gemäß der Disposition, die vom Körper gestellt wird; gemäß seinem jeweiligen Entwicklungsstand. Die Zygote stellt noch keine Disposition; der Blastozyst noch wenig; der Embryo schon beträchtlich; der Fetus bereits intensiv. Im Alter und bei schwerer Krankheit mindert sich die Disposition; bis zum Verschwinden in der Agonie zum Tod.

Diese Komplementarität beherrscht das ganze Leben von der Zygote bis zum Tode, im Normalablauf und in Sondersituationen; etwa bei Vollnarkose, die eine ebenso erregende wie gemiedene Problematik aufwirft:

Ich liege auf dem Operationstisch. Der Narkose-Arzt sagt "Gute Nacht. – Langen Sie einmal an ihren Kopf" sagt mein Bettnachbar vier Stunden später; stundenlanges Erlöschen des Bewußtseins?! "Sie haben den klinischen Tod erlebt", sagte später ein Spezialist. Hätte ich als derart "Toter", eben wie ein Toter, in den Müll geworfen werden dürfen? Wieso kam das Bewußtsein so plötzlich wieder zurück, daß ich mit dem Operateur sogleich fachsimpeln konnte? Wer hat diese Problematik je klassisch durchdenken können? Tatsächlich: das quantenhaft immer existente Bewußtsein, die einheitliche Personalität war virtuell existent; nur die Disposition für die tätige Wechselwirkung war vorübergehend durch Fluor-Chlor-Äthylen zum Erliegen gebracht worden.

Die dynamische Tätigung des Körpers durch die Bewußtheit wird vielleicht an einem Beispiel deutlicher: Ein Bauherr (Bewußtheit), der sich ein Haus bauen will, ist immer derselbe; wie weit sein Vorhaben auch gediehen ist; sogar wenn er dann doch nicht baut. Ein Architekt

(Schöpfer) erstellt (Zeugung) mit dem Zusammenfügen der Gegebenheiten (Empfängnis) dem Bauherrn den Bauplan (Zygote). Im Bauplan kann der Bauherr naturgemäß noch nicht wohnen. Aber es ist schon sein Bauplan, an dem er prüfen kann, ob ihm die Planung zusagt. Wenn der Plan keine genügende Disposition (für seine Eigenart) erstellt, wartet er auf einen passenderen Bauplan. Wenn er einen Bauplan verreißt, ist es kein großer Schaden. Er kann den Plan billig kopieren (Clonung), wenn andere Bauherren ähnliche Bau-Absichten haben. Ist der Bauplan mit Bau-Auftrag an die Baufirma gegangen und der Grundstein gelegt (Nidation), so ist eine neue, viel verbindlichere Situation eingetreten, obgleich der Bauherr immer noch nicht darin wohnen kann. Evtl Rücktritt ist kostspielig und riskant. Ist ein schon betretbarer Raum erstellt (lange Platte), kann der Bauherr den Bau-Fortschritt stärker selbst mitbetreiben; nun häufiger kommend und länger bleibend. Ist der Bau vollendet, wird er einziehen; aber auch nicht darin eingesperrt; zwar meist dort zubringend, aber doch immer wieder fortgehend und heimkehrend. Der Wohnkomfort erhöht sich noch längere Zeit (Schaffenszeit), dann nehmen die Reparaturen zu und schließlich überhand (Alter), womit der Bauherr das Haus weniger benutzt und mehr abwesend ist (Senilität). Mit dem schließlichen Verfall des Hauses zieht er gänzlich aus (Tod).

Der natürliche Mensch ist eine zeitliche Manifestation einer Bewußtheit; als eben sein individuelles Leben. Er ist ein dynamischer Prozeß; mit der Empfängnis einsetzend; von der Geburt an zunehmend; im Alter wieder abnehmend; im Sterben aussetzend. Dies ist ein innerweltlicher Prozeß, wie bei jedem weltlichen Lebewesen. Erst die heilsgeschichtliche Menschwerdung hebt den Menschen über dieses weltliche Geschehen und Sein hinaus.

Generell in allem Geschehen dieser Welt:

Die Menschheit, die Völker, die Familien, die Einzelnen existieren als über die ganze Geschichte fortwährendes Kommen und Gehen von Bewußtheiten in quantendynamischer Wechselwirkung mit disponierten Organismen; als Reaktualisierung und Deaktualisierung, als Depotentialisierung und Repotentialisierung. Dies ist jedoch keine "Re-Inkarnation" in individualisierbarer Personalität. Es ist keine Seelenwanderung; richtiger: die Bezeichnung "Seelenwanderung" ist eine nur in beschränkten Hinsichten sinnvolle, nur eine gleichnishafte Beschreibung.

Das generelle Geschehen ist analog der Energie in ihren Reaktionen: Wird bei einer Reaktion ein Energie-Quantum frei, das eine neue Reaktion bewirkt, so ist die Folge-Reaktion durch die Vor-Reaktion verursacht und damit durch diese stark geprägt. Dennoch ist aber keine Identität der reagierenden Energie-Quanten konstatierbar. Diese Eigenart greift sehr tief; etwa in der "Materie-Welle", welche das physikalische Geschehen führt, und in der "Fermi-Statistik" und im "Pauli-Verbot", mit welchen diese Eigenart das gesamte physikalische und kosmische Geschehen grundlegend beherrscht; von den Elektronen bis zu den Sternen.

Ein versimpeltes Beispiel: Mit dem Quanten-Sprung eines energieangeregten Sauerstoff-Atoms strahlt ein Energie-Quant als elektromagnetische Welle ab, Emission. Infolge seiner charakteristischen Frequenz regt es bevorzugt (resonativ) wieder ein Sauerstoff-Atom energetisch an, Absorption. Es kann aber auch – etwa über Compton-Stöße – partiell Energie an andere Partikel abgeben oder von diesen annehmen. Man könnte sagen: Die getätigten Energien (Emission-Ausbreitung-Absorption) sind quantenhafte Manifestationen eines allgemeinen Energiefeldes mit anregbar bereit liegender Materie. Dies ist zwar richtig. In der Regel sind jedoch die Reaktionen durch frühere Reaktionen in ihrer Eigenart sehr stark geprägt. Meist sind sie sogar so stark durcheinander geprägt und so direkt aufeinander bezogen, daß dies wie eine Energie-Identität erscheint.

Ebenso sind die Lebewesen, darunter der natürliche Mensch, kommende und gehende Manifestationen von sich individualisierenden Bewußtheiten. Keine Geburt kann als Wiederverkörperung der Bewußtheit eines vorherigen Lebewesens oder Menschen identifiziert werden. Aber jede Geburt ist stark durch Vorhergehendes geprägt; in den Veranlagungen, Dispositionen, Umgebungen und im ganzen Schicksal.

Dies begründet eine geheimnisvolle, weltinnere Gerechtigkeit; als Gabe eines über allen Kosmen thronenden Schöpfers; auch für von Ihm gesonderte Wesen und Welten.

Weltinnere Gerechtigkeit

Gautama Buddha hat schon vor mehr als zwei Jahrtausenden das Karma-Gesetz gelehrt: Jedes natürliche Leben, jeder natürliche Mensch ist als individuelle Ausformung aus dem Geistes-Feld "Welt" generell bestimmt; jedoch jeweils besonders geprägt durch bestimmte Vorgeschehnisse. "Vorgeschehen" ist zwar oft zeitlich vorher. Es muß aber nicht zeitlich vorher sein. Es ist ursächlich "vorher". In der Regel ist es aus der raumzeitlich näheren Umgebung und aus der Verwandtschaft; biologisch oder geistig, statistisch.

Zwischen verschiedenen Leben, auch quasi-aufeinanderfolgenden Leben, ist keine objektivierbare Beziehung des Selbst-Bewußtseins. Fernöstliche Religionen beschreiben dies so, als liefe die Seele zur Neugeburt durch "das Meer des Vergessens". Damit schwindet die Ich-Beziehung: "das bin ich nicht, das ist nicht mein selbst." Dennoch werden die Eigenarten, Dispositionen, Fähigkeiten eines Lebens entscheidend geprägt durch anderes "vorhergehendes Leben". Leiden und Freuden, Torheit und Weisheit, Krankheit und Gesundheit, Armut und Reichtum, Schwäche und Macht sind entsprechende Folgen aus vorhergehenden Verfehlungen und Verdiensten, schlechtem und gutem Leben.

Ebenso wie es physikalisch keine von Reaktion zu Reaktion individualisierbar wandernde Energie gibt (wohl aber quantenhaft dynamisch auf- und wegtretende Energie), so gibt es auch keine "Seelenwanderung", mit welcher eine individuelle Seele nacheinander in verschiedenen Körpern – von Körper zu Körper wandernd – leben würde. Es ist eine immer wieder neue Person, welche durch Zeugung und Geburt zur Welt kommt. Jeder Mensch ist eine eben doch "neugeschaffene" Person; freilich geschaffen im Verein mit dieser ganzen Welt; aber besonders stark geprägt durch Besonderheiten in der näheren Vorgeschichte, in der räumlichen, zeitlichen und persönlichen Umgebung. In dieser gefallenen Welt "erbt" also schon jeder Mensch Anteile aus der Urschuld dieser Welt und ihres Fürsten als "Erbschuld"; sowohl kollektiv-generell als auch individuell-speziell.

Wenn es auch keine Seelenwanderung gibt, so ergeben sich doch für jedes Leben und jeden Menschen aus einer nicht individualisierbaren Vorgeschichte arteigene Dispositionen; leidhafte aus Verfehlungen, freudhafte aus Verdiensten, eben ein vorgeprägtes Schicksal, dem sich aber freie Entscheidungen mit aufprägen.

Auch schon dieser Welt in sich ist mit diesem Karma-Gesetz eine Gerechtigkeit eingeprägt, die dieser Welt entzogen und die keiner Lehre erklärbar ist. Gautama ist von solcher Geistesgröße, daß er diese Grenze erkennt. Er lehrt dieses Karma-Gesetz als "eine Gerechtigkeit, die außerhalb dieser Welt und außerhalb meiner Lehre ihren Grund hat" und daß man "nicht darüber nachdenken könne, ohne zu verstören".

Alle Religionen kreisen um diese alles Begreifen übersteigende Gesetzlichkeit, die eine Gerechtigkeit des freien Schöpferwillens des Absoluten Souveräns ist. Diese Gerechtigkeit ist den Religionen zwar in der Welt erahnbar, sie ist aber keiner Religion erreichbar, in der sich nicht Gott als der personale Herr und Richter geoffenbart hat. Keine Religion dieser Welt vermag einen Weg zu zeigen, der aus dieser Welt herausführt; Es sei denn in die Nichtigung (Buddismus). Nur das Wort des lebendigen Gottes in Christus ist Erlösung zum ewigen Leben.

Tatsächlich unfaßbar: Der Schöpfer, Herr und Richter aller Welten, der nur durch Christus geoffenbarte Gott, hat in alle Welten das Gesetz einer Gerechtigkeit gelegt, nach welchem alles seine gerechten Früchte zeitigt. Dieser Schöpfer ist derart übergewaltig groß, daß Er sogar autarke Welten, in sich eigenständige Welten zu schaffen vermag und schafft, die nach Absonderung von Ihm dieses weltinnere Gesetz der Gerechtigkeit in sich tragen. Dieses Gesetz überweltlicher Gerechtigkeit ist auch in dieser irdischen Welt mit dem natürlichen Menschen, und sogar in den höllischen Welten in ihrem quasi-unendlich tiefen Potential. Die Gesetzgebung und Rechtsprechung des Absoluten Souveräns wirkt gleichsam fort bis zur Nichtigung jeglicher höllischen Welt in sich.

Der Kosmos ist ein Materie-Kollektiv als allgemeines Feld mit daraus kommenden und dahin gehenden energetischen Individualisierungen: im Kollektiv des Kosmos als die Individuen der Galaxien; im Kollektiv einer Galaxie als die Individuen der Weltkörper (Sterne, Planeten, Meteore); im Kollektiv eines Weltkörpers als die Individuen der Elementar-Partikel.

Der Kosmos ist aber auch ein Geist-Kollektiv als allgemeines Feld mit daraus kommenden und dahin gehenden Bewußtseins-Individualisierungen: dem Gesamtkosmos zugehörig der Geist der Welt, der Fürst dieser Welt; darunter titanische Geister, Engel, Dämonen; darunter Menschen; darunter Tiere, Mikroben, Pflanzen, Mineralien; darunter Elementar-Partikel.

Das Kommen und Gehen der individuellen Energien (als materielle Objekte) und der individuellen Bewußtheiten (als geistige Subjekte) ereignet sich in Wechselwirkung miteinander. Aber wie in den Übergängen der Energien nicht eine direkte Nachfolgeschaft individuell objektivierbar ist, so auch nicht in den Übergängen der Bewußtheiten. Wie ist damit eine weltinterne Gerechtigkeit möglich?

Wenn ein Lebewesen Freude oder Leiden erfährt, genügt es der Gerechtigkeit, wenn dies von einer Vor-Ursache herkommt; auch wenn diese nicht Ich-identisch objektivierbar ist. In einer überweltlichen Gerechtigkeit ist dies in himmlischen und höllischen Welten verschieden; sich damit als "Über-Gerechtigkeit" erweisend.

In himmlischen Welten liebt jedes Lebewesen das andere und gönnt dem anderen besseres als sich selbst. Der Heilige tut Gutes; umsomehr als er nicht für sein Ich Freude sucht. Aber das Gute im liebenden Dienst am Anderen zeugt Gutes und gebiert Freuden. Dem Liebenden ist es umso größere Freude, als dies eben nicht wieder dem eigenen Ich zukommt, sondern anderen.

Auch jeder himmlische Kosmos ist in quasi-unendlich tiefem Potential. Weil aber der Heilige in Gott lebt, ist ein himmlischer Kosmos für ihn keine Eingrenzung. Kommend und gehend hat er in Gott Zugang zu allen himmlischen Welten; als Erbschaft von Gott-Vater in Gott-Geist. Zugleich gewinnt der Heilige in Gott das Bewußtsein seiner mannigfaltigen Existenzen und aller Existenzen. In überweltlicher Gerechtigkeit vollendet sich das Gute in der Freude des ewigen Lebens in Gott.

In höllischen Welten haßt jedes Lebewesen das andere und beneidet es um alles. Der Verdammte tut Böses, mit Ausbeutung, Erpressung, Verleumdung; umsomehr als er für sein Ich Vorteil auch auf Kosten des Anderen sucht. Dies ist, weil den Verdammten böse Folgen für nicht sein Ich nicht motivieren. Aber das Böse zeugt Böses und gebiert Leiden. Zumal weil er keinen Ich-Bezug erkennt, wird das Böse seiner höllischen Welt ihm zur Verbitterung über sein ungerecht empfundenes Leiden, welches wieder Böses mit Leiden herbeiführt. Diese "Ungerechtigkeit" ist die höhere Gerechtigkeit eben für den Ungerechten.

Dies geschieht im quasi-unendlich tiefen Potential. Weil die höllische Welt von Gott gesondert ist, kann niemand und nichts dieser abgeschlossenen Welt ("hel") entrinnen. In der Sonderung von Gott, dem allein ewig Lebenden, nichtigt schließlich alles in diesem und mit diesem höllischen Kosmos, in dem das verdammte Leben eben eingedämmt ist; als Erbschaft des Bösen, als Erbschuld, aus der sich der Verdammte nicht loskaufen, nicht erlösen ließ. Die Nichtigung eines höllischen Kosmos mit allem seinen Leben in sich verläuft allerdings über seine systeminnere Zeit: nach außen verschwindend kurz, in sich grauenhaft lang.

So stabilisiert sich jeder himmlische Kosmos im uneingeschränkt Guten mit grenzenloser Freude im ewigen Leben in Gott; aber jeder höllische Kosmos im uneingeschränkt Bösen mit grenzenlosem Leiden im unaufhaltsamen Prozeß der Nichtigung. Und diese eine wie andere Stabilisierung ist gerade in der Nichtobjektivierbarkeit eines ursächlichen Ich-Bezugs, indem sich – als überkosmische Gerechtigkeit – eben damit das Gute im himmlischen Sein wie das Böse im höllischen Sein vollendet.

Diese irdische Welt, in der wir leben, hat ebenfalls diese weltinnere Gerechtigkeit, mit der die Lebewesen – schicksalhaft geprägt und doch selbst mitentscheidend – auftauchen und untergehen. Dies geschieht nach ehernen Gesetzen; nach Geistesgesetzen, die so hart sind wie die Naturgesetze. Dies geschieht in einem quasi-unendlich tiefen Potential; prinzipiell ohne Möglichkeit des Entrinnens. Einbezogen in diesen unseren Kosmos ist dies ebenso mit dem natürlichen Menschen.

Es gibt also doch diesen "Limbus": eben als diese Welt, in der wir leben. Jede irdische Welt, jede Entscheidungswelt, ist ein solcher Limbus. Die Theologie hat richtig gespürt, daß es etwas derartiges geben müsse; nur hat die früher generelle Gefangenheit im Korsett der klassischen Logik zu fremdartigen Vorstellungen und Fixierungen führen können und Konflikte hervorrufen müssen.

Der Limbus als diese Welt ist somit das Natürlichste der Natur. Dies ist der "immerfort brandende Ozean", in welchem unentwegt (wie Wellen) Lebewesen auf- und untertauchen, entstehen und vergehen: solange sie nicht von Gott selbst angerufen sind und entscheidungsfähig geworden sind; solange sie noch nicht von Gott-Vater neugezeugt und aus Gott-Geist neu-geboren sind; solange sie noch nicht "neu-geschaffen" sind.

Der Anruf des Menschen durch Gott trifft den natürlichen Menschen und vollzieht dessen Wandlung. Was ist Geist und Seele des Menschen; zuerst des natürlichen Menschen?

Der menschliche Geist

Was ist der Geist, was ist die Seele? Genauer: Was ist Geist und Seele des natürlichen Menschen?

Diese Frage hat die Menschen aller Völker aller Zeiten und Länder zutiefst bewegt; bis hin zur Frage, ob und welcher Unterschied zwischen Geist und Seele sei, und ob es sie überhaupt gibt. Die Antwort darauf beeinflußt die menschliche Gesellschaft und alles Leben grundlegend.

Verschieden ist die Antwort, ob sich damit Ideologen, Psychologen, Philosophen, Theologen oder Menschen sonst einer Disziplin befassen; auch innerhalb der Disziplinen verschieden. Jeweils wird solange gesucht, begründet, bewiesen, definiert und fixiert, bis man entweder vermeint, sicher zu wissen, oder bis man resigniert, je zu wissen. Die Alternative ergibt sich je nach Kritikvermögen und nach der eingebrachten Grund-Einstellung.

Es sei einmal in schweifender Betrachtung an dieses fundamentale Problem möglichst unproblematisch herangegangen.

"Seele und Geist" des heilsgeschichtlichen Menschen ist ein gleichnishafter Ausdruck für das Leben in der Unsterblichkeit im Verein mit Gott; für das unsterbliche Leben, auf das der von Gott angerufene Mensch die Anwartschaft erhält.

Nirgends ist aber im Alten Testament von einer Unsterblichkeit von Menschen-Seele und Menschen-Geist gesprochen. Die Seele des natürlichen Menschen ist eine Natur-Seele; insbesondere eine animalische Sensitivität, mit welcher alle "lebenden Wesen" das Meer und die Erde erfüllten (5. Epoche in Genesis 1). Und der Geist des natürlichen Menschen ist ein Natur-Geist; insbesondere eine intelligente Aktivität, mit welcher der Mensch über die übrige Schöpfung herrschen soll (6. Epoche in Genesis 1).

Der menschliche Geist – komplementär in Bewußtsein und Personalität – ist nicht statisch existierend; ist nicht wie ein Eigentum besitzbar; ist nicht im Körper wohnend. Er ist dynamisch existenzgestaltend und zu eigen-nehmend; kommend und gehend den Körper unentwegt tätigend, wechselnd lang und wechselnd intensiv. Der Geist steuert den Körper. Der menschliche Körper hat eine hochentwickelte

Eigen-Funktionalität. Das menschliche Gehirn ist ein Computer von einer technisch noch nicht entfernt erreichten Kapazität, Leistungsfähigkeit und Einsteuerbarkeit. Der Geist ist der Programmierer (John Eccles).

Experten streiten darüber, ob es gelingt, Computer mit eigener Intelligenz zu schaffen. Könnte ein Computer sogar Träger von Bewußtsein werden? Vermutlich ist dies eine Frage der Auftrittswahrscheinlichkeit eines Bewußtseins-Quants in Relation zu der Disposition (ua von evt Resonanz), die ein Computer dafür erstellt. Bei den Anfang der 90er Jahre gegebenen Computern sind zwar schon unerklärliche Einsteuerungen erfahrbar, aber noch zu selten, um signifikant zu sein. Das könnte sich ändern, wenn die Mikrotechnik den Bereich quantenphysikalischer Indetermination erreicht. Das Menschen-Gehirn arbeitet bereits in diesem Bereich mit prinzipiell möglicher Einsteuerbarkeit. Die Mikrotechnik hat diese Bereiche zwar schon erreicht, aber noch nicht erobert.

Mikro-Aufnahmen der Speichersysteme von Menschen-Gehirnen und Computern sind einander täuschend ähnlich. Und doch erkennt man einen wichtigen Unterschied: die Verschaltung der Gehirn-Elemente ist umstrukturierbar; die des Computers ist fest: Das menschliche Bewußtsein vermag nicht nur das Gehirn zu programmieren, sondern sich die Verschaltungen auch passend einzurichten (gleichsam die hardware selbst noch passend zu verändern, als eine über die ontogenetische Evolution hinausgehende Gestaltbarkeit des Gehirns). Dies läßt erkennen, daß das Bewußtsein nicht eine Gehirn-Eigenfunktion, sondern eine das Gehirn und den Körper steuernde und sich passend einrichtende Mächtigkeit ist. Spitzenwissenschaftler haben etwa als Physiker oder Philosophen oder Theologen oder Wirtschaftler oder Politiker verschiedene Verschaltungen im Gehirn eingerichtet. In der Jugend ist – zum Wechsel des Arbeitsgebietes – in Minuten und Stunden umschaltbar, im Alter in Tagen und Wochen. Das "Umdenken" wird langwieriger und schwieriger.

Wie die Energie im physikalischen Bereich, so ist das Bewußtsein im allgemein-weltlichen Bereich unhinterfragbar existent. Ist Bewußtsein wahrhaft analog der Energie: quantenhaft auftretend, in geordneten Grenzen indeterminiert, in geschlossenen Systemen von unverändertem Gesamtwert (Gesetz der Energieerhaltung)? Ist das organische Geschehen und sogar das menschliche Leben analog der quantenphysikalischen Komplementarität?

Eine Komplementarität im Biologischen wurde schon von Adolf Portmann als "Innerlichkeit und Gesetzmäßigkeit" erkannt. Eine Komplementarität im menschlichen Leben, und überhaupt eine Geist-Materie-Komplementarität, ist naturgemäß noch weniger klassisch-logisch erfaßbar, eröffnet aber noch viel erstaunlichere und ungeheuerlichere Apekte.

In einer Geist-Materie-Komplementarität ergeben sich im Geistes-Feld "Welt" unentwegt Realisationen von Bewußtheiten (Bewußtseins-Einheiten, –Elemente, –Quanten). In Wechselbeziehungen von bewußten Potenzen und materiellen Strukturen ergeben sich Auftrittswahrscheinlichkeiten von Bewußtheiten verschiedenster Art und Macht. Die Wahrscheinlichkeiten begründen Häufigkeiten der Aktualisierung. Das Sein ist ein dynamisches Kommen und Gehen von Bewußtheiten, die sich in weltlichen Strukturen aktualisieren.

"Quantendynamisch", dh quantenhaft dynamisch, riecht sehr wissenschaftlich-physikalisch. Freilich ist die exakte Erfassung der quantendynamischen Existenz – etwa der Elementar-Partikel – eine geniale und schwierige Wissenschaft. Aber eigentlich ist dies etwas beinahe Selbstverständliches: zB jeder Mensch ist in sich eine Einheit der ihm eigenen persönlichen Mächtigkeit: eben ein Quantum, etwas Unteilbares. Und die Menschheit ist das unentwegte Kommen und Gehen der Menschen in der Geschlechterfolge durch die Geschichte: eben eine Dynamik, etwas nicht statisch Bleibendes.

Die Auftrittswahrscheinlichkeiten für die Aktualisierung einer Bewußtheit verändern sich unentwegt in Abhängigkeit von der Art der (in sich einheitlichen) Bewußtheit und von den durch die materiellen Strukturen erstellten Dispositionen. Sehr wichtig hierfür sind spezifische Resonanzen mit selektiver Adressierbarkeit. Analog quantenphysikalischer Wellenfelder ist auch beim Menschen diese Disposition integrierend über die ganze Lebenszeit. Konkret: Eine Zygote gibt mit ihrer konkreten Erbinformation und mit ihrer ontogenetischen Weiterentwicklung eine hohe Disposition (Neigung) für das Tätigwerden einer komplementär dazu passenden Bewußtheit. Diese Aktualisierung mit dem sich gestaltenden Menschkörper ist ein Mensch. Diese konkret-komplementäre Wechselbeziehung Geist-

Materie ist eben dieser konkrete Mensch, mit der ihm individuell eigenen Personalität und Substantialität.

Vielleicht kann man dies auch so ausdrücken: die Welt ist ein Feld geistiger Potentialität, in welchem sich unentwegt Bewußtheiten "quantenhaft" aktualisieren, wobei die jeweilige Aktualisierungs-Wahrscheinlichkeit durch die jeweiligen materiellen Strukturen disponiert wird (analog etwa den Resonanzen bei Photon-Absorptionen). Umgekehrt steuern diese geistigen Potenzen auch die Evolution zu Strukturen, die für ihre Aktualisierung günstige Dispositionen ergeben.

Die Bewußtheiten sind von unterschiedlichster Eigenart und Mächtigkeit: von fast verschwindend kleinen, engen, schwachen; bis weltumfassend großen, weiten, starken; aber jeweils als charakteristische Einheit. Sie aktualisieren und deaktualisieren von den niedersten Formen der "unbelebten" Materie, über alle Arten von Pflanzen und Tieren, bis zu höchstbewußten Menschen und titanischen Geistwesen.

Unentwegt quantendynamisches Entstehen und Vergehen ist analog – von Ebene zu Ebene immer gewaltiger und freier auftretend – dem Wesen jeglicher Existenz in allen Seinsmächtigkeiten: gleichsam "unter dieser Welt" in den Elementar-Partikeln mit ihren diskreten Sub-Partikeln; existentiell in dieser Welt mit allen Organismen; gleichsam "über dieser Welt" mit der unbegrenzten Vielzahl von Kosmen.

Vielleicht ist es doch einmal erlaubt, dies – leider nur sehr verengt möglich – so auszudrücken: Dem Absoluten Souverän kommt das absolute Bewußtsein zu. Dieses aktualisiert sich in unentwegtem Kommen und Gehen ganzer Kosmen, als Seine Schöpfungen. Dies ist quantendynamisch: Jeder Kosmos ist eine Einheit, ein Element, ein Quant, ein Dasein für sich. Und das überweltliche Sein ist unentwegtes Kommen und Gehen von Kosmen in der Schöpfungs-Macht, in der Dynamik des Göttlichen Lebens.

Jedem Kosmos kommt ein gigantisches Bewußtseins-Feld zu, als "Geist dieser Welt". Zugleich aktualisiert sich dieses dynamisch in Unter-Mächtigkeiten. Diese erstellen wiederum ein Unterfeld für weitere Aktualisierungen in Unter-unter-Mächtigkeiten.

Die Unter-unter-unter-Aktualisierungen vollziehen sich bis in die niedersten Seins-Bereiche der Tiere, Pflanzen und Mineralien. Aber jede Mächtigkeit ist ein ansprechbares Bewußtsein, ist Personalität; allerdings in riesigen Unterschiedlichkeiten der Macht, des Einflusses, der Art. Die Untermächtigkeiten sind Aktualisierungen der gesamtkosmischen Bewußtheit, sind aber zugleich auch eigene Personalitäten.

Das Sein ist quantenhaft-dynamisch in einem "Sowohl-Als-Auch" von individuellen und kollektiven Mächtigkeiten, von umfassenden und zugleich von teilhabenden Personalitäten (bzw überhaupt Einheiten). Diese "Mehrschichtigkeit" ist ein Existenz-Prinzip auf allen Ebenen des Seins. So existiert zB schon das Nukleon mit zugleich vier verschiedenen Radien. Klassisch ist dies undenkbar. Aber das Sein ist mächtiger als alles Denken.

Auch dies mag irgendwie theoretisch-sektiererisch erscheinen. Im Kern ist dies jedoch beinahe selbstverständlich. Ein Beispiel mag dies veranschaulichen; ein Beispiel, das selbst ein Ausschnitt aus diesen Seins-Strukturen ist: Ein Ministerium hat einen Amts-Chef (Ministerialdirektor). Dieser trägt mit seinem Amts-Bewußtsein das Amt und lenkt und prägt es. Seine Intentionen sind im Amt potentiell gegenwärtig, um sich überall zu aktualisieren. Dies aktualisiert sich in der Einstellung und Anleitung von Abteilungs-Chefs (Ministerialdirigenten). Diese sind selbst eigene Persönlichkeiten, die ihre Abteilungen mit ihrem Unteramtsbewußtsein tragen, lenken und prägen. Dies aktualisiert sich mit Unterabteilungs-Chefs (Ministerialräten) usw; bis zu den Sekretärinnen, Aktenträgern und Portiers. Jeder Persönlichkeit ist eine unteilbare, eigene Bewußtheit (ein Quant) eigen. Zusammen sind sie eine Unterabteilung, weiter zusammen eine Abteilung, noch weiter zusammen eben das Ministerium. Und dies ist dynamisch in unentwegter Ein- und Ausstellung.

In dieser Welt ist dies speziell auch so mit natürlichen, irdischen Menschen. Von deren Entstehen und Vergehen heißt es schon im Alten Testament: "Die Menschen schwinden vor Seinem Zorn. Dann sagt Er: Kommt wieder, ihr Menschen".

Dieses Feld geistiger Potentialität ist "der Geist dieser Welt". Dieser aktualisiert sich aber eben nicht nur in den Individuen; auch in Kollektiven aller Arten und Größen: als "der Geist" von Familien, Gesellschaften, Behörden, Völkern, Kulturen, Industrien, Wissenschaften, Glaubensgemeinschaften usw.

Diese dynamische Geist-Materie-Komplementarität ist im vollen Einklang mit der Heiligen Schrift des Alten und Neuen Bundes. Sie öffnet ungeahnte Aspekte und überraschende Klärung der mannigfaltigen Phänomene.

Weniger Einklang ist jedoch mit philosophischen und theologischen Meinungen, welche immer wieder vergeblich versucht haben, in einer "Systematisierung" diese (klassisch unerfaßbaren) gewaltigen Strukturen doch der menschlichen Ratio zu unterwerfen. Diese Versuche konnten nur einerseits in lähmender Verarmung (durch Ignorierung komplementärer Aspekte), andererseits in blockierenden Verallgemeinerungen (durch Fixierung verabsolutierter Teilaspekte) enden. Die dadurch herbeigeführten schweren Krisen der Kirchen- und Geistesgeschichte stürzten sehr viele Menschen in unüberwindliche Glaubenszweifel.

Wie hätte es auch anders sein können? Man hatte nichts anderes als den klassisch-logischen Apparat. Auch die intelligentesten Menschen konnten nicht wagen, komplemantär zu denken. Dazu waren erst die revolutionären Durchbrüche notwendig, die nur von der verifizierbaren Physik her möglich waren – und auch da nur nach jahrhundert- und jahrzehntelangen schweren Kämpfen und härtesten Forschungen.

Die faszinierende Geist-Materie-Komplementarität ist jedoch nichts "Übernatürliches". Sie ist Welt und umfaßt auch das Kommen und Gehen des natürlichen Menschen, der "aus dem Fleisch" geboren ist. Die "Schaffung der unsterblichen Seele" vor oder mit oder nach der Vereinigung von Sperma und Ovum zur Zygote zu datieren, oder irgendwo in der ontogenetischen Evolution zu datieren, ist schlicht nicht möglich; ist aber auch nicht nötig.

Die Unsterblichkeit ist überhaupt nicht mit der phylogenetischen oder ontogenetischen Menschwerdung verbunden.

Harren auf Gott

Alle Schöpfung harrt sehnsüchtig auf den Herrn. Auch die, die Ihn ablehnen und leugnen und hassen, verlangen im Tiefsten nach Ihm. Und Gott wartet auf jeden Einzelnen; so als gäbe es nur diesen allein. Jeder einzelne Mensch ist ein von Gott erwartetes Geschöpf. Er wird Kind Gottes, wenn er auch als "Diener wartet und wacht".

"Advent", dh Ankunft des Herrn ist das gewaltigste Ereignis für einen Menschen, ein Volk, eine Menschheit. Der Anruf Gottes, die Ankunft des Herrn ist für jeden einzelnen Menschen, aber auch für jedes Volk und die ganze Menschheit.

Zur Bereitung der Menschheit und des Einzelnen auf die Ankunft des Herrn hat Gott ein Volk auserwählt: Israel, Seinen "Erstgeborenen". Das Anrufen Israels, immer und immer wieder, durch die Propheten war aber erst die Vorbereitung und Wegbereitung. Von Generation zu Generation wartete Israel – stellvertretend für alle Völker der Erde – auf das Kommen des Messias, des von Gott "Gesandten". Erst im Messias, in Christus, wurde Israel die Entscheidung eröffnet; die Entscheidung derart für oder gegen Gott, daß dies zum Eingehen in Himmel oder Hölle führe.

Im Alten Bund ist kein Weg zum ewigen Leben. Übersetzungen "ewig wie der Mond" oder "von Ewigkeit zu Ewigkeit" bezeichnen mit "ewig", was nur "immerwährend" ist, was so lange währt, als eben Zeit ist, die als solche aber endet; bezeichnen als "ewig", was nur "Zeitabschnitt aller Zeitabschnitte" ist, was über die gesamte Weltzeit währt, die aber als solche einmal für immer endet.

In die Heiligen Texte wurde immer und immer wieder hineininterpretiert, was man wollte oder für seine Systematisierung benötigte. Im Alten Testament heißt es etwa (1 Kön): "David entschlief zu seinen Vätern", von denen es andernorts heißt: "die nie mehr das Licht erblicken". Oder (Psalm 88): "...Ich bin zu den Toten weggerafft, wie Erschlagene, die im Grabe ruhen. An sie denkst Du nicht mehr, sie sind ja Deiner Hand entzogen... Wirst Du an den Toten Wunder tun, werden Schatten aufstehen, Dich zu preisen? Erzählt man im Grab von Deiner Huld, von Deiner Treue im Totenreich? Werden in der Finsternis Deine Wunder bekannt, Deine Gerechtigkeit im Land des Vergessens?" Sicher ist dieses "Totenreich", dieses "Land des Vergessens" nicht die Hölle und auch nicht ein "Limbus patrum", in welchem Vorfahren ewig gefangen sind oder auf die spätere Erlösung warten.

Die Auserwählung des "ersten Israel" war noch ein Gegenüber zu Gott innerhalb weltlichen Lebens; noch innerhalb dieser Welt. Nur so sind die Unterschiedlichkeiten und Ungeheuerlichkeiten des Alten Bundes begreifbar; im Gegensatz zum Neuen Bund Christi. Wie sollte die Schuld eines einzigen, ersten Menschen-Paares allen Menschen der gesamten Menschheit eine derart folgenschwere Schuld vererben – und doch jeder einzelne des auserwählten Volkes und überhaupt der Menschheit derart schuldig sein, daß sein ewiges Heil verloren wäre? Wieso spricht Gott zu Israel, daß Er "die Sünden der Väter räche bis in die dritte und vierte Generation"?

Vor der Ankunft des Herrn, vor der Anrufung des Menschen durch Gott, ist quantendynamisches Kommen und Gehen des natürlichen Menschen von Generation zu Generation. Bei Lichtübertragungen in dichten materiellen Systemen erfolgt die Folge-Reaktion (Absorption) zu allermeist in allernächster Nähe; meist noch in den gleichen Atomverbänden, nur seltener bis ganz selten im weiteren Umfeld. So ist es analog mit dem Kommen und Gehen in den Familien und Gesellschaften der Menschheit: am ehesten in der kommenden Generation der Familie, mehr und mehr auffächernd über mehrere Generationen, über die Stämme und das ganze Volk.

Dieser Urgrund des Alten Testaments wird immer und immer wieder von den Propheten ausgesprochen; etwa (Ez 37,13): "Wenn Ich eure Gräber öffne und euch, Mein Volk, aus euren Gräbern heraufhole, dann werdet ihr erkennen, daß Ich der Herr bin. Ich hauche euch Meinen Geist ein, damit ihr lebendig werdet, und führe euch in euer Land".

Die Erwartung des Messias durch Israel war in dieser Welt. Die Zusagen Gottes für Besitz von Ländern ist im Nahen Osten dieser Erde. Und "die Heimholung des Volkes von allen Enden der Erde in das Land der Väter" am Ende der Zeiten ist Auserwählung für das Heilswirken Gottes in dieser Welt. Der Schutz und die Führung des Volkes durch Gott über die Propheten war für dieses Leben und zu diesem Leben in dieser Welt. Das religiöse Leben war geprägt von diesem Bewußtsein der Auserwählung, zur Erwartung des Messias in dieser Welt: im Heiligen Land zur Stunde des Heils. Alle Propheten wurden jedoch getötet; außer Moses und Elias, und für die gibt es kein Grab.

Nicht "die Juden haben Christus gekreuzigt". Christi Mutter Maria, die Apostel und fast alle Jünger waren Juden, die Christus nicht gekreuzigt haben. Und wie sind jene schuldig, die Christus gekreuzigt haben? Es steht uns nicht zu zu urteilen. "Richtet nicht, damit ihr nicht gerichtet werdet" gilt hiermit insbesondere. Wie sollte es den Sadduzäern und Hohenpriestern, all den Schriftgelehrten möglich gewesen sein, einen Messias zu erkennen, dessen Reich nicht von dieser Welt ist, wenn das Volk von Generation zu Generation auf das Erscheinen des Messias in dieser Welt gewartet hatte und das Volk sein Leben in dieser Welt als das Leben der Verheißung verstanden hatte? Wie konnte da Christus der Messias sein, der nicht – wie in der Vorgeschichte – das Vok aus der Fremdherrschaft befreite, der nicht als der "Herr der Kriegsheere" in die Geschichte des Volkes eintrat?

Glasklar schreibt Paulus (Röm 11) zum wunderbaren Wirken Gottes über das auserwählte Volk Israel zum Heil für alle Völker der Erde: "Gott hat Sein Volk nicht verworfen, das Er einst erwählt hat.... Nun frage ich: Sind sie etwa gestrauchelt, damit sie zu Fall kommen? Keineswegs! Vielmehr kam durch ihr Versagen das Heil zu den Heiden.... Verstockung liegt auf einem Teil Israels, bis die Heiden in voller Zahl das Heil erlangt haben; dann wird ganz Israel gerettet werden.... Vom Evangelium her gesehen, sind sie Feinde Gottes, und das um euretwillen; von ihrer Erwählung her gesehen, sind sie von Gott geliebt.... Unwiderruflich sind Berufung und Gnade, die Gott gewährt.... O Tiefe des Reichtums, der Weisheit und der Erkenntnis Gottes! Wie unergründlich sind Seine Urteile, wie unerforschlich Seine Wege!"

Diese Welt hat schon in sich ein Gesetz der Gerechtigkeit vom Schöpfer eingeprägt; von Generation zu Generation fortwirkend. Zugleich ist Gott hier gegenwärtig, um uns von diesem "Gesetz" zu erlösen.

Diese Welt ist zwar eine gefallene Welt mit höllischer Grundstruktur, ist aber doch eine Welt, die von Gott noch nicht voll abgesondert ist. Gott ist da, auch in dieser Welt, und Er wartet auf den Menschen.

Und diese Gegenwart Gottes durchdringt wie ein seltsamer, wundervoller Hauch diese Welt und legt in jeden Menschen ein tiefes Ahnen des "Ganz Anderen", ein stilles Sehnen und ein Harren auf den unbekannten Gott. Einmal irgendwann, irgendwie, irgendwo ruft dieser Gott den Menschen an, damit er erkennt, wie er selbst von seinem Schöpfer erkannt ist.

Gott und Mensch

Diese Welt ist fortwährendes Entstehen und Vergehen von Lebewesen und Gestalten in quantendynamischem Wechselwirken von Geist-Elementen und Materie-Strukturen. Diese Welt ist eine gefallene Welt, ist von der Art einer höllischen Welt. Diese Welt ist aber keine höllische Welt, sondern eine irdische Welt, eine Entscheidungswelt. In ihr ist etwas Besonderes: In diese Welt bricht etwas ein, was dieser Welt selbst wesenhaft unfaßlich ist:

Gott ruft Menschen an; er beruft Menschen zur Erkenntnis Gottes und damit zur Befähigung, für Ihn oder gegen Ihn frei zu entscheiden. In der Anrufung gibt er Adam, gibt Er jedem "vom Boden genommenen" das ewige Leben unter der Bedingung, daß er Ihn als Gott, Herrn und Richter wolle und wähle.

In dieser Entscheidung ist der Mensch absolut frei. Sogar im lebendigen Gegenüber zu Gott und Seiner alle Grenzen überschreitenden Macht, sogar in der unmittelbaren Konfrontation mit dem Willen und Fordern Gottes, ist der Mensch absolut frei. Diese in Gott selbst begründete Freiheit ist eine der Welt gänzlich unfaßbare, überweltliche Wirklichkeit; die Wirklichkeit des Heilsplanes und Heilwirkens Gottes.

Ist aber der Mensch einmal angerufen und zur Entscheidung berufen, ist er nicht mehr von dieser Welt: Er ist in dieser Welt zum Pilger, Fremdling, Heimatlosen geworden. Es gibt für ihn kein Zurück mehr in diese Welt, sondern nur noch in Himmel oder Hölle; durch das Gericht des lebendigen Gottes; aufgrund der Entscheidung, die der Berufene für oder gegen Gott frei vollzogen hat.

Wen beruft Gott? Nach dem Geist der Heiligen Schrift will Gott, daß alle Menschen gerettet werden. Von der Berufung sagt Christus jedoch: "Viele sind berufen, aber wenige auserwählt." Unter den Milliarden lebenden Menschen sind also "viele", aber nicht alle berufen.

Als Träger der Berufung hat Gott selbst die Kirche eingesetzt. Keiner anderen Religionsgemeinschaft auf der Erde hat Er die Zusicherung gegeben, daß in ihr ewiges Heil sei. Gott will, daß wir durch die Kirche und ihre Sakramente das Heil erlangen. "Dank sei dem Herrn, der mich aus Gnad in Seine Kirch berufen hat," heißt es in einem alten Lied. Mit dieser Orientierung auf Gottes Wille ist "nur in der Kirche Heil". Wenn aber Gott für uns Verbindlichkeiten setzt, ist Er nicht selbst an Seine Setzungen gebunden: Er hat unbeschränkte Möglichkeiten, überall und immer jedwelchen Menschen anzurufen und zu berufen, zu begnadigen und zu erlösen.

Wen beruft Gott? Der Umstand, daß siebenmal mehr Andersgläubige als Christen auf der Erde leben, drängt noch mehr diese Frage auf. Einen Menschen anzurufen ist allein der uneingeschränkt freie Wille und Entschluß des Absoluten Souveräns. Er hat das Karma-Gesetz gesetzt und Er erlöst daraus, wen Er will und wann Er will und wie Er will. Seit alters her lehrt die Kirche: Glaube, Hoffnung und Liebe sind allein Gnadengaben des Geistes, und: Gott ist an kein Sakrament gebunden.

Beruft Gott aufgrund von Vorleben? Die Heilige Schrift spricht von Schuld der Vorväter, die auf künftige Generationen kommt. Gibt es noch andere Umstände und Formen von Vorleben, die Begründung sein könnten? Wissen wir, ob überhaupt ein Karma-Gesetz wirkt und wie? Wir können Erwägungen und Mutmaßungen anstellen. Aber Gott sagt (Jes 55): "Meine Gedanken sind nicht eure Gedanken, und eure Wege sind nicht Meine Wege. Wie hoch der Himmel über der Erde ist, so hoch sind Meine Wege über euren Wegen und Meine Gedanken über euren Gedanken."

Der höchste Wille, aus dem das All existiert, ist nicht hinterfragbar. Dieser allmächtige Wille ist sich selbst alleiniger Grund. Nur Er selbst könnte es offenbaren. Aber das Wort Gottes in Christus sagt darüber nichts. Und warum sollte dies auch?

Das Wort Gottes spricht zu den Angerufenen; es ist überhaupt diese Anrufung selbst. Für die im Angerufensein zur letztendlichen Entscheidung Berufenen ist kein "Gesetz", das zum Sklaven macht, ist kein dynamisches Auftreten und Wegtreten in dieser Welt mehr, ist keine leibeigene Zugehörigkeit zu dieser Welt und kein Ausgeliefertsein an diese Welt mehr; wie immer diese Welt auch beschaffen sein mag. Für die mit dem göttlichen Wort Angerufenen gibt es nur noch – einmal für immer – Eingehen in Hölle oder Himmel. Die überweltliche Verkündigung Christi, die nur die von Gott Angerufenen, nur die zur Entscheidungen Berufenen anspricht, ist damit jenseits jeglicher Seelenwanderung. Innerweltliche Religionen, die keine Erlösung bringen, bleiben in Vorstellungen von Seelenwanderungen befangen.

Gott ruft an und beruft wen, wann und wie Er will. Es ist Sein souveräner Schöpfungs- und Offenbarungswille. Aber kraft dieses souveränen Willens will Er den Menschen einbeziehen in Sein Heilswirken. In der Gemeinschaft der Heiligen will Gott frei entscheidende, eigenmächtige Personalitäten von Angesicht zu Angesicht haben. Aufgrund Seines souveränen, nicht hinterfragbaren Willens bezieht Er den Angerufenen ein, indem Er ihm den Missionsauftrag erteilt, sein Leben als Vorbild wirken läßt, die Menschen füreinander und stellvertretend leben und wirken und beten läßt.

Die unermeßliche Komplementarität Gottes mit der Gemeinschaft der Heiligen spiegelt sich schon in dieser Entscheidungswelt wider; als geheimnisvolle Komplementarität von Gottesplan und Menschenwille; alle Komplementaritäten einbeziehend: Ordnung und Freiheit, Überlieferung und Fortschritt, Materie und Geist, Gerechtigkeit und Barmherzigkeit.

Die Komplementarität von Gottesplan und Menschenwille ist etwas ganz Ungeheuerliches. Gott will so hohe Freiheit des Angerufenen, daß dieser sogar "mit Gott streitet", wobei Gott dem Menschen mitunter zu obsiegen gestattet. "Israel" heißt "Streiter mit Gott". Es ist einfachhin unfaßbar, daß diese Ungeheuerlichkeit von Gott selbst zum alles übergreifenden Namen der Berufenen gesetzt wurde.

Der Anruf Gottes bricht in diese Welt als etwas ganz anderes ein und wandelt den natürlichen Menschen zum heilsgeschichtlichen Menschen. Gott ruft arme und reiche, dumme und kluge, schwache und starke Menschen an. Vor Ihm gibt es nicht Groß und Klein, Hoch und Niedrig, Angesehen und Verachtet.

Was der noch natürliche Mensch ist, folgt aus jener Gerechtigkeit, die der Welt selbst in ihrer Quantendynamik vom Schöpfer, Herrn und Richter eingeprägt ist. Mit der Anrufung des Menschen durch Gott wird all dies bedeutungslos. Mit dem Einbruch des Ewigen in das Zeitliche wird das Zeitliche vom Ewigen überwältigt. Alles Vorgeschehen und alles Menschenleben in dieser Welt verschwindet zu nichts vor der Unbegrenztheit in der Begegnung mit Gott.

Unsterblichkeit

"Schaffung der unsterblichen Seele des Menschen!?" Insofern sagt dies etwas zutiefst Wahres und zuhöchst Wichtiges: Gott verleiht dem, der Ihn liebt, die Unsterblichkeit, das in Ewigkeit nicht mehr verlierbare Leben in Ihm. In der Anrufung durch Gott vollzieht sich eine Wesenswandlung des natürlichen Menschen zum "neugeschaffenen" Menschen. Und erst in dieser Neuschaffung (in Vereinigung mit Gott) erhält der Mensch das ewige Leben, das nur Gott selbst eigen ist. Dies ergibt erst das Neue Testament.

Das alte Testament, der Alte Bund, verkündet nicht die Unsterblichkeit einer Menschenseele; einer Seele, die der Mensch besitze. Abstraktionen wie ein "Substanz-Begriff", ein "Form-Prinzip" oder eine "Leib-Seele-Einheit" sind den Schriften des Alten Bundes fremd. Diese Abstrahierungen sind auch weit mehr Produkte philosophischer Bemühungen zur Systematisierung und Fixierung, als Ausdrücke für spirituelle Einsichten und als Wahrheiten der Glaubensverkündung. Solche Abstrakta halten entsprechend nicht den Belastungen stand, welche sich durch neue Forschungen ergeben – und sind selbst mehr unnötige Belastungen als nützliche Hilfen.

Unsterblichkeit und Fortleben einer Seele des Menschen ist im Alten Testament nicht findbar; zumindest nicht als beachtliche Elemente. Nur ganz wenige Stellen – vom Nutzen der Opfergaben für Verstorbene, vom Umgeben der Verstorbenengebeine mit Fleisch zu neuer Belebung, von Treue zum Gesetz als Wert für das Künftige, und vielleicht noch einige Stellen – lassen überhaupt eine Möglichkeit zu, ein Fortleben erwähnt zu sehen; aber auch nur als gezwungen erscheinende Interpretationen. Sogar diese Stellen weisen vielmehr auf ein dynamisch weltinneres Geschehen hin. Wäre das Alte Testament die Verkündigung eines ewigen Lebens, so wären nicht nur wenige und schwer dahingehend kommentierbare Stellen in diesen langen Texten. Von einer derart fundamental wichtigen Verkündigung wären die ganzen Texte erfüllt, wie im Neuen Testament.

Das Alte Testament ist eben das Wort Gottes in der Zeit des Verlustes des ewigen Lebens, das der Mensch bedingt erhalten hatte, wenn er nicht sündige. Der Mensch hat aber gesündigt und ist damit sterblich geworden – bis er Erlösung durch Christus erlange, für den er sich aber entscheiden muß.

Mögen auch die Elemente der christlichen Verkündigung alle schon im Alten Testament irgendwie auffindbar sein: Die Wiederherstellung der Anwartschaft auf das ewige Leben durch Christus in Gott ist das entscheidend und unendlich Neue im Neuen Testament; ist die gewaltige "Zeitenwende".

In einem dem Menschen zutiefst eigenen Drang, sich zu absolutieren und sich gegen Gott abzusichern, wurde diese Formulierung der "unsterblichen Seele des Menschen" verabsolutiert: Wie ein Abklatsch der Ursünde: "Ich will aus mir selbst ewig sein, ich will sein wie Gott". Radikal ausgedrückt: Wenn Gott sich einmal darauf eingelassen hat, einen (jedwelchen) Menschen zu schaffen, muß Er sich mit dessen Ewigkeits-Sein irgendwie abfinden; auch bei Absonderung des Menschen von Gott, auch bei "Todsünde" besitzt der Mensch unverlierbar – was wahrhaft nur Gott zukommt – das ewige Leben. Diese Verabsolutierung eines theologischen Formalismus geht soweit, daß sogar das Wort Gottes selbst ignoriert und aus der Doktrin verdrängt wird:

Die Meinung, daß dem Menschen schon mit seiner natürlichen Zeugung ewiges Leben unverlierbar eigen sei, ist mit dem Wort Gottes unvereinbar. Gott selbst sagt in der Genesis: "Wenn du vom Baum der Erkenntnis des Guten und Bösen ißt, mußt du sterben". In der Trennung von Gott ist die Scheidung vom "Baum des Lebens", die der "Cherub mit dem Flammenschwert" vollzieht. Das Wort Gottes gibt dem Heiligen das ewige Leben und scheidet den Sünder vom ewigen Leben. Die ganze Heilsgeschichte – vom ersten Anfang an – gründet in der nur bedingten Verheißung des ewigen Lebens: in der Bedingung das der Mensch nicht sündige. Die Heilsgeschichte berichtet den Verlust des ewigen Lebens durch die Urschuld, in welcher der Mensch "den Tod erbt", und verheißt das ewige Leben in der Neuschöpfung durch das Wort Gottes, durch Christus. Petrus sagt zu Christus: "Herr, zu wem sollen wir gehen, Du hast die Worte des ewigen Lebens" (Joh 6,68). Somit ruft die Kirche im Halleluja des 22. Sonntag: "Durch das Wort der Wahrheit hat uns der Vater das Leben geschenkt und uns zu Erstlingen seiner Schöpfung gemacht" (Jak 1,18).

Immer wieder im Alten Bund sagt Gott durch die Propheten: "Wenn ein Mensch auf den Pfad des Unrechts abweicht, muß er sterben".

Oder: "Habe Ich etwa Wohlgefallen am Tod des Gottlosen – Wort des Herrn – nicht vielmehr daran, daß er sich bekehre und lebe" (Ez 18).

Sein erwähltes Volk als ganzes ansprechend: "Warum wollt ihr sterben, Haus Israel? Denn Ich habe kein Wohlgefallen am Tod dessen, der sterben muß – Wort des Herrn. Kehrt also um, damit ihr lebt" (Ez 18).

Oder: "So wahr Ich lebe, spricht der Herr, Ich will nicht den Tod des Sünders, sondern daß er sich bekehrt und lebt."

Weil der Mensch natürlicherweise sterblich ist, wären diese Worte Gottes unsinnige Plattheit, wenn sie nur auf den irdischen Tod bezogen wären. Diese Worte des absoluten Herrn der Offenbarung beziehen sich auf das ewige Leben. Gott allein ist ewig: "Wenn auch die Frevler gedeihen und alle, die Unrecht tun wachsen, so nur, damit Du sie vernichtest für immer. Denn Du, Herr, bist der Höchste und bleibst auf ewig" (Ps 92).

Christus selbst verkündet immer und immer wieder die Bedingtheit des ewigen Lebens, etwa im Johannesevangelium:

(3,14) In jener Zeit sprach Jesus zu Nikodemus: "Wie Moses die Schlange in der Wüste erhöht hat, so muß auch der Menschensohn erhöht werden, damit jeder, der an Ihn glaubt, in Ihm das ewige Leben hat." Oder:

(5,24) "Amen, amen, Ich sage euch: Wer Mein Wort hört und dem glaubt, der Mich gesandt hat, hat das ewige Leben." Oder:

(6,40) "Denn es ist der Wille des Vaters, daß alle, die den Sohn sehen und an Ihn glauben, das ewige Leben haben und daß Ich sie auferwecke am letzten Tag." Oder:

(6,51) "Ich bin das lebendige Brot, das vom Himmel herabgekommen ist. Wer von diesem Brot ißt, wird leben in Ewigkeit." Oder:

(6,58) "Dies ist das Brot, das vom Himmel herabgekommen ist. Mit ihm ist es nicht wie mit dem Brot , das die Väter gegessen haben; sie sind gestorben. Wer aber dieses Brot ißt, wird leben in Ewigkeit." Oder:

(8,51) "Amen, amen, Ich sage euch: Wenn jemand an Meinem Wort festhält, wird er den Tod nicht schauen in Ewigkeit." Oder:

(11,25) "Ich bin die Auferstehung und das Leben. Jeder, der an Mich glaubt, wird auf ewig nicht sterben." Oder:

(12,25) "Wer an seinem Leben hängt, verliert es; wer aber sein Leben in dieser Welt gering achtet, wird es bewahren bis in ewiges Leben."

Christus selbst spricht vom "Erlangen" und "Dazubekommen" des ewigen Lebens (Mt 19,16): "Wenn du das Leben erlangen willst, dann halte die Gebote". Wer barmherzige Freigebigkeit übt ".. bekommt ein Vielfaches schon in diesem Leben, und dazu das ewige Leben".

Paulus spricht von bedingter Verheißung des ewigen Lebens; etwa (Heb 9,15): "Deshalb ist Er (Christus) der Mittler des Neuen Bundes, in dem die Berufenen das verheißene ewige Erbe empfangen sollen". Paulus verkündet aber den Verlust des ewigen Lebens denen, die im Natürlichen verbleiben; Vernichtung und Tod. Etwa (Gal 5): "Wer auf sein Fleisch sät, wird vom Fleisch die Vernichtung ernten, wer aber auf den Geist sät, wird vom Geist ewiges Leben ernten". So sprechen auch andere Apostel, etwa (Jak 1,15): "Wenn die Begierde dann schwanger geworden ist, bringt sie die Sünde zur Welt; ist die Sünde reif geworden, bringt sie den Tod hervor".

Wie sollte, nach all dem, der Mensch die Unsterblichkeit schon in sich haben? – schon mit seiner natürlichen Menschwerdung?

Christus, die Apostel und Evangelisten sprechen nie von einem ewigen Leben der Verdammten. Sie sprechen zwar von einem nie erlöschenden Feuer der Hölle, aber nie von einem ewigen Leben in diesem. Sie sprechen nicht von einer dem Menschen unbedingt eingeschaffenen Unsterblichkeit. Und sie sprechen nie von einem Gegensatz: ewiges Leben entweder in Gott oder in der Hölle. Aber sie sprechen immer und immer wieder vom Gegensatz: entweder ewiges Leben in Christus und Gott, oder Vernichtung und Tod in der Gottlosigkeit, in der Sünde, in der Absonderung von Gott.

Das Wort Gottes erlaubt nur eine Konsequenz: In dieser Entscheidungswelt verleiht Gott dem Menschen das ewige Leben; aber nur wenn Er ihn beruft und auch dann nur bedingt, daß der Berufene nicht sündigt (sich nicht von Gott sondert) und daß er "umkehrt", wenn er gesündigt hat.

Die über die Jahrhunderte gelebte Pastorale der Kirche verkündete immer unverändert die bedingte Erlangung des ewigen Lebens als Gnadengeschenk Gottes: insbesondere durch die Sakramente.

Dies allein gibt dem Auftrag an die Kirche überhaupt ihren Sinn. Auch neueste Meßgebete sagen: "Wir bringen diese Gaben zum Altar; reiche sie uns neu als Sakrament der Unsterblichkeit." Oder: "Gib, daß uns dieses Sakrament nicht zum Gericht werde, sondern zum Leben." Oder: "Dein Sakrament gebe uns Kraft in dieser Zeit und in der kommenden Welt das ewige Leben". Ein Eingangsvers eröffnet die Messe mit der Klarstellung: "Christus ist der Mittler des Neuen Bundes; durch Seinen Tod erhalten die Berufenen die Verheißung des ewigen Lebens."

Die den Berufenen (nicht allen) gegebene Verheißung des ewigen Lebens, die Verleihung der Anwartschaft auf das ewige Leben vollzieht eine übernatürliche Wesenswandlung des Menschen.

Neuschöpfung im Geist

Wie ist diese übernatürliche Wesenswandlung des Menschen?

Die Heilige Schrift sagt dies glasklar und eindeutig. Christus spricht zu Nikodemus, Johannes in seinem wegweisenden Prolog, Paulus in seinen entscheidenden Reden von der Notwendigkeit des Geborenseins aus dem Geist. Der Mensch "erbt" das ewige Leben in der "Neugeburt", in der "Wiedergeburt" im Geiste Gottes, in der Erfüllung mit dem Geist Gottes. Uneingeschränkt wird verkündet, daß der natürliche Mensch (der Mensch "aus dem Fleisch", aus dem "Willen des Mannes") das ewige Leben nicht erbt.

In der katholischen Theologie wurden diese entscheidend wichtigen Aussagen der Heiligen Schrift und der praktisch-kirchlichen Pastorale zumeist verdrängt. Diese Aussagen waren nicht systematisierbar, nicht formalisierbar und wurden deshalb – unter dem Zwang klassischer Denkfixierung – als nicht existent betrachtet; als störendes, lästiges, ignorierbares Beiwerk im Worte Gottes.

Ein führender Logistiker sagte auf einem Akademiepodium: "Gott ist nicht formalisierbar, nicht programmierbar, nicht prozessierbar; Gott existiert also nicht." Aber schon innerhalb dieser Welt ist Wichtigstes, Häufigstes, Höchstreales nicht formalisierbar, nicht programmierbar, nicht prozessierbar. Wenn man auch nur arbeitshypotetisch unterstellt, Gott existiere und habe die Denkgesetze gesetzt, die Denkmöglichkeiten erstellt, die Denksysteme geschaffen: wie sollte dann ein solcher Gott von dem von Ihm selbst Gesetzten, Erstellten, Erschaffenen umfaßbar, erfaßbar sein; und: Wenn Er deshalb wesenhaft nicht umfaßbar und erfaßbar ist, wie könnte dann daraus auf Seine Nichtexistenz geschlossen werden.

Solche Argumentationen scheitern schon innerhalb der Welt an simpelsten Fakten; wievielmehr scheitern sie dann an Gott. Solche Argumentationen dokumentieren umgekehrt niederschmetternd die Armseligkeit, Hilflosigkeit, Begrenztheit derart logischer Systeme vor dem Hohen und Allerhöchsten. Die Ursünde der Selbstbestimmung und Selbst-Absolutsetzung des Menschen wurde nicht erst mit dem "Absoluten Humanismus" begangen; sie wurde schon lange vorher durch die Theologie begangen: durch die verabsolutierte Fixierung einer "Schaffung des Menschen mit einer unsterblichen Seele".

Die Verkündigung der Worte Christi und der Apostel von der Notwendigkeit der "Neugeburt" als notwendiger Glaubenswahrheit verblieb damit weitgehend den Sekten. Dies ist umso erstaunlicher, als die katholische Kirche alle Jahrhunderte diese Wahrheit lebte und pastoral nachdrücklich und grundlegend verkündete und praktizierte. Es ist ein altes Dogma, daß Glaube, Hoffnung und Liebe allein Gnadengaben des Geistes Gottes sind.

Die Theologie ist die nötigste und zugleich fragwürdigste, die hilfreichste und zugleich gefährlichste Wissenschaft. Als demütige Dienerin der Glaubensverkündigung ist sie die Krone aller Wissenschaften; als selbstherrliche Autorität ist sie der geisttötende Affe aller Wissenschaften. Es ist jedoch allzu menschlich, daß immer und immer wieder die Versuchung zur Selbstverabsolutierung überhand nahm. Für das blühende kirchliche Leben war eine doktrinäre Theologie mehr Belastung als Hilfe. Die Selbstsicherung in einer festen und damit sterilen Doktrin war dem Menschen zu aller Zeit wichtiger als die schlichte Annahme des Wortes Gottes. Zu allen Zeiten betete der Mensch lieber sein Denken über Gott an, als den lebendigen Gott selbst.

Die Notwendigkeit einer Wesenswandlung durch Geisterfüllung wurde ignoriert, weil diese zeitlich nicht fixierbar ist; weil diese überhaupt nicht objektivierbar ist. Dem klassischen Denken schien aber eine Nichtobjektivierbarkeit gleichbedeutend der Leugnung der Existenz; genauer: Jedes Existierende wurde selbstverständlich als objektivierbar unterstellt. Erst mußten harte Fakten der Physik zu der ungeheuren Erkenntnis zwingen, daß fundamental Wichtiges, real Existierendes nichtobjektivierbar sein kann und ist. Existenz bedeutet ganz und gar nicht notwendig auch Objektivierbarkeit; erst recht nicht Fixierbarkeit. Etwa in der Physik:

Obgleich Energie (als Grund-Komponente der Materie) zusammen mit Zeit und Raum jegliche physikalische Existenz begründet, ist die Energie gerade in den wichtigsten Reaktionen und Relationen raumzeitlich nicht objektivierbar. Quantenphysikalisch ist etwa die Lichtenergie zwar derart real existent, daß sie auf neun Dezimalen genau bestimmbar ist, aber zeitlich zwischen Aussendung und Empfang in ihrem räumlichen Dasein nicht objektiviert. Relativitätsphysikalisch sind etwa die Galaxenenergien in Bezug auf jedes speziell-relativistische System bestimmbar existent, aber nicht systemunabhängig objektiviert. Dies sind nicht nur praktische Nichtobjektivierbarkeiten, sondern grundsätzliche, prinzipielle Unobjektiviertheiten. Nichtobjektivierbarkeit und sogar Unobjektiviertheit bedeutet somit nicht Nichtexistenz.

Wenn schon exakt meßbare Energien (welche jegliche materielle Existenz begründen) nicht objektivierbar sind, wieviel weniger sind dann überweltliche Vorgänge, Ereignisse, Verhältnisse objektivierbar. Analogien aus der Physik sind fast unerschöpflich, lehrreich und hilfreich in Bezug auf höhere Bereiche, deren Erfassung wesensgemäß umso schwieriger ist, je höher sie sind. Schon die simple Lichtübertragung öffnet ungeheuerliche und großartige Aspekte. Gar Analogien zum Pauli-Verbot und zur Fermi-Statistik, oder gar noch zum Rosen-Paradoxon und zum Bell-Experiment beflügeln die kühnsten und phantastischsten Gedankenflüge. Die Quantenphilosophie öffnet revolutionierende Einsichten in alle Bereiche des Seins.

Wann ereignet sich die das ewige Leben verleihende Geisterfüllung? Immer und immer wieder wurde und wird diese Frage gestellt; meist – etwas vage – als Problem der "Zeit der Beseelung" formuliert: Geschieht die Beseelung des Menschen mit der Zygote oder mit der Blastozyste oder mit dem Fetus; geschieht sie mit der Nidation oder mit der Geburt oder auf welcher ontogenetischen Entwicklungsstufe auch immer?

Schon die Stellung dieser Frage gründet auf der irrealen Unterstellung, daß diese Beseelung ein objektivierbares Ereignis sei. Weil diese aber überhaupt nicht objektivierbar ist, erheben sich mit dieser Problemstellung typische Scheinprobleme; gefährliche und irreführende Fehlurteile mit schweren Verstörungen zeugend. Wenn schon das Auftreten der Energie während der häufigsten und wichtigsten Vorgänge und Verhältnisse nicht objektivierbar ist, dann ist erst recht nicht die Manifestation des Bewußtseins in einem Organismus objektivierbar – und schon gar nicht eine Wesenswandlung des natürlichen Menschen in der Neugeburt aus dem Geiste Gottes.

Gott ist der Ewige, der Zeitlose, der Überzeitliche. Er ist der Schöpfer aller Zeiten. Alle Momente der von Ihm geschaffenen Zeiten sind Ihm gleich nahe, Ihm immer gegenwärtig. Sein Heilswirken tritt in die Zeit der Geschichte zwar ein, aber gleichsam alle Zeiten einbeziehend und nicht dem Zwang der weltlichen Zeiten unterworfen.

Dreierlei Abstammung

Das Wirken Gottes in der Geschichte ist vielschichtig. Dieses Geschehen in zugleich verschiedensten Aspekten macht eine Systematisierung abwegig, erfüllt aber das Dasein mit überschwänglichem Leben. Der Mensch ist geprägt durch dreierlei Abstammung.

Der Mensch stammt als natürliches Lebewesen aus einer natürlichen Entwicklung in zweierlei Weise:

I Als Gattung stammt der Mensch aus einer erdgeschichtlichen Phylogenese (Stammesgeschichte).

II Als Einzelner stammt der Mensch aus einer eigengeschichtlichen Ontogenese (Individualgeschichte).

III Als Kind Gottes stammt der Mensch aber übernatürlich aus einer heilsgeschichtlichen "Wiedergeburt" im Geiste Gottes.

Diese dritte, diese heilsgeschichtliche Menschwerdung ist nicht evolutionär, kommt nicht aus einer Entwicklung, sondern ist ein freier Akt Gottes, eine "Neuschöpfung". Die Unterscheidung dieser heilsgeschichtlichen Menschwerdung von der natürlichen Menschwerdung (phylo- und ontogenetisch) mag zuerst gekünstelt erscheinen. Tatsächlich ist die heilsgeschichtliche Menschwerdung von wahrhaft unendlich höherem Rang; zudem etwas sehr Verständliches, beinahe Selbstverständliches.

Die Analogie macht dies deutlicher: Das natürliche Brot stammt phylogenetisch aus der Entwicklung vom steinzeitlich zerstampften Korn zur neuzeitlichen Brotsorte bzw ontogenetisch aus dem Produktionsprozeß der Bäckerei; aber das "Brot vom Himmel", das zum Leib Christi konsekrierte Brot, entstammt der Vollmacht aus dem ersten Abendmahl. Oder: Das mit Vertragstext beschriebene Papier stammt phylogenetisch aus der Entwicklung des antiken Papyrus über das Pergament zur modernen Papierart bzw ontogenetisch aus dem Produktionsprozeß der Papiermühle; der Vertrag, durch Unterzeichnung dazu geworden, entstammt aus dem gesetzlichen Recht.

Heilsgeschichtlich stammen die Menschen von Adam ab. Nur derjenige Mensch stammt von Adam ab, der von Gott geisterfüllt worden ist und damit Entscheidungsfähig geworden ist. Nur dieser

Mensch, der Gott erkennt, ist zur Ursünde fähig und bekommt nach Sündigung die Möglichkeit der Erlösung durch Christus verheißen. Jeder von Gott hiermit in die Heilsgeschichte einbezogene Mensch erbt vom Stammvater Adam die Ursünde als "Erbschuld"; aber weniger, weil ein nebulöser Vorfahre von einem obskuren Apfel gegessen hat, sondern weil jeder selbst als Adam die Ursünde – in der Selbstbestimmung, was gut und böse ist – vollzogen hat und immer wieder vollzieht: auch hier und jetzt, ja sogar besonders jetzt am Abend der Welt.

Adam ist "der" Mensch im Verhältnis zu Gott. Adam ist vermutlich auch ein konkreter, historischer Mensch: der erste von Gottes Geist erfüllte Mensch. Als solcher ist er der vor Jahrtausenden lebende Stammvater der biblischen Geschlechterfolge (Genealogie). Vor allem aber ist Adam jeder Mensch im Angesprochensein von Gott.

Jeder Berufene ist dieser eine "erste" Adam. Nur einer ist der andere "zweite" Adam: "Christus, der gezeugt, nicht geschaffen" ist und der nicht gesündigt hat und der in Ewigkeit nicht sündigt. Allein dieser erlöst uns, erlöst den ersten Adam. In Christus ist der Widerruf der Ursünde: vor zwei Jahrtausenden in der historischen Persönlichkeit des wahren Menschen und wahren Gottes; aber auch hier und jetzt im mystischen Leib Christi der Kirche, ja sogar besonders jetzt in der Endzeit, in der Erfüllung der Menschheitsgeschichte.

Im Aufgenommensein in der "Gemeinschaft der streitenden Kirche" (dh derjenigen, die im Kampf der Entscheidung für Gott stehen) ist jeder Mensch ein Glied des mystischen Leibes Christi. In Vereinigung mit Christus ist sogar Jeder der neue Adam, der neue Mensch; ist ein Jeder Christus, den wir ineinander erkennen und anerkennen sollen. Der "neue Mensch", die Neuschöpfung des Menschen, ist mit Christus vom Vater neu gezeugt und im Geist neugeboren.

Im Heilswirken Gottes wird der Mensch neu gezeugt, neu geboren. Heilsgeschichtlich stammt der Mensch aus dem übernatürlichen Akt Gottes in der Einhauchung Seines Geistes. In dieser und nur in dieser heilsgeschichtlichen Menschwerdung wird der Mensch Kind Gottes.

Heilsgeschichtliche Menschwerdung

Die heilsgeschichtliche Menschwerdung ist – als übernatürliches, überweltliches Ereignis – überzeitlich: nicht in den Zeiten dieser Welt begreifbar.

In den Sakramenten der Kirche tritt der Mensch in die Gemeinschaft der Angerufenen von Gott-Vater (Taufe), wird von der Sünde befreit (Buße), erlebt die Vereinigung mit Gott-Sohn (Kommunion), wird erfüllt von Gott-Geist (Firmung). Auch dieses sakramentale Leben erscheint zwar in der Zeit, ist aber – als übernatürliches Geschehen – ein überzeitliches Geschehen: Erscheinend in einer bestimmten Stunde, erfüllt das Sakrament das ganze Leben mit der Gnade des Herrn: von der Zygote bis zum Tod, der damit zum Tor für das ewige Leben wird.

Gott ist der Herr der Sakramente, welche die Kirche nur verwaltet. Ein altes Dogma verkündet, daß Gott sakramentale Gnaden auch ohne Empfang des Sakramentes schenken kann – und daß Er bei Empfang des Sakramentes die diesem zugesprochenen Gnaden versagen kann. Aber wenn dem so ist, kann man da nicht auf die Sakramente und auf die ganze Kirche verzichten?

Wer den von Gott gegebenen Gnadenweg verachtet, kann nicht erwarten, daß der Herr ihm die Gnaden doch anderswie schenkt. "Wahrlich, keiner, der geladen war und nicht gekommen ist, wird je Mein Mahl kosten", sagt der Herr vom Gastmahl des ewigen Lebens. Aber viele, die gar nicht geladen waren (etwa gute Menschen aus anderen Religionen?) werden mit dem Herrn zu Mahl sitzen.

Die zur Heiligkeit Gelangenden durchleben diese Entscheidungswelt in Sehnsucht nach Gott, im Warten auf den Herrn; mit Suchen, Bitten, Anklopfen. Und sie werden die Verheißung ernten: "Wer sucht, wird finden, wer bittet, wird erhalten, wer anklopft, dem wird aufgetan".

Die Neugeburt in Christus, die Wiedergeburt im Geist, ist ein überzeitliches Ereignis, das in der Lebenszeit eines Menschen immer wieder, immer neu aufleuchtend erscheint (quasi-quantendynamisch). Die Einhauchung des Geistes kann als lebensverändernder Einbruch (wie die Bekehrung des Paulus), kann als alltägliches Wandeln mit Gott (wie Henoch), kann als erregendes Kommen und Gehen, oder als stilles Gegenwärtigsein des Geistes erscheinen. Der Geist weht, wo Er will und wie Er will; alle Zeiten übergreifend.

Für die heilsgeschichtliche Menschwerdung existiert keine objektivierbare Zeit. Dem Quanten- und Relativitätsphysiker ist zur tagtäglich erfahrenen Gewißheit geworden, daß viele und wichtige, räumlich und zeitlich erscheinende Vorgänge doch grundsätzlich nicht zeitlich und nicht räumlich objektivierbar sind. Diese Erstaunlichkeit kann von Wissenschaften, die seinsmächtigere Arbeitsbereiche haben, freilich nur sehr viel schwieriger begriffen und bewältigt werden; wohl überhaupt kaum. Vielleicht bringen Analogien aber doch ein wenig näher:

Die Lichtenergie hat zwischen Emission und Absorption überhaupt keine räumliche und zeitliche Existenz. Was sich mit der Lichtenergie in dieser "Zwischenzeit" ereignet, ist nur in verschiedenen und miteinander nichteinmal vereinbaren Bildern (Welle oder Körper) gleichnishaft in unseren Raum und in unsere Zeit projizierbar. So ist es umsomehr mit dem Menschen: Ist ein Mensch von Gott angerufen und in Seine Kirche berufen, so ist dies – von der Zygote bis zum Tode – ein getaufter, kommunizierter, gefirmter Mensch; ungeachtet, ob er "in der ersten oder letzten Stunde in den Weinberg des Herrn gerufen" wurde.

Das Heilsgeschehen eines zur ewigen Anschauung gelangten Menschen bezieht einen Organismus ein, der aus einer ganz bestimmten Zygote entstanden ist, und bezieht sogar das Eheleben der Eltern ein. Darin gründet die Ungeheuerlichkeit der Abtreibung und Verwerflichkeit der Nidations- und sogar der Empfängnisverhinderung ("Verhütung" ist ein unpassender Ausdruck). Dies sind Lebensversagungen, mit denen die Möglichkeit eines besonderen Heilswirkens Gottes gewalttätig abgeschnitten wird. Dies ist gegen den Schöpfer allen menschlichen Lebens und Spender des ewigen Lebens.

Schon weltintern gibt es wichtige Vorgänge, die quasi-zeitlich über ganze Epochen integrieren; wie eben die Licht-Emission-Absorption: Heiratet ein Mann eine Frau, so wird damit auch die ganze Vorgeschichte der Frau für die Existenz des Mannes wichtig. Bringt die Ehe bedeutende Ereignisse hervor, so wird damit auch das Eheleben der Eltern und Schwiegereltern in das Ereignis als Geschichte einbezogen. Oder: Ist eine Mutter, die nur zwei Kinder hat, welche beide Politiker sind, eine "Politiker-Mutter"? Bei der Geburt und noch während der Schulzeit ist sie Mutter irgendwelcher Kinder. Werden diese aber berühmte Politiker, so ist sie eben doch irgendwie eine beachtete

Politikermutter. Dennoch wäre es unsinnig zu sagen, daß derartige Bedeutungen "rückwirkend" zustande kämen. Solche Aussagen sind nur gleichnishafte Interpretationen zeitlich eben nicht objektivierbar fixierbarer Ereignisse. Die Verabsolutierung derartiger Aussagen sind irreale Extrapolationen eines verengten Denkens.

Diese Beispiele sind sicherlich viel zu naiv, um dem tiefstgehenden Problem auch nur entfernt gerecht zu werden. Vermutlich treffen sie den Kern der zeitlichen Nichtobjektivierbarkeit fundamentaler Ereignisse nicht einmal. Vielleicht vermitteln sie aber doch eine Ahnung von diesen höchst erstaunlichen Vorgängen aufgrund klassisch unerfaßbarer Strukturen der Welt.

Das schon auf der natürlichen Ebene nicht Objektivierbare, nicht Fixierbare, ist erst recht nicht in der heilsgeschichtlichen Erwählung des Menschen durch Gott fixierbar; in einem unendlich über aller Welt vollzogenen Ereignis, das gleichsam zeitlich-weltliche Geschehnisse mit in die Ewigkeit nimmt.

Die Papierbeschaffenheit macht keinen Industrievertrag; die Brotsorte macht keinen Leib Christi, die Genstruktur macht keinen Menschen. Als Kind Gottes stammt der Mensch nicht aus der Phylo- oder Onto-Genese; ebensowenig wie der Leib Christi aus der Bäckerei oder der Vertrag aus der Papiermühle. Der für oder gegen Gott entscheidungsfähige Mensch entstammt der Neuschöpfung im Anruf Gottes; wie der Leib Christi dem Letzten Abendmahl und wie der Vertrag der Wirtschaftsgesetzgebung.

Ein jeweils geistiger Akt vollzieht die Wandlung des Wesens ("Transsubstantiation"). Dieser Akt aber ist zu irgendeiner von der natürlichen Abstammung unabhänigen Zeit; zu einer Zeit, die allein der den Akt vollziehende Geist bestimmt.

Die erlösende Macht Gottes erwirkt dem "alten" Menschen die Wesenswandlung zum "neuen" Menschen. Dies ist eine Wandlung durch den ewigen Gott von wahrhaft unendlichem Rang.

Mit dieser Wesenswandlung wird der Mensch zum "Sohn Gottes"; durch und in Christus: "Denn es geziemte Gott, für den und durch den das All ist, und der viele Söhne zur Herrlichkeit führen wollte, den Urheber ihres Heils durch Leiden zu vollenden" (Heb 2,9).

Christus ist der "Erstgeborene" und Urheber des Heils in der Geburt aus dem Geist. Der Vorrang dieser Erstgeburt, an welcher der Mensch

Anteil erhält, ist ein übernatürliches Geschehen, das in der ganzen Heilsgeschichte immer wieder angesprochen wird; von der Genesis bis zur Apokalypse.

Das Angerufensein von Gott ist in besonderer Weise auch Gemeinschaften eigen. Das "erste Israel" ist das "von Gott auserwählte Volk". Nach dem souveränen Willen von Jahveh kam das Heil der Erlösung durch das Volk Israel zur Völkerwelt. Etwas Unendliches wurde der Welt dadurch geschenkt; mit keinem weltlichen Wert vergleichbar. Die Verheißungen Gottes sind untilgbar – und doch ist auch diese Berufung in der Geschichte dynamisch verändernd: Nach der Ablehnung Christi, des Sohnes Gottes, durch die Hierarchie des Judentums, ging die Berufung, der Geist Gottes auf das "zweite Israel" über: auf die Kirche Christi. Sie ist der mystische Leib Christi bis zum Ende der Menschheit. Aber am Ende der Weltgeschichte wird das alte Israel wieder vom Herrn gerufen werden – und "es wird eine Herde und ein Hirte sein".

Das ewig bestehende Heilswirken Gottes, die Einhauchung Seines Geistes als ewig gegenwärtiges Geschehen, geht mit erregender Dynamik und bewegtem Leben durch die Geschichte des Einzelnen, der Völker, des ganzen Völkermeeres.

Unterscheidung

Christus kündet dem hochgebildeten Ratsherrn und Pharisäer die Notwendigkeit der Wiedergeburt aus dem Geist für die Erlangung des ewigen Lebens. Wenn man das Wort Christi ernst nimmt, sagt dies unausweichlich, daß der Mensch nicht schon mit seiner natürlichen Existenz eine unsterbliche Seele besitzt, nicht schon mit der natürlichen Menschwerdung die Unsterblichkeit erhält; sogar noch mehr, daß nicht allen lebenden Menschen schon die Wiedergeburt aus dem Geiste gegeben ist.

An was bemerkt man eine solche Wiedergeburt? Das überweltliche Ereignis der Wiedergeburt ist der Welt nicht erfaßbar, nicht definierbar. Die Erkennung der heilsgeschichtlichen Menschwerdung ist der Welt und ist der Wissenschaft und Philosophie nicht möglich; ist nur im Geiste Gottes möglich.

Dieser Umstand der Unbemerkbarkeit drängte eine sich systematisieren wollende Theologie dazu, die Unsterblichkeit (Ewigkeit) generell schon der natürlichen Menschwerdung zuzuschreiben; die die natürliche Menschwerdung unendlich übersteigende heilsgeschichtliche Menschwerdung gar nicht erkennend. Die Ignorierung des entscheidend wichtigen Wortes Christi, des Wortes des offenbarungsmächtigen Gottes – von der Notwendigkeit der Wiedergeburt – führte in schreckliche Verwirrung.

Das Gewaltigste, der Einbruch des Ewigen in die Vergänglichkeit, ist zugleich das Unscheinbarste, denn es gehört dieser Welt nicht an. Die Erlösung, der Loskauf von dieser Welt macht zum Fremdling, Pilger, Heimatlosen in dieser Welt.

Keine Wesens-Umwandlung ist in der Ebene erkennbar, aus der heraus sie erfolgt: Schon die Unterscheidung eines rechtskräftigen Industrie-Vertrags von einem ununterschriebenen Papier ist einem Schulkind kaum möglich. Die Unterscheidung eines befugt unterzeichneten und damit rechtskräftig gewordenen Vertrags von einem nicht befugt unterschriebenen gefälschten Papier ist nur Juristen möglich; also auf der Ebene, in welcher die Wesenswandlung zum Problem steht. Wandlung von Brot in der heiligen Messe ist einem Ungläubigen nicht wesenhaft unterscheidbar von einem Spruch des Bäckerei-Innungsmeisters auf einer Gewerbemesse; er wird letzteren sogar für substantieller erachten. Die unendliche Wandlung zum Leib Christi mit den Worten des geweihten Priesters (des Bevollmächtigten Gottes) ist nur den von Gott Angerufenen wirklich. So ist auch die unendliche Wandlung eines natürlichen Menschen zum neuen Menschen nur den von Gott dazu Ermächtigten erkenntlich.

"Präadamiten" (prä-Adam heißt "vor Adam") gibt es heute noch. Es sind Bauern, Wissenschaftler, Philosophen, Theologen, Künstler, Hausfrauen, Soldaten und was immer. Als noch nicht zum "Adam" geworden, sind sie noch nicht zur Entscheidung berufen. Niemand ist aus sich befähigt zu sagen, ob nur einige wenige oder fast alle Menschen noch Präadamiten sind, und welche es sind. Nur der, der die Neugeburt im Geiste erwirkt, nur Gott weiß es, und jene wissen es, denen Gott es zeigt.

Und es gibt die von Gott Angerufenen. Auch sie leben unter uns, wie wir: als Arbeiter, Minister, Ingenieure, Bauern, Wissenschaftler, Philosophen, Theologen, Künstler, Hausfrauen, Soldaten und was immer. Diese sind mit ihrer Anrufung zur Entscheidung gerufen und befähigt – und sie können dieser Berufung nicht entkommen. Sie haben gegen Gott entschieden und sie haben für Gott entschieden. So lange sie noch in dieser Entscheidungswelt leben, hält die Entscheidung an: sie fallen und stehen wieder auf, sie sündigen und kehren wieder um.

Die einen entscheiden regelmäßig für die Sünde, aber gelegentlich leuchtet ihnen das Licht des Guten auf. Die anderen entscheiden regelmäßig gegen die Sünde, aber gelegentlich überkommt sie die Macht des Bösen. Wer und wo sind die einen, wer und wo sind die anderen? Gibt es solche, die die Absonderung von Gott zum Prinzip des Lebens machen, die dem Bösen zugehören wollen, die im Kern böse sind? Gibt es solche, die die Vereinigung mit Gott zum Prinzip des Lebens machen, die dem Guten zugehören wollen, die im Kern gut sind? Wer und wo sind diese, wer und wo sind jene? Dies weiß nur der Richter über Lebende und Tote!

Wir haben die Wahrheit des Wortes Gottes zu verkünden; zu verkünden, was vor Gott gut und böse ist. Aber wir sind nicht befugt, über die Person zu richten: "Richtet nicht, daß ihr nicht gerichtet werdet."

Die Wahrheit des ewigen Gottes ist unveränderlich: "Himmel und Erde werden vergehen, aber Meine Worte werden nicht vergehen." Diese Betrachtungen eines "modernen Menschen" zum Worte Gottes sind nichts Neues. Es ist das, was die vom Geist Gottes inspirierten Schriften des Alten und Neuen Bundes, was Christus selbst, was Seine Apostel und Seine Kirche immer verkündet haben und verkünden. Und was zu diesem hinzugefügt und was von diesem abgezogen wird, ist von Übel.

Die Wahrheit des ewigen Gottes erscheint aber in der Zeit der Welt und ihrer Veränderlichkeit. Die unveränderliche und unveränderte Wahrheit ist den Menschen innerhalb deren jeweiligen Verständnis-Grenzen zu verkünden: in den Sprachformen, Vorstellungsbildern, Denkstilen der jeweiligen Zeit und Kultur und Bildung. Dies ist der Auftrag an eine Theologie, die – als Krone der Wissenschaften – das Ewige im Zeitlichen aufscheinen lassen soll. Der Versuch der Theologie, in diesem Auftrag das Unmögliche zu ermöglichen, wurde für die Menschen, die Gott ergeben sind, aber doch immer wieder neue Hilfe, große Hilfe.

Es gibt die kirchliche Lehre unveränderlicher Wahrheit – und es gibt theologische Meinungen und Deutungen zu dieser Verkündigung. Diese Meinungen und Deutungen sind nötig und wichtig, um die Verkündigung den Menschen verschiedenster Bildung, Tradition, Kultur und Wissenshöhe zu verschiedensten Zeiten zu öffnen; um das Ewige im Vergänglichen aufscheinen zu lassen.

Jeder Theologe weiß um diesen grundsätzlichen Unterschied. Aber, als Auswirkung der Urschuld, identifiziert jeder Theologe seine Meinung eben mit der absoluten Wahrheit; naturgemäß. Dieser immer wieder neue Nachvollzug der Ursünde in unserer gefallenen Natur war und ist die Ursache der entsetzlichsten Verirrungen und Entgleisungen in der Geistesgeschichte.

Immer und immer wieder in der Geistes- und Kirchengeschichte hat neue Verkündigung der alten Wahrheit schwere Krisen ausgelöst; schon mit den alten Propheten und den bedeutendsten Kirchenlehrern. Die Kirche ist eben eine lebendige Kirche. Und im Beistand des Geistes ist immer wieder aus all den Kämpfen und Auseinandersetzungen die unverfälschte Verkündigung der uralten Wahrheit im Gewand der jeweiligen Zeit hervorgegangen.

Ist immer neue Verkündigung tatsächlich nötig? Was ist überhaupt heilsnotwendig?

In jeder Zeit haben die Menschen über Natur und Übernatur nachgedacht. Gott will, daß der Mensch nicht stumpfsinnig allen Doktrinen folgt. Der Herr wird ein von wahrem Verlangen nach dem Ewigen bewegtes Suchen mit der Erkenntnis des Wahren belohnen. Im Suchen begegnet der Mensch den Doktrinen der Welt und ihres Fürsten, begegnet er ihrer verführerischen Kraft. Diesen Lehren und Anschauungen im Denken der Zeit die Wahrheit Gottes gegenüberzustellen, ist ein Auftrag im Dienste der Liebe. Immer neue Betrachtungen zur immer alten Wahrheit sind deshalb notwendig.

Heilsnotwendig ist aber eigentlich nur, den Absoluten Souverän als Gott, Herrn und Richter zu wollen und Seine Gebote zu erfüllen. Sein erstes Gebot, an dem alles hängt, ist die Liebe, der hingebende Dienst aus Liebe. In dieser Liebe wird seit zwei Jahrtausenden in allen Kirchen das Wort des Herrn für jeden greifbar gepredigt. Da gibt es keine Vorteile für Große, Intelligente, Gebildete. Da ist jeder Mensch, jede Zeit, jede Kultur, jedes Volk gleich vor Gott.

Heilsnotwendig ist die Entscheidung für Gott.

Einmal für immer

Die Entscheidung eines Menschen für oder gegen Gott ist erst vollziehbar, wenn dieser Mensch von Gott wesensverwandelt ist, wenn er von Gott angerufen ist, wenn er von Adam abstammend in die Kindschaft Gottes aufgenommen ist.

Sicher gibt es Menschen, die noch nicht von Gott angerufen, die noch nicht entscheidungsfähig sind. Gäbe es diese nicht, wären die Worte der Heiligen Schrift – von der Notwendigkeit zur Neugeburt im Geist – sinnlos. Und eben weil die Nichtangerufenen die regulären Bewohner dieser Welt sind, werden die im Geiste Gottes Angerufenen zu Pilgern, Fremdlingen und Heimatlosen in dieser Welt. Es ist anzunehmen, daß insbesondere unsere frühen Vorväter und unsere ungetauften Kinder zu den natürlichen, noch nicht von Gott angerufenen Menschen gehörten und gehören. Müssen sich diese Menschen tatsächlich in Ewigkeit mit einem halbmastnen "limbus" begnügen; und warum? Wieso gibt es auch für solche Menschen Leiden und Schmerz? Wieso gibt es überhaupt Schmerz in dieser Welt?

Diese schwerwiegende Frage spricht unmittelbar die Komplementarität unserer Existenz an: Diese unsere Entscheidungswelt ist wesenhaft eine gefallene Welt; gefallen durch die Ursünde Luzifers und seiner Engel. Eine Entscheidungswelt ist sie ja auch nur für den Menschen; im Sinne des Widerrufs seiner Fehl-Entscheidung aufgrund der luziferischen Lüge. Die quantenhaft dynamischen Aktualisierungen der Bewußtseinselemente dieser Welt sind – eben wegen des Gefallenseins dieser Welt – von Leiden und Schmerz erfüllt. Der natürliche Mensch unterliegt – wie alles irdische Leben – diesem Leiden.

Ein Entkommen aus dieser gefallenen Welt, aus dem Machtbereich des Fürsten dieser Welt, ist nur in der Erlösung durch Gott selbst möglich. Gott will aber die freie Entscheidung für diese Erlösung. Er befähigt einen Menschen, indem Er ihn – wie Adam, als Adam – anruft und ihm Seinen Geist einhaucht. Was könnte ihn hindern, menschliche Wesen kommen und gehen zu lassen, ohne sie anzurufen: "Die Menschen vergehen vor Ihm wie Gras – und Er spricht: Kommt wieder, ihr Menschen." Wer könnte Ihn zwingen, einem konkreten Menschen Seinen Geist einzuhauchen oder nicht? "Der Geist weht, wo Er will." In wem und wann der Geist weht, ist allein in Gottes Gnade.

Unauslotbar sind die Möglichkeiten, in der die Allmacht Gottes mit den Angerufenen, Berufenen verfährt; aber auch mit den natürlichen Menschen und Lebewesen. Ohne irgendjemand Rechenschaft geben zu müssen, kann Er einen natürlichen Menschen beliebig oft kommen und gehen lassen; etwa um ihn – keinem Geschaffenen ergründbar – irgendwann irgendwie anzurufen: als neugezeugt von Gott-Vater und neugeboren aus Gott-Geist in Seine Kindschaft aufzunehmen und in die Entscheidung zu stellen.

Die Entscheidung eines Menschen für oder gegen Gott währt sein ganzes Leben. In dieser Entscheidungswelt ist Himmel und Hölle offen. In jedem Einzelnen ist Heiligkeit und Verdammnis freie Vollziehbarkeit. Ein Mensch fällt immer wieder durch Verführung und Indoktrination, die in dieser Endzeit geradezu satanische Macht erlangt. "Wer gefallen ist, der stehe wieder auf." In jedem Menschen leuchtet immer wieder die Wahrheit auf und ruft ihn zurück; aus der Tiefe seines Gewissens oder aus Begegnungen durch Mitmenschen oder durch Erlebnisse, Erfahrungen und vieles andere. Entscheidend ist, ob sich ein Mensch am Wort Gottes, an der Wahrheit und Gerechtigkeit Gottes als Herrn und Richter orientieren will, oder am Geist der Welt und deren Fürsten.

Regulär ist die Entscheidungszeit ein volles Menschenleben. Mit dem Abscheiden vollzieht sich im Gericht des lebendigen Gottes die ewig gültige Scheidung der Guten und Bösen. Deshalb kündet uns das Wort Gottes keine Wiedergeburt in dieser Welt. Nichts kann jedoch den Schöpfungs- und Erlösungswillen Gottes einschränken. Sein Wort gibt uns General-Richtlinien, die zwar Seine Allmacht nicht einengen, die aber für uns richtungweisend sind. So sagt uns Sein Wort, daß dieses unser Leben für ewig entscheidend ist. Der "verlorene Sohn", der sein mitgenommenes Erbteil verschleudert hat und den der Vater schon von weitem kommen sieht, um ihn wieder mit Freude aufzunehmen, ist hier in dieser Welt. Hier wartet die Barmherzigkeit des verzeihenden Gottes Tag für Tag auf uns; unser ganzes Leben lang.

Dies ist aber nicht mehr nach unserem Dahinscheiden.

Die Himmel und die Erde vergehen, die Sterne und Galaxien dieses Kosmos vergehen, dieser ganze Kosmos – mit all seinen Massen und Energien, Räumen und Zeiten – vergeht, aber das Gericht des Herrn über das Sein und das Nichts bleibt: die Heiligung der Heiligen zum nie verlierbaren ewigen Leben in Vereinigung mit Gott – und die Verdammung der Verdammten einmal für immer, in niemaliger Widerruflichkeit, zur Absonderung von Gott.

Weil diese unsere Lebensentscheidung von unendlicher Tragweite ist, weil sie eine ewige ist, will der Absolute Souverän, daß diese Entscheidung für jeden Menschen uneingeschränkt frei ist.

Die Ursünde

Luzifer und seine Engel haben diese Entscheidung uneingeschränkt frei, in ungetrübter Erkenntnis Gottes vollzogen. Daher gibt es für die Teufel – zu denen sie damit geworden sind – keine Erlösung. Der Mensch aber hat in seiner Ursünde die Entscheidung, betört durch Luzifer, vollzogen. Luzifer, der "Vater der Lüge und Mörder von Anbeginn", hat mit der Urlüge "ihr werdet sein wie Gott", den Menschen zur Ursünde, zur existentiellen Sonderung von Gott verführt. Er ist damit zum Urmörder des Menschen geworden, indem er dem Menschen das ewige Leben genommen hat, das dem Menschen von Gott – in Anwartschaft auf Unsterblichkeit – als Leben in Gott verheißen war.

Alle Lüge, alle Sünde, aller Mord der Menschen und Menschheit gründet in dieser Ursünde. Die ganze Welt, in der wir leben, die ganze Geschichte ist gezeichnet von dieser Urschuld des Menschen, welcher der verführerischen Lüge des Bösen gefolgt ist.

Der Mensch war geschaffen und berufen, den Garten des Paradieses zu bebauen und zu pflegen und über alles im Garten zu herrschen. Damit sollte er Gott dienen. Von Früchten aller von ihm bebauten Bäumen durfte der Mensch essen, alle von ihm heraufgeführten Erkenntnisse, Wissenschaften, Techniken durfte er nutzen. Alles waren "Bäume der Erkenntnis" .

Zwei Bäume, die in der Mitte des Gartens wuchsen, waren aber etwas Besonderes: der "Baum der Erkenntnis des Guten und Bösen" und der "Baum des Lebens". Diese betrafen unmittelbar die Hoheit Gottes, des alleinigen Herrn des Gerichtes, der allein entscheidet, was Gut und Böse ist, und des Herrn über Leben und Tod, des allein ewig Lebenden. Vom Baum der Erkenntnis des Guten und Bösen durfte der Mensch nicht essen: "Wenn du davon ißt, mußt du sterben".

Das Essen der Frucht des Baumes der Erkenntnis des Guten und Bösen ist die Selbstentscheidung des Menschen, was Gut und was Böse ist. Es ist die Absonderung von Gott in sich und damit die Trennung vom ewigen Leben, das allein in Gott ist. Der "Cherub mit dem Flammenschwert" vollzieht die Abtrennung vom Baum des Lebens, von Gott. Der Cherub ist die Personifikation des Wesens Gottes; einer der vier Wesen am Thron Gottes. Im Wesen Gottes selbst gründet die Trennung vom ewigen Leben in der Absonderung von Gott.

"Der Mensch war nackt, aber sie schämten sich nicht voreinander". Nach der Absonderung "sahen sie, daß sie nackt waren". In einer geistigen Verengung wurde vielfach der Sündenfall auf das Geschlechtsreif-werden des Menschen reduziert. Aber was soll das? Gott selbst hat doch den Menschen als Geschlechtswesen geschaffen, mit dem Auftrag "wachset und mehret euch". Gott hat den Menschen sogar eben in seiner Zweier-Geschlechtlichkeit nach Seinem Ebenbild geschaffen: "Er schuf sie nach Seinem Ebenbild, als Mann und Frau schuf Er sie". Geschlechtsreife (als Bedingung für den Akt) und Zeugung und Geburt (als Erfüllung des Auftrags Gottes) zur Erbschuld zu erklären, ist der Widersinn in sich.

Die Erfüllung eben der Geschlechtsfunktion in der Verwirklichung der Geschlechterfolge des Menschengeschlechtes ist sogar etwas von Gott Geheiligtes und besonders Geschütztes. Aber es muß in der von Gott gesetzten Ordnung erfolgen; es muß orientiert sein an dem, was Gott für gut und böse entscheidet. Die endzeitliche Satanie ergeht sich grauenhaft in gesellschaft-zerstörenden Perversionen des Geschlechtlichen, in der Vernichtung der Ehe und der Familie, in der Zerstörung der Ebenbildlichkeit des Menschen mit Gott. Über den Sexualismus zum Feminismus vollzieht sich die Perfektion des Bösen, das im luziferischen Deismus gipfelt: in der Pseudo-Religion der bevorstehenden anti-christlichen Weltherrschaft.

Hinter diesem Aspekt der Urschuld – eine in der Endzeit zum Exzeß aufgipfelnden Folge der Urschuld – steht aber der wesenhafte Aspekt: Der Mensch in sich ist nackt; er ist sogar noch weniger: "Mensch bedenke, daß du aus Staub bist und zu Staub wirst". In Gott, "bekleidet von der Gnade Gottes", "angetan mit weißen Gewändern, die sie im Blute des Lammes gewaschen haben", sodaß ihre Blöße nicht sichtbar wird, ist dies kein Mangel. Aber gesondert von Gott, entblößt von Seiner Gnade, erscheint die Nacktheit des Menschen. Aus der Scham des Elends erwächst der Drang, sich mit armseligem Gewächs des Staubes zu bekleiden. Der Mensch klammert sich an Dinge der Welt, an Güter, Ehren, Lüste, um sich damit zu umgeben.

Das Geschehen der Urschuld und Erlösung ist Geschehen des zeitlichen Menschen gegenüber dem überzeitlichen Gott. Dieses Geschehen überkommt somit die gesamte Zeit der Menschheit. Es aktualisiert sich zwar an markanten Zeitpunkten besonders stark, durchdringt aber alle weltlichen Zeiten; die ganze Geschichte einbeziehend.

Es war nicht nur ein in grauer Vorzeit geschehener legendenhaft berichteter Verstoß gegen eine wenig verständliche Anordnung Gottes – gegen das Verbot, einen Apfel zu essen; etwa nur um Autorität zu demonstrieren –, der die ganze Menschheit zu Fall gebracht hat. Eine immerfort neu geschehende Ursünde von jedem und von allen Menschen, die immer und überall in dieser Entscheidungswelt die einzig wichtige und wahre Entscheidung über Leben und Tod fehlvollzieht, beherrscht die Menschheit sünden- und heilsgeschichtlich vom Anfang bis zum Ende. Klein beginnend gipfelt in der Endzeit die Ursünde zum Höhepunkt auf.

Im Feminismus wird eine Revolution gegen Gott vollzogen, die in der Genesis mit überwältigender Klarheit vorgezeichnet ist; mit Ursache, Ablauf und Folgen. In einer "feministischen Theologie" wird die Ursünde als die entscheidende Befreiung der Frau und des Menschen verherrlicht: "die Paradieses-Schlange als hochverehrungswürdiges Symbol der Freiheit der Frau". Der Wille des Menschen wird bewußt gegen Gottes Wille gesetzt: "unser heiliger Wille geschehe". Die "neuen zehn Gebote", als "zehn Erlaubnisse" proklamiert, entthronen Gott als Gesetzgeber: "du darfst ehebrechen, ..du sollst dich entfalten, wie du bist, ..auch böse". "Dem Liebenden gereicht alles zum rechten; also liebe und dann tue,was du willst" (Elga Sorge).

Überall in der Endzeit steigt die Urschuld zum alles übersteigenden Höchstmaß. Die Selbstbestimmung des Menschen, was gut und böse ist, ist die Absonderung vom Absoluten Souverän. In der heute zur Endzeit gipfelnden Menschheitsgeschichte beherrscht der Schlachtruf des "absoluten Humanismus", in dem der Mensch sich selbst absolut erklärt, die ganze Gesellschaft. Die luziferische Forderung und Verheißung "Selbstbestimmung, Selbstfindung, Selbstverwirklichung" des Menschen fasziniert, betört, verführt die gefallene Menschheit mit weltbeherrschender Doktrin in der Macht des Gewaltherrschers dieser Welt.

Aber: Der Heilige bestimmt sich nicht selbst. Er hört auf das Wort Gottes und erkennt wahrhaft, was Gut und Böse ist, in Gott-Geist. Der Heilige sucht sich nicht selbst: Er verliert sich in der liebenden Hingabe an den Mitmenschen, bis zur Hingabe seines Lebens für die Brüder, und findet sich in der Kindschaft Gott-Vaters. Der Heilige verwirklicht sich nicht selbst: Er trachtet das Reich Gottes zu verwirklichen und erhält von Gott alles nachgeworfen, bis zur Königswürde in Gott-Sohn.

Betört und verführt vom intelligentesten und mächtigsten der geschaffenen Geister, war die Entscheidung des Menschen in der Ursünde nicht hinreichend frei. Deshalb bietet der Absolute Souverän dem Menschen – jedem Einzelnen und allen Völkern – an, die Fehlentscheidung der Urschuld zu widerrufen: In der Verkündigung der Wahrheit als Weg des Lebens öffnet der Souverän die Erlösung; in der Entscheidung für Christus, der "die Wahrheit, der Weg, das Leben Ist".

Anrecht des Bösen

Gott, der absolut Gerechte, achtet jedes Recht; auch das Recht des Bösen, das Recht Luzifers.

Luzifer, der Gewaltherrscher dieser Welt, und die von ihm beherrschte Welt, mißachtet das Recht, mißbraucht und pervertiert das Recht zum Dienste der Macht. Das schrecklichste Unrecht ist Mißbrauch des Rechts zur Machtausübung; in der Politik, von Siegern gegen Besiegte, zur Unterjochung der Völker, für Partei-Interessen; in der Wirtschaft, zur Beraubung des Schwachen ("zertritt den Schwachen nicht im Gericht, denn Er raubt denen das Leben, die sie berauben"); im Privatleben, der Frau gegen den Mann im luziferischen Feminismus, der Kinder gegen die Eltern, eines Jeden gegen Jeden.

Gesetzgeber, die danach "gesetzgeben", und Richter, die danach "richten", werden den Glutwein des Zornes des Gesetzgebers der Weltschöpfung, des Richters über Lebende und Tote, trinken bis zur Neige. Mit der Bindung an das Gesetz, nach einem Prinzip "der ersten, der großen Revolution", bindet sich der verworfene Richter an den Geist der antichristlichen Revolution gegen das von Gott gesetzte Recht.

Die "Dreiteilung der Gewalt" ist zur Grundlage der Rechtspraxis geworden. Dieses bei guter Gesetzgebung gute Prinzip führt mit infernaler Gesetzgebung in schwerste Konflikte: Ohne Bindung der Rechtssprechung an die Gesetze droht Willkür und Uneinheitlichkeit. Jedoch die Bindung an infernale Gesetze ist der Höhepunkt der Bosheit, die sich damit das Recht selbst unterwirft. Amtsniederlegungen rechtdenkender Richter und Staatsanwälte öffnen oft die Türe für hörige Besetzungen. Qualvolle Abwägungen des kleineren Übels bedrängen den guten Menschen in der Endzeit gräßlich. Der Zwang zu Kompromissen korrumpiert seinerseits. Nur wenig kann die Rechtsprechung, noch weniger die Exekutive, der Zersetzung des Rechts durch infernale Gesetzgebung begegnen. Die Gesetzgebung selbst ist infernaler Einsteuerung weitgehend ausgeliefert. Der Entscheidungs-Spielraum der in der Gesetzgebung Tätigen ist selbst in notwendiger Abwägung des kleineren Übels elend eingeschränkt.

Überall in der Welt droht infernaler Mißbrauch des Rechts, der nur in Orientierung an den Geboten Gottes erkennbar ist:

Infernaler Rechts-Mißbrauch sind Gesetze, welche die Wahrheits-Suche und -Verkündigung durch Strafverfolgung unterdrücken und damit der Gerchtigkeit den Boden entziehen. Willkürliche Gesetzgebung nach verschiedenen politischen, sozialen oder wirtschaftlichen Maßstäben ist Verbrechen. Eine Gesellschaft hat keinen Anspruch, sich einen Rechtsstaat zu nennen, wenn sie opportune Meinungen zu Doktrinen erhebt deren Hinterfragung mit Strafe bedroht ist; wenn unwillkommene Meinungen systematisch verdrängt und deren Vertreter als Unruhestifter diffamiert werden. Die Indoktrination ganzer Gesellschaften mit Sach-Vorstellungen bzw Geschichts-Bildern, die im Dienst von macht-, geld- und personen-politischen Intressen verzerrt gezeichnet wurden, verhindert eine Bewältigung der Umwelt und Geschichte; Verstörung bewirkend, zu Haß und Gewalttat antreibend. Die Stützung duch das Recht bereitet – im Verrat am elementaren Recht jedes Menschen und jeden Volkes – den Weg zu einer satanischen Weltregierung.

Infernaler Mißbrauch des Rechts sind Gesetze, welche eine Bekämpfung vereinseitigter Geschichts-Darstellung – dadurch bekämpfend, daß sie die tatsächlichen Relationen darzustellen versuchen – mit Strafverfolgung bedrohen; insbesondere, wenn sie unter dem Vorwand der Pressefreiheit einerseits der ungehemmten Indoktrination über Medien freien Raum geben, aber die Darstellungen Einzelner unter Anwendung ungleicher Maßstäbe unterdrücken und terrorisieren. Solche Gesetze fördern charakterlosen Opportunismus zugunsten der Herrschaft supra-nationaler Mächte durch anonyme Personengruppen und zersetzen und pervertieren die sittlichen Strukturen der Völker.

Infernaler Mißbrauch des Rechts sind Gesetze, welche politischen, wirtschaftlichen, gesellschaftlichen Interessen dadurch dienen, daß sie Unrecht, Gewalt, Rechtsstreit belohnen, aber Recht, Frieden, Treue bestrafen; insbesondere, wenn sie Rechtsuchende in den Rechtsstreit treiben, den nur der Mächtige zeitlich, arbeitmäßig, finanziell und nervlich durchhalten kann. Solche Gesetze zerstören Moral und Sitte im Staat, im Beruf, in der Familie. Gesetze, die Wahrheit und Gerechtigkeit Suchende existenzbedrohendem Rechtsstreit ausliefern, machen das Recht zum Werkzeug der Gewalt, pervertieren das Recht und führen durch Überlastung der Gerichte zum Rechts-Chaos.

Infernaler Mißbrauch des Rechts sind Gesetze, die dem menschlichen Leben natureigene, alltägliche Äußerungen und Handlungen mit

Strafverfolgung bedrohen. Solche Gesetze bereiten die Möglichkeit, jederzeit jedwelche Person oder Institution formaljuristisch auszuschalten oder zu vernichten.

Infernaler Mißbrauch des Rechts sind Gesetze, die Verstörung und Verzweiflung unter Menschen und Völkern bewirken, um den Welt-Herrscher herbeizurufen. Solche Gesetze sind die Satanie in sich.

Im Überhandnehmen des luziferischen Geistes in der Endzeit erschüttert der Mißbrauch des Rechts alles Leben bis auf den Grund und vernichtet die Beziehungen der Menschen zueinander: "Weil die Rechtlosigkeit überhand nimmt, wird die Liebe in vielen erkalten".

Der Böse, der Fürst dieser Welt, ist – als Vater der Lüge und Mörder von Anbeginn – der Geist der Ungerechtigkeit und Rechtlosigkeit. Es ist der Geist, der in gewalttätigem Kampf jedes gegen jeden jedes Mittel einsetzt.

Der Absolute Souverän, der sich vorbehalten hat, allein Herr über Leben und Tod und allein Herr des Gerichts zu sein, wird infernalen Mißbrauch des Rechts entsetzlich ahnden. Das Gericht des Absoluten Souveräns bricht aus der Zeitlosigkeit immerfort in die Zeit dieser Entscheidungswelt ein: in das Leben jedes Einzelnen, wann immer er lebt und stirbt; in das Leben von Völkern und der ganzen Menschheit. Diese Entscheidungswelt wird vom Gericht Gottes begleitet und beendet. Für die Gerichteten ist das Gericht Gottes unwiderruflich beendet.

In den höllischen Welten ist kein göttlicher Richter, ist keine Berufung mehr. Vor Gott entschwunden ist ungehemmt höllisches Wüten der einander niederkämpfenden Mächte und Gewalten. Mit infernalen Rechtspraktiken wird pervertiertes Recht zum Instrument brutaler Macht, Unterdrückung und Erpressung.

Und in den himmlischen Welten ist keine Verurteilung mehr. Der frei als Richter gewollte und gewählte Souverän hält mit ebenso furchtbar starker wie liebend wohltuender Hand alle Welten in unverlierbarer Herrlichkeit. Sein allmächtiges Dasein setzt unfehlbares Recht; in Seiner immerwährenden persönlichen Gegenwart. In Gott selbst ist die Gerechtigkeit aus Wahrheit zum Frieden: "Selig, die nach der Gerechtigkeit hungern, denn sie werden gesättigt werden."

Erlösung

Im Absoluten Souverän allein ist ewiger Frieden in Wahrheit und Gerechtigkeit, aber auch in Liebe und Barmherzigkeit.

Zugleich mit der Ursünde wird schon in der Genesis die Erlösung gekündet. Erlösung ist Loskauf. Gott selbst bezahlt den Erlös, den Lösepreis für uns; mit Seinem Leiden und Sterben, im Leiden und Sterben Christi, des wahren Menschen und wahren Gottes.

Aber warum muß der Absolute Souverän überhaupt jemand etwas bezahlen, um uns "loszukaufen"? Der Allmächtige hätte doch die Macht, uns ohne weiteres freizusetzen. Warum müssen wir der Macht, dem Glanz und Reichtum Luzifers widersagen? Man sollte doch meinen, Macht, Glanz und Reichtum ist bei Gott, und Elend, Trübsal und Armut beim Teufel! Warum ist für uns überhaupt "Umkehr" notwendig? Man möchte doch meinen, der reguläre Weg sei zu Gott und die Umkehr zum Teufel.

Gott ist die absolute Gerechtigkeit. Der Absolute Souverän achtet und wahrt das Recht eines Jeden; auch dessen, der selbst das Unrecht wirkt und lebt und der das Recht zum Unrecht pervertiert. Er achtet sogar das Recht des Geistes der Ungerechtigkeit und Rechtlosigkeit, des Vaters der Lüge und Mörders von Anbeginn; das Recht Luzifers.

Weil der Mensch – entgegen Gottes Gebot – der Lüge Luzifers gefolgt ist, ist er Beute und Sklave des Bösen geworden, hat der Böse ein Anrecht auf den Menschen bekommen. Weil der Böse sich dieses Anrecht aber erlogen hat, bietet Gott dem Menschen an, ihn aus dieser Sklaverei loszukaufen.

Als heilsgeschichtliches Wirken des überzeitlichen Gottes durchwirkt die Erlösung die ganze Geschichte. In einer kurzen Zeit vor zwei Jahrtausenden, an einem kleinen Ort in Palästina einsetzend, erwuchs die Erlösung über alle Zeit über die ganze Welt. Mit Christus, dem Sohn Gottes, grundgelegt und in unzählbar vielen Heiligen der Kirche verwirklicht, wurde alle Welt vom Erlösungswirken Gottes erfüllt.

Wie die Ursünde, so ist auch die Erlösung immer und überall in dieser Entscheidungswelt: als in jedem einzelnen Menschen – von der Geburt bis zum Tod – fortwährend gegenwärtiges Angebot zur immer neuen Entscheidung gegen die Sünde, für die Erlösung in Gott.

Diejenigen, die dieses Angebot grenzenloser Liebe annehmen, sind losgekauft. Sie sind als Erlöste der Macht des Gewaltherrschers entzogen. Sie gehören nicht mehr dieser, seiner Welt an. Sie sind "Fremdlinge, Pilger, Heimatlose" in dieser Welt. Sie werden von dieser Welt und deren Geist gehaßt – und tragen dadurch mit am Leiden und Sterben Gott-Sohnes, tragen bei zum Lösepreis als "Glieder des mystischen Leibes Christi".

In diesem Leiden, in dieser Kreuzigung, im Tod dieser Welt und für diese Welt, gründet die Auferstehung der Heiligen, in welcher sie Kinder Gottes werden. Christus ist Richter über Lebende und Tote, ist die Personifikation der Gerechtigkeit des gesetzgebenden Souveräns. Er ist das "Wort Gottes".

Gott hat das All als Geber der Gesetze geschaffen. Mit diesen ist das All entstanden und wird wieder vergehen. Das gesetzgebende Wort des Absoluten Souveräns schuf das All mit allen Räumen und Zeiten, mit allen Materien und Geistern. Gott-Sohn kam als Erlöser in die von Ihm selbst geschaffene Welt; sich freiwillig diesem Raum und dieser Zeit ausliefernd. Er kam in Seine Schöpfung, um uns Kinder Gottes werden zu lassen.

JOHANNES-PROLOG :

"*Im Anfang war das Wort.*
Und das Wort war bei Gott.
Und das Wort war Gott. ...
Durch dieses ist alles geworden.
Er kam in Sein Eigentum.
Aber die Seinen nahmen Ihn nicht auf.
Allen aber, die Ihn aufnahmen,
gab Er Macht, Kinder Gottes zu werden.
Denen, die da glauben an Seinen Namen,
die nicht aus dem Geblüt,
nicht aus dem Wollen des Fleisches,
nicht aus dem Wollen des Mannes,
sondern aus Gott geboren sind."